레위기에는 5대 제사 규례들이 나옵니다. 일반적으로 번제, 소제, 화목제, 속죄제, 속건제 등으로 번역되어 있습니다. 게다가 제사와 함께 제물에 관한 규정들이 역시 복잡하게 얽혀있습니다. 특별히 죄의 용서와 관련된 제물들이 속죄 제물인지 정화 제물인지 학계의 논쟁거리입니다. 본서는 레위기 4:1-5:13과 16장에 나오는, 죄의 용서와 관련된 제물을 의미 중립적 용어인 "하타트" 제물이라 부르면서, 하타트 제사에 사용되는 고기와 피가 속죄와 관련하여 어떤 기능과 역할을 하는지를 자세히 탐구합니다. 이와 함께 자연스레 제물 안수 행위의 의미와 기능, 일상적 속죄 규례와 연례 속죄 규례와의 관계를 다룹니다. 전문적이고 학술적인 본서는 친절하게 학계의 제의 논쟁을 일목요연하게 구분하고 분류합니다. 62개의 도표가 증거입니다. 저자는 각 진영의 논리적 장점과 약점과 모호성을 일별하고 자신의 견해를 밝혀 나가는 방식을 취합니다. 레위기 연구자, 특별히 레위기 제사 제도를 연구하는 이들에게는 저자 성기문 박사의 의견에 동의하든 하지 않든 이 연구서는 반드시 넘어가야 할 산이 될 것입니다.

류호준 | 백석대학교 신학대학원 은퇴 교수

레위기 1-7장에 제시되는 다섯 가지 제사의 목적과 기능을 파악하는 것은 그리 쉬운 일이 아니다. 그 이유는 레위기 어느 곳에도 이와 같은 제사들의 기능과 목적 그리고 그 의미를 언급하고 있지 않기 때문이다. 아마도 레위기를 처음 읽었던 고대 이스라엘 독자들에게는 각 제사의 기능과 제의의 의미들이 명확하였기에 구체적인 설명을 할 필요가 없었을지도 모른다. 레위기는 각 제사의 목적뿐만 아니라 각 제사에 나타나는 다양한 제의 의식의 기능이 무엇인지도 설명하지 않기 때문에 학자들마다 그 해석이 다양하다.

그 중에서도 특히 레위기를 연구하는 학자들 사이에 논란이 많고 의견의 일치를 이루지 못하는 하타트(개역개정에서는 '속죄제'로 번역) 제사의 피와 고기에 관한 연구서를 성기문 박사께서 출판하게 된 것을 축하드린다. 서문에서도 밝히고 있듯이 이 책은 성기문 교수의 2018년 박사학위 논문을 보완하고 증보하여 빛을 보게 되었다. 이 책에서 성 박사는 여러 학자들의 다양한 견해를 표로 정리하여 제시하고 있다. 레위기를 연구하는 학자들의 공통점은 무엇이고 차이점은 무엇인지를 정리하여 제시한 것은 이 책을 읽는 학자들은 물론 레위기 연구에 관심이 있는 목회자들과 신학대학원생들에게도 도움이 되리라 생각한다.

성 박사가 이 책에서 다루는 주제들은 워낙 학자들 사이에 의견일치가 이루어지지 않은 것으로 널리 알려져 있기에 이 책을 읽는 모든 독자들이 성 박사의 모든 의견에 전적으로 동의하지 않을 수도 있다. 그럼에도 불구하고 이 책에서 레위기 학자들의 다양한 견해를 비교 제시한 것은 또 다른 연구의 좋은 시발점이 될 수 있으리라 생각한다. 오래 시간을 연구에 몰두하여 학위논문을 완성한 후 성기문 박사가 거의 4년의 기간 동안 강의와 설교 및 강연 등을 통하여 한층 다듬어진 이 책을 출판하게 됨을 축하드린다.

전정진 | 성결대학교 명예교수

피, 고기, 신학. 얼핏 부조화스럽게 들리는 세 단어의 조합이 본서가 다루는 주제의 흥미로움을 암시해준다. 박사학위논문이라는 뿌리에 걸맞게 수많은 각주와 도표가 실려있지만, '권위'보다 '친절'을 떠올리게 하는 명확한 구성과 글쓰기로 인해 제의제도에 대한 해설서로도 부족함이 없는 책이 되었다. 구약 제의와 레위기 신학에 대한 대중적 관심의 증가에 비해 추천할 만한 책이 많지 않았던 아쉬움을 크게 덜어줄 양서로 망설임 없이 추천한다.

유선명 | 백석대학교 구약신학

본서는 그동안 다소 외면당해왔던 구약의 제의 현장 한가운데로 독자를 과감히 이끄는 책이다. 저자는 2018년에 제출하였던 자신의 박사학위 논문을 「피와 고기의 신학」이라는 조금 도발적인 타이틀로 무장시켜, 위기에 빠진 제의체계 해석을 살려내기 위해 도전장을 낸 것이다. 신진(처럼 보이나 사실은 중견)학자로서 정공법을 택한 셈이다. '제의체계에서 안수의 기능과 의미는 무엇인가?' '제물로 사용된 피와 고기는 어떤 역할을 하는가?' '그러한 논의의 결과가 신약의 기독론과 교회론에 어떻게 연결되는가?' 이처럼 언뜻 생소해 보이는 질문들을 들고 링 위에 올라, 내로라하는 선수들과 논의의 장을 펼치는 본서의 결론에 도달하면, 독자는 구약 제의체계의 의미와 기능에 관한 깊고도 넓은 통찰을 얻게 될 것이다. 구약의 제의, 특별히 속죄제(정결제)와 신약의 그리스도의 대속적 죽음의 의미를 연결하는 해석학적 시도 중, 단연코 가장 실제적인 연구물이다. 오랜 기간 레위기 연구에 천착한 저자의 성실과 인내에 감사드리며, 모든 신학생들이 교회 현장에 나가기 전에 정독하도록 추천한다.

공규석 | 백석대학교 구약학

레위기가 다루는 제사는 오늘날 전혀 신앙생활 속에서 실행되지 않기에 무척이나 낯설다. 그러나 그렇게 낯선 레위기가 예수 그리스도로 말미암는 죄사함과 새로운 삶으로의 초대를 표현하는 데에 결정적으로 기여한다는 점에서, 첫 교회가 이토록 낯선 책을 여전히 하나님 말씀으로 간직하며 고백했다는 점에서, 더더욱 오늘의 그리스도인들에게 중요하다. 우리에게 필요한 것은 성경이 하나님 말씀이라는 고백과 선포가 아니라, 레위기와 같은 본문이 어떤 의미였는지를 실제로 고민하며 차근차근 읽어가는 것이다. 본서는 레위기 4-5장에서 개역 성경이 "속죄제"로 번역한 제사를 집중적으로 다룬다. 부지중에 지은 죄는 어떻게 성소를 오염시키는가, 제물에 행하는 안수는 어떤 역할을 하는가, 제사에서 드려진 피와 고기는 각각 어떤 기능을 하는가, 그리고 이러한 제사는 레위기 16장에서 다루는 속죄일과 어떻게 연관되는가와 같은 질문에 대해 본서는 여러 학자들의 견해를 함께 소개하고 다루면서 저자 스스로의 견해를 설득력있게 제시한다. 성경을 읽고 고민한다는 것이 어떤 의미인지를 생생히 보여주는 저자의 성실하고 진지한 공부와 그 결과물은 결론에 대한 동의 여부를 떠나서 누구라도 경의를 표할 수밖에 없다. 물론 이 책은 누구나 쉽게 읽을 수 있는 책은 아닐 것이다. 그러나 레위기를 하나님 말씀으로 고백하는 그리스도인이라면, 반드시 갖추고 속죄제 본문을 보며 궁금할 때마다 해당 사항을 살펴볼 것을 강력히 추천하고 싶다.

김근주 | 기독연구원 느헤미야

피와 고기의 신학

성기문

피와 고기의 신학 레위기 5대 제물 연구

초판 1쇄 발행 2022년 12월 25일

글쓴이 성기문

펴낸이 박종현
펴낸곳 플랜터스
출판등록 2020년 4월 20일 제63호
주소 서울시 송파구 오금로 46길 41, 5층
전화 02-2043-7942 팩스 070-8224-7942
전자우편 books@planters.or.kr
홈페이지 plantersbooks.com

ISBN 979-11-970424-5-4 93230   값 21,000원

플랜터스는 좋은 가치를 심습니다.

🌱 이 책은 자연을 사랑하는 마음으로 친환경 재생용지를 사용해 제작했습니다.

피와 고기의 신학

레위기 5대 제물 연구

성기문

Planters'

목 차

| 머리말 |

본서는 2018년 봄학기말에 백석대학교에 제출하였던 필자의 철학박사학위 논문("하타트 제의의 피와 고기의 기능과 의미 연구")을 이후 2018년 8월부터 2022년 11월까지 크게 수정증보한 것이다. 이러한 보완작업은 국내외에서 행해진 여러 가지 강연, 논문발표, 설교, 성경공부, 묵상 등의 방식을 통하여 진행되었다.

학위논문과 본서 사이에 관점상의 중대한 변화는 없었으나 내용상 부족했거나 미완의 서술로 남겨졌던 부분들을 중심으로 중대한 수정과 증보가 있었다. 이는 특히 כפר라는 동사의 의미와 사용된 문맥에 대한 용례를 다루는 본서의 제3장, 안수의 기능과 의미를 다루는 제4장, 제물의 피와 고기의 기능과 의미를 다루는 본서의 제5-6장, 나답과 아비후 사건을 다루는 본서의 제 7장, 그리고 레위기 16장에 등장하는 세가지 죄 용어들의 의미와 기능을 다루는 본서의 제8장에서 행해졌다. 특별히 본서의 제6장 전반부(제물을 제단에서 태우는 부분)는 2019년 3월 9일 복음주의 구약학회에서 발표하였던 내용을 조금 더 수정하였다(필자의 향에 대한 연구는 유선명 교수의 선행연구에 큰 영향을 받았음을 밝힌다). 이 발표에서 김경열 박사의 흥미로운 논찬과 정희경 박사의 지적이 도움이 되었다. 본서의 8장 후반부의 매년의 절기문제는 2019년 5월 23일 고대근동학회에서 힛타이트 제의문헌과의 비교연구를 발표할 때 보완증보되어 발표하였다. 본서의 레위기 10장과 16장에 대한 논의의 일부는 2021년 11월 비대면학회에서 로이 게인 교수의 "Transfer of Sin in Leviticus" 논문에 대한 필자의 논찬의 결과로 보완되었으며 본서의 출간 직전까지 일부 추가수정하였음을 밝힌다.

마지막으로 필자의 박사학위논문을 제출할 때까지 다양한 방식으로 도움을 주신 모든 분들께 감사드린다. 우선 5년간 논문을 지도해주시고 인내와 사랑으로 돌봐주신 류호준 교수님, 논문심사를 맡아 세부적인 내용까지 꼼꼼하게 점검하여 개선사항 제시에 큰 수고를 아끼지 않으신 전정진, 박철현, 유선명, 공규석 교수님께 감사드린다. 캐나다에서 본인의 바쁜 학위과정 중에도 필요한 자료를 찾는 데 큰 도움을 주신 광신대학교의 정대준 교수님, 백석대학교와 대한성서공회 도서관 직원 여러분께도 감사드린다. 학위논문 작성 중에 교회를 개인연구실로 사용하도록 허락해주시고 여러 가지 도움을 주신 함께심는교회 박종현 담임목사님과 논문 마무리단계에서 수많은 질문과 함께 논문 전체를 성심성의껏 교정교열해주신 강동희 형제에게도 감사드린다. 또한 논문을 쓰는 힘든 과정 중에 위로와 기도와 지원을 아끼지 않으셨던 지인 여러분께도 감사한다.

필자의 부족한 원고를 출판하기로 결단을 내려주신 플랜터스 출판사 박종현 대표님과, 필자의 난삽한 원고를 훌륭한 한 권의 책으로 만들어주신 이민연 국장님께도 감사드린다. 1996년부터 시작해서 끝도 없이 길어지는 박사공부에도 끊임없는 관심과 격려와 기도를 보여준 (지금은 천국에 계신) 우리 어머님, 아내(윤정희)와 우리 딸 성예지, 성라온 그리고 장인장모님께 감사드린다. 지면관계상 여기에서 일일이 언급하지는 못했으나, 그동안 다양한 관심과 격려, 그리고 재정적으로 여러 가지 후원을 해주신 여러분에게도 이번 기회를 들어 감사드린다.

경부고속도로가 내려다보이는 서재에서
2022년 11월 30일 저자

| 표 |

표   17

| 약어 |

AB	Anchor Bible
ABD	*Anchor Bible Dictionary* (총 6권), David N. Freedman (편집). New York: Doubleday, 1992.
AUSDDS	Andrews University Seminary Doctoral Dissertation Series
AOTC	Apollo Old Testament Commentary
ATR	*Anglican Theological Review*
AUSS	*Andrews University Seminary Studies*
BIS	Biblical Interpretation Series
BBR	*Bulletin for Biblical Research*
BBRS	*Bulletin for Biblical Research* Supplements
BKAT	Biblischer Kommentar Altes Testament
BZAW	Beihefte zur *Zeitschrift für die alttestamentliche Wissenschaft*
CAT	Commentaire de l'Ancien Testament
CBQ	*Catholic Biblical Quarterly*
DARCOM	Daniel and Revelation Committee Series
FAT	Forschungen zum Alten Testament
FRLANT	Forschungen zur Religion und Literatur des Alten und Neuen Testaments
HAR	*Hebrew Annual Review*
HBM	Hebrew Bible Monographs
HCOT	Historical Commentary on the Old Testament
HATK	Handbuch zum Alten Testament Kommentar
HTR	*Harvard Theological Review*
HUCA	*Hebrew Union College Annal*
ITC	International Theological Commentary
JANES	*Journal of the Ancient Near Eastern Society*

JAOS	*Journal of the American Oriental Society*
JBL	*Journal of Biblical Literature*
JPS	The Jewish Publication Society
JQR	*Jewish Quarterly Review*
JSOT	*Journal for the Society of the Old Testament*
JSOTSS	*Journal for the Society of the Old Testament Supplement Series*
LHB/OTS	Library of Hebrew Bible/Old Testament Studies
NAC	New American Commentary
NCBC	The New Century Bible Commentary
NIB	*New Interpreter's Bible*
NIVAC	New International Version Application Commentary
RB	*Revue Biblique*
SBLDS	Society of the Biblical Literature Dissertation Series
TDOT	*Theological Dictionary of the Old Testament* (총 15권). Botterweck, G. Johannes, Ringgren, Helmer, Fabry, Heinz-Josef 편집. Grand Rapids: Eerdmans, 1977-2012.
TOTC	Tyndale Commentary of Old Testament
UBC	Understanding the Bible Commentary
VT	*Vetus Testamentum*
VTS	*Vetus Testamentum* Supplement Series
WBC	Word Biblical Commentary
WMANT	Wissenschaftliche Monographien zum Alten und Neuen Testament
WUNT	Wissenschaftliche Untersuchungen zum Neuen Testament
ZAW	*Zeitschrift für die alttestamentliche Wissenschaft*

* 본서에 인용된 성경본문은 원칙상 개역개정판을 따랐으며, 필요한 경우 거기에 사용된 일부 표현이나 해석을 히브리본문 혹은 필자의 입장에 따라 수정하여 제시하였으며, 특정한 예물 등에 대한 학자들의 전통적인 혹은 나름의 고유한 번역은 본서에서 인용할 때 수정하지 않았음을 밝힌다.

＊＊ 본서에서 종종 등장하는 "속죄(贖罪)하다"라는 표현은 전통적으로 우리말 성경
에서 키페르(כפר)라는 동사를 번역한 것으로 이것이 사용된 모든 문맥에서 (속)
죄와 직접적으로 관련된 것이 아니라, 문맥에 따라 당사자를 대신하여 제사장
이 제물을 제단에 드림으로 죄의 용서(속죄)나 부정의 정화를 위한 하타트 제물
을 중심으로 드리는 희생제의를 지칭하는 데 사용되었다는 점을 밝힌다.

1장 서론
도입

만약 누군가 구약과 신약을 통틀어 매우 흥미롭고 중요한 주제가 무엇이냐고
묻는다면, 필자는 서슴없이 구약의 속죄체계라고 말할 것이다. 이 주제는 구
약과 신약을 바라보는 관점에 통일성을 부여할 뿐 아니라, 기독교의 핵심인
그리스도의 사역과 신약의 교회론 등을 이해하는 데 필수적이라고 생각한다.

　　본서는 레위기 5대 제물의 문맥 가운데서 레위기 4:1-5:13과 16장의 하타
트[1] 제물규례[2]의 고기와 피의 기능과 역할을 탐구한 연구서이다.[3] 필자는 이
구절들을 따라 현대 레위기 연구의 결과들을 중심으로 하타트 제물과 피가
특별히 속죄와 관련하여 어떤 기능을 수행하며 어떤 의미를 갖는가를 살펴볼
것이다. 필자는 그 제물의 피가 죄인의 범죄로 인한 성소기물의 오염을 제거
해주는 역할을 수행하며 그 제물의 일부(기름/간/콩팥)가 번제단에서 태워져서
하나님이 기뻐하시는 향기를 내며 번제단에 드려서 태우지 않고 남은 제물은
이 일에 수고한 제사장에게 보상으로 주거나 제사의 완료차원에서 이스라엘
진영밖 정결한 곳에서 전부 소각하는 방식으로 처리되었다고 가정한다. 또한

1　이 제물이 문맥에 따라 속죄와 정화 심지어 속전적 의미를 갖는다는 점에서 양면 혹은 다면가치적 표
　현을 유지하기 위하여 필자는 이 제물을 전통적인 속죄제물(sin offering)이나 현대적인 정화제물
　(purification offering)보다는 히브리어 표현의 음역인 하타트 제물이라는 표현을 사용할 것이다.
2　레 1-7장에서 일반적인 제물(사)로서 개인이 자발적으로 드리는 번제물, 소제물, 화목 제물, 범죄하였을
　때 드려야 하는 하타트 제물과 아샴 제물규례가 등장하며, 그후에 제사장이 이스라엘을 위하여 공적인
　제사에서 드리는 번제물, 소제물, 화목 제물과, 범죄와 관련하여 드리는 하타트 제물과 아샴 제물을 번
　제단(혹은 향단)에 드린 후에 나머지 고기 등을 먹고 처리하는 규례들이 제시된다.
3　구약의 피 제의는 회막에서 행해지는 일상적인 제의 외에도 유월절과 시내산 언약체결식에서도 행
　해졌으나, 본서에서는 다루지 않을 것이다. 이에 대한 논의는 William K. Gilders, *Blood Ritual in the
　Hebrew Bible: Meaning and Power* (Baltimore and London: The Johns Hopkins University, 2004), 33-60
　를 보라.

필자는 레위기 16장의 하타트 제물 규례가 레위기 10장의 나답과 아비후의 죽음으로 부정해진 성소 전체를 정화하고 제거된 부정을 아사셀 염소 의식으로 이스라엘 진영 밖 광야로 떠나 보내는 역할을 수행한다고 가정한다.

이와 관련된 제의 구절들은 얼핏 단순해 보이지만, 이와 관련된 현대 학계의 논쟁은 매우 복잡하고 뜨겁게 진행되고 있다. 문제는 하타트 제물 규례가 레위기 4-16장에서 여러차례 등장하지만, 그에 대한 상황, 관점, 기능이나 세부사항들의 묘사의 차이가 있다는 데 있다. 그 이유는 무엇일까? 이와 관련하여 아래의 도표(1)는 특히 레위기 4-5장과 16장에 등장하는 하타트 제의들 간의 관계에 대한 학자들의 입장을 개략적으로 정리한 것이다.[4]

[표 1] 레위기 4-5, 16장의 하타트 제의들 간의 관계에 대한 학자들의 입장

관 계	양자의 관계와 역할에 대한 학자들의 설명
반 복	양자가 여러 가지 죄들에 대한 동일한 "속죄" 기능을 수행한다(밀그롬).
보 완	양자가 여러 가지 죄들에 대한 동일한 "속죄" 기능을 행하지만 다른 대상들에게 행한다(키우치).
차 이	레 4-5장의 하타트 제물은 안수를 통하여 죄를 이동시키고 제단에서 제사를 통해 죄를 용서하는 동시에 죄를 누적시키고 ⇨ 레 16장의 하타트 제물은 1년간 누적되었던 성소의 오염을 정화하며 ⇨ 기타 처리되지 못한 다른 죄들을 아사셀 염소 의식을 통하여 광야로 내보내는 식으로 이스라엘 진영 내에서 "완벽한 제거"를 수행한다(게인).
	레 4-5장의 하타트 제물이 안수를 통하여 죄를 이동시키고 제단에서 제물을 통하여 죄를 용서하는 방식으로 죄를 제거하고 ⇨ 레 16장의 하타트 제물은 (레 4-5장의 하타트 제물과는 다른) 죄에 의한 성소의 오염을 정화하며 ⇨ 그것을 아사셀 염소 의식으로 이스라엘 진영 내에서 "완벽한 제거"를 수행한다(김경열).

---

4 이러한 분석의 자세한 설명은 본서의 제 2장을 보라. 또한 Roy E. Gane, *Cult and Character: Purification Offerings, Day of Atonement, and Theodicy* (Winona Lake: Eisenbrauns, 2005), 37ff.를 보라.

회복	레위기 4-5장의 하타트 제물은 특정한 죄로 인한 성소기물의 오염을 제거하는 방식으로 죄를 용서하고 ⇨ 레 16장의 하타트 규례는 레 10장의 나답과 아비후의 반역과 죄로 인해 부정해진 회막을 원래의 거룩한 상태로 회복시키는 역할을 하였고(참조. 히스기야와 요시아의 성전정화, 마카비 형제의 성전정화) 나중에 매년의 절기 제의(축제)로 기념된다(참조, 유월절 제물과 수전절의 경우처럼)(필자의 입장).

이러한 차이들은 레위기 4-5, 16장의 하타트 제의규례들의 기능과 의미에 대한 학자들의 다양한 해석학적 전제와 강조점에서 비롯된 것이다.[5] 물론 어떤 입장들은 기존 연구들을 통해 조율하고 확정하기가 상대적으로 쉬울 수 있으나, 다른 입장들에서 여전히 의견 일치를 보지 못하는, 다양한 전제와 추론과 논증들도 있다. 이 경우 개인 혹은 학파(들)이 재구성한 레위기를 중심으로 희생제의체계를 다시 조사하고 검증하여 또한 새롭게 정립하는 일이 필요하다.

이러한 견해들은 ① 안수의 의미와 역할을 어떻게 보는가, 즉 하타트 제물의 안수를 성소기물에까지 이르는 죄의 오염의 전달 매개로 보느냐 아니냐에 따라, 그리고 ② 레위기 4-5장과 16장 가운데 어떤 본문을 준거점(우선권, 우월성)으로 삼느냐에 따라 결정(가정)되는 것이다. 그 결과로 학자들 사이에 (속죄)제의체계에 대한 입장이 크고 작게 달라진다. ③ 앞에서 개관하였듯이 이것은 주로 레위기 16장의 '속죄' 제의의 독특성 혹은 특별함을 일상적 속죄규례(레 4-5장)의 제한성으로 인하여 즉각적으로 "해결"하지 못했던 죄들을 매년의(yearly) 특별한 해결(혹은 완결/제거)이라는 차원에서 이해하려고 했기 때문에 발생한 견해(이견)이기도 하다.

---

5 이것은 본문들과 해석자들이 가지는 "가정, 전제, 종교적 가치, 문화적 가치, 이데올로기"(Gorman, "Pagan and Priests," in *Perspective on Purity and Purification in the Bible*, ed. by Baruch J. Schwartz, David P. Wright, Jeffrey Stackert, and Naphtali S. Meshel, 103-107, [New York: T. & T. Clark, 2008])라는 다양한 시간과 공간과 신학적 간격이 존재한다는 점에서 제의본문을 읽는 것에 우선적인 목표를 삼게 될 것이다(특별히 Gorman, "Pagan and Priests," 107-9).

이러한 해석은 레위기 16장을 레위기 10장과 연결하지 않고 오히려 레위기 23장의 독립적인 매년의 속죄일(욤 키푸르)의 규례로 한정한다. 특별히 이들은 속죄일의 안수의 역할을 레위기 4-5장의 하타트 규례에 거꾸로 적용하여 '속죄' 체계 전반에서 안수가 가장 중요한 역할을 하도록 만든다. 과연 레위기 16장 전체는 매년의 속죄일 규례인가? 아닌가? 만약 그렇다면, 이 속죄일의 규례의 기원은 무엇인가? 이 규례의 내용은 무엇이며, 레위기 4-5장의 일상적인(daily) 속죄규례와는 어떤 상관관계가 있는가? 이러한 해석을 초래한 각각의 속죄제의체계에 대한 학자들의 선이해(先理解)는 무엇인가? 어떤 요소들이 학자들 사이에서 세부적인 차이를 초래하였는가? 이와 같은 여러 질문에 제대로 응답하려면, ① 안수의 의미와 기능 문제, ② 하타트 제물의 피와 고기의 역할, ③ 레위기 4-5, 16장의 하타트 제의들의 관계성, 즉, 양자의 차이와 유사성, 개념상의 발전과 특수화의 문제점 등을 고려해야 할 필요가 있다. 필자는 본서에서 그와 같은 중심 질문들과 부수적인 작은 질문들을 다루고 그것들에 대한 진일보한 해답을 찾으려고 노력할 것이다.

구약 제의본문 읽기
방법론

납탈리 S. 메쉘은 지금까지 진행되어온 구약 희생제의법의 의미를 추구하려는 다양한 접근방법을 다음과 같이 개괄하였다: 과제 중심적 접근, 기능주의적 접근, 구상주의적 접근, 구조주의적-인류학적 접근, 제의의 무의미성의 의미 등.[6] 필자는 이러한 다양한 방법론은 다음과 같이 요약하였다([표 2]).

[표 2] 구약제의법의 의미추구에 대한 학자들의 입장

	대표자들	방법론의 목표
과제중심	J. Milgrom, R. Gane 등	이 접근은 제의의 의미를 "원하는 효과 [desired effect]와 대략 상응하는" "'기본' 체계"로 본다.[7]
기능주의	기능주의적 접근 [A. Radcliffe-Brown, B. Malinowski]	이 접근은 "일부 제의들이 존재하게 된 방법과 제의가 성취하는 사회적 기능들이 무엇인가를 설명하려는 시도로" "의미를 존재의의로 이해하려는" 것이다.[8]
	진화론적 접근 [W. Burket, J. Z. Smith]	
	역사사회학적 접근 [R. Girard]	
	문화물질주의적 접근 [Marvin Harris]	
구상주의	확장주의적 접근	이 접근은 "표현의 의미로서 의미개념을 사용하려는"[9] 것으로, 언어학적 접근과 유사하며, 확장주의적 접근은 제의수행을 위한 "이 때와 다른 때를 구분함으로써 다른 제의 순서들의 의미를 구분하려는 것"[10] 이다.
	상징적 접근들	이 접근은 "희생체계의 법규적 세부사항들을 비제의(실제 혹은 상상적) 세계와 연관시키는 것"[11] 이다.

---

6   Naphtali S. Meshel, *The "Grammar" of Sacrifice: A Generativist Study of the Israelite Sacrificial System in the Priestly Writings with a "Grammar" of* Σ (Oxford: Oxford University Press, 2014), 177-97.

7   Meshel, *The "Grammar" of Sacrifice*, 178.

8   Meshel, *The "Grammar" of Sacrifice*, 178.

9   Meshel, *The "Grammar" of Sacrifice*, 178.

10   Meshel, *The "Grammar" of Sacrifice*, 178.

11   Meshel, *The "Grammar" of Sacrifice*, 183.

구조주의	Claude Levi-Strauss, Edmund Leach, Mary Douglas	이 접근은 일종의 문화 인류학적 접근으로서 "제의의 형식적 특징들", 특별히 제의요소들의 배열에 나타나는 논리 패턴들에 주된 관심"을 갖는다.[12]
제의의 무의미성	Frits Staal[13]	이 접근에서 무의미성이라는 표현에는 두가지 의미가 있다. ①"무용성"-"제의행동이 그 어떤 것도 이루지 못한다는 의미", ②"의미론의 결여" 즉, "제의문법을 위한 더 많은 이론적 함축을 가진 의미"가 없다는 의미.[14]

[표 2]에서 언급한 다양한 방법 가운데 과제 중심적 방법 자체도 상당한 정도로 발전하였다. 제이콥 밀그롬 이후 구약 희생 제의 본문들에 대한 연구와 아울러 그 체계를 이해하는 방법론에 대한 논의가 통시적인 측면과 공시적인 측면 모두에서 활발해졌다.[15] 예를 들어서, 로이 게인은 공시적 입장에서 제의본문들 속에 나타난 속죄제의체계를 논의하였으며,[16] 메쉘은 통시적 입장에서 오경의 P 본문들[17]에 나타난 희생 제의 체계("문법")의 재구성을 시도하였다.[18] 이러한 입장들을 부연설명하면 다음과 같다. 통시적인 입장은 율리우스 벨하우젠 이후로 '희생제의규례/체계'란 저자, 시대, 혹은 편집자들의 각자의 입장을 반영하는 단어, 개념, 문장, 혹은 단락들이 모여진 제의규례라고 보는 것이다. 이들은 제의본문 내에 등장하는 견해와 개념 혹은 묘사의 차이를 역

---

12 Meshel, The "Grammar" of Sacrifice, 186.
13 이에 대한 비판은 Gane, Cult and Character, 4ff.를 보라.
14 Meshel, The "Grammar" of Sacrifice, 188.
15 아주 최근의 개괄적인 논의에 대해서는, Yitzhaq Feder, Blood Expiation in Hittite and Biblical Ritual: Origin, Context, and Meaning(Atlanta: SBL, 2011), 148-151를 보라.
16 Gane, Cult, and Character.
17 P의 범위에 대한 개괄적 분석에 대하여, Philip Jenson, Graded Holiness: A Key to the Priestly Conception of the World (JSOTSS 106; Sheffield: JSOT, 1992), 220-24를 보라.
18 Meshel, The "Grammar" of Sacrifice; 비교. Christoph Nihan, From Priestly Torah to Pentateuch: a Study in the Composition of the Book of Leviticus, (FAT 2. Reihe, 25; Tübingen: Mohr Siebeck, 2007), 76ff.

사적 흐름 속에서 발생하는 내부 충돌이나 갈등의 결과로 이해한다. 공시적 관점의 학자들은 하나의 통일된 논리와 구성을 가지고 고대 이스라엘의 제의 체계를 반영하는 제의본문들을 살펴보려고 한다. 이들은 본문들에서 발견되는 다양한 차이와 충돌을 최종본문 내에서 조화롭게 해결하려고 노력한다.

필자는 본서에서 레위기의 제의본문들을 공시적이며 과제 중심적으로 살펴볼 것이며[19] 통시적 입장의 결과물들과 대화하면서 논의를 진행할 것이다.[20] 이제 본격적인 논의에 앞서서 몇가지 고려할 방법론상의 문제들을 찾아본다.

희생 제의 체계 해석의 난점과 그 원인

구약 희생 제의 본문과 그 체계의 해석상의 난점의 원인은 다음과 같이 여러가지다. 먼저 그 난점의 배경 혹은 현상들을 설명하고 그후에 해결에 도움을 줄 수 있는 '간격 메우기'(gap filling) 방법론을 다루어본다.

① 구약 희생 제의 본문들을 더 원활하고 일관되게 이해하려면, 전체 혹은 하나의 체계로서의 구약 제의체계에 대한 이해가 우선되어야 한다. 그런데 현시점에서 학자들 사이에서 이에 대한 이해과 관심의 부족을 발견할 수 있다. 이와 관련해서 프랭크 고만 2세(Frank Gorman, Jr.)는 다음과 같이 지적한다.

---

19 이 분류에는 본서에서 중점적으로 다루는, 밀그롬, 미국 재림교회 초기 구약학자들과 게인과 같은 학자들이 포함된다. 밀그롬은 주로 인생의 후반기에 레위기 주석작업에 몰두했지만, 속죄제사체계에 대한 조직화는 그의 제자 게인(*Cult and Character*, 12-24)이 수행하였다.

20 통시적 입장을 취하는 학자들 가운데서도 최종본문의 입장, 혹은 최종본문의 연구를 우선해야 한다고 주장하는 경우들이 있다. 이 중도적 입장은 제의본문 이해에도 적용할 수 있다. 예를 들면, F. Crüsemann, *The Torah: Theology and Social History of Old Testament Law*, trans. by A. Mahnke(Minneapolis: Fortress, 1996), 313, n. 186; James Watts, *Reading Law: The Rhetorical Shaping of the Pentateuch*, (The Biblical Seminar 59; Sheffield: Sheffield Academic Press, 1999), 132 등이 있다.

수년간 오경의 제사장의 제의본문들(Priestly ritual texts)이 많은 관심을 받았지만, 이 본문들에 구체화된 제사장의 제의(Priestly cult)에 있는 개념적, 이데올로기적, 신학적 틀을 분석하고 이해하려는 시도는 거의 없었다. 기존의 제의연구는 오경에 관한 일반적인 연구에서 개발된 분석 방법을 사용하여 문헌비평적, 양식비평적, 전승사적 문제에 초점을 맞추어왔다. 다시 말하자면 제의[자체]보다는 [제의]본문에 관한 연구가 더 강조되었으나, 일반적으로 개별적인 제물의 역학과 의미에 중점을 두고 있었으며 제사장의 의식체계에는 주의를 기울이지 않았다는 것이다.[21]

② 구약 희생 제의 본문 자체가 갖고 있는 상징성의 모호함 혹은 문맥과 상황에 따라 그 개념이 변화할 수 있다는 점을 인정해야 한다. 그러한 점에서는 제의의 의미와 기능은 다변적일 수 있다.

"P와 같은 텍스트들이 그것들이 묘사한 제의(ritual)에 대한 상징적인 설명을 제기하지 않는다면, 해석자들은 원래적인 것이 아니거나 혹은 필요한 상징 체계들을 제의에 부여해야 하는 의무를 스스로 발견한다. 어떤 텍스트가 한 때는 현실적이었고 다른 때에는 유토피아적이었을 것이다. 한 때는 어떤 제의를 상징적으로 해석했겠지만, 다른 때에는 그것을 상징적으로 해석하지 않았을 것이다. 어떤 사회에서는 상충되는 의식, 본문 및 해석이 동시에 상호 작용한다. 실제로 이러한 모든 가능성은 모든

---

21 Frank H. Gorman, Jr., *The Ideology of Ritual: Space, Time and Status in the Priestly Theology* (JSOTSS 91; Sheffield: Sheffield Academic Press, 1990), 7.

문화와 시대 속에서 내재적으로 존재할 가능성이 있다." [22]

구약 희생 제의 본문에 그 달성목표(레 4:31b; 16:16)와 그 절차를 설명하는 경우가 종종 있지만, 그 체계를 온전하고 간략하게 설명하는 경우는 거의 없으며,[23] 다만 내러티브 속의 규례 혹은 제의사건들을 기술(記述)할뿐이다.[24] 이것은 고대근동 제의의 일반적인 현상인 것 같다. 그러므로 이러한 제의규례들을 제의 수행의 세부사항을 알려주는 제사장의 제의 수행 가이드로 보기 어렵다.[25]

③ 하나의 본문이나 개념, 용어가 모든 제의본문에서 기계적으로 단일하게 작용하거나 사용될 수 있는가가 문제거리다.[26] 일반적으로 사람들은 제의본문들을 제의 시행 원칙을 말하는 규범 본문들(prescriptive texts)과 제의의 실제 수행을 말하는 기술 본문들(descriptive texts)로 나누며 그 원칙을 레위기 제의본문들에도 적용하려고 한다.[27] 그것이 과연 가능한가? 얼핏 가능한 것처럼 보이지만, 반대로 무엇이 규범적인 본문들인지 무엇이 기술 본문들인지에 대한 구분도 모호할 수 있다.[28] 규범 본문을 표준규범으로 전제하고 기술 본

---

22 James Watts, *Ritual and Rhetoric* in *Leviticus: From Sacrifice to Sacrifice.*(Cambridge: Cambridge University Press, 2012) 33.

23 Marx Alfred, "The Theology of the Sacrifice According to Leviticus 1-7," in *The Book of Leviticus: Composition and Reception*, ed. by Rolf Rendtorff and A. Kugler, 104 (Leiden: Brill, 2003).

24 R. P. Knierim, *Text and Concept in Leviticus 1:1-9. A Case in Exegetical Method* (FAT 2; Tübingen: Mohr Siebeck, 1992), 91-97.

25 Gane, *Cult and Character*, 22; 박철현,『레위기: 위험한 거룩성과의 동행』(서울: 솔로몬, 2018), 50-55.

26 이 오류 혹은 실수는 연구자들이 이 주제뿐만 아니라, 다른 주제에서도 쉽게 빠질 수 있는 경우다. 우리의 주제의 경우, 예를 들어서 밀그롬이 구약제의체계에 있어서 어떤 특정한 표현이나 주제 혹은 한 가지 입장을 다른 제사관련 문맥(예, 속죄/부정, 제의/윤리)에 적용하려는 시도에 대한 고만(Gorman, "Pagan and Priest")의 비판을 보라.

27 B. Levine, "The Descriptive Tabernacle Texts of the Pentateuch," *JAOS* 85 (1965): 307-18; Knierim, *Text and Concept*, 17. 이에 대한 비판과 문제제기는 Gerald A. Klingbeil, *Bridging the Gap: Ritual and Ritual Texts in the Bible* (BBRS 1; Winona Lake: Eisenbrauns, 2007), 53, 147-57.

28 Gane(*Leviticus-Numbers*, 162)은 규범 본문과 기술 본문의 차이를 다음과 같이 설명한다. 레 4:22-35의 경우, "…할 때" 혹은 "만약에…"(22, 27, 32절)라는 조건절+미래적 수행을 의미하는 완료연계형 혹은 미완료 동사를 사용하고 레 9:8-21의 경우, 과거행위를 지칭하는 미완료연계형 혹은 완료형 동사를 사

문의 경우 무조건 표준규범과 '동일한 기능'을 수행한다는 전제하에, 기술 본문에 규범 본문과 상응하는 요소가 없다는 이유로 무조건 '생략'되었거나 당연한 것으로 전제되었다고 가정하는 등 무조건 끼워 맞추기식 해석을 하는 경우도 있다. 양자 사이에 추가, 차이, 생략을 이해할 수 있는 규범 본문이 있는가를 고려해볼 필요가 있다.

결국 이것은 제의본문의 의미의 재구성에 관한 문제다.[29] 제의본문들이 "제의 절차"를 반영하는지, "문학적 구조"만을 다루는지는 애매한 면이 있다. 제의본문을 읽을 때, 제의행위의 어디까지가 상징적이며 어느 지점까지가 실제적인가 하는 물음에 간단하게 대답하기란 쉽지 않다.[30] 예를 들면, 죄의 고백, 제물에 대한 안수, 제물의 도살, 제물이나 그 피를 제단(혹은 성소 기물)에 사용할 때, 하나님과 사람 사이의 도덕적인 혹은 관계성을 해치는 범죄가 용서되거나 회복되는 것은 좀 더 쉽게 이해할 수 있으나 어떻게 죄 용서와 관계회복(혹은 심화)이 실제로 물리적(접촉), 생물학적(도살), 혹은 화학반응(소각)의 형태로 발생하는지 혹은 처리되는가를 현대인의 관점에서 선뜻 이해하기가 어렵다.

④ 이와 같은 상황 속에서 제의본문에 대한 더 나은 해석은 결국 본문을 해석하는 독자의 적극적인 참여가 필요하다. 그러한 점에서 제의본문 독자가 독서행위를 통하여 자신이 이해하기 어렵거나 생략되었거나 감추어져 있는 정보 혹은 논리에도 불구하고 주어진 제의를 일관성있게 이해하려면, 볼프강

용한다.

29 Leigh M. Trevaskis, *Holiness, Ethics and Ritual in Leviticus*, (HBM 29. Sheffield: Sheffield Phoenix Press, 2011), 21-46을 보라.

30 Gorman, "Pagan and Priest," 99-101.

이저(Wolfgang Iser)가 제안한 "간격 메우기"(gap filling)[31]가 필요하다. 길더스는 이와 같은 '간격 메우기'의 필요성을 다음과 같이 요약하였다.

> 이저에 따르면, 독자들은 자신들 앞에 있는 텍스트의 "간격"을 필연적으로 경험하며 텍스트의 의미를 일관되게 이해하려고 그러한 간격을 다양한 방식으로 채운다. 본문이 열리지 않고 읽히지 않는 채로 남아있는 한, 그것은 의미가 없는 것이다. 의미는 본문이 읽힐 때에야 비로소 존재하게 되며, 독자의 기여는 대체될 수 없다. 그러므로, 이저는 독서 과정, 즉 읽을 때 독자가 수행하는 것을 강조한다.[32]

문제는 이러한 방법론의 단점인 해석자의 '자의성'이 개입될 여지가 생긴다는 것이다. 이를 보완/교정하려면, '간격 메우기'와 관련한 몇 가지 세부적인 원칙이 필요할 것이다.[33] 그것들은 (1) 명료성, (2) 일관성, (3) 독특성의 원칙인 것이다.

명료성의 원칙은 직접적인 제의본문 혹은 인근, 혹은 관련본문(들)에서 어떤 제의 혹은 그 과정 혹은 행위에 대한 명료한 해설적 언급이 존재하는가를 살피는 것이다. 만약 직접적인 본문에 명료한 해설적 언급이 존재한다면, 그것에 따라 본문이나 특정한 기능을 이해해야 한다. 반대로 어떤 기능과 행위에 관한 내용이 특정 본문에서 불명확하거나 언급되지 않는 경우[34] - 길더

---

31 Wolfgang Iser, "The Reading Process: A Phenomenological Approach," in *Reader-Response Criticism: From Formalism to Post-Structuralism*, ed. by Jane P. Tompkins, 55-69 (Baltimore: John Hopkins University Press, 1980).
32 Gilders, *Blood Ritual*, 10.
33 필자는 Gilders, *Blood Ritual*, 특별히 98-104이 제시한 원칙들을 차용하였다.
34 Meshel, *"Grammar" of Sacrifice*, 180.

스의 분류에 따른다면, 대부분의 제의본문들은 이 부류에 속한다 - 독자는 제의 본문들에서 "하나의" 혹은 "일관된" 의미와 기능이 수행된다는 섣부른 판단을 유보해야 한다.[35] 그럼에도 불구하고, 해석자들 사이에, 위에서 언급한대로 직접적인 증거가 부족할 경우, 독자는 인접 본문들 혹은 원거리 본문들에서 간접적인 증거 혹은 유비를 발견하려는 경향이 있다.

일관성의 원칙은 특정한 제의에 나타난 특정한 명령, 기능, 행위를 거대 문맥 속에서도 동일하게 작용하는가를 살피는 것이다. 이것은 일관되게 작동하는 거대 (혹은 유사) 문맥을 고려치 않고 특정 제의가 특수한 상황에서만 특정하게 기능한다는 특수화의 해석 오류를 경계하는 분석이다.[36] 이 원칙은 이스라엘 문화나 주어진 특정한 문맥을 넘어 고대근동지역이라는 좀 더 먼 인접 문화나 지역이나 세계관 속에서 좀 더 확장된 유비적 해석을 적용할 수 있다.

위에서 언급한 일관성과는 반대로, 독특성의 원칙은 특정 제의에 나타난 특정 명령, 기능, 행위가 거대 (혹은 유사) 문맥 속에서 어떻게 다양하게 기능할 수 있는가의 가능성을 살피는 것이다. 이것은 특정문맥의 특수한 상황이나 기능을 거대(혹은 유사) 문맥 속에서 발생할 수 있는 일반화 오류를 경계하는 분석이다.

---

35 Gilders(Blood Rituals, 5)는 다음과 같이 주장한다.
    "학자들은 종종 고대 이스라엘인 의식 활동을 고대 이스라엘인들 스스로 상징적으로 해석한 것처럼 다루기는 하지만, 실제로 마치 본문들 안에 존재하는 상징적 해석들을 찾기는 어렵다. 오히려 우리는 의식행동으로 달성되는 도구적 효과에 대한 선언을 발견할 뿐이다. 예를 들어, 성서본문은 제사장 후보자에게 피를 뿌리는 것이 그들의 지위와 정체성의 현저한 변화를 초래하는 방식으로 그들을 거룩하게 만들며(출 29:21, 레 8:30), 피를 제단의 뿔에 바름으로서 그 상태를 변화하는 방식으로 그것을 정결하게 만든다(레 8:15)."
36 Gilders(Blood Rituals, 5-6)는 많은 학자들이 레 17:11을 대부분의 문맥에 등장하는 피의 사용활동의 해석원칙으로 적용하려는 문제점을 지적한다.

본서에서 필자가 갖는 희생 제의절차의 기본전제는 다음과 같다. 구약 희생 제의체계는 "제물, 번제단, 제사장"의 세 가지 매개를 통하여[37] 헌제자와 하나님 사이의 관계성의 "회복 혹은 지속/심화"라는 두 가지 중요한 목적을 수행한다. 그러한 가정 하에 필자는 아래와 같이 제의 과정을 세분화하고 그 과정에서 벌어지는 제의 역할을 중심으로 레위기의 희생 제의 체계 논의를 진행할 것이다.

　　희생 제의는 헌제자가 가져온 흠 없는 짐승을 죽이고 제사장이 피와 고기를 번제단에게 가져다가 사용하는 것으로 집행된다. 이것은 시작단계(헌제자가 제물을 가져오고 죽이고 각을 뜨고 씻는 준비행위)와, 희생 제의 행위의 실행(제사장이 제물의 피와 고기를 번제단에서 사용하는 행위), 그리고 종결과정(나머지 피를 번제단 아래 쏟고 나머지 고기를 제사장이 먹든지, 혹은 진영밖 정결한 곳에서 태우는 일)의 세 단계로 나눌 수 있다. 이와 같은 희생 제의의 세 단계가 모두 중요하지만, 앞서 언급한 대로 본격적인 희생 제의 행위의 준비, 혹은 종결 과정을 실제 제의 행위와 동일시하거나 확장하거나 기능이나 의미를 혼동하지 말고 구분하여 이해하는 것이 필수적이라는 것이 필자의 해석학적 전제다. 아래의 [표 3]은 희생 제의의 전과정을 흐름에 따라 구분한 것이다.[38]

37　Gilders(*Blood Ritual*, 82)는 제물의 피의 사용과 제물의 제의적 소각을 통하여 그 삼각관계가 강화된다고 보았다.
38　이 도표는 성기문(『키워드로 읽는 레위기』[서울: 세움북스, 2016], 27)를 수정한 것이다.

[표 3] 희생제의 전과정

헌제자의 역할	제사장의 역할		
제물의 준비절차	제물을 통한 제사의 실행과 완료		
흠없는 짐승을 가져온다(안수, [±죄의 고백])	제단 등 다양한 곳에서 다양한 방식으로 피를 사용한다.	제물을 번제단에서 태운 후	사용한 피의 나머지를 번제단 아래에 쏟는다.
짐승을 죽이고 피를 받는다.	번제단에서 고기(혹은 특정부분)를 태워 하나님이 기뻐하시는 향기를 낸다.	제사완료의 선언: ① 하나님의 열납, ②죄의 용서, 혹은 ③부정의 해소	나머지 고기를 야영지 밖에서 정결한 곳에서 소각 혹은 제사장이 거룩한 장소에서 먹는다.
짐승을 토막내고 씻는다(번제물의 경우).			

필자는 [표 3]과 같은 희생제의체계의 전제와 역할(기능)에 대한 가정 하에서 제의의 준비, 제의실행, 제의완료(종결)의 순서를 따라 본서의 논의를 진행할 것이다. 각 장별로 다루어지는 좀 더 세부적인 본서의 전개는 다음과 같다.

　　제1장은 본서의 서론으로, 본 논의의 문제제기와 논지와 해석 방법론 등을 개괄한다. 제2장은 본서와 관련된 주제의 연구사로, 밀그롬과 미국 재림교회 구약학자들 등을 중심으로 20세기후반에서 21세기 초까지에 제기된 다양한 논의들을 중심으로 개관한다. 구약 희생제의체계에 대한 양대 산맥이라고 할 수 있는 이들의 입장, 즉 "안수(직접적인 접촉) 없이 자동적으로 성소가 오염된다"고 주장하는 학자들과 "제물의 안수라는 직접적인 접촉을 통해서만 성소가 오염된다"고 주장하는 학자들[39]을 위에서 언급한 세 가지 제의과정들(준비, 진행, 완료)을 중심으로 개괄하고자 한다.

39　이 부분의 논의는 성기문, "최근 레위기 연구에서의 재림교회 구약학자들의 기여 - 로이 게인, 제럴드 클링바일, 빌프리트 바르닝을 중심으로,"「신학과 학문」23(2018): 131-158에서도 일부 다루어졌다.

제3-6장에서는 하타트 제의체계의 기본 요소들로부터 중요한 절차와 과정들까지 살펴볼 것이다. 즉, 제물을 드리는 시작단계로부터, 짐승에 대한 안수와 죄의 고백, 제물의 피와 일부(기름/간/콩팥)의 제단에서의 사용, 나머지 피와 나머지 고기의 최종처리를 중심으로 그동안 학자들 사이의 해석상의 논쟁을 살펴볼 것이며, 본서의 7-8장에서는 레위기 16장과 관련된 다양한 주제들을 다룬다: 우선, 레위기 16장의 하타트 제의의 배경과 관련 구절들(특히 레 10장의 나답과 아비후 사건, 민수기 여러 장들)을 먼저 살펴보고, 그 후에 레위기 16장에서 아론이 집행하는 성소에서의 하타트 제의, 광야로 보내는 아사셀 염소제의 그리고 매년의 절기 하타트 제의와의 관련성을 살펴볼 것이다.

제3장은 하타트 제의의 구성의 측면에서 기본 전제들, 죄의 개념, 죄와 제단의 연관성, 속죄/정화 용어들과 그 용례, 그리고 제물의 구성과 종류들을 살펴본다.

제4장은 하타트 제의의 시작(준비)과정에 행하는 제물의 안수의 기능, 죄의 고백의 문제를 살펴본다. 우선 안수 논쟁과 관련된 구절들을 직접적으로 살펴보면서 안수의 기능과 의미를 살펴볼 것이다. 접촉을 통한 죄 오염의 전달 측면에서 제물의 안수가 중요한 이유는 하타트 제의체계가 범죄자의 죄로 인한 성소기물의 오염과 제물로 인한 그 오염의 해소와 아울러 범죄자의 용서의 문제를 다루기 때문이다. 또한 안수만큼 중요한 요소로 여겨지는 죄의 공적인 고백이 본격적인 제의를 여는 수단이면서 제의의 핵심으로 여겨질 수 있는가를 논의할 것이다.

제5장은 제단에서의 하타트 제물의 피 사용과 나머지 피 처리규례를 다룬다. 우선 하타트 제의에서의 피의 역할에 대한 학자들의 논란을 다룰 것이며 이후에 피 사용의 용어들, 제단 등에서의 피 사용방법과 기능 문제를 다룰

것이며, 그후 제단에서 속죄의식 후 피의 즉각적인 폐기규례에 관한 논의를 다룰 것이다.

제6장은 제단에서의 하타트 제물 일부(기름/간/콩팥) 사용과 나머지 고기의 처리규례를 다룬다. 우선 제물 고기 사용의 용어들, 번제단에서의 제물일부(기름/간/콩팥)의 사용방법과 기능의 문제를 다룰 것이며, 추가로 고기를 태우는 일의 목적과 향의 사용과 관련된 논의를 진행할 것이다. 그후에 제사장이 나머지 고기를 먹거나 진영밖 정결한 곳에서 태우는 등 제사장의 제물의 마지막 처분과 관련된 다양한 논의를 다룰 것이다. 마지막으로 제의를 수행하거나 고기를 조리하는 과정 가운데 발생할 수 있는 거룩한 피와 고기와의 접촉과 관련된 논의를 살펴볼 것이다.

제7장은 제8장에서 레위기 16장의 하타트 제의의 내용을 다루기 위한 레위기 10장을 중심으로 한 예비적 고찰의 성격을 갖는다. 우선 레위기 10장의 나답과 아비후의 죽음을 중심으로 한 레위기 10장과 16장의 상관관계를 규명하기 위한 다양한 본문들(민 16, 18-19, 20장)과 주제들(향로의 사용과 시체로 인한 성소 부정)을 다룰 것이다. 마지막으로 레위기 4장과 16장의 하타트 제의 규범들을 주제별로 비교분석할 것이다.

제8장은 하타트 제의를 다루고 있는 레위기 16장의 하타트 제의의 내용을 다룰 것이다. 우선, 즉, 하타트 제의의 과정과 목적, 부정의 내용과 정화의 방법, 아사셀 제의의 의미를 다룰 것이다. 그리고 매년의 절기로서의 욤 키푸르의 제정과 특징들에 대한 논의를 할 것이다.

제9장은 지금까지의 연구에 대한 전체적인 요약과 결론을 제시한다.

2장 하타트 제의체계의 해석사

도입

이 단락은 하타트 제의체계의 해석사에 있어서 본서의 연구주제(1장을 보라)와 관련하여 가장 큰 기여를 했던 제이콥 밀그롬(Jacob Milgrom)과 미국 재림교회 구약학자들의 문제제기를 중심으로 시작할 것이다.[1] 그 이유는 다음과 같다. 유대인 학자인 밀그롬은 제물의 피가 성소기물에 발생한 오염을 제거하는 기능을 주로 수행한다고 주장함으로써 현대 구약제의체계연구의 새로운 패러다임을 제시하였고 미국 재림교회 구약학자들은 피가 성소 오염의 원인이며 그 수단으로서 짐승 안수의 기능을 새롭게 강조하였다. 이처럼 양자가 제물의 피와 고기가 관련된 성소기구의 오염의 원인과 방법에 대한 정반대의 입장을 보였다.

    미국 재림교회 구약학자 앙헬 마누엘 로드리게스(Angel Manuel Rodriguez)는 "구약에서 희생제의체계가 헌제자를 **대신해서** 죽는 제사용 짐승에게 헌제자의 죄와 형벌을 **이동시킴**으로서 죄인의 죽음을 요구하시는 하나님의 정의를 만족시켜서 완성되었다"고 여긴다(강조는 필자의 것). 로드리게스는 기독교 학계에서 19세기 이전까지 구약희생제의에 나타난 '대리'속죄에 그 누

---

1 밀그롬 이전 시대의 본 주제와 관련된 논의의 개괄과 분석과 비판은 Angel Manuel Rodriguez, *Substitution in the Hebrew Cultus and in Cultic-Related Texts* (AUSDDS 3; Berrien Springs: Andrews University Press, 1979), 7-19을 참조하라. Jonathan Klawans("Ritual Purity, Moral Purity, and Sacrifice in Jacob Milgrom's *Leviticus,*" *Religious Studies Review* 29/1 [2008]: 19)는 본서의 주제를 넘어 레위기의 2000년대 레위기 연구에 대한 개괄적인 이해를 제시한다. 또한 레위기의 언어학적 고찰은 René Péter-Contesse, *Lévitique 1-16*, (CAT, 3a; Genève: Labor et Fides, 1993)를 참조하라.

구도 의문을 제기하지 않았지만, 그 이후로 요한 H. 쿠르츠(Kurtz)[2]를 제외한 19~20세기까지 대다수 학자들이 대리속죄의 개념을 반대하였다고 한다. 또한 로드리게스는 "죄의 이동(transfer of sin)"[3]이라는 "전통적인 입장"이 20세기 중반 이후에 그것을 부정하는 제이콥 밀그롬 등의 도전을 다시 받게 되었다고 주장한다.[4] 그러한 전제 하에서 20세기후반부터 미국재림교회 구약학자들이 대리속죄와 죄의 이동이라는 전통적인 입장을 부정하는 이와 같은 '새로운' 해석학적 흐름에 반론을 제기하기 시작한 것이다.

로드리게스가 요약하는 '전통적인' 입장에 대한 19세기 학자들의 도전의 근거는 다음과 같이 다섯 가지다:[5] (1) 제물을 드림으로 용서받는 죄는 당사자가 죽어야 할 정도로 심각한 죄는 아니다. (2) 속죄를 위하여 소제물이 사용되는 경우도 있지만, 그것을 대리(substitution)라는 측면에서 이해하기 어렵다. (3) 안수를 통한 죄의 이동은 거룩해야 할 흠 없는 제물을 오염시키는 것이며, 화목 제물의 안수는 속죄행위로 볼 수 없다. (4) 희생제물용 짐승이 죄의 형벌을 대신 받는 것이라면, 헌제자가 아니라, 제사장이 짐승을 죽여야 했다. (5) 이 규정 자체는 "피 사용"이 제의절차의 핵심행동으로 강조된다는 점에서 "사형(death penalty) 집행"이라는 "희생제물의 도살에 대한 대리적 해석"의 증거로 보기에는 빈약하다.

이러한 상황 속에서 밀그롬과 그의 반대자들(특별히 미국재림교회진영) 모두 성소의 오염의 출처(죄인의 범죄)와 내용(피를 통한 오염의 제거)에 대략적으로

---

2 Johann H. Kurtz, *Sacrificial Worship in the Old Testament* (Edinburgh: T. & T. Clark, 1863).

3 이 표현은 문자적으로 말하면, "죄의 환승"이다.

4 Angel M. Rodriguez, "Sacrificial Substitution and the Old Testament Sacrifices," in *The Sanctuary and the Atonement: Biblical, Theological, and Historical Studies: Abridged*. ed. by Arnold V. Wallenkampf, W. Richard Lesher, 123 (Silver Spring: Biblical Research Institute, 1989).

5 Rodriguez, "Sacrificial Substitution," 123-24.

동의하는 편이다. 그러나 이들 사이에 성소기물이 어떻게 오염되는가에는 공감대가 없었다. 밀그롬은 사람의 범죄가 접촉여부와는 상관없이 자동적으로 성소기물을 오염시키기 때문에 범죄자가 그 오염을 제거하려고 정결한 제물을 드려야 한다고 보았고, 그 반대편 사람들은 사람(오염원)이 정결한 제물과의 직접적인 접촉(안수)을 통해 죄가 제물로 이동하고 그 제물과의 또 다른 직접적인 접촉(뿔에 피를 바름)으로 성소기물에 죄가 이동한다고 보았다. 그러므로 밀그롬과 재림교회 구약학자들의 가장 큰 논쟁점은 ① 제물이 어떻게 헌제자를 대신하는가의 문제, ② 구약의 속죄행위가 우선적으로 의도하는 바가 무엇인가(제단의 정화 혹은 속죄)에 관한 것이다. 그러한 점에서 두 진영 간의 가장 큰 견해 차이는 성소기물의 오염의 원인과 방법 즉 안수의 역할에 대한 이견으로부터 시작한다. 물론 이와 같은 견해차는 두 부류의 학자들이 이 주제에 대한 논의도중에 서로 영향을 주고 받기도 하는 등 변화하는 모습도 보여주었지만, 큰 틀에서는 여전히 큰 입장차를 보여준다.

필자는 이와 같은 견해차로 촉발된 다양하고 심도 깊은 논란은 과거와는 다른 구약제의체계에 대한 새로운 그림을 그릴 수 있을 것이라고 생각한다. 이처럼 구약 희생 체계의 시작점뿐만 아니라 그에 따르는 여러 가지 요소들에 있어서 여전히 해결되지 못한 부분들이 많이 있다. 필자는 본서를 통하여 두가지 입장차를 자세하게 다루어볼 것이며 필자 나름의 새로운 발견과 새로운 결론을 이끌어가도록 노력할 것이다.

요약컨대, 본서의 연구주제와 관련하여 다음의 대표 학자들에게 다음과 같은 세가지 질문들을 제기하려고 한다. 즉 ① 안수의 기능과 역할, ② 제사장이 제물을 먹는 것의 의미와 관련된 논의, 그리고 ③ "속죄일"의 두가지 제의 절차들은 어떤 의미와 기능을 수행하는가? 이에 대하여 학자들마다 전제 혹은 세부적인 측면에서 다양한 입장을 보인다는 점에서 그러한 논의들은 상대적으로 무질서해보일 수도 있고 체계적으로 분류하기가 쉽지 않을 수도 있다.

본서에서 체계적이고 편리한 논의를 전개하기 위하여 [표 4]와 같이 구분법을 제시하고자 한다. 즉 본 주제에 대한 논의의 시작점, 즉 죄가 죄인의 범죄시점으로부터 (번)제단까지에 전달되는 과정과 관련하여 필자는 안수의 제의적 매개역할을 주장하는 학자들과 그것을 반대하는 학자들로 크게 두 부류로 나누었고, 또한 세부적으로 6가지로 나누었다.

[표 4] 성소오염에 대한 안수의 기능을 중심으로 한 입장들

전달방법	주장자들
안수 없는 성소의 오염	밀그롬(거리와 상관없이, 원거리 자동오염)
	키우치(원거리 자동오염/근거리, 회막앞에서 오염)
안수를 통한 성소의 오염	미국 초기 재림교회 구약학자들(하젤, 쉬이, 로드리게스)
	일부 유대인학자들(맥코비, 조하르)
	게인(미국 앤드류 대학교 재림교회 신학대학원)
	김경열

최근 학자들의 입장들
안수 없이 자동적인 성소오염을 주장하는 학자들

이 범주에는 안수(직접적인 물리적 접촉)없이 범죄와 동시에 원거리에서 자동적인 성소오염을 주장하는 밀그롬 및 그 외에도 주로 범죄자가 회막 문 앞에 이

르렀을 때 안수(근거리로 자동적으로) 없이 발생하는 성소오염을 주장하는 키우치가 있다.

제이콥 밀그롬(Jacob Milgrom)

밀그롬은 미국 유대인 학자로서 주로 레위기를 중심으로 한 구약의 희생 제의 체계연구에 평생을 바쳐 큰 업적을 남겼으며 자기 이론과 관련하여 많은 지지자들과 소수의 반대자들을 남겼다.[6]

---

6   밀그롬의 저작활동, 즉 초창기부터 1994년 직후까지에 대한 정보는 David P. Wright, David Noel Freedman, and Avi Hurvitz (eds.), *Pomegranates and Golden Bells: Studies in Biblical, Jewish and Near Eastern Ritual, Law, and Literature in Honor of Jacob Milgrom* (Winona Lake: Eisenbrauns, 1995), bibliography(xiii-xxv)를 보라. Milgrom의 해석학적 특징은 James W. Watts, *Ritual and Rhetoric in Leviticus: From Sacrifice to Scripture* (Cambridge: Cambridge University Press, 2007), 3-10를 보라. 우리의 논의와 관련하여 밀그롬이 남긴 단행본 혹은 주석은 다음과 같다.

   Jacob Milgrom, *Cult and Conscience: The ASHAM and the Priestly Doctrine of Repentance* (Leiden: Brill, 1976); Jacob Milgrom, *Studies in Cultic Theology and Terminology* (Leiden: Brill, 1983); Jacob Milgrom, *Leviticus 1-16* (AB; New York: Doubleday, 1991); Jacob Milgrom, *Leviticus 17-22* (AB; New York: Doubleday, 2000); Jacob Milgrom, *Leviticus 23-27* (AB; New York: Doubleday, 2001); Jacob Milgrom, *Leviticus: A Book of Ritual and Ethics* (Continental Commentaries; Minneapolis: Fortress, 2004). 밀그롬에 대한 후세대의 평가는 Roy E. Gane and Ada Taggar-Cohen (eds.), *Current Issues in Priestly and Related Literature: the Legacy of Jacob Milgrom and Beyond* (Atlanta: SBL Press, 2015)를 살펴보면 좋다.

   밀그롬의 제의체계에 대한 지지자들은 다음과 같다. D. P. Wright, *The Disposal of Impurity: Elimination Ritesin the Bible and Hittitr and Mespotamian Literature.* (SBLDS 101, Atlanta: Scholars Press, 1987), 20, 72-73; D. P. Wright, "Day of Atonement," *ABD* 2, 72-73; M. Anderson and P. Culbertson, "The Inadequacy of the Christian Doctrine of Atonement in the Light of Leviticus Sin Offering," *ATR* 68 (1986): 310, 315, 322; F. H. Gorman, *The Ideology of Ritual: Space, Time and Status in the Priestly Theology* (JSOTSS 91; Sheffield: JSOT Press, 1990), 76-78; D. P. Wright, "The Spectrum of Priestly Impurity," in *Priesthood and Cult in Ancient Israel*, ed. by G. A. Anderson and Saul M. Olyan, 155-56 (JSOTS 125; Sheffield: JSOT Press, 1991); B. H. McLean, "The Interpretation of the Levitical Sin Offering and the Scapegoat," *Studies in Religion* 20 (1991): 345-56; B. Schwartz, "The Bearing of Sin in the Priestly Literature," in *Pomegrandates and Golden Bells: Studies in Biblical, Jewish, and Near Eastern Ritual, Law, and Literature in Honor of Jacob Milgrom*, ed. by D. Wright, D. N. Freedman, and A. Hurvitz, 20-21 (Winona Lake: Eisenbrauns, 1995); K. C. Hanson, "Sin, Purification, and Group Process," in *Problems in Biblical Theology: Essays in Honor of Rolf Knierim*, ed. by H. T. C. Sun *et al.*, 177 (Grand Rapids: Eerdmans, 1997); J. E. Hartley, *Leviticus* (WBC; Dallas: Word Books, Publishers, 1992), 58; A. P. Ross, *Holiness to the Lord: a Guide to the Exposition of the Book of Leviticus* (Grand Rapids: Baker Academic, 2002), 124-25, 132-34; J. Burnside, *The Signs of Sin: Seriousness of Offence in Biblical Law* (JSOTSS 364; London: Sheffield Academic Press, 2003), 164-66.

   밀그롬과 다른 학자들의 논쟁은 여러 가지 주제와 관련하여 계속 있어왔다. ① B. 야노브스키와의 논쟁은 Milgrom, "Review of B. Janowski's *Sühne als Heilsgeschehen*," *JBL* 104 (1985): 302-304에 있다. ② 롤프 렌토르프와의 논쟁은 다음과 같다. 밀그롬은 구약의 제의본문들, 소위 P와 H의 기원의 시기를 바벨 밀그롬은 사람이 범죄하였을 때 흠없는 제물의 피와 일부(기름/간/콩팥)를 번제단 등에 태우거나 바르는 식으로 사용한다는 점을 근거로 제물의 피와 일부(기름/간/콩팥)가 성소기물의 오염을 제거하는 역할을 한다고 주장하였다. 밀그롬은 사람이 범하는 죄의 영향력을 "성스러운 영역을 자석처럼 끌어당기는 독한 기운과 같다"고 주장한다.[7] 또한 그는 인간과 성소기물이 서로 밀접

론 포로이전, 즉 솔로몬 시대로 잡으며 P가 H보다 시기적으로 선행한다고 주장한다. 보라, Milgrom, "Two Kinds of *hattat*," *VT* 26 (1976): 333-37; Rolf Rendtorff, "Two Kinds of P? Some Reflections on the Publishing of Jacob Milgrom's *Commentary on Leviticus 1-16*," *JSOT* 60 (1993): 75-81; Milgrom, "Response to Rolf Rendtorff," *JSOT* 60 (1993): 83-85. ③ 유대인 랍비 하임 맥코비와의 논쟁은 다음과 같다. Milgrom, "Impurity is Miasma: A Response to Hyam Maccoby," *JBL* 119/4 (2000): 729-746; Milgrom, *Leviticus* 23-27, 2458-63. 밀그롬이 문장에 전제(암시)된 생략(ellipsis)을 보지 못한 채 문장에 드러나는 표현들을 문자적으로 해석한다는 맥코비의 비판에 먼저 반격의 포문을 연다. 맥코비는, 앞에 나오는 규례들이 안수를 잘 언급하기 때문에, 나중에 나오는 성소위임(레 9장), 속죄일(레 16:11, 15)의 규례집행시에 안수의 부재가 실제로 안수가 없었던 것이 아니라 단지 언급의 생략이라고 주장하는 밀그롬의 주장을 정당한 생략의 원칙의 적용이라고 인정한다(pp. 729-30). 또한 맥코비는 무차별적으로 즉각적인 성소기물의 원거리 오염을 주장하는 밀그롬에게 사소한 부정이 예외적이긴 하지만, 성소기물의 부정을 초래할 수 있다는 점을 확인시켜주는 역할로 이해한다(p. 730). 맥코비는 살아있는 사람의 범죄로 인한 부정만이 독한 기운(miasma)을 낼 뿐이며, 시체의 부정 자체가 성소기물을 오염시키지 않는다고 주장한다(p. 731). ④ 노암 조하르와의 논쟁은 다음과 같다. N. Zohar, "Repentance and Purification: The Significance and Semantics of חטאת in the Pentateuch," *JBL* 107 (1988): 609-18; Milgrom, "The Modus Operandi of the '*Hatta'th*': A Rejoinder," *JBL* 109 (1990): 111-13. ⑤ 프랑스 학자 A. 마르크스와의 논쟁은 다음과 같다. A. Marx("Sacrifice pour les péchés ou rites de passage? Quelques reflexions sur fonction du *hattat*," *RB* 96 [1989]: 27-48)는 제사장을 세우거나 부정해진 사람을 다시 회복시킬 때, 사용되는 하타트 제물-번제물의 의미를 다음과 같이 규정한다. 즉 하타트 제물은 사람과 제의공동체의 분리를 상징하고 번제물은 사람과 제의공동체의 재통합을 상징한다. 그러나 밀그롬(*Leviticus 1-16*, 289-92)은 그와 같은 입장을 반대한다. ⑥ 밀그롬의 제자이면서 결국 정반대의 입장을 보인 로이 게인과의 수차례의 논쟁은 다음과 같다. 밀그롬의 게인에 대한 반론은 "The preposition מן in the חטאת Pericopes," *JBL* 126 (2007): 161-63에 있고, 그에 대한 게인의 반론은 "Privative Preposition מן in Purification Offering Pericopes and the Changing Face of 'Dorian Gray.'" *JBL* 127 (2008): 209-22에 있다. ⑦ 제사에 대한 역사적 진화이론의 사용에 대한 조나단 클라완스와의 논쟁은 다음과 같다. Jonathan Klawans, "Ritual Purity, Moral Purity, and Sacrifice in Jacob Milgrom's *Leviticus*," *Religious Studies Review* 29/1 (2003): 19-28; 그에 대한 반응은, J. Milgrom, "Systematic Differences in the Priestly Corpus: A Response to Jonathan Klawans," *RB* 112 (2005): 321-29에 있다. ⑧ 알베르트 바움가르텐(Baumgarten)과의 민수기 19장의 붉은 암소 논쟁은 다음과 같다. 이 주제에 대한 논란은 다음을 보라. Milgrom, "The Paradox of the Red Cow (Num xix)," *VT* 31 (1981): 62-72; Albert I. Baumgarten, "The Paradox of the Red Heifer," *VT* 43/4 (1993): 442-451; Milgrom, "Confusing the Sacred and the Impure: A Rejoinder," *VT* 44 (1994): 554-59; 그리고 최근의 논의는 Frank S. Frick, "Ritual and Social Regulation in Ancient Israel: The Importance of the Social Context for Ritual Studies and a Case Study—The Ritual of the Red Heifer," in *Imagining Biblical Worlds: Studies in Spatial, Social, and Historical Constructs in honor of James W. Flanagan*, ed. by David M. Gunn and Paula M. McNutt, 219-32 (JSOTSS 359; London/New York: Sheffield Academic Press, 2002)를 보라. 이에 대한 기타 자세한 논쟁은 Milgrom, *Leviticus 17-22*의 서론 II H와, Milgrom, *Leviticus 23-27*, 부록 C를 보라.

7 Milgrom, *Leviticus 1-16*, 257.

한 관계를 이루고 있어서 사람의 죄가 먼 거리에서도 공기를 통하여[8] 성소기물을 자동적으로 오염시킨다고 보았다(레 15:31). 그러한 점에서 밀그롬은 헌제자에서 짐승을 거쳐 제단에 이르는 죄의 이동 수단으로서의 안수의 기능을 고려하지 않는다.[9] 단 무조건적으로 원거리에서 자동적으로 성소기물을 오염시키는 죄와는 달리, 부정(레 11-15장)은 심한 부정의 경우에만 성소기물을 자동적으로 오염시킨다고 보았다.[10] 밀그롬은 성소내에서의 오염의 정도(즉, 제단, 내성소, 지성소)는 사회-종교적 죄의 심각성에 따라 다르며 고의적인 죄가 지성소를 자동적으로 오염시킨다고 주장한다.[11]

밀그롬은 제물의 피가 죄인이 아니라, 성소의 제단 등에서만 사용되었다는 점에서 헌제자가 가져온 흠없는 짐승의 피가 범죄자의 죄를 속죄하지 않고, 범죄자의 죄로 오염된 번제단의 정화에만 사용된다고 보았다(레 8:15; 16:16).[12] 그 이전까지 대부분의 학자들이 제물의 피가 죄인의 죄의 문제를 해결한다고 보았으나,[13] 밀그롬은 제물의 피는 범죄자의 죄로 인한 성소(기물)의 오염을 씻어내는 "객관적인 정화작용"을 수행할 뿐이고, 범죄자의 죄 용서는 회막 입구에 제물을 가져온 상태에서의 죄의 고백과 회개 등 "정서적인 정화작용"으로 인해 실행된다고 보았다.[14] 문제는 이러한 정서적 정화작용이 어떻게 범죄자의 죄를 없애버리는가에 관한 것이다. 또한 나머지 속죄과정은 어

---

8 Milgrom, "Israel's Sanctuary: The Priestly 'Picture of Dorian Gray,'" *RB* 83 (1976): 393-93; Milgrom, *Leviticus 1-16*, 257.
9 Milgrom, *Leviticus 1-16*, 151.
10 Milgrom, *Leviticus 1-16*, 151.
11 Milgrom, *Leviticus 1-16*, 257.
12 Milgrom, *Leviticus 1-16*, 254-55. 이러한 입장은 J. Barr("Sacrifice and Offering," in *Dictionary of the Bible: Second Edition*, (ed. by Frederick C. Grant and H. H. Rowley, [Edinburgh: T. & T. Clark, 1963], 874)에게서도 발견된다.
13 현대 이전의 속죄체계이론에 대한 관점들은 Rodriguez, *Substitution*, 7-19를 참조하라.
14 Milgrom, *Leviticus 1-16*, 254-55.

떻게 되는가? 이에 대하여 밀그롬은 번제단에서 속죄행위가 시작하기도 전에 범죄자의 회개로 그가 범한 죄가 용서되고, 그가 드린 제물을 통하여 성소를 오염시킨 자기 죄를 용서받는 것이라고 부연한다.[15] 그러므로 성소의 죄의 오염을 제거하는 것은 정결한 제물의 역할이다. 하타트 제물로 성소의 부정을 빨아들인 후에, 그 부정은 제사장이 그 제물(의 나머지)을 먹거나 진영 밖의 정결한 곳에서 그것을 전부 태우는 것으로 제거한다.[16]

"속죄일에" 대제사장은 하타트 제물들로 고의적인 죄로 오염된 지성소와 모든 제의적 부정(11-15장)과 비고의적인 죄들(4:1-5:13)로 오염된 성소와 번제단을 정화한다.[17] 이후 대제사장은 두 손 안수로 아사셀 염소에게 이스라엘의 (정화된) 죄를 이동시킨 후 염소를 광야로 내보냄으로써 이스라엘의 모든 죄를 담당하게 한다. 밀그롬은 이것들을 "속죄일"의 두 가지 기능이라고 해석한다.[18]

밀그롬의 가장 큰 공헌은 그동안 구약의 희생 제의를 기계적이고 무감각적인 절차로 이해하였던 경향을 극복하고, 죄에 대한 인식과 고백, 회개(통회)라는 "정서적" 측면도 확인하고 강조했다는 점이다. 비록 지나치게 문자적 해석[19]이라고 비판을 받을 수는 있지만, 속죄절차에 있어서 피의 역할에 대한 그의 발견은 그 누구도 부인할 수 없는 큰 기여다. 그러나 죄가 어떻게 성소기

---

15 Milgrom, *Leviticus 1-16*, 256. 심지어 Baruch J. Schwartz("The Bearing of Sin in the Priestly Literature," in *Pomegranates and Golden Bells: Studies in Biblical, Jewish, and Near Eastern Ritual, Law, and Literature in Honor of Jacob Milgrom*, ed. by Jacob Milgrom, David Pearson Wright, David Noel Freedman, and Avi Hurvitz, 20 [Winona Lake; Eisenbrauns, 1995]는 일상적인 하타트 제의에서뿐만 아니라, 속죄일에도 개인의 죄는 회개가 없으면 용서가 없다고 주장한다.

16 Milgrom, *Leviticus 1-16*, 261-62.

17 Milgrom, *Leviticus 1-16*, 257, 1033.

18 Milgrom, *Leviticus 1-16*, 1043-44.

19 Mccoby, *Ritual and Morality*, 176.

물을 오염시키는가의 문제와는 별도로, 피의 기능을 죄로 인해 오염된 성소 기물의 정화에만 국한시킬 수 있는가의 문제가 큰 논란거리가 되었다.

이제부터 일부 다른 학자들의 연구를 자세하게 살펴보는 것도 여전히 의미가 있는 일이다. 이들은 ① 다양한 하타트 제의 문맥들을 발견하고, ② כפר와 הֶטֶא 등과 같은 주요 동사들과 함께 사용되는 전치사들의 기능을 파악하고,[20] ③ 밀그롬이 주장하는 피의 단 한 가지 기능(정화)을 적절하게 비판하는데 성공했기 때문이다. 밀그롬 이후에 등장하는 구약 희생 제의 학자들 사이에 (비록 성소기물의 오염의 원인 등에 관하여 여전히 의견일치를 발견하기 어렵지만) 피가 이중적인 기능 - 죄로 오염된 성소기물의 정화(purification) 및 죄인의 속죄와 속량(expiation-ransom) -을 수행한다는 데 의견이 일부 일치하는 경향을 보인다.

노부요시 키우치(本內伸嘉)

키우치는 영국에서 고든 웬함의 지도로 제출했던 "제사문헌에서의 정화예물: 그 의미와 기능"(The Purification Offering in the Priestly Literature: Its Meaning and Function)이라는 박사학위논문을 수정보완하여 1987년에 단행본으로 출간하였고 그후에 레위기 4-5장의 הֶטֶא와 הֶחֱטִּא의 의미를 다룬 소논문 및 레위기 주석의 발간을 통해 레위기 전반과 정결법과 관련 개념들에 대한 논의를 심화하였다.[21]

1987년에 출간된 그의 책은 하타트 예물(레 4:1-5:13)과 다른 용례들(레 8-9, 10장), 레위기 10장과 16장, כפר, 하타트 제의의 몇 가지 요소들(안수, 피 처리, 고

---

20 이 부분은 Maccoby(Ritual and Morality, 177-78)가 지적한 바 있다.

21 N. Kiuchi, The Purification Offering in the Priestly Literature: Its Meaning and Function (JSOTSS 56: Sheffield: Sheffield Academic Press, 1987); Kiuchi, A Study of Hata and Hatta't in Leviticus 4-5 (FAT 2 Reihe 2; Tübingen: Mohr Siebeck, 2003); Kiuchi, Leviticus (AOTC; Downers Grove: IVP, 2007).

기의 처리), 하타트 제의, 그리고 아사셀 희생염소 등을 다룬다. 그는 2003년에 레위기 4-5장에 나오는 חטאת와 אֲשָׁמָה라는 표현의 의미를 조사한 단행본을 출간 하였다. 여기서 키우치는 성경의 '죄'가 결국 실존적이라서 본질상 행위가 아니라서 그것에 관심이 없고 한 개인의 마음의 상태와 관련이 있다고 주장하였다. 마지막으로 2007년에 출간된 그의 레위기 주석에서는 직전의 하타트에 대한 새로운 연구(2003)와 이전의 학위논문에서의 연구(1987)를 발전시킨 내용을 담았다. 그는 제의에 나타난 상징적 의미를 강조하였고 제의적 정결과 윤리적 정결의 통합적 접근을 강조하였다.

키우치는 헌제자가 제물을 회막문으로 가져와서 도살하기 전에 행하는 제물 안수의 기능이 중요하지 않다는 밀그롬의 입장에 일치한다. 그러나 밀그롬과는 다른 키우치의 독특성은 몇가지가 있다. 키우치는 밀그롬의 죄와 부정의 경우 원거리비접촉에 의한 성소의 무조건적인 오염을 비판적으로 수용하며 부정의 경우 개정된 두가지 오염방식을 제시한다. ① 일반적인 물리적 오염(레 12, 14-15장): 부정한 자가 회막에 도착할 때 즉시 성소를 오염시킨다고 보았다.[22] ② 정화의 장기적 지연이나 태만으로 인한 성소오염(레 15:31; 민 19:13, 20): 장기적 부정을 유지한 경우(인간의 중요한 제의적 부정이나 윤리적 범죄의 경우) 자동적으로 성소의 부정을 초래한다.[23] 이 부분은 밀그롬의 입장을 세분화한 것이다. 키우치는 하타트 피의식의 우선적인 기능을 성소의 정화로 보고 사람의 죄에 대한 속죄는 부차적이라고 여긴다.[24]

---

22 Kiuchi, *The Purification Offering*, 61: "오히려 우리는 부정한 사람이 야웨 앞에서, 즉 회막 입구에서 설때 부정함이 성소(the sancta) 안에 있게 될 것이며, 제사장이 성소를 정화시킬 때, 부정한 사람은 동시에 정결하게 될 것이라고 가정한다."

23 Kiuchi, *The Purification Offering*, 61-62.

24 Kiuchi, *The Purification Offering*, 121.

키우치는 모든 죄를 죄책과 부정(不淨)으로 나누고 두 가지 모두가 제의적으로 해소되어야 온전한 용서를 받을 수 있다고 주장한다.[25] 키우치는 피가 성소기물의 오염을 씻는 역할만 수행한다고 주장하는 밀그롬과는 달리, 정결한 제물의 피가 죄인의 죄로 인한 성소의 부정을 씻어내며 제사장이 죄인의 죄에 대한 죄책(罪責, ʤ)을 감당한다고 보았다.[26] 키우치는 그러한 점에서 레위기 16장의 하타트 제의와 대제사장의 하타트 제물의 속죄(레 4장)를 연관시킨다. 키우치는 대제사장의 범죄에 대한 용서가 언급되지 않은 것(레 4장)이 제사장의 범죄가 지성소까지 오염시켰으나, 일상적인 하타트 제물의 피가 지성소를 가로막고 있는 휘장까지만 도달할 뿐, 지성소 자체에 이르지 못한다는 점에서 일상적인 속죄의 불완전함을 드러낸다고 보았다.[27] 키우치는 대제사장이 지성소에 일 년에 한 번만 들어가 속죄할 수 있었기 때문에(레 16:14ff.) 오염된 성소는 레위기 16장에 이르기까지 온전하게 정화되지 않았으며 제사장은 속죄일(레 16장)에 이르기까지 일 년 내내 그 죄를 대신 감당할 뿐이라고 주장한다.[28] 키우치는 대제사장과 온 백성의 하타트 제물의 경우처럼 용서받지

---

25 Kiuchi, *The Purification Offering*, 126-30. 이와 같은 키우치의 주장은 받아들이기가 어렵다. 레 4장의 규례가 사례법이라는 점에서 그 실효성을 찾기는 어렵다. 문제는 ① 자신이 용서받지 못한 상황에서 제사장직을 수행할 것이라고 전제하는 것이 논리적으로 가능한가? ② 레 4장의 두가지 제의(기름부음 받은 제사장 및 온 백성의 범죄)가 동시에 작동된다는 점에서 용서받은 것으로 전제해야 할 것으로 보인다. 밀그롬(*Leviticus 1-16*, 240)은 20절이 대제사장의 범죄의 제의적 용서와도 관련된다고 여긴다(보라. Watts, *Leviticus*, 339). 키우치의 죄/죄책의 개념과 관련하여 김경열(『레위기』, 233-34)도 그러한 구분이 인위적이라고 보고, 제사장이 죄의 책임을 담당한다는 말을 지나치게 문자적으로 해석한 것이며, 드러진 하타트 제물 자체로 죗값을 지불한 것이며, 속죄행위 자체가 죄를 제거하는 일인데 제사장이 죄의 책임을 별도로 진다는 것도 이상하다고 비판한다.

26 Kiuchi, *The Purification Offering*, 47, 65-66, 116. 참고. 고든 웬햄(『성경이해: 모세오경』 [서울: 성서유니온, 2007], 145; 비교. Mccoby, *Ritual and Morality*, 178-79.)은 죄인이 드린 제물이 제사장에 의해 거쳐진 제의과정을 통하여 선포되는 "죄가 사함을 얻으리라"(4:26, 31, 35; 5:10, 13; 참조. 4:20)는 표현을 근거로, "제사장처럼 제단도 하나님과 인간 사이의 중보자 역할을 한다고 볼 수 있다. 제사장은 하나님 앞에서 인간을, 인간 앞에서 하나님을 대표한다. 만약 제단도 동일한 역할을 한다면, 제단이 사람을 대표하기 때문에, 제단에 피를 바름으로써 죄의 효력을 제거할 뿐만 아니라, 그 같은 의식이 제물을 드리는 사람도 깨끗하게 할 것이다."

27 Kiuchi, *The Purification Offering*, 157; Kiuchi, *Leviticus*, 306.

28 Kiuchi, *The Purification Offering*, 126-27; Rendtorff, *The Canonical Hebrew Bible*, 542.

못한 죄가 결국 속죄일에 대제사장에 의한 더 철저한 속죄행위로 완전히 해결된다고 주장한다.

키우치는 제사장이 하타트 제물의 나머지 고기를 먹는 문제가 속죄과정과는 무관하지만, 하타트 제물 고기의 전부를 이스라엘 진영밖 정결한 곳에서 태우는 행위가 속죄과정과 어떤 연관이 있다고 보았다.[29] 키우치는 속죄과정은 "오염을 빨아들이는" 피와 관련이 있으며, "오염을 빨아들지 못하는" 나머지 고기를 먹는 것과는 무관하다고 보았다.[30] 키우치는 아론이 속죄일에 아사셀 염소에게 모든 죄책을 넘겨줌으로서 최종적으로 이스라엘의 죄의 문제를 해소시킨다고 주장한다.[31]

제물의 안수를 통한 성소오염을 주장하는 학자들

이 입장은 간단하게 요약하자면 다음과 같다. 이들은 위에서 논의한 밀그롬의 입장에 반발하며, 특히 로이 게인은 하타트 제물의 안수를 통하여 죄인으로부터 제물로 옮겨간 죄가 피를 제단뿔에 바름으로 직접적으로 성소에 누적되며 죄로 오염된 제물은 번제단이나 진영 밖 정결한 곳에서 전부 태우거나 회막 안 정결한 곳에서 제사장이 먹어서 없앤다고 주장한다. 이 항목에서는 세부적으로 미국 재림교회 구약학자들(초기 학자들의 입장과 후대의 게인의 입장), 일부 유대인 학자들(맥코비와 조하르), 김경열의 입장으로 나눌 수 있다.

---

29   Kiuchi, *The Purification Offering*, 134-35.

30   Kiuchi, *The Purification Offering*, 51.

31   Kiuchi, *The Purification Offering*, 126, 149-153. 키우치는 레 4:3과 16장을 연결시킨다(126).

미국재림교회 구약학자들의 초기 입장

미국재림교회의 "죄인의 죄가 안수를 통해 제물에게로 이동된다는 점"을 (재) 확증하는 최초의 공식적 학술적 입장은 1981년 게하르트 하젤(Gerhard Hasel) 과 앙헬 로드리게스가 'Sanctuary and Atonement'라는 미국 재림교회 학술 모노그래프에 발표된 소논문들에서 확인할 수 있다(본서에서 사용하는 자료는 1989년에 재출간된 것이다.[32]). 물론 로드리게스가 박사학위논문을 받은 1979년 의 시점을 기준으로 잡는다면, 그러한 입장의 기원은 좀 더 앞으로 당겨질 수 있을 것이다. 이후 1986년에 '70 Weeks, Leviticus, Nature of Prophecy'라는 재림교회 학술 모노그래프에 윌리엄 H. 쉬이(Shea)가 그 입장에 동조하고 다 시 알베르토 트레이어(Alberto Treiyer)[33]와 앙헬 로드리게스가 이전의 로드리 게스의 주장을 더 심화한 논문들을 발표한다. 이후에 21세기에 들어서서 로이 게인이 다시 그 이론을 발전시켰다. 그 가운데 중요한 세 명의 이론을 먼저 각 각 개괄하면 다음과 같다.

게하르트 하젤(Gehard Hasel)

하젤은 로드리게스의 연구를 따라 제물의 피가 죄의 오염을 씻기도 하고 오 염을 옮긴다는 측면에서 피의 이중적 기능을 수행한다고 주장한다.[34] 그는 레

---

32 Arnold V. Wallenkampf, W. Richard Lesher (eds.), *The Sanctuary and the Atonement: Biblical, Theological, and Historical Studies: Abridged* (Silver Spring: Biblical Research Institute, 1989).

33 Alberto Treiyer, "The Day of Atonement as Related to the Contamination and Purification of the Sanctuary," in *The Sanctuary and the Atonement: Biblical, Theological, and Historical Studies: Abridged*. ed. by Arnold V. Wallenkampf, and W. Richard Lesher, 198-256 (Silver Spring: Biblical Research Institute, 1989).

34 Gerhard F. Hasel, "Studies in Biblical Atonement – I. Continual Sacrifice, Defilement//Cleansing, and Sanctuary," in *The Sanctuary and the Atonement: Biblical, Theological, and Historical Studies: Abridged*, ed. by Arnold V. Wallenkampf, W. Richard Lesher, 81-105 (Silver Spring: Biblical Research Institute, 1989); Gerhard F. Hasel, "Studies in Biblical Atonement – II. The Day of Atonement," in *The Sanctuary and the Atonement: Biblical, Theological, and Historical Studies: Abridged*.

위기 4-5장에서 언급된 일상적인 속죄와 관련하여 다음과 같은 입장을 보인다. 죄를 지은 사람이 회막 앞으로 가져온 정결한 제물에 안수함으로써 죄의 오염이 헌제자로부터 제거되어 제물로 옮겨간다. 하젤은 그러한 기능의 안수의 근거를 레위기 16장의 속죄일의 아사셀 염소에 대한 안수와 비제의적 안수(즉, 사형집행[레 24:14], 여호수아와 같은 후계자 위임[민 27:18-23], 레위인 위임[민 8:10] 등)로부터 찾는다.[35]

하젤에 따르면 안수를 통하여 제물로 이동한 죄는 제물의 피를 통하거나[36] 제물의 나머지 고기를 제사장이 먹음으로[37] 성소에 쌓인다(累積).[38] 그리고 그와 같은 방식으로 일 년간 성소에 쌓여있던 죄의 부정을 아론이 속죄일에 황소와 염소의 하타트 제물을 가지고 행하는 공적("백성을 위한") 속죄의식(레 16장)을 통하여[39] 성소에서 제거한다. 또한 대제사장이 죄를 고백하고 안수함으로서 이동한 죄를 가진 아사셀 염소를 이스라엘 진영 밖 광야로 방출하여 이스라엘 진영 내에 존재하던 죄를 완전히 제거한다(속죄기능의 완결).[40]

앙헬 로드리게스(Angel Rodriguez)

로드리게스는 1979년에 게하르트 하젤의 지도하에 "히브리 제의에 나타난 희생적 대리(sacrificial substitution)의 개념의 현존, 기능, 그리고 의미"에 대한

---

ed. by Arnold V. Wallenkampf, and W. Richard Lesher, 107-121 (Silver Spring: Biblical Research Institute, 1989). Hasel("Biblical Atonement – I," 90-92)은 무고하게 흘려진 피가 땅을 더럽히는 예들을 가지고 피가 죄를 전달하는 역할을 한다고 주장하며 제물의 피와 부적절한 상태(사람)가 접촉하였을 때의 규정을 들어서 주장한다.

35 Hasel, "Biblical Atonement – I," 94-96.
36 Hasel, "Biblical Atonement – I," 96-100.
37 Hasel, "Biblical Atonement – I," 100-105.
38 Hasel, "Biblical Atonement – I," 103-105.
39 Hasel, "Biblical Atonement – II," 109-115.
40 Hasel, "Biblical Atonement – II," 115-121.

연구로 박사학위를 받았다.[41] 우리의 논제와 관련한 로드리게스의 주장을 요약하면 다음과 같다.[42]

로드리게스는 성소오염의 결과가 두가지 원인에 의해 발생한다고 주장한다. ① '제물이 없는, 용서받을 수 없는 죄를 저지른 자의' 비합법적인 성소진입의 경우다. 이 경우에는 속죄가 불가능하다. ② '제물이 있는, 용서받을 수 있는 죄를 저지른 자의' 합법적인 성소 진입의 경우다. 이 경우에는 속죄가 가능하다.[43] 안수는 단지 죄를 헌제자(혹은 죄인)에게서 희생제물에게 옮겨놓는 역할을 할 뿐만 아니라, 헌제자에 대한 죄의 징계(懲戒)도 옮겨주는 역할을 수행한다.[44] 제물을 매개로 죄인에게서 이동한 죄가 성소("하나님의 통제하에 놓인다."[45])로 옮겨지려면 안수와 제단에 피를 사용하는 것과, 제사장이 제물의 나머지 고기를 먹는 일을 거행해야 한다.[46] 비제의적 상황 하에서의 안수는 "전달"과 "상호간의 관계구축"이라는 두 가지 기능을 가진다. 이 원칙들은 속죄일에 아론이 아사셀 염소에게 안수하는 경우에도 발견된다. 속죄제의에서 안수는 대체와 죄의 이동의 기능을 모두 수행한다.[47]

로드리게스는 헌제자의 제물 안수를 통하여 범죄자의 죄의 오염이 제물의 피로 옮겨졌다는 자신의 주장이 "제물이 가장 거룩하다"는 제의본문의 언

---

41 Angel M. Rodriguez, *Substitution in the Hebrew Cultus and in Cultic-Related Texts* (AUSDDS 3; Berrien Springs, Mich.: Andrews University Press, 1979), IV장(75-260).

42 Angel M. Rodriguez, "Sacrificial Substitution and the Old Testament Sacrifices," in *The Sanctuary and the Atonement: Biblical, Theological, and Historical Studies: Abridged.* ed. by Arnold V. Wallenkampf, W. Richard Lesher, 123-43 (Silver Spring: Biblical Research Institute, 1989); Angel. Rodriguez, "Transfer of Sin in Leviticus," in *The Seventy Weeks, Leviticus, and the Nature of Prophecy.* ed. by F. Holbrook, 169-97 (DARCOM 3. Washington D.C.; Biblical Research Institute, 1986).

43 Rodriguez, "Transfer of Sin," 173-80.

44 Rodriguez, "Sacrificial Substitution," 142-43.

45 Rodriguez, *Substitution*, 305.

46   Rodriguez, *Substitution*, 136, 219, 305-307; Rodriguez, "Transfer of Sin," 188.

47 Rodriguez, *Substitution*, 305.

급과 모순된다는 비판에 다음과 같이 대답한다. 로드리게스는 죄의 오염을 전달하고 죄의 오염을 씻는 피의 이중적 기능을 주장한다. 그는 희생짐승의 피가 죄인의 죄를 "성소기물로 전달하는 수단"이라는 점과 피가 "드려진 것으로서의 거룩한 성질"의 유지라는 점이 병행한다고 주장한다.[48] 헌제자는 자기 죄를 대신 가지고 있는 대체자(피[被]안수의 정결한 짐승)를 죽인다. 이러한 안수 원리는 속죄와 직접적인 관련이 없는 번제물과 화목 제물에도 유사하게 적용된다. 전체적인 제의절차를 통하여 희생제물의 생명은 제단을 통하여 하나님께 되돌아가고 죄는 하나님의 성소로 전달하는 역할을 수행한다.[49] 그래서 제물의 피를 통하여 성소기물로 전달된 죄는 피로 씻겨져 속죄일까지 성소에 누적된다.[50] 대제사장은 속죄일(레 16장)에 성소에 누적된 모든 죄를 피로 씻어낸 후에 죄의 고백과 안수를 통하여 아사셀 염소에게 죄를 넘겨준다. 그 후에 이스라엘의 죄는 염소를 통하여 광야로 보내진다.[51]

윌리엄 쉬이(Shea)[52]

쉬이는 "고백된 죄"가 안수를 통하여 제물로 이동하며 제물의 피를 통하여 죄의 오염이 제단에 누적되는 것은 맞지만, 이것이 피나 제물의 기능에 영향을 주지 않는다고 주장한다.[53] 그는 이것을 "적법한 오염"이라고 부른다. 이와 같

---

48 Rodriguez, "Transfer of Sin," 192, 195. 또한 Rodriguez("Transfer of Sin," 196)가 속죄의 과정속에 나타난 "역설"적 국면을 강조한다.

49 Rodriguez, *Substitution*, 305-306.

50 Rodriguez, "Transfer of Sin," 179.

51 Rodriguez, Substitution, 307.

52 William H. Shea, "Literary Form and Theological Function in Leviticus," in *The Seventy Weeks, Leviticus, and the Nature of Prophecy*. ed. by F. Holbrook, 75-118 (DARCOM 3; Washington D.C.; Biblical Research Institute, 1986).

53 이에 대한 자세한 논증은 Shea, "Literary Form," 151-53을 보라.

은 피의 이중적 혹은 모순적 기능이 가능한 것은 이것이 히브리 사고이기 때문에 가능하다고 주장한다. 그에 따르면 히브리 사고에서는 오염과 정화가 동시에 발생할 수 있다.[54] 이와 같은 피의 기능적 이중성은 다른 미국 재림교회 구약학자들과도 공유된다. 제단에서 피가 사용되고 제사장(제사장이 제물의 나머지 고기를 먹는 것은 제사장이 범죄자의 죄책을 대신 지는 것을 의미한다.[55])을 통하여 죄가 일 년간 성소에 누적된다.[56] 쉬이는 일상적인 하타트 제물(개인적인 용도)과 매년의 하타트 제물(공적 용도)의 요소들 사이에 나타나는 차이점을 탐구한다. 또한 그는 하타트의 문맥상의 번역과 전치사의 용례에 주목한다.

소수 유대교 학자들

초기 미국 재림교회의 입장을 이어 받은 로이 게인과 김경열의 입장을 살펴보기에 앞서서, 게인에게도 영향을 주었던, 안수를 통한 죄의 오염의 이동을 주장하는 소수 유대인학자들의 입장을 먼저 언급하고자 한다.

히암 맥코비(Hyam Maccoby)

맥코비[57]는 안수라는 제물과의 직접적인 접촉이 성소기물 오염의 원인이라는 고대랍비들의 해석을 밝힌 제이콥 누스너(Jacob Neusner)의 입장을 지지하고 성소의 비접촉적인 자동오염을 주장하는 밀그롬의 입장에 반대한다.[58] 그

---

54 Shea, "Literary Form," 152.

55 Shea, "Literary Form," 184-85.

56 Shea, "Literary Form," 170.

57 Hyam Maccoby, *Ritual and Morality: The Ritual Purity System and Its Place in Judaism* (Cambridge: Cambridge University Press, 1999)의 14장("Milgrom on purity in the Bible", 165-81)에서 집중적으로 밀그롬을 비판하였다. 또한, Christine Hayes, "Hyam Maccoby's *Ritual and Morality: The Ritual Purity System and Its Place in Judaism*," *JQR* 93.1/2 (2002): 286-292를 참조하라.

58 이것은 사실 속죄제의에 대한 성경규례과 전통적인 랍비규례의 단절을 의미하는 것이다. 성경본문에

는 사람들이 '죄를 지을' 때(레 4:2, 3, 14, 22, 27, 28, 35; 5:1) '성소기물'이 아니라 죄인에게 오염이 발생한다고 본다. 제단의 부정은 사람들이 부정한 채로 회막으로 들어가기 때문이며, 사람들이 부정한 채로 거룩한 음식을 먹기 때문에 성소가 오염된다고 주장한다.[59] 그러므로 맥코비는 하타트 제물을 정화제물이라고 불러야 한다는 밀그롬의 개념을 거부하고, 하타트 제물을 죄를 전달하는 매개라는 점에서 "죄" 제물(sin offering)이라고 불러야 한다고 주장하였으며,[60] 결국 주어진 본문들의 문맥에 따라 정화와 죄의 속량 모두를 발견할 수 있다고 주장하였다.[61]

노암 조하르(Noam Zohar)

조하르는 죄가 성소기물이 아니라, 죄를 범한 자의 네페쉬를 부정하게 만든다고 보았다.[62] 비록 조하르 자신도 죄의 고백의 중요성을 강조하였지만,[63] 조하르는 헌제자가 짐승의 머리에 행하는 안수를 통하여 자기 제물에게 죄의 오염을 이동시킨다고 보았다.[64] 그리고 그 제물의 피와 고기의 일부(기름/간/콩팥)를 제단에 사용함으로써 이루어지는 접촉이 성소기물을 직접 오염시키고

대한 양자의 정반대의 해석 방향에 대하여 Maccoby(*Ritual and Morality*, 166)는 다음과 같이 말한다. "밀그롬과 누스너 모두는 한가지 점에 동의한다. 즉 제의적 정결에 대한 성서의 법과 랍비의 법 사이에는 연속성이 크게 부족하다. 랍비들의 개방화(liberalisation)를 선택한 밀그롬과, 랍비들의 엄격함과 강박 관념을 선택한 누스너와 같이, 이들이 불연속의 방향에 대해 극단적으로 불일치한다는 사실은 그들 모두가 불연속성을 선택한다는 점에서 잘못될 가능성을 지적한다."

59 Maccoby, *Ritual and Morality*, 167.

60 Maccoby, *Ritual and Morality*, 171. 이에 대한 밀그롬의 비판은 다음과 같다. Jacob Milgrom, "Impurity Is Miasma: A Response To Hyam Maccoby," *JBL* 119/4 (2000): 729-46.

61 Mccoby, *Ritual and Reality*, 180.

62 N. Zohar, "Repentance and Purification: The Significance and Semantics of חטאת in the Pentateuch," *JBL* 107 (1988): 609-18.

63 Zohar("Repentance," 516-7)는 죄의 고백을 강조하면서 그는 "고백하다(confess)"는 의미의 "והתודה"(레 16:21)를 "제거하다(cast off)"로 해석하였다.

64 Zohar, "Repentance," 611-13.

죄를 축적시킨다고 보았다.[65] 그러한 점에서 피가 죄의 오염을 전달하는 매개체였다.[66] 하나님은 '자신의 능력' 혹은 '속죄일의 아사셀 염소'라는 두 가지 방법 가운데 하나로 그 죄의 오염을 제거하신다.[67] 그러한 입장에서 보면 이 과정에서 피의 정화기능을 부인하고[68] 죄로 오염된 제물을 가장 거룩한 곳으로 가져가야 하는 "모순(paradox)"적인 상황을 가정해야 할 필요성이 생긴다.[69] 이와 같이 성소기물에 남겨진 죄의 오염은 일 년에 한 번씩 행하는 속죄일까지 피와 접촉하는 - 더 정확하게는 쏟아진 피로 인해 - 성소기물에 축적되었다가 속죄일 당일에 성소에서 하타트 제물의 피로 씻겨지고 아론의 죄의 고백과 두손 안수를 통하여 아사셀 염소에게 넘겨져서 광야로 보내지는 것이다. 이러한 입장은 죄를 누적시키고 죄를 정화하는 피의 이중적 기능을 주장하는 것이다.

더 최근 학자들

로이 게인(Roy Gane)

게인은 1992년 캘리포니아 대학교(버클리)에서 제이콥 밀그롬의 지도로 레위기의 속죄일을 고대 바벨론과 고대 힛타이트 정결의식과 비교연구한 "제의의 역동적 구조"(*Ritual Dynamic Structure*)라는 박사학위논문을 제출하여 박사

---

65 Zohar("Repentance," 613-15)는 다음과 같이 설명한다. 즉, 속죄행위란 죄인에게서 "의지와 욕망의 좌소"인 네페쉬에 있는 죄가 발생시킨 부정을 제거하는 행위다. 이것은 통회로 죄를 뉘우치고 속죄일에 대제사장의 안수처럼 접촉을 통하여 제물을 오염시키듯이, 헌제자 자신의 안수를 통하여 자신에게서 그의 부정을 짐승에게 전가시키는, 일종의 분리과정이다. 죄인은 통회함으로써 자기 죄를 뉘우치고 그 죄를 짐승에게 내던진다. 이와 같은 방식으로 부정은 제물의 피와 고기에 달라붙는다. 죄인은 피 의례를 통해 "피로 들어가는 구체적으로 버린 죄"를 하나님을 상징하는 성소기물에 내어 놓는다.
66 그런데 안수를 통한 죄의 이동이 결국 죄인에게서 죄를 없애는 효과를 초래하는가의 문제가 발생한다 (김경열, 『레위기』, 225-26).
67 Zohar, "Repentance," 615.
68 Zohar, "Repentance," 515.
69 Zohar, "Repentance," 613.

학위를 받았다.[70] 비록 게인은 레위기 연구를 밀그롬의 입장에서 시작하였지만, 졸업한 후 얻어진 이전에 행해진 재림교회의 속죄관에 따른 새로운 통찰력과 이해에 근거한 새로운 책을 출간하면서 새로운 입장의 연구결과를 내놓았다. 그는 안수의 의미부터 밀그롬과 이견을 드러내기 시작하였고, 결국 희생제물의 피와 고기 처리에 대한 다른 입장을 제시하였다. 이와 같은 게인의 레위기 제의에 대한 이해는 레위기-민수기 NIV 적용주석과 '제의와 성품: 정결예물, 속죄일, 신정론'이란 두 책을 통해 구체적으로 드러난다.[71]

게인은 초기 재림교회 구약학자들의 안수와 이단계 속죄론을 전적으로 수용하였다. 비록 예외적인 측면에서 죄가 원거리로 성소기물을 오염시키는 경우도 있다는 점을 인정하지만[72] 게인은 죄인이 제물에게 행한 안수[73]로 자기 죄를 제물에게 이동시키고 그 제물의 피[74]와 고기가 제단에 드려짐으로써 피를 통하여 성소기물에 죄를 누적시키는 반면 고기를 처리함으로써 죄인의 죄를 제거하고 그를 위한 속죄를 수행한다고 보았다.[75] 즉 그는 "제물의 피가 내 성소까지 들어간" 더 심각한 오염을 빨아들인 고기(대제사장과 회중의 죄)의 제

---

70 이것은 Roy E. Gane, *Ritual Dynamic Structure* [Gorgias Dissertations 14, Religion 2. Piscataway: Gorgias Press, 2004]로 수정증보되어 출판되었다. 그는 자기 이론에 부합하는 증거들로서, 선별적인 고대근동의 축제일들을 통해 제의적 역동구조이론을 제시한다. 특별히 그는 자기 저서에서 속죄일(4장)을, 바벨론 신년축제(5장)를, 힛타이트 축제(6장)를 분석한다. 게인은 이후에 얻어진 새로운 이해로 확장하여, 레위기-민수기 주석(2004년)과, 하타트 제물, 속죄일, 신정론에 대한 연구서(2005년)와, "Schedules for Deities: Macrostructure of Israelite, Babylonian, and Hittite Sancta Purification Days," *AUSS* 36 (1998): 231-44 등으로 나눠서 발표하였다(*Ritual Dynamic*, xvii.).

71 Roy Gane, "Leviticus, Book of," in *Dictionary of Biblical Interpretation*, vol. 2, ed. by John H. Hayes, 55-56, (Nashville: Abingdon, 1999); Roy E. Gane, *Leviticus, Numbers* (NIVAC; Grand Rapids: Zondervan, 2004); Roy E. Gane, *Cult and Character: Purification Offerings, Day of Atonement, and Theodicy* (Winona Lake: Eisenbrauns, 2005).

72 Gane, *Cult and Character*, 156, 169-71.

73 Gane(*Cult and Character*, 56)은 한손 안수를 동일시와 이동의 기능을 모두 수행하는 것으로 보았다.

74 Gane(*Leviticus-Numbers*, 149)은 안수이후에 제물의 피를 죄를 지은 헌제자에게 뿌리지 않는 이유가 그에게서 나온 부정을 되돌려 줄 수 없기 때문이라고 주장한다.

75 Gane, *Cult and Character*, 176-77.

물은 이스라엘 진영 밖 정결한 곳에서 소각하여 죄의 오염을 제거하고[76] "제물의 피가 번제단에서 사용된" 덜 심각한 오염을 빨아들인 고기(족장과 개인의 죄)의 제물은 일부는 제단에서 태워 죄의 오염을 제거하고 나머지는 제사장이 먹어서 이스라엘 백성의 '과실(culpability, עָוֹן)'을 대리적으로 담당한다고 보았다.[77] 또한 게인에 따르면 일상적인 속죄행위는 범죄자의 죄를 용서할 뿐이지만, 레위기 16장의 '속죄일'은 ① 아론 제사장이 하타트 제물의 피를 통하여 성소 전체를 정화하며[78] ② 마지막으로 아론이 행하는 아사셀 염소의식을 통하여 이스라엘 공동체 내에서 존재하는 죄를 추방하는 두 가지 기능을 수행한다고 보았다.

김경열

김경열은 2013년 남아공 프레토리아 대학교에서 P. M. 벤터(Venter) 교수의 지도로 "레위기에 나타난 하타트 제의와 속죄일"("The hattat ritual and the Day of Atonement in the Book of Leviticus")이라는 논문으로 박사학위를 받았고 귀국 후 이 주제와 관련된 다양한 학술활동을 수행하고 있다.[79] 그는 자신의 희생제의체계를 밀그롬의 입장을 반대하는 이론들에 주로 근거하고 기존의 여러 학자들의 학설의 논박을 통하여 발전시켰다.

　　김경열은 게인의 주장처럼 죄인이 짐승에게 안수하여 그의 죄의 오염을

76　Gane, *Cult and Character*, 254.

77　Gane, *Cult and Character*, 99-101.

78　Gane(*Cult and Character*, 123-25, 127, 154, 160)은 레 4-5장의 하타트 제물로 범죄자들의 죄의 용서가 선언되었기 때문에 레 16장의 하타트 제물의 경우 죄의 용서가 선언될 필요가 없다고 보았다.

79　Gyung Yul Kim, "The *hattat* ritual and the Day of Atonement in the Book of Leviticus," (미출간 D.Phil thesis; University of Pretoria, 2013); 김경열, "레위기 16장의 속죄일 예전의 해석," 『언약과 교회: 김의원 박사 정년퇴임기념논문집』정년퇴임기념논문집 편집위원회 편, 113-38 (용인: 킹덤북스, 2014); 김경열, 「레위기의 신학과 해석」(서울: 새물결플러스, 2016).

제물로 이동시키고 그 제물의 피와 고기가 번제단과 접촉하여 그 오염을 번제단으로 전달된다고 본다. 그러면서도 밀그롬의 주장처럼 희생짐승을 죽이기 전에 행하는 죄용서의 전제조건으로서의 죄의 고백과 같은 정서적인 정화의 기능도 중요하다고 주장하지만 그가 여전히 제일 중요시한 것은 죄의 고백보다는 안수였는데 안수가 죄의 이동의 매개(媒介)라고 보았기 때문이다. 그는 죄의 오염을 성소기물로 이동시키는 피가 그 부정을 씻으며(개인의 피의 이중기능), 덜 심각한 죄의 오염의 경우 제물의 일부(기름/간/콩팥)는 죄와 부정을 흡수한 채로 번제단에서 태워지며, 제사장이 제물의 나머지를 먹어서 그 것을 해결하고, 내성소에 피가 뿌려지는 더 심각한 죄의 오염의 경우 진영 밖 정결한 곳에서 제물의 나머지를 소각함으로써 헌제자의 죄의 오염이 해소(용서)된다고 보았다.[80] 이러한 점에서 김경열은 개인의 안수의 의미와 성소에서의 죄의 제거방식을 지지하지만 피를 통하여 전해진 것으로 "성소에 죄의 오염이 일 년간 쌓인다"는 입장을 거부한다.

　　김경열은 레위기 16장의 속죄일의 존재이유를 다음과 같이 설명한다. 즉, 일상적인 속죄행위(레 4-5장)가 특정한 죄들(비고의적인 죄들)의 문제를 해소하는 것은 사실이나, 그것들과 속죄일에야 비로소 해결되는 "일 년 동안 누적된" 죄들("망각한 채 방치된 죄나 회개하지 않은 반역죄 등의 몇 가지 미해결된 죄들")은 그 종류가 다르다고 보았다.[81] 김경열은 속죄일에 대제사장이 일상적으로 성소에서 하타트 제물의 피로 씻어내지 않은 특정한 죄의 오염과 함께 회막 입구에서 평상시 해결하지 못한 이스라엘 백성의 총체적인 죄를 고백하며 안수

80　Kim, "The *hattat* ritual," 296-97; 김경열(「레위기」, 238)은 이것을 "…고기의 섭취가 속죄를 직접적으로 만드는 것이 아니라는 것이다…고기를 소각하거나 제사장이 먹음으로써 죄를 없앤다는 이야기는 제사자로부터 제거된(removed) 죄의 최종적인 말살(elimination)을 의미한다"고 설명한다.

81　김경열, 「레위기」, 234-36.

를 통하여 아사셀 염소에게 넘겨주고 광야로 내보냄으로써[82] '성소의 오염제
거'와 '이스라엘의 죄의 제거'를 통한 '거룩의 회복'이라는 총체적인 속죄행위
를 완성하는 것으로 보았다.[83] 이러한 점에서 김경열은 레위기 16장의 하타트
제의에 나타난 죄의 종류와 처리방식에 있어서 밀그롬의 입장으로 회귀한다
고 볼 수 있다.[84]

요약

본서의 2장의 연구사에서 살펴본 바대로 죄의 오염의 전달의 매개라는 안수
의 의미와 기능에 동의하는가의 여부에 따라 학자들은 크게 두 가지 혹은 세
가지 부류로 나눌 수 있었다.

안수를 통하지 않고 죄가 성소기물을 자동적으로 오염시킨다고 보았던
밀그롬과 키우치는 죄인이 정결한 제물의 피와 고기를 제단에 드려서 그 죄
로 인한 성소의 오염이 제거된다(죄인이 죄를 용서받는다)고 보았다. 반대로 미
국재림교회 학자들 등은 죄인의 제물안수를 통하여 죄가 제물을 통하여 성소
기물에 직접 전달된다고 주장한다. 또한 게인은 더 나아가 번제단에서 태우
거나 제사장이 먹어서 죄의 오염을 없애지만 피를 통하여 성소에 일 년간 누
적된 죄(제의적으로 씻겨진 것)와 함께 그동안 다뤄지지 않았던 죄들을 속죄일

---

82 김경열(『레위기』, 243)은 "이는 속죄제의 고기를 진 밖에 내보내 태우는 것이 상응하는 행위"라고 주장
    한다.

83 Kim, "The *hattat* ritual," 308.

84 Kim, "The *hattat* ritual," 310-20.

에 제거한다고 보았다. 그러나 성소에 정화된 죄의 오염이 일 년간 누적됨을 반대하는 김경열은 일 년간 일상적인 죄들의 경우 하타트 제물로 씻겨지거나 제사장이 먹는 등의 방식으로 제거되며 일 년간 성소에 해결되지 못하고 누적되었던 죄들만이 아론에 의해서 일 년에 한 번 행하는 특별한 하타트 제의를 통하여 성소 전체에서 정화되고 아사셀 염소 제의로 이스라엘의 죄가 제거된다고 주장하였다.

　　필자가 볼 때, 레위기의 하타트 제의체계에 대한 여러 학자들의 입장들과 주장에 따른 논증과 증거 가운데 어떤 부분은 크게 상충되며, 어떤 부분에는 관련 본문들과 개념에 대한 오해들도 발견되며 그들이 제시한 또 다른 중요한 부분들에서 판단은 여전히 미확정 상태에 놓여있다. 다시 말하자면, 필자가 볼 때, 전체적으로 그 논리나 본문해석에서 비일관적이거나 심지어 모순적이거나, 이해하기 어려울 정도의 지나치게 복잡한 체계를 가정하고, 특정한 개념이나 본문을 전체 희생제의체계 해석의 근거나 규범으로 삼는 등의 문제가 발견되었다. 따라서 본서에서 지금까지 언급된 다양한 주제들과 해석방법론들을 본서의 이후 장들에서 한번 더 자세하게 논의할 필요가 있음을 확인할 수 있었다.

3장 속죄제의의 구성

도입

제3장은 속죄제사의 여러 가지 국면들을 개괄한다. 즉 죄, 죄-제단의 연관성, 속죄의 용어들, 제물의 구성과 종류들을 중심으로 다룬다.

구약은 고대근동과 마찬가지로 헌제자-제물, 번제단, 그리고 제사장을 제사체계의 주요 구성요소로 여긴다. 오래 전부터 헌제자(족장, 혹은 왕)가 개인 혹은 가족을 대표하여 간헐적으로 제사장의 역할을 겸하던 적은 있었지만, 제의집행에 있어서 제물과 번제단은 반드시 존재했다. 시내산 언약체결 이전까지 제단은 하나님과 헌제자가 만나는 "일시적인" 장소였으나,[1] 이스라엘 출애굽 이후 시내산에서 언약체결 이후에 성막은 이스라엘을 위한 하나님의 지속적인 현현의 장소로서 자리매김하게 된다. 이제 이스라엘의 적법한 성소는 하나님의 (이름/영광의) 거주처로 불린다. 하나님의 거주좌(居住座)는 지성소내의 법궤(혹은 언약궤)이며 "보좌의 처소, 발등상"이다(겔 43:7; 삼상 4:4; 삼하 6:2; 시 132:7 등).[2]

동식물을 포함한 여러 가지 물건들(심지어 사람까지도)을 신(들)에게 제물로 바치는 제사는 고대근동뿐만 아니라, 다른 지역들에서도 관찰되는 보편적인 종교행사였다. 그럼에도 불구하고 구약, 특별히 오경이 제시하고 있는 언약체결과 희생제의체계는 "야웨의 거룩함"이라는 그 나름의 독특성이 있었다.

야웨의 거룩함은 야웨가 창조한 세상을 구분 짓고 보존하는 것을 목적

---

1 렌토르프, 『구약정경신학』, 206.
2 렌토르프, 『구약정경신학』, 207-10.

으로 하였지만, 그것이 성소의 경계 -성소의 안과 밖, 이스라엘의 진영 내에서의 모든 활동 즉 성관계, 일상 행동, 혼인, 농사나 다양한 종교적 축제들, 심지어 전쟁의 상황 속에서도- 를 넘어선다는 점에서 역동적이다. 성소의 존재는 일종의 인계철선과도 같은 역할을 한다. 성소는 이스라엘의 죄와 부정의 영향을 직접적으로 받을 뿐만 아니라, 그로 인한 성소 오염을 제거하는 유일무이하고 적합한 장소의 역할도 수행한다. 그러한 점에서 레위기를 포함한 오경의 속죄제의체계의 핵심은 제의와 의식(the cult and its rituals)이며, 제사장들의 주된 업무는 "이스라엘에게 오염을 어떻게 피하며 성소를 어떻게 정기적으로 깨끗케 하는가"를 가르치는 것이다.[3] 그러한 점에서 P. M. 벤터는 죄와 부정의 관계를 다음과 같이 훌륭하게 요약한다.

> 이스라엘은 [고대근동의 신화화의 경향과는 달리] 부정을 의인화했다. 즉 그들은 마귀적인 악의 개념을 인간의 악으로 변형시켰다. 이처럼 이스라엘이 모든 권세들과 악을 비신화화함에 따라, 악에 대한 하나의 원천만이 남는데, 그것은 인간 자신이다. 인간에게만 하나님이 제정하신 질서를 분열시킨 책임이 있다. 그의 물리적이고 도덕적인 부정은 균형을 깨뜨리고 하나님의 성소를 더럽히며 결국 하나님을 그들 가운데서 몰아낸다. 그러므로 그것은 이스라엘 자신에게 그들의 죄로 말미암는 불안정을 스스로 교정하라는 영원한 의무로 주어진다. 하나님이 이스라엘을 버리지 않으시도록 거룩한 장소, 사람, 그리고 시간의 부정은 정기적으로 정화되어야 한다.[4]

---

3 P. M. Venter, "Atonement Through Blood in Leviticus," *Verbum et Ecclesia* 26/1 (2005): 276. 다음의 인터넷주소로도 접근이 가능하다. http://verbumetecclesia.org.za/index.php/VE/article/viewFile/224/174.

4 Venter, "Atonement," 280.

죄, 제물, 속죄의 상관성
죄와 성소의 오염

구약 오경의 제의본문들에 등장하는 죄는 학자들에 따라 다양하게 정의된
다. "하타트"라는 표현은 LXX의 전통(하마르티아)을 따라서 전통적으로 죄
(sin)라고 불리지만, 최근에는 학자들에 따라 다양하게 규정되었다: 잘못
(wrongdoing, 혹은 error)[5]/죄악(iniquity)[6]/자기은닉(self-hiding)과 죄책(guilt)[7]/과
실(culpability)[8] 등. 이러한 다양한 개념정의의 배경에는 성경이 규정하는 죄의
다면적인 측면이 존재한다는 것이다. 예를 들어서, 사람이 이웃이나 하나님
에게 행하는 잘못으로서의 죄는 내면적인 측면(밀그롬, 조하르, 키우치)과 외면
적인 측면(게인)으로 이해된다. 한편 제의 문맥에서 죄란 하나님의 명령에 대
한 불순종, 즉 그 위반이며 하나님의 고유의 성품이나 영역에 대한 침해다. 아
울러 제의적으로 속죄가 가능한 죄의 한계 혹은 범위도 고려해볼 필요가 있
다. 물론 이것은 레위기 전반에 특히 레위기 4-5, 10, 16장을 중심으로 등장하
는 하타트 제물의 사용을 중심으로 다루어 볼 것이다. 그러나 직접적으로 관
련이 있는 본문들(4-5장: 비고의적인 죄들, 태만의 죄들)[9]뿐만 아니라, 간접적으로
관련이 있는 아샴 제물(신성모독과 금령의 위반으로 인한 성소에 대한 손해와 이웃의
물질적 손해)[10], 그리고 부정으로 인한 사람의 오염(출산, 피부병, 생식기 유출 등)[11]

---

5 Milgrom, *Leviticus 1-16*, 228-29.
6 Milgrom(*Leviticus 1-16*, 623 등)은 עָוֹן을 제사장의 의무로서의 책임이 아니라, 헌제자의 죄의 책임을 의
   미한다는 점에서 죄(sin) 혹은 죄악(iniquity)라고 부르지만 레 10:17의 עָוֹן을 범죄자의 죄가 아니라, 성소
   의 부정이라고 부른다(*Leviticus 1-16*, 623-24).
7 Kiuchi, *Leviticus*, 92-93.
8 Gane, *Cult and Character*, 99-101.
9 Milgrom, *Leviticus 1-16*, 228-31.

의 해결 규례들도 고려할 것이다.[12]

　이 단락에서는 본서의 2장에서 논의하였듯이, 우선 죄와 성소오염과 관련된 구절들을 제시하려고 한다. 특히 성소기구의 정화(속죄) 차원에서의 하타트 제물의 피 사용을 고려할 때, 어떤 죄가 어떻게 성소기구의 오염을 초래하는가와, 하타트 제물의 피가 제단과의 접촉을 통하여 어떤 효과를 초래하는가를 살펴볼 필요가 있다. 아래의 관련 구절들이 보여주듯이, 죄는 특정한 성소기구들을 오염시키며 하타트 제물의 피를 통한 속죄의 필요성과 성소기물의 오염을 제거해야할 의무를 발생시킨다. 또한 이와 같은 죄의 해결은 (대)제사장이 하타트 제물을 가지고 뜰이나 내성소의 제단 등에서 행하는 일로만 한정된다는 점이 명확해진다. 이와 같은 논의의 근거본문들은 다음과 같이 크게 세 가지로 구분할 수 있다.[13]

사람들의 심각한 죄(부정)는 자동적으로 성소를 오염시킨다(레 20:2-3과 민 19:20).

일부 본문들은 사람들의 오염이 성소도 오염시킨다는 점을 강조하며 부정의 경우 스스로를 정화해야 하며 몰렉제의와 같은 금지된 죄를 짓지 말라고 명령한다.

10　Milgrom, *Leviticus 1-16*, 320-26.

11　Milgrom, *Leviticus 1-16*, 758-59, 844-66, 921-26, 943-48.

12　레 4-6장의 하타트 제물과 아샴 제물의 관계성에 대한 자세한 논의는 정희경, 『레위기의 속죄 사상: 히브리어 원문 석의를 바탕으로 한 레위기의 속죄사상심층탐구』(서울: CLC, 2019)과 H. S. An, "The Delayed Recognition of Sin In the Sacred Precinct: A Reconsideration of אשם and חטא in Leviticus 4-5 in Light of the Hittite Instructions for Priests and Temple Officials (CTH 264)," (unpublished Ph.D. dissertation, Princeton Theological Seminary, 2014)를 보라. 정희경의 책에 대한 필자의 서평은 http://www.newsnjoy.or.kr/news/articleView.html?idxno=222798 를 참조하라.

13　김경열, 「레위기」, 178-182.

"2 그가 이스라엘 자손이든지 이스라엘에 거류하는 거류민이든지 그의 자식을 몰렉에게 주면 반드시 죽이되 그 지방 사람이 돌로 칠 것이요 3 나도 그 사람에게 진노하여 그를 그의 백성 중에서 끊으리니 **이는 그가 그의 자식을 몰렉에게 주어서 내 성소를 더럽히고 내 성호를 욕되게 하였음이라**"(강조는 필자의 것, 레 20:2-3)

"**사람이 부정해지고도 자신을 정화하지 아니하면 야웨의 성소를 더럽힘이니 그러므로 회중 가운데에서 끊어질 것이니라** 그는 정결하게 하는 물로 뿌림을 받지 아니하였은즉 부정하니라"(강조는 필자의 것, 민 19:20)

죄는 성전(소)뿐만 아니라 거주하는 땅도 오염시키는 것으로 암시된다(레 18장). 레위기 18장(20, 24-25, 30절; 레 19:31)은 이스라엘 사람들이 애굽이나 가나안이라는 이웃의 금지된 풍속을 따를 경우 그 죄를 행하는 자들뿐만 아니라, 약속의 땅 자체도 오염되며 결국 거주민들이 추방당하게 될 수 있다고 경고하는데, 이 오염의 상태는 당연히 성전의 오염도 포함하는 것으로 보인다.

"24 너희는 이 모든 일로 스스로 더럽히지 말라 내가 너희 앞에서 쫓아내는 족속들이 **이 모든 일로 말미암아 더러워졌고 25 그 땅도 더러워졌으므로** 내가 그 악으로 말미암아 벌하고 그 땅도 스스로 그 주민을 토하여 내느니라"(강조는 필자의 것, 레 18:24-25).

하타트 제물의 피는 제단의 오염을 씻는다(레 4, 5, 8, 14, 15, 16장).

하타트 제물을 통한 제의적 정화 행위는 레위기가 잘 보여주듯이 죄(용서)와 부정(정화)을 포함한다. 여기에서 인용된 개역개정의 "속죄하다"라는 표현은 כפר의 번역어로서 정확하게는 하타트 제물 등으로 '제단에서 행하는 정화의 식을 수행한다'는 의미다(כפר의 정확한 의미는 본서의 3장을 보라). 본서에서 인용하는 개역개정판 본문들 가운데 필자의 입장과 원문의 의미와 다른 경우에 수정할 것이다. 인용된 본문들의 강조는 필자의 것이다.

> "이같이 제사장이 그를 위하여 **그의 하타트 제물로 제사한즉** 그가 용서를 얻으리라"(레 4:26)[14]

> "그가 범한 죄를 배상하려면 야웨께 하타트 제물을 드려라. 양 떼의 암컷 어린 양이나 염소를 끌어다가 **하타트 제물**을 드릴 것이요 **제사장은 그를 위하여 그의 하타트 제물로 제사하라**"(레 5:6)[15]

> "그 다음 것은 규례대로 번제물을 드릴지니 **제사장이 그를 위하여 그가 위반한 그의 죄를 위하여 제사한즉** 그가 사함을 받으리라"(레 5:10)[16]

---

14 "그 모든 기름은 화목제 제물의 기름 같이 제단 위에서 불사를지니 이같이 제사장이 그 범한 죄에 대하여 그를 위하여 속죄한즉 그가 사함을 얻으리라"(개정개역).

15 "그 잘못으로 말미암아 여호와께 속죄제를 드리되 양 떼의 암컷 어린 양이나 염소를 끌어다가 속죄제를 드릴 것이요 제사장은 그의 허물을 위하여 속죄할지니라"(개정개역).

16 "그 다음 것은 규례대로 번제를 드릴지니 제사장이 그의 잘못을 위하여 속죄한즉 그가 사함을 받으리라"(개정개역). 이와 유사하지만 더 복잡한 문장구성은 레 4:3("그가 범한 죄로 말미암아 흠 없는 수송아지로 속죄제를 삼아 여호와께 드릴지니")에서 찾아볼 수 있다. 제단을 정화하고 성결하게 하는 것은 첫 위임식(레 8장)과 재위임식(레 16장)에 등장한다.

"14 모세가 하타트 제물의 수소를 끌어오니 아론과 그의 아들들이 그 하타트 제물의 수소 머리에 안수하매 15 모세가 잡고 그 피를 가져다가 손가락으로 그 피를 제단의 네 귀퉁이 뿔에 발라 **제단을 깨끗하게 하고** 그 피는 제단 밑에 쏟았다. **그렇게 번제단을 정화하며 그 결과로 성결하게 하였다** [17]"(레 8:14-15)

"제사장은 **하타트 제물을 드려 그 부정으로 말미암아 정결함을 받을 자를 위하여 제사하고** 그 후에 번제물을 잡을 것이요."(레 14:19)

"제사장은 그 한 마리는 **하타트 제물로 드리고**, 다른 한 마리는 번제물로 드려 **그의 유출에 대하여 야웨 앞에서 제사할 것이다**"(레 15:15)

"제사장은 그 한 마리는 **하타트 제물로 드리고**, 다른 한 마리는 번제물로 드려 **유출로 부정해진 여인을 위하여 야웨 앞에서 제사할 것이다**"(레 15:30)

"손가락으로 그 피를 그 위에 일곱 번 뿌려 **이스라엘 자손의 부정에서 제단을 정결케하여** 그 결과로 성결하게 할 것[18]이요."(레 16:19)

앞에서 논의한 대로 죄가 성소를 오염시키는 방법은 학자들의 본문해석에

---

17 "모세가 잡고 그 피를 가져다가 손가락으로 그 피를 제단의 네 귀퉁이 뿔에 발라 제단을 깨끗하게 하고 그 피는 제단 밑에 쏟아 제단을 속하여 거룩하게 하고"(개역개정)
18 "손가락으로 그 피를 그 위에 일곱 번 뿌려 이스라엘 자손의 부정에서 제단을 성결하게 할 것이요"(개역개정)

68 피와 고기의 신학

따라 다르다. 예를 들어, 밀그롬은 레위기 20:3과 민수기 19:13, 20에 의지하여, 사람이 범죄했을 때 거리와는 상관없이 -원거리에서도- 죄의 "독한 기운"(miasma)[19]이 공기를 통하여 마치 자석이 끌어당기듯이 자동적으로 성소기물을 오염시킨다고 주장했지만,[20] 키우치는 예외도 있다는 입장이다. 레위기 15:31과 16:16, 19은 극심한 부정을 적절하게 제거하지 않은 경우 발생하는 오랜 기간의 성소오염(long-term 'sancta pollution')을 제안하는 예외적인 구절들이라고 본다. 밀그롬과는 반대로 미국 재림교회 초기 구약학자들, 일부 유대인 학자들, 게인 등은 제물의 안수라는 직접적인 접촉을 통해서만 죄가 성소기물을 오염시킨다고 보았다. 물론 게인은 직접적인 접촉 없이도 성소오염을 시키는 '몰렉제사'(레 20:2-3)와, 방치된 경우 결과적으로 성소오염을 시키는 '사람의 시체와의 접촉으로 인한 부정'(민 19:13, 20)을 예외로 삼았다.[21] 재림교회 구약학자들은 접촉에 관하여 불법적 접촉(부정한 자가 불법적으로 성소와 접촉한 경우)과 합법적 접촉(부정한 자가 제의적 절차-죄와 고백과 손에 의한 안수-에 따라 성소와 접촉한 경우)으로 구분한다.[22] 유대인 학자 맥코비는 밀그롬의 주장을 자동적인 오염의 암시적 본문들에 대한 지나치게 문자적인 해석이라고 보고,[23] 안수를 통한 제물과의 직접적인 접촉만이 성소오염의 원인으로 인정한다.[24]

---

19 독한 기운의 엄밀한 정의(定義)는 고대헬라종교의 오염(부정)과 정결을 연구한 Robert Parker, *Miasma: Pollution and Purification in Early Greek Religion* (Oxford: Clarendon Press, 1996)를 보라. Parker의 서론(*Miasma*, 4)을 보면, "제의적으로 사람을 부정하게 만드는 것, 그래서 성전에 들어가기에 부적합하게 만드는 것"이라는 독한 기운(miasma)이라는 명사형의 의미를 자세하게 논의하였다.

20 Jacob Milgrom, "Impurity Is Miasma: A Response To Hyam Maccoby," *JBL* 119/4 (2000): 729-46.

21 Gane, *Leviticus-Numbers*, 296.

22 안수를 제의적 매개로 여기지 않는 학자들에 대한 지지자들의 논박은 Gane, *Cult and Character*, 144-62; Kim, "The *hattat* ritual," 125-57, 231-50을 보라.

23 Maccoby(*Ritual and Morality*, 171-173)는 밀그롬이 제시한 본문들 전부가 전염의 직접적인 매개로서 "그들이 성전에 들어가거나 거룩한 음식을 먹는다면"라는 표현이 생략된 것으로 이해한다.

24 Maccoby, *Ritual and Morality*, 172-73.

죄가 다른 제의적 매개없이 자동적으로 성소기물을 오염시킨다고 주장하는 밀그롬이나 안수라는 매개를 통하여 성소기물이 오염된다고 주장하는 게인 등의 입장을 고려할 때 필자가 제기할 수 있는 그들의 해석상의 난맥은 다음과 같다. 피가 제단 오염을 정화한다는 것은 제의본문에서 명확하게 드러나 있지만, 어떻게 죄의 오염이 성소기물에 전달되는지에 대한 확실한 설명을 찾기 어렵다는 문제가 있다. 이러한 상황 하에서 필자는 본서에서 아래의 세가지 근거에서 밀그롬의 입장을 잠정적으로 유지하기로 하며 그러한 전제 하에 학자들의 해석과 본문들의 다양한 주장들을 살펴볼 것이다. ① 모든 학자들이 성소기물의 자동적인 오염에 대한 예들(레 20:2-3; 민 19:20)이 제의본문들 가운데 존재한다는 데에 동의한다는 점이다. ② 성소에 제물을 드려야 하는 대부분의 경우에 특정한 오염방법이 언급되지 않는다는 점이다. ③ 그 경우들에 안수와 같이 직접적인 접촉을 통한 오염이 특정하게 명시적으로 언급되지 않는다는 점이다. 그러한 점에서, 필자는 사람이 범죄하였을 때 죄가 공기를 통해 성소를 자동적으로 오염시킨다는 언급을 '예외적'인 것이 아니라, 일반적인 규칙으로 여기고 위의 두 가지 본문들이 그러한 상관관계를 '특별히' 강조하여 언급한다고 보는 것이 더 합당하다고 생각한다.

제물의 구성

구약제의에 사용되는 다양한 짐승(제물)에는 다음과 같은 특징들이 있다.

① 제물은 기본적으로 흠없는 가축(소, 양, 염소, 심지어 비둘기)을 드리며, 그것을 죽여 번제단 등 성소기물에서 피와 고기(전부 혹은 일부)를 제의적으로 사용한다. 가축을 드리는 모든 제물의 경우에 피와 고기라는 형식은 동일하

지만, 그 목적 혹은 효과는 제물마다 심지어 문맥마다 다르다. 특히 피의 작용과 사용과정의 의미에 대한 학자들의 견해는 다양하다.

② 구약 제사체계의 핵심 가운데 하나인 제물로 들짐승이 아닌, 가축을 드리는 원칙들에는 원초성(primitiveness)보다는[25] 길들임(domesticality)[26]의 개념이 포함되어있다. 제의규정이 헌제자에게 자신이 키우고 돌보았던 선별된 정결한 가축을 제물로 드리라고 명령하고, 정결하거나 부정한 짐승 중에서 야생동물을 바치지 말라고 한 것에도 이유가 있다. 돈을 주고 시장에서 산 것이나 들에서 잡은 것은 그 정결함과 온전함을 보장할 수 없다는 점에서 하나님께 드리는 제물로는 부적합했던 것이다.

③ 제물의 성별도 중요하다. 번제물의 경우 암컷은 배제되지만, 화목 제물의 경우 암수의 구별은 중요하지 않다. 암컷이 배제되는 이유에 대해서는 여러 가지 주장이 있다. 대표성의 측면에서 수컷이 갖고 있는 상징적인 중요성도 제시되었고 다양하고 빈번한 제의적 사용으로 인해 (실용적으로 우유나 번식 등의 목적에서 더 필요성이 있는 암컷보다는) 수컷이 더 선호되었다는 실용적인 측면도 제기되었다.[27]

---

25 제물(고기)은 일반적으로 번제단에서 전부 (혹은 가장 좋은 것만)를 태워서 그 향기로 야웨의 진노를 진정(혹은 기쁨으로 바꾸는 일)시키는 역할을 하는 것으로 여겨졌다. 그러나 문제는 속죄기능과 관련하여 여러 가지 입장이 제시되었다. 피와 마찬가지로 제물 고기도 일종의 죄의 운반체(carrier)라고 보는 입장도 나타났다.

26 J. Z. Smith, 'The Domestication of Sacrifice,' in *Violent Origins: Water Burkert, Rene Girard, and Jonathan Z. Smith on Ritual Killing and Cultural Formation*, ed. by R. G. Hamerton-Kelly, 191-235 (Stanford: Stanford University, 1987).

27 Milgrom, *Leviticus 1-16*, 147.

속죄제의체계와 관련된 중요한 동사들

하타트 제사의 본격적인 논의에 앞서서 구약속죄체계와 관련하여 고려해야 할 중요한 동사들은 כפר와 חָטָא와 נָשָׂא עָוֹן 등이다. 우선 빈도수로 보나 그 의미의 중요성으로 보나 가장 중요한 역할을 수행하는 כפר 동사의 용례부터 살펴보기로 한다.

① כפר 동사(피엘형)

이 히브리어 단어의 의미의 다양성은 영어나 우리말 한두 단어로 그 의미를 정확하게 전달하기 어렵다.[28] 게다가 문장과 문맥의 측면에서 정확한 그 단어의 의미를 찾기도 쉽지 않다. 전통적인 표현으로서 '속죄'하는 행위(כפר)란 제사장이 '특정한 사람을 대신'(on behalf of)/'사람을 위하여'(for) '희생제물의 피와 고기를 성소기물에게'(to) 사용하는 제의행위의 궁극적인 '목적'일 수 있다. 즉, (대)제사장이 주어이며 목적어가 장소일 경우 속죄/정화의식의 '장소'/'수단'을 의미하며 목적어가 사람일 경우 속죄/정화의식의 '목적'(목표)인 것이다(다음의 [표 5]를 참조하라).

כפר라는 동사의 용례와 의미는 오랫동안 "죄의 용서"와 가장 깊은 관련이 있는 것으로 여겨졌다. 중세 이후 유대인 학자들이 כפר를 아랍어 *kafara*("…를 덮다")와 유사한 개념으로 보아 이 행위를 통하여 죄를 하나님의 시야에서 가린다고 이해하였으며 이것이 전통적인 의미해석이었다. 그러나 20세기에 들어서서 학자들은 그 기본의미를 아카드어 *kippuru*("닦다")와 관련하여 "…의 오염을 씻는다"로 이해한다.[29] 이러한 전제를 가지고 관련본문들을 살펴보자.

28　Milgrom, *Leviticus 1-16*, 1079-84; Hartley, *Leviticus, 63-66*; Gilders, *Blood Ritual i*, 25-32.

29　Levine, *Leviticus*, 23-24; Gilders, *Blood Ritual*, 28-32; Wright, *The Disposal of Impurity*, 291-99.

레위기 1-16장이라는 죄와 부정의 해소의 문맥에서 (대)제사장은 하타트 제물의 피를 번제단뿔에 바르는 식으로(혹은 그 피를 향단뿔 뿔에 바르고 휘장에 뿌리는 식으로) 성소 오염을 정화한다(그리고 직접적으로 관련이 있는 경우에는 죄인을 속죄한다). 제사장은 레위기 4-5장에서 하타트 제물을 드려서 성소의 오염을 정화하고 죄인에 대한 용서(חה>>>)[30][31]를 초래하고 레위기 11-16장에서 부정해진 사람과 건물과 성소의 오염을 정화한다(חה).[32] 물론 부정의 정화의 경우에는 죄의 오염의 정화와 다른 양상을 보인다. 부정은 오염의 정도에 따라 피오염자 스스로 간단하게 해결할 수 있는 경우와 회막에 하타트 제물을 드려야 하는 경우로 나뉜다. 게다가 정화의 수단이 피가 아닌 물이거나 온전한 피가 아닌, 피와 물 등의 혼합의 매체가 사용되는 경우도 있다. 또한 레위기 14:52-53에서는 이스라엘 진영 밖에서 죽인 새의 피를 통한 환자의 부정의 정화 및 살아있는 새를 날려 보내는 의식이 등장하며, 민수기 19장에서 하타트의 재가 물과 함께 시체로 부정해진 사람들에게 사용되며 민수기 31:19-24의 경우에도 전쟁에서 돌아온 군인들의 부정을 해결하려고 정화의 불과 함께, 정화의 물이 사용되기도 한다.

더 나아가, 제의본문에서 חרכ라는 동사에서 발견되는 '속죄/속전'이라는 이중적 개념을 고려해볼 필요가 있다. 이 용어는 코페르(חרכ, "배상")로서 '몸값을 지불하다'는 의미로도 사용된다(출 30:15-16; 레 17:11; 민 31:50).[33] 이에 관해서 한 어원을 가진 두가지 의미의 파생을 의미하는지, 아니면 동일한 형태의 전

---

30   이 단어의 아카드적 어원("씻어낸다")에 대해서는 Rooker(*Leviticus*, 113)을 보라.
31   Sklar, *Sin*, 80-101.
32   Sklar, *Sin*, 105-36.
33   Kiuchi, *The Purification Offering*, 107-109.

혀 다른 어근의 단어들의 의미의 병치인지에 대한 논란이 있다.[34] 그러한 점에서 길더스는 כפר를 "속죄"라는 모호한 의미보다는 그 보다 더 상위어로서 속죄/정화/보상을 목표로 하는 제의행위/의식을 지칭하는 것으로 이해한다.[35] 그러한 점에서 본다면, כפר 동사는 제사장이 제단을 포함한 성소 기물에서 속죄/정화/보상을 목적으로 피를 동반하는 짐승제물의 희생의식을 의미하는 것으로 보아야 할 것이다. 이 모든 개념들은 예배 자체의 수단이기도 하지만, 특별히 제의집행을 위한 성소기물의 정화와 봉헌의 의미뿐만 아니라, 범죄자(헌제자)에 대한 하나님의 용서와 관계회복과 관계심화도 목표로 한다는 것을 보여준다.

이같은 측면에서 כפר 동사뿐만 아니라, 그 동사와 전치사가 함께 사용되는 문장의 복잡 미묘한 의미를 살펴볼 필요가 있다. 속죄와 관련한 가장 중요한 개념인 כפר와 전치사가 사용된 용례를 아래 도표를 통해 간단하게 살펴보자.[36]

---

34 한 어원에서 두가지 의미(정화와 보상)가 파생되었다고 믿는 Levine(*Presence*, 61-62)과 동형이의적 개념으로 이해하는 Schwartz("Prohibitive," 52, 54)는 상반된 입장을 취한다.

35 Gilders, *Blood Ritual*, 137이하.

36 기본적인 분석은 B. Lang, "כפר," *TDOT* VII (1995), 288-303를 보라. 다음의 도표는 Jay Sklar, *Sin, Impurity, Sacrifice, Atonement: the Priestly Conceptions* (Sheffield: Sheffield Phoenix Press, 2005), 188-89의 데이터로 만든 것이다.

[표 5] 키페르와 전치사의 용례 분석

동사 형태	전치사의 대상	관련구절들
I. עַל+כפר	a) 목적어(사물)	출 29.36, 37; 30.10a; 레 8.15; 14.53; 16.18
	b) 목적어(사람)	출 30.15,16; 레 1.4; 4.20, 31; 5.26(6.7); 8.34; 10.17; 12.7, 8; 14.18, 20, 21, 29, 31; 16.10, 30, 33; 17.11a; 23.28; 민 8.12, 19, 21; 15.25, 28(x2); 17.11(16.46), 12(16.47); 25.13; 28.22, 30; 29;5; 31.50; 겔 45.15; 대상 6.34(49); 대하 29.24
	c) 목적어(사람)+מִן	레 4.26; 5.6, 10; 14.19; 15.15, 30; 16.34; 민 6.11
	d) 목적어(사물)+מִן	출 30.10b; 레 16.16
	e) 목적어(사람)+עַל	레 4.35; 5.13, 18
	f) בְ(도구격)	레 5.16; 민 5.8
	g) בְ(도구격)+עַל	레 19.22
II. כפר+사물. 직접목적어(성소)		레 16.20, 33(x2); 겔 43.20, 26; 45.20
III. כפר+בְעַד+목적어(사람)		레 9.7(x2); 16.6, 11, 17b, 24; 겔 45.17; 대하 30.18-19
IV. כפר+בְ	a) 처소격	레 6.23(30); 16.17a, 27
	b) 도구격	출 29.33(푸알형); 레 7.7; 17.11b; 민 35.33(푸알형)
V. כפר(푸알형)+לְ		민 35.33

제이 스클라는 위에서 언급한 각각의 표현들의 정확한 의미를 학구적 일치성의 정도(즉 광범위한 공감대와 적은 공감대순)에 따라 다음과 같이 재배열했다.[37]

---

37 Sklar, *Sin*, 189-91.

아래의 도표는 필자가 만들었다.

[표 6] 공감대에 따른 키페르의 용례 분석

광범위한 공감대	עַל(I.b, c, e, f, g)	'…를 위하여'(for) 혹은 '…를 대신하여'(on behalf of)
	בְּעַד(III)	'…를 위하여'(for) 혹은 '…를 대신하여'(on one's behalf, on behalf of…)
	בְּ(IV.a)	처소적 의미('…에서'[in …])
	בְּ(IV.b)	도구적 의미('…로'[with])
	לְ(V)	'…를 위하여'(for)
적은 공감대	עַל(I.a,d)	①'…를 위하여 속죄하다'(to atone for)[38] 혹은 ②'…를 위하여 … 위에서 속죄하다'[39]
	직접목적격 조사(II)	①אֵת와 עַל을 동의적으로 보아 그 어떤 전치사가 결합되어 있더라도 '속죄하다'로 해석한다, 혹은 ②אֵת와 עַל을 동의어로 보아, '정화하다'로 해석한다. 혹은 ③ אֵת는 성소기물을 정화하는 것으로, עַל은 사람들의 정화에 영향을 주는 것으로 여긴다.[40]

필자는 위와 같은 스클라의 분석에 동의하지만, 전치사의 용례뿐만 아니라 다음과 같이 또 고려해야할 사항들이 존재한다는 것을 발견하였다.

첫째는 כִּפֶּר라는 단어가 제의적으로 사용된 문맥을 고려하는 것이다. 이

---

38 Kiuchi, *The Purification Offering*, 91. Sklar(*Sin*, 191)는 키우치의 출 30:10a의 해석을 비판하지만, 이 용례가 인격체와 비인격체 모두에게 정화와 봉헌-성화(consecration)의 영향을 끼친다는 측면에서 Kiuchi, *The Purification Offering*, 191의 입장을 따른다.

39 Sklar(*Sin*, 191)는 레 16:15, 16a의 해석과 관련하여 밀그롬의 해석(Milgrom, *Leviticus 1-16*, 829)을 비판한다.

40 Sklar(*Sin*, 192-3)은 이 세가지 용례 가운데 레 16:33을 예로 들어 "그가 지성소를(אֵת) 정화하고 회막과 제단을(אֵת) 정화할 것이다. 그는 제사장들을 위하여(עַל) 그리고 백성의 온 회중을 위하여(עַל) 정화(속죄)할 것이다"라고 번역하면서 위 도표의 세 번째 용례를 선호한다.

단어는 번제물, 하타트 제물, 아샴제물, 위임제물(정화⇨성별), 그리고 부정의 해소라는 제의 문맥에서 별도로 혹은 다른 제물들과 함께 의식에 사용되었다는 점을 보여준다. 이와 같은 복잡한 용례에 대해서 다음의 표와 같이 간단하게 개괄하고자 한다.

[표 7] 키페르 동사(+분사형)와 함께 사용된 제물들

장	제물 (혹은 제의)	부연설명(레위기 내의 구절들)
1	번제물	1:4의 분사형은 비록 그 자체가 난해한 표현이긴 하지만, 다른 문맥의 용례를 고려한다면, 헌제자가 (소)제물을 드리는 것으로 행해지는 대리적 맷가 지불로도 이해할 수 있다.[41]
4-5	하타트 제물 (죄와 관련)	4:19-20, 26, 31, 35; 5:6, 10, 13에서 주동사가 사용되었다. 이 행위는 제사장이 헌제자(들)를 대신하여 죄의 용서를 받기 위한 정화의식을 수행하는 것이다.
5-6	아샴 제물 (죄와 관련)	5:15-16, 18; 6:6-7에서는 주동사가 사용되었다. 이 행위는 제사장이 헌제자(들)를 대신하여 죄의 용서를 받기 위한 정화의식을 수행하는 것이다.
8	위임의식	8:15에서는 주동사가 사용되었다. 이 행위는 하타트 제물로 번제단을 정화하는 일을 의미하며 34절에서는 분사형이 사용되었고 이 행위는 다양한 제물들과 위임의식을 지칭한다. 두가지 경우의 행위의 주체는 제사장이며 죄의 용서에 대한 언급은 없다.
9	첫 공예배	9:7(X2)에서 주동사가 사용되었다. 이 행위의 주체는 제사장이며 하타트 제물과 번제물을 사용하는 것으로 죄의 용서에 대한 언급은 없다.
10	하타트 제물 먹음 (죄와 관련)	10:17에서 분사형은 하타트 제물의 먹음이 회중의 죄의 책임을 담당하는 것과 함께 행하는 정화의식을 의미하는 것으로 사용되었다.

---

41 Sklar, *Sin*, 75. 본서의 제4장의 안수단락을 참조하라.

12	산모의 부정의 정화	12:7, 8에서 주동사가 사용되었다. 이 행위의 주체는 제사장이며 하타트 제물과 번제물을 사용하는 것을 지칭하며 산후 부정을 정화하는 수단으로 사용된다.
14	피부병환자의 부정 정화	14:21, 29에서 분사형이 사용되었다. 이 행위는 올리브 기름으로 환자의 머리에 붓는 것에 사용되었다. 여기에서는 하타트 제물과 번제물과 소제를 사용하는 것을 지칭한다. 이 행위의 주체는 제사장이며 부정했던 사람을 정화하는 의식을 의미한다.
14	집벽의 부정의 정화	14:53에서 주동사가 사용되었다. 이 행위의 주체는 제사장이며 새의 피와 샘물과 살아있는 새와 히말라야 삼나무와 우슬초와 주홍색실로 집에 뿌리는 의식을 수행하고 살아 있는 새를 들판으로 보내는 부정해진 집을 정화시키는 의식 전체를 지칭한다.
15	생식기 유출의 부정의 정화	15:15(남성), 30(여성)에서 주동사가 사용되었다. 이 행위의 주체는 제사장이며 당사자는 생식기 유출로 부정해진 사람에게 행하는 것으로 그의 부정을 정화하는 역할을 수행한다.
16	하타트 (성소 부정의 정화)	6절(주동사)에서 아론이 성소 정화를 위한 하타트 제물드림을 의미하고 16(주동사),[42] 17(분사형; 주동사 1회), 20절 (분사형)에서 대제사장이 하타트 제물로 성소와 기구들의 정결의 수행을 의미하며 24절(주동사)은 대제사장이 번제물을 드리는 것, 30절(주동사)[43]은 하타트 제물을 드리는 것을 의미하며, 32(주동사)절은 대제사장의 임무와 대상(지성소, 회막, 제단)과 사람들(제사장들과 공동체의 모든 백성)에 대한 정화의식을 지칭한다. 34절(분사형)은 하타트[44] 제물로 정화의식을 수행하는 것을 지칭한다.
17	제물의 피	17:11에서 분사형이 사용되었다. 이것은 일반적이거나 모호한 설명으로 댓가를 지불하는 제물들의 피의 기능을 말한다.[45]

---

42 하타트 제물로의 번역은 본서의 제8장을 참조하라.
43 하타트 제물로의 번역은 본서의 제8장을 참조하라.
44 하타트 제물로의 번역은 본서의 제8장을 참조하라.
45 Sklar, *Sin*, 181.

19	배상제물 (죄의 문제)	22절(주동사)에서 이 행위의 주체는 제사장이며 간통사건과 관련하여 당사자인 남자가 아샴 제물을 드리는 배상행위를 지칭한다.

위와 같은 분석을 통해서 볼 때, כפר라는 동사는 다양한 문맥과 다양한 제물들과 함께 다양하게 사용되었다. 단독으로 번제물에 사용된 경우(분사형, 레 1:4)를 제외하고 하타트 제물과 번제물을 함께 사용하는 대부분의 경우(물론 문장 내에서는 하타트 제물[혹은 죄를 위하여]을 드리는 것으로 한정하여 사용된다)와 아샴 제물을 사용하는 경우에 주동사 כפר를 사용한다. 그것은 제단의 정화를 일차목표로 하며 부차적으로 특정한 사람의 특정한 범죄와 관련될 경우 죄 용서를 목표로 하며 특정한 사람의 특정한 부정과 관련될 경우 부정의 정화를 목표로 하는 제사를 의미할 때 사용되었다. 그러므로 이러한 분석은 문맥상 개인 혹은 집단의 죄의 용서나 부정의 정화가 명확하게 언급되지 않는 경우 성소기물 정화가 목적이라는 의미다. 단 한 가지 모호한 예외는 레위기 17장이 말하는 제단과 제물의 피에 주어진 제의적 기능을 언급할 때인 것이다.

둘째로 כפר가 사용된 대부분의 문맥에서 발견되는 또 하나의 주목할 만한 현상인 것이다. 즉, חטאת+전치사의 조합의 경우 대부분의 번역에서 "죄를 위하여"로 번역되었지만, 다음의 도표가 보여주듯이 더 많은 경우(아래에서 * 를 한 경우)에 문맥상 볼 때 "하타트 제물을 통하여"(도구격)라고 번역될 가능성이 더 높다는 점을 발견하였다.[46] 비록 해석상 논란의 여지가 있지만 이러한 논의는 특별히 레위기 16장을 해석할 때 중요한 해결책을 제시해준다는 점에서도 중요하다.

---

46 이에 대한 자세한 논의는 별도의 소논문을 준비중이다.

[표 8] 하타트와 전치사와의 관계(해석)

전치사	의미	성경구절
מֵחַטָּאתוֹ	~의 하타트 제물*로(부터)	4:26; 5:6; 19:22
מֵחַטָּאתוֹ	(그가 위반한) 자기 죄를 위하여	4:35, 28; 5:10, 13; 19:22[47]
מִכֹּל חַטֹּאתֵיכֶם	모든 ~의 하타트 제물*로(부터)	16:30[48]
מִכֹּל חַטֹּאתָם	모든 ~의 하타트 제물*로(부터)	16:34[49]
מִן הַחַטָּאת	하타트 제물*로부터(에서)	9:10
בְּאֵיל הָאָשָׁם	아샴 제물로	5:16; 19:22
לְכָל חַטֹּאתָם	모든 ~의 하타트 제물*로	16:16, 21[50]
עַל חַטָּאתוֹ	(그가 위반한) 자기 죄를 위하여	4:3, 28, 35; 5:6, 13; 19:22[51]
אֶת חַטָּאתְךָ	~의 하타트 제물*을	9:7
אֶת חַטָּאתָם	~의 하타트 제물*을	10:19
לְחַטָּאת	하타트 제물*로	4:3, 14, 32, 33; 5:6, 7, 8, 11; 9:2, 3; 12:6, 8; 16:3, 5

②חִטֵּא(피엘형) 동사

이 동사는 전통적으로 "놓치다", "표적을 맞추지 못하다", 혹은 "길을 벗어나다"라는 기본적인 의미를 갖는다고 주장되었으며,[52] 동사형태와 사용하

---

47 이 구절들에서는 "מֵחַטָּאתוֹ"를 설명하는 종속절("אֲשֶׁר חָטָא")이 등장한다.
48 레 16장에 대한 관련된 논의는 본서의 8장에서 다룰 것이다.
49 레 16장에 대한 관련된 논의는 본서의 8장에서 다룰 것이다.
50 레 16장에 대한 관련된 논의는 본서의 8장에서 다룰 것이다.
51 이 구절들에서는 "עַל חַטָּאתוֹ"를 설명하는 종속절("אֲשֶׁר חָטָא")이 등장한다.
52 K. Koch, "chātā'," TDOT IV (1980), 309-19.

는 목적어에 따라 그 세부적인 의미가 달라진다.[53] 즉, 레위기 6:26[MT 19], 9:15, 대하 29:24의 חטא는 희생의식을 하려고 "하타트의 피를 가져오다"로 해석되지만, 레위기 8:15과 다른 본문들의 חטא는 하타트 제물을 드리는 제의의 결과(정화)를 나타낸다.[54] 이와 관련하여 길더스는 חטא가 "정화하다"라는 의미라는 밀그롬의 입장에 기본적으로 동의하지만, 동시에 חטא가 죄의 제거(un-sin)[55]라는 측면에서 속죄의 의미를 가진다고 주장한다.[56]

이 동사의 명사형 하타트(חטאת)는 구약의 헬라어 번역인 LXX 이후로 오래 [속]죄 제물(sin offering)로 번역되었으나, 하타트 제물의 피가 성소의 기물의 오염만을 '정화'한다고 주장한 밀그롬 이후로 학자들 사이에 속죄 제물(sin offering)보다는 정화제물(purification offering)이라는 다른 용어가 채택되기 시작했다. 그러나 일부 다른 학자들은 하타트 제물이 여전히 전통적인 의미의 속죄의 기능도 수행한다고 주장한다.[57] 길더스는 슈바르츠[58]의 견해를 하타트 제물이 성소기구에 임한 죄의 오염뿐만 아니라, 죄 자체(즉, 제거)도 다룬다고 본다.[59] 그러한 행위의 1차적인 목적은 성소기물의 정화이며 문맥에 따라 2차적으로 속죄(혹은 부정의 정화) 기능을 수행하는 것이다.

---

53 Kiuchi(*The Purification Offering*, 91-92)는 죄를 자기은닉(self-hide [from God])라고 부른다. Gilders(*Blood Ritual*, 30-31)는 피엘형의 용례를 다음과 같이 정리한다. 히브리 맛소라 본문에서 14번 등장하는데, 두가지 경우(레 6:19; 9:15)에는 하타트 제물을 직접목적어로 취하고 한가지 경우(대하 29:24)에는 하타트 제물의 피를 직접목적어로 취하며 나머지 경우는 곰팡이가 퍼진 집(레 14:49, 52), 시체와 접촉한 사람(민 19:19), 성소(겔 45:18), 제단(레 8:15; 겔 43:20, 22, 23), 그리고 회개한 죄인(시 51:9)과 같은 다양한 직접목적어를 취하며 마지막으로 한 경우(출 29:36)에는 전치사와 함께 간접목적어를 가진다.

54 Kiuchi, *The Purification Offering*, 95.

55 Gane, *Leviticus-Numbers*, 96.

56 Gilders, *Blood Ritual*, 25-32.

57 Kiuchi, *The Purification Offering*, 100, n. 50.

58 Baruch J. Schwartz, "The Bearing of Sin in the Priestly Literature", in *Pomegranates and Golden Bells: Studies in Biblical, Jewish, and Near Eastern Ritual, Law, and Literature in Honor of Jacob Milgrom*, ed. by David P. Wright, David Noel Freedman, and Avi Hurvitz, 3-21 (Winona Lake: Eisenbrauns, 1995).

59 Gilders, *Blood Ritual*, 32.

③ נָשָׂא עָוֹן

레위기 16장에서 아사셀 염소의식의 중요한 핵심기능을 지칭하는 "죄를 담당하다"(נָשָׂא עָוֹן)[60]라고 번역되는 말은 아래의 [표 9]이 보여주듯이 구약 제의적 문맥에서 주어에 따라 의미가 다르게 사용되었다.[61]

[표 9] 낫싸 아본의 용례

주어	의미
사람(죄인)	이것은 "당사자가 자신의 범죄에 대한 책임을 지다/징벌을 받다"는 의미다(5:1, 17; 17:16; 출 28:43; 민 18:1, 23).
	이러한 죄에 대한 징벌은 직접적으로 하나님 자신이나 공동체가 수행한다.
피해당사자 (사람/하나님)	이것은 "제3자가 그 죄를 없애다/용서하다"는 의미다(출 20:5; 34:7; 민 14:18; 사 33:24; 호 14:3).[62]
	주어가 사람인 경우 자신에게 행해진 타인의 범죄를 용서하는 것이다(창 50:17; 출 10:17; 삼상 15:25; 삼상 25:28 등). 주어가 하나님인 경우 일반적으로는 범죄자를 대신하는 제물과 제사장이 주도하는 속죄제의를 통하여 죄인에 대한 신적인 용서가 발생하며 특별하게는 특정한 사람들의 대속적 행위를 통하여 용서가 발생하게 된다. 그러나 제의 수단에 대한 언급없이 하나님이 자발적으로 죄인을 용서하신다는 언급도 있다(예, 출 34:7).
제삼자	이것은 "죄인을 대신하여 제사를 수행한다"는 의미다.
	이것은 제사장("죄의 책임을 담당하다"는 의미가 된다[63])의 속죄(정화)사역을 주로 의미하지만, 부수적으로 특정인들(제삼자의 기도나 중보의 수단으로서 다른 사람의 "죄를 없애다"는 의미로 사용되는 경우가 있다. 요셉[창 50:17], 모세[출 10:17], 사무엘[삼상 15:23]), 아사셀 염소(16:22). 아론의 관(冠)의 명패(출 28:38)까지도 포함된다.

---

60 Sklar, *Sin*, 20-23, 88-99. נָשָׂא+죄의 용례는 다음과 같이 나눌 수 있다. ① נָשָׂא+חַטָּאת(남성형)/חַטָּאָה(여성형), ② נָשָׂא+עָוֹן. חַטָּאת의 경우는 출 10:17; 삼상 15:25의 경우처럼 속죄적 차원에서 죄의 제거를 의미한다 (Koch, "*chātā*'," 313). 민 5:31의 "망하다[perish]"는 의미에 대해서는 Koch, "*chātā*'," 317을 보라.

61 Schwartz, "Bearing of Sin."을 보라.

여기서 추가로 고려해야 할 것은 레위기 16장의 하타트 제의에서 "נָשָׂא עָוֹן"이 지금까지 등장하지 않았던 "죄의 용서"와의 관련되는가의 여부다. 레위기 4-5장에 나타난 하타트 제의에서는 그 결과로 죄의 용서가 등장하지만, 레위기 16장에는 그러한 표현이 전혀 등장하지 않는다. 그러나 위의 세 번째 용도에서도 잘 보여지듯이 "נָשָׂא עָוֹן"은 아사셀 염소가 "당사자들을 대신해서 (죄를) 담당한다"는 의미로 여겨질 수 있다. 그 근거는 몇 가지가 있다. ① 하타트와 아본은 상호적으로 사용되었다는 점이다(민 14:18-19; 출 34장; 출 32:32). ② 두 표현의 일치성은 כֹּפֶר와 "נָשָׂא עָוֹן"과의 유사한 관계성에서 발견할 수 있다(출 32장; 민 14장).[64] 그러나 레위기 16장의 문맥에서 죄의 용서라는 표현은 없지만 성소의 오염의 정화와 (재)성결에 대한 언급은 명확하게 등장한다. 이렇게 본다면, 레위기 4-5장의 하타트 제의와 함께 하타트 제물을 사용하는 부정 규례에서도 (레위기 11~15장) 레위기 16장의 하타트 제의와의 중요한 연결고리를 발견할 수 있지 않을까?(자세한 논의는 본서의 제8장을 참조하라).

이러한 전제하에서 이 단어가 속죄제물/정화제물이라는 두가지 개념들 가운데 오직 하나의 의미가 아니라, 정화-속죄-속량의 의미(기능)를 다양한 문맥에 따라 드러낸다는 점에서 본서에서는 חַטָּאת를 단순한 음역인 '하타트 제물'이라고 일관되게 부를 것이다.[65]

---

62   Milgrom, *Leviticus 17-22*, 622-3.
63   Milgrom, *Leviticus 17-22*, 623.
64   Sklar, *Sin*, 91-2.
65   Gilders, *Blood Ritual*, 32.

하타트 제물과 아샴 제물

여기에서는 본서에서 다루는 하타트 제물의 다양한 용례를 개괄적으로 정리해볼 것이다. 물론 특정한 죄와 관련해서 언급해야 할 제물들은 하타트 제물과 아샴 제물이다.[66] 속죄와 관련하여 아샴 제물은 레위기 5장을 중심으로 등장하고 하타트 제물은 레위기 4-5, 16장을 중심으로 등장한다.[67] 이 두 제물들의 공통점은 다음과 같다. 한 개인이 '자발적으로' 드리는 번제물-소제물-화목제물의 규정과는 달리, 하타트 제물과 아샴 제물[68] 규정은 "어떤 사람이 죄를 범하였을 때"라는 표현으로 시작하며, 죄의 용서를 받으려고 하나님께 드려야 하는 자발적이면서 의무적인 제물들이다. 이 두 제물은 기본적으로 사람들이 우발적으로 야웨의 금령을 어겼을 경우 혹은 태만해서 특정한 규정들을 지키지 않았을 경우 하나님께 의무적으로 드려야 하는 것이다.[69] 여기서 우리가 주목해야 할 것은 동일한 하타트 제물도 그것이 사용되는 문맥과 용례에

---

66 레위기의 5대제물 가운데 하타트 제물과 아샴 제물이외에 다른 제물들은 속죄기능이 있는가의 여부를 간단하게 살펴보자. 번제물의 경우, 다른 본문들에서 독자적인 속죄기능에 대한 언급이 있으며(욥 1:5; 42:8-9) 레 1:4에서도 속죄와 관련된 언급이 나온다는 주장도 있다. 레위기의 제의본문에서도 하타트 제물과 번제물은 같이 드려지는 경우가 많다는 점에서 직접적으로 특정한 죄의 속죄에 관여하지 않더라도, 속죄와 관련된 역할을 수행하는 것으로 생각할 수 있다. 심지어 아주 가난한 경우에 하타트 고기제물 대신에 소제물이 그 기능을 대신하는 경우도 있다. 필자의 본문상의 논의를 통해 볼 때, 번제물, 소제물의 경우 피보다는 번제단에서 태우는 일부 고기(곡식)가 하나님이 제물을 기뻐 받으시게 하는 매개 역할을 수행하는 것 같다.

67 Jonathan P. Burnside, *The Signs of Sin: Seriousness of Offence in Biblical Law* (JSOTSS 364; Sheffield: Sheffield Academic Press, 2003). 5장, 157-185.

68 Israel Knohl, "The Guilt Offering Law of the Holiness School (Num. V 5-8)," *VT* LIV/4 (2004): 516-526. 이와 같이 레위기의 하타트 제물(참조, 민 15:22–31)과 아샴 제물(참조, 민 5:5-10)의 규정이 민수기에 반복된 이유에 대한 Knohl("The Guilt Offering," 517-19)의 논의를 보라. 차이점에 대해서는 Knohl("The Guilt Offering," 521-24)를 보라. Knohl("The Guilt Offering," 522)은 이러한 차이를 H가 P를 승계하면서 "제의적 구조 내에서 윤리-사회적 영역을 통합하려는 체계적인 시도"에서 비롯된 것이라고 주장한다.

69 [표 10]은 성기문(『레위기』, 40-41)의 내용을 수정보완한 것이다. 통시적 입장을 취하는 학자들은 긴 기간에 다양한 사람들로 인하여 이 제물들의 용도와 기능이 다양해졌다고 주장한다(Nihan, *Priestly Torah*, 168-171, 172-73를 보라).

따라 다양한 기능을 한다는 점이다. 이러한 전제는 본서에서 다루는 하타트 제물이 등장하는 제의적 문맥에 따라 다르게 수행하는 기능과 역할을 이해하는 데 중요한 길라잡이가 될 것이다. 하타트 제물은 성소기물의 오염의 정화와 죄의 용서를 포함한 다양한 이유와 상황 속에서 사용되며, 제의적으로 개인이나 제사장이나 심지어 성소기구의 "상태나 신분의 전환"시에도 사용된다는 공통점이 있다.[70]

[표 10] 하타트 제물과 아샴 제물의 기능과 용례

제물		용례(기능)
하타트	죄의 용서	비고의적("무심코") 야웨의 금령의 위반으로 인한 , 또는 특정하게 태만으로 인한 범죄시에 드린다.
	부정의 정화	심각한 부정(성적 장기적 유출, 피부병, 출산)으로 인해 성소에 드린다.
	상황/직분의 전환	레위인 임직, 아론위임, 제단성별, 나실인의 서원종료시에 사용한다.
	계절/축제	제의적으로 중대한 날이나 순례절기에 드린다.
아샴[71]	배상	하나님의 성소에 손해를 끼쳤을 때나 이웃에게 물질적으로 손해를 끼쳤을 때, 이 제물을 드리거나 제물과 함께 손해원금과 배상금(벌금, 20%)을 성소에 드린다.

---

70 Marx, "Sacrifice," 29-38; 하틀리, 『레위기』, 200ff.
71 아샴 제물의 번역에 대한 논란은 Milgrom, *Leviticus 1-16*, 339-78을 보라.

요약

본서의 제3장에서 구약 오경 제의에 대한 개괄을 중심으로 죄, 죄와 제단과의
관계성, 속죄의 용어들, 제물의 구성과 종류들을 다루었다.

전통적으로 이해하였던 죄와 속죄의 개념이 현대 레위기 해석상 어떤
변화를 겪고 있었는지를 개괄하였다. 또한 죄가 어떤 매개를 통하여 성소를
부정하게 하는가에 대한 관련구절들을 간단하게 살펴보았다. 필자는 밀그롬
이 자기 이론에 부합한다고 주장하는 증거 구절들에 예외가 있지만, 죄가 성
소를 어떻게 오염시키는가에 대한 중요한 원리를 제시한다는 점에서 밀그롬
의 기본 입장을 수용하였다(필자는 그와 같은 관점에 근거하여 본서에서 후속적인 논
의를 전개할 것이며 이후 몇부분에서 밀그롬의 입장은 긍정적으로 평가하는 추가논증을
전개할 것이다). 또한 필자는 여기에서 중요한 제의적 단어들, נָשָׂא עָוֹן ,חָטָא, כפר 동
사에 대한 어원과 용례와 문맥에 따른 차이점들을 스클라의 분석과 입장에
따라 비판적으로 개관하였고 추가적인 논의를 수행하였다. 마지막으로 문맥
마다 달라지는 하타트 제물의 기능과 용례를 아샴 제물의 경우와 함께 개관
하였다. 현 상황에서 여전히 논란거리인 제물의 피의 역할과 관련된 안수의
기능은 본서의 제4장에서 더 자세하게 다루어질 것이다.

4장 하타트 제물의 준비과정(레 4:1-5:13)
도입

본서의 제4장에서는 제의적으로 제물을 도살하기에 앞서 헌제자가 주도적
으로 준비하는 일들을 살펴볼 것이다. 헌제자는 자기 집에서 흠 없는 가축을
제물로 선택하여 산 채로 데리고 회막 문 앞에 당도하여 하타트 제물의 피와
일부 고기(기름/간/콩팥)를 회막 뜰의 번제단 등에서 드리기 위한 여러 가지 준
비절차를 수행한다. 이 단락에서는 그것들 가운데 제물의 안수, 죄의 고백을
중심으로 다룰 것이다. 안수와 죄의 고백은 회막 앞에서, 그리고 제사장 앞에
서 행해진다. 밀그롬 등과는 달리 게인과 같은 일부 학자들은 안수를 고대 이
스라엘 희생제의체계의 가장 중요한 전제이자 수단이자 마무리 역할(죄의 이
동에서 공동체 밖으로의 방출)을 수행하는 것으로 설명한다. 우선 제물에 대한 안
수의 '기능'을 상세히 논의할 것이다.

안수의 의미와 기능

레위기의 제의적 안수를 논의하기 전에 그것과 고대 힛타이트의 제의관습
과의 유사성의 논란을 검토해본다. 바룩 레빈은 고대 힛타이트의 툰나위
(Tunnawi) 제의에서 여성 예배자가 짐승의 생식력이 자신에게 이동되기를 소
망하면서 생식력이 좋은 암소의 뿔을 만진다는 점을 예로 든다.[1] 그러나 밀그

롬은 레빈의 주장이 제물과의 접촉과 연관될 뿐이며 힛타이트 제의관습에 구약의 제의적 안수가 없다고 주장한다.[2]

구약의 예배자는 일반적으로 가축의 도살에 앞서 가져온 가축의 머리에 자기 손을 "기대는", 혹은 "힘껏 누르는" "안수"(의식)를 거행해야 한다(레 1:4; 3:2, 8, 13; 4:4, 15, 24, 29, 33). 이 의식의 의미가 헌제자를 대신해서 가축이 하나님(혹은 신)께 드려진다는 점과, 그것으로 인해 어떤 유익을 얻는다는 점에서 힛타이트 제의에서의 접촉과 구약의 제의적 안수가 대략적으로 일치하는 점이 있을 수도 있다.[3] 그러나 그와 같은 유사성에도 불구하고 학자들은 레위기 제의 본문들에서 안수의 정확한 기능의 모호성때문에 안수에 대한 다양한 해석을 내놓았다. 이와 관련하여 구약의 안수 용례들을 다음과 같이 정리해본다.[4]

① 한 손[5] 안수 : 이 항목에는 속죄와 무관한 경우(큰짐승의 번제물[레 1:4][6], 다양한 화목 제물[레 3:2, 8, 13])와 속죄와 유관한 경우(하타트 제물[레 4:4, 24, 29, 33])가 있다. 그러나 그 가운데 작은 가축 등의 번제물과, 레위기 5장의 하타트 제물과 아샴 제물, 레위기 16장의 하타트 제의와, 절기적 욤 키푸르(레 23장)에는

---

1 Levine, *Leviticus*, 6. 더 자세한 논의는 D. P. Wright, "The Gesture of Hand Placement in the Hebrew Bible and in Hittite Literature," *JAOS* 106 (1986): 433-46을 보라.

2 Milgrom, *Leviticus 1-16*, 150-51.

3 Sklar, *Sin*, 90.

4 가장 기초적인 논의와 방대한 참고문헌은 다음과 같다. D. P. Wright, J. Milgrom, H.-J. Fabry, "סָמַךְ," *TDOT X*, 278-86; D. P. Wright, "The Gesture," 433-46; Milgrom, *Leviticus 1-16*, 150-53; Kiuchi, *The Purification Offering*, 112-18; *Leviticus*, 304. 가장 최근에 안수 문제를 다룬 사람은 Leigh M. Trevaskis, *Holiness, Ethics and Ritual in Leviticus* (HBM 29; Sheffield: Sheffield Phoenix Press, 2011), 178-96이다.

5 Noordtzij(*Leviticus*, 32-33)는 일반적으로 한 손 혹은 두 손 안수의 구분 자체가 히브리어 자음본문상 정확성의 문제가 있을 수 있다고 주장한다.

6 Watts(*Ritual and Rhetoric*, 137)는 번제물의 경우, 소(1:5)를 포함하여 다른 제물들에도 안수와 כַּפֵּר에 대한 규례가 적용이 되지만, 다만 언급이 생략되었을 것이라고 주장한다. 물론 다른 학자들은(Levine, *Leviticus*, 3-4; Hartley, *Leviticus*, 15; Milgrom, *Leviticus 1-16*, 151-2)은 새 번제물의 경우 안수의 언급이 없는 것은 헌제자가 손으로 직접 가져왔기 때문에 별도의 안수가 불필요했을 것이라고 주장하기도 한다. 이와 관련하여 밀그롬(*Leviticus 1-16*, 1082-83)은 화목 제물에 안수가 등장하는 것으로 보아, כַּפֵּר에 대한 언급이 생략된 것일 뿐, כַּפֵּר의 기능이 존재한다고 보았다.

안수가 등장하지 않는다.

②두 손 안수: 죄(처형)와 관련된 경우(야영지 밖에서 죄인을 처형할 때[24:10-16][7])와 유관한 경우(아사셀 염소의식[16:21][8])와 무관한 경우(지도자들을 세우는 경우[여호수아-민 27:18-23; 신 34:9-와 레위인들-민 8:9-10, 16, 18-][9])가 있다.

③안수 없음: 속죄와 무관한 경우(새와 곡식가루의 번제물)와 속죄와 유관한 경우(새의 하타트 제물, 소제물로서의 하타트 제물)가 있다. 이 두 가지 모두의 공통점은 살아있는 짐승에 목줄을 매어 끌고 오는 것이 아니라, 직접 손으로 제물을 가져오는 경우다. 현실적으로, 헌물을 드림과 동시에 곡식 혹은 가루 위에 손을 얹어놓는 것이 불가능할 것이며, 그 절차가 제물의 피와 관련된 것이므로, 소제물에게 적용하기 어렵다. 원칙상 손으로 제물을 가져오는 경우 그 소유권이 명확하다는 점에서 별도의 안수(접촉)의식이 불필요할 수 있다.[10] 게다가 한손 안수 자체도 다른 한손으로 짐승을 움직이지 못하게 묶은 목줄을 잡고 있었던 상황을 전제할 수 있다.

안수 자체의 제의적 기능에 대한 학자들의 입장은 죄가 안수자로부터 제물로의 이동의 매개로 보는 입장, 그렇지 않게 보는 입장, 그리고 두 가지가 안수하는 손의 수에 따라 다르게 적용할 수 있다고 보는 입장으로 나뉜다.

①비록 소수의 의견이지만, 조하르와 게인 등의 학자들은 안수를 죄를 사람에게서 제물에게로 이동시키는 매개(수단)이라고 주장한다.[11] 이들은 안수를 통해 죄가 정결한 제물로 이동하지만, 레위기 10:17에 근거하여 그 제물

---

7 이 안수에 대한 입장이 다양하다. 즉, 범죄현장의 증인들의 안수로서, 의식의 시작, 혹은 지목, 혹은 사형집행자들의 죄의 인정으로 보기도 한다. 그러나 근거는 각자의 입장에 따라 제기되는 것이지, 본문 자체에서 명확한 증거는 없다.

8 Gane(*Leviticus-Numbers*, 166)과 Gerstenberger(*Leviticus*, 73)은 안수행위를 죄의 이동이라고 주장한다.

9 지도자(나 대표들)의 안수가 피안수자에게로 축복/저주 등의 전달(傳達)과 연관된다는 주장도 있다.

10 Levine, *Leviticus*, 3-4; Hartley, *Leviticus*, 15; Milgrom, *Leviticus 1-16*, 151-52.

이 여전히 가장 거룩한 상태로 남아있다고 주장한다.[12] 문제는 과연 헌제자의 안수를 통하여 죄로 오염된 하타트 제물의 피가 제사장에 의해서 번제단으로 옮겨지며 죄의 오염된 제물이 번제단에서 태워질 수 있는가에 있다. 즉, 문제는 제물의 피와 고기가 죄의 이동수단이면서도 여전히 거룩한 제물일 수 있느냐 하는 것이다. 이에 대한 하틀리의 반박처럼,[13] 이러한 이론의 가장 큰 약점은 하타트 제물이 안수를 통하여 "죄로 오염되었다는 결정적인 증거가 없다"는 것이다.[14] 그로 인해서 그 외의 다양한 입장이 계속 존재한다는 것이다.

② 안수의 다른 기능: 이것은 다수설로 안수의 다른 기능이 다양하게 제안되었다. 안수가 죄의 이동 역할이 아닌, 제사의식과 관련되어 있다는 입장들이다. 즉 소유권의 천명/포기로 보는 입장[15], 제사 시작의 선언적 의미로 보

---

11 레 16:21-22만이 명확한 증거구절이다. 하타트 제물의 안수를 죄의 이동으로 이해할 경우 안수가 나타나지 않는 하타트 제물의 경우나, 살아있는 생기는 문제점은 번제물로 드리지 않는 아사셀 염소(살아있음)의 경우, 그리고 음식예물의 경우 죄로 오염된 것을 제물로 드릴 수 없다. 조하르("Repentance,"616)는 그 과정을 다음과 같이 설명한다. 즉, 안수를 통하여 죄가 짐승에게 던져지고 죄로부터 발생한 부정은 우선적으로 그 짐승의 피에 달라붙고 약간은 살에 붙는다. 이 부정은 하나님이 닦으시던지, 속죄일에 아사셀 염소에 의해 제거된다고 주장한다. 그러한 점에서 אטח를 "전가하다/대체하다/바꾸어 놓는다"는 의미로 받아들인다. 이에 대한 비판은 Trevaskis(Holiness, 187-96)를 보라. 여기에서 Trevaskis는 Levine(Text and Concept, 35-37)의 레 1:3-4과 관련된 논의를 중심으로 레 1:3-4과 16:21의 안수문제를 포함한 다양한 문제들을 다룬다.

12 Rodriguez, Substitution, 217-19; Kiuchi, The Purification Offering, 115.

13 Hartley, Leviticus, 139

14 Hartley(Leviticus, 141)는 안수의 의미를 "연약한 인간으로서 자신의 무가치함과 죄성을 고백하고, 또한 기도를 읊거나 … 하나님께 대한 믿음을 진술한다"고 이해한다.

15 이 항목과 관련해서도 세부적으로는 다양한 입장을 보인다. (1) 제물과 헌제자를 동일시하는 경우: Kiuchi, Leviticus, 56; Rendtorff, Canonical Hebrew Bible, 532; 보라, Milgrom, Leviticus 1-16, 153; R. Peter, "L'imposition des mains dans l'Ancient Testament," VT 27 (1977): 48-55; D. P. Wright, "The Gesture of Hand Placement in the Hebrew Bible and in Hittite Literature," JAOS 106 (1986), 433-46. 제물을 통해 하나님께 다가가는 것, 혹은 제물을 바치는 자의 영혼이 번제물에 스며들거나, 번제물의 연기가 제물을 바치는 자를 하나님께 가까이 데려간다고 주장한다. (2) 헌제자의 소유권을 천명하는 경우: Kleinig, Leviticus, 53; Rendtorff, Canonical Hebrew Bible, 532. (3) 하나님으로의 소유권의 이전(대체 혹은 변경)하는 경우: 키우치(The Purification Offering, 117-19)는 안수를 대체(代替)로 이해하고(비교, 해리스, 『레위기』, 50), Knierim(Text and Concept, 40)은 헌제자의 소유권 포기와 하나님께 제물을 드림으로 제물의 소유권의 변경을 상징한다고 보았다. 참조. 사무엘 E. 발렌타인, 『목회자와 설교자를 위한 주석: 레위기』[서울: 한국장로교출판사, 2011], 56). Lang("ךמס," 297)은 안수가 희생하게 될 제물을 지적하는 역할을 한다고 주장한다.

는 입장[16], 그리고 심지어 실용적인 의미라고 보는 입장[17]이 있다(이와 관련해서는 본서의 4장에서 필자가 제시한 추가적인 논의를 보라).

③ 상황에 따라 다르다고 보는 입장: 제물의 한 손 안수는 헌제자의 소유권(혹은 동일시[18])을 천명하는 것이지만(일상적인 안수),[19] 속죄일에 행해지는 두 손 안수는 죄의 이동을 수행하는 것(특별한 안수)으로 이해하기도 한다.[20] 물론 이처럼 학자들의 입장이 각양각색이라는 점 자체가 안수의 기능에 대한 정확한 해석을 내리기가 어렵다는 점을 반증한다고 볼 수 있다. 와츠는 이러한 다양한 입장들을 언급하면서 안수의 기능과 의미에 대해서 최종적이고 명확한 결론에 도달할 수 없음을 인정한다.[21]

안수의 기능에 대한 잠정적인 결론

위에서 언급한 다양한 입장 가운데 특별히 "죄의 전달의 매개로서의 안수"라는 주장의 문제점들과 그에 대한 대안적 설명을 제시해본다. 그 근거는 다음과 같다.

① 직접적인 설명의 희소성: 레위기 16장의 아사셀 염소 의식을 제외하

---

16 레빈은 레 1:4의 안수를 죄의 이동적 기능으로 해석하지 말아야 한다고 주장하면서(*Leviticus*, 6), 헌제자의 안수(레7:29)를 "단순히 희생적 드림 자체의 일부가 아니라, 제물의 예비적 할당(assignment of the victim)에 불과하다."고 주장한다(*Leviticus*, 46). 고만(Gorman, *Leviticus*, 25)은 예배자가 예물을 가져와 제사장에게 보이고 확인받는 절차로 이해한다.

17 W. H. 벨링거(『레위기/민수기』김진선 역 [서울: 성서유니온, 2016], 46)는 좀 더 실용적인 측면에서 헌제자가 한 손이 움직이지 못하도록 살아있는 짐승(제물)을 찍어 누르고 다른 한 손으로 짐승을 묶은 줄을 붙잡고 있었을 것이라고 말한다.

18 Péter, "L'imposition," 48-55.

19 Gane, *Leviticus-Numbers*, 65ff. 또한 게인(*Leviticus-Numbers*, 125)은 하타트 제의의 안수를 "죄의 암시적 고백"이라고 주장한다.

20 Milgrom, *Leviticus 1-16*, 152-53, 1041-43.

21 Watts, *Leviticus 1-10*, 191.

고 안수와 관련된 본문들에서 그것의 기능에 대한 직접적인 설명이 거의 없다. 레위기 16장의 특정한 하타트 의식에 나타나는 안수(의 의미)를 가지고, 그 기능이 불분명한 여러 안수 구절들을 해석하거나, 일반적인 제물들(번제물과 화목제물)의 안수의 기능과 하타트 제물에 대한 안수가 다르게 작용하는 것으로 해석하는 일은 자의적이거나 부적절할 수 있다.[22]

② 일관성의 결여: 속죄체계에서 "대단히" 중요한 안수가 관련된 제의본문들에서 일관되게 언급되지 않는다.[23] 이에 대해서는 두 가지 입장이 있다. 안수 자체가 전제된 것으로 보는 입장[24]과 안수가 행해졌으나 언급만 안된 것으로 보는 입장[25]이 있다.

게인은 제의에 나타난 모든 안수의 죄의 이동의 기능을 레위기 16장의 아론 대제사장이 아사셀 염소 앞에서 죄를 공적으로 고백하고 두 손으로 안수하는 동작(직접적인 접촉)을 통하여 백성의 죄를 아사셀 염소에게로 이동시킨다는 점에서 찾을 수 있다고 주장하지만[26] 안수는 레위기 4장의 비고의적 범죄에만 언급될 뿐이며, 특정한 규정에 대한 "의도적" 범죄[27]에 대한 하타트 제물의 경우(레 5장) 안수가 아니라, 오히려 죄의 공적인 고백이 등장한다(혹은

---

22 Kiuchi, *The Purification Offering*, 117, 18. 이와 관련해서 Trevaskis(*Holiness*, 188-89)는 몇가지 논박을 한다. ① 레 16:21의 안수는 레 1장이 다루고 있지 않은 더 거대한 수행적 문맥에서 발생한 것이다. 즉 레 16장은 죄의 고백을 수반하지만, 레 1장의 경우는 그렇지 않다. ② 레 16장의 안수는 속죄일 제의의 측면에서 거행되었으나 레 1장은 죄의 용서와 관련된 전형적인 표현들이 없다. Trevaskis(*Holiness*, 189-92)는 레빈의 논의를 따라 레 1:4에 나타난 כָּפַר와 관련된 몇 해석도 제시한다. ①כָּפַר는 속죄가 아니라, 속전(ransom)의 개념으로 이해해야 한다. 이러한 입장은 Kiuchi(*The Purification Offering*, 181)도 지지한다. ②עָלָיו כָּפַר는 출 30:15, 16에 등장하는 עַל־נַפְשֹׁתֵיכֶם כָּפַר('to serve as a ransom for your lives')라는 표현의 요약된 형태다. עָלָיו כָּפַר의 주어는 번제물의 피가 아니라, 번제물 자체다.

23 Milgrom, *Leviticus 1-16*, 151-52.

24 Milgrom, *Leviticus 1-16*, 151; Wright, "Gesture," 439 n. 34.

25 Rodriguez, "Transfer of Sin," 180; Kiuchi, *The Purification Offering*, 180; Hartley, *Leviticus*, 20; Gane, *Cult and Character*, 54.

26 Gane, *Leviticus-Numbers*, 273; Gane, Cult and Character, 242ff.

27 Bryan D. Bibb, *Ritual Words and Narrative Worlds in the Book of Leviticus* (LHB/OTS 480; London: T. & T. Clark, 2009), 79.

강조된다). 게다가 아샴 제물의 경우 레위기 4-5장에서 하타트 제물에 따른 "비고의적 범죄의 안수"나 "태만한 범죄의 공적인 죄의 고백"[28] 대신에 금전적인 배상(賠償)이라는 요소가 강조된다. 그러한 점에서 그 경우에 안수가 단지 규례/묘사에서 생략되었을 뿐이라는 주장은 받아들이기 어렵다.

설령 안수가 모든 희생제의에 전제조건이었더라도 위에서 살펴보았듯이 각 제물마다 그 강조의 정도가 달랐을 가능성을 인정할 필요가 있다. 즉 번제물과 소제물과 화목 제물의 경우 안수에 대한 언급이 일관되게 나타나지만, 예외적으로 대부분의 번제물과 소제물의 경우 안수가 전혀 나타나지 않으며[29], 레위기 4장의 하타트 제물의 경우 범죄 사실을 인식하고 제물을 가져와 회막 앞에서 그것에 안수하지만, 비고의적인 범죄라서 죄의 공적인 고백은 없다. 레위기 5장의 하타트 제물의 경우 안수가 언급되지 않으나 죄의 공적 고백이 나타나며(5-6절), 아샴 제물의 경우 제물과 함께 드리는 배상이 강조되지만, 안수에 대한 언급은 없다. 레위기 16장에서 성소에서 행해지는 하타트 제의에도 안수가 없다. 이러한 현상에 대한 학자들의 입장은 다양하다.[30] 레위기 4-5장과는 별도로 제의에서 이러한 안수의 언급이 없는 문제는 본서의 4장에서 다룰 것이다.

③ 안수 개념의 유일한 근거인 레위기 16:16과 다른 일반 제물들(번제물, 화목 제물, 심지어 일부 하타트 제물[4-5장]) 사이에 안수에 대한 중대한 차이점의

---

28 민 5:5-8에는 범죄에 대한 공적 고백의 필요성(7절)과, 배상을 받아야 할 자가 죽은 경우(8절)에 대한 추가규정이 있다.

29 웬함, 『레위기』, 71. Wright("The Gesture," 439)는 짐승에 대한 안수가 없는 것이 헌제자가 손으로 제물을 제사장에게 직접 전해주기 때문이라고 본다. 김영진, 『너희는 거룩하라』, 473. Gane(Leviticus-Numbers, 66)은 작은 짐승이나 새 번제와 소제물의 경우 안수가 없는 것은 헌제자가 제사장에게 바로 건네주는 것이라서 소유자의 식별의 혼동이 있을 수 없기 때문이라고 주장한다.

30 Gane(Cult and Character, 54)는 절기제의라서 짐승에 대한 안수가 면제되었다고 주장한다. 밀그롬(Leviticus 1-16, 1024)은 특별한 제의라서 당연한 것이라서 생략되었다고 본다. 김경열("The hattat ritual," 110)은 24절의 번제물의 경우처럼 안수가 언급되지 않았다고 본다.

존재: 이는 안수가 죄의 이동 수단이라는 주장에 대한 가장 중요한 반론일 수 있다. 밀그롬은 아사셀 염소에 대한 두 손 안수를 "사람들의 죄에 대한 구두 선언을 염소 머리에 전하는 수단"이라고 규정한다.[31] 즉, 레위기 1-4, 8장에 등장하는 '제물을 죽이기 전에 손을 제물의 머리위에 두는' 의식(סמך)과 레위기 16:21의 안수의식("아론은 그의 두 손으로 살아 있는 염소의 머리에 안수하라. 그는 그 것을 향하여[32] 이스라엘 자손의 모든 불의와 그 범한 모든 죄를 고백하라. 그는 그 죄를 염소의 머리에 두라. 그는 미리 정한 사람에게 맡겨 광야로 보내라") 사이에서 아래(표11)와 같이 중요한 차이점이 존재한다.[33] 안수를 죄의 이동 수단으로 여기는 입장에서 보면, 그와 관련된 유일한 관련구절인 레위기 16:21에서 "제물을 살려서 안수-고백-두고-보내는 속죄"행위는 레위기뿐만 아니라 구약에서 유일무이한 언급인 것이다. 필자는 이처럼 독특한 안수행위와 다른 구절들의 안수에 기능상 중대한 차이점이 있기 때문에 이와 같은 구절들의 안수가 무조건 죄의 이동이라는 하나의 의미를 갖는다는 주장에는 무리가 있다고 생각한다.

---

31 Milgrom, *Leviticus 1-16*, 1043.
32 개역개정에는 "그 위에/ 너머로"는 표현(עליו)이 빠져있다.
33 김영진, 『너희는 거룩하라』(서울: 이레서원, 2008), 462-63.

[표 11] 레 4, 16장의 안수용례의 비교

요소들	4장에서의 역할	16:21에서의 역할
손	한손	두손
동사	사마크(סָמַךְ)	안수 후에 죄의 공적 고백을 하고 죄를 염소의 머리에 둔다(נָתַן)[34]
사람	헌제자	대제사장 아론
결과	제물로 죽여서 번제단으로 이동	제물을 죽이지 않고 살려서 광야로 보낸다(שָׁלַח)[35]
목표	하나님의 음식으로 드려짐	정화한 죄를 광야로 보내려는 행위
고백	죄의 고백은 없다	안수 후에 죄를 고백한다

레위기 16장은 아론이 성소제의이후에 회막 뜰에 있던 아사셀 숫염소에게 안수하고 그동안 자신이 '정화한' 이스라엘의 죄를 고백하고 그 죄를 그 머리에 두도록 규정한다. 이것이 모든 제물에 행해지는 안수에 적용할만한 보편적인 원리인가? 그와 같은 위임/동일시/이동이 누구(하나님 혹은 아사셀 자신)[36]를 위한 것인가, 그리고 어째서 그와 같이 복잡한 단계가 필요했는가도 명확히 설명하기가 어려워 보인다.

④ 마지막으로 직접적인 증거의 부족: 거룩이나 부정의 경우 다양한 직접적인 접촉을 통하여 사람에서 제물로, 제물에서 번제단으로, 심지어 '먹음'을 통하여 이동("전염"이 아니라)된다는 증거가 많이 나타나지만, '죄'가 제물의

---

34 아마도 이 행위는 하타트 제물의 피를 뿔에 바를 때와 상관이 있는 듯 하다.
35 레 16장의 아사셀 염소의 제의는 안수-죄의 고백-죄를 둠-광야로 쫓아냄 모두를 하나의 제의체계로 이해해야 할 것이다.
36 일상적으로 나타나는 "야웨 앞에서" 등의 표현이 나타나지 않는다.

안수와 같은 직접적인 접촉을 통하여 이동한다는 증거를 찾기 어렵다(이런 문제는 레 6-7, 10장 등의 논의에서 고려할 것이다).

안수와 관련된 다양한 제의본문들

이제 하타트 제물과 직접적인 관련이 있는 레위기 4-5장 이외의 여러 가지 제의본문에 등장하는 하타트/아샴 제물의 용례를 살펴 볼 것이다. 즉 특정한 죄로 인한 성소기물의 오염을 제거하는 경우, 혹은 그와 밀접한 관련이 없는 경우들에도 안수가 등장하는지의 여부를 살펴볼 필요가 있다. 다양한 변수들이 존재한다는 점에서 그 규례들에서 안수에 대한 언급이 나온다고 하여 무조건 특정한 (비고의적 범죄에 대한) 속죄(죄의 용서)행위와 관련지을 수는 없다. 그러한 점에서 다양한 문맥 속에서 다양하게 기능하는 하타트 제물과 관련하여 안수의 기능을 해석할 필요가 있다.

제사장 위임제물들(레 8:14-32)[37]

이 규례는 출애굽기 29, 39장의 제사장 임직규례와 관련이 있다. 레위기 8장의 해당 본문에 따르면, 모세가 아론과 그의 아들들을 대신하여 회막 앞에서 제사를 집전한다. 아론과 제사장들은 자신들이 가져온 모든 제물들(하타트 제

---

37   이 단락은 성기문(『레위기』 102-104)의 내용을 수정증보하였다.

물, 번제물, 위임의 숫양)에 각각 한 손씩 내밀어[38] 안수한 후 모세가 제사장 위임 제사를 집행한다. 이 제사를 지켜보는 온 회중은 이와 같은 제의의 정당성을 보장하며 증인의 역할을 한다.[39] 여기에 등장하는 하타트 제물은 개인이 드리는 하타트 제물(4:3-12; 5:1-13)과는 많은 점에서 다르다. 우선 헌제자(일반인이 아니라, 제사장들)가 다르고 제의의 성격(개인적인 것이 아니라, 제사장들의 위임식)도 다르며, 제물의 피를 사용하는 곳(제사장들을 위한 것이라도 내성소가 아니라, 회막뜰의 번제단) 또한 다르다. 이것은 두 규례가 유사하면서도 다르게 기능한다는 점을 드러낸다. 하틀리는 레위기 8장의 제사규례에 대하여 다음과 같이 말한다.[40]

> 이 피 의례는 제사장들과 성막과 그것들의 비품들이 기름부음 받는다는 사실과 함께 성소와 제사장들 사이의 긴밀한 결속을 강조한다. 양자 모두 희생제도가 효력을 발휘하도록 성별되고 기름 부어지고 정화되어야 한다.

모세가 가져온 모든 제물들에 아론과 그의 아들들이 안수한다. 그후에 모세가 그것을 죽이고, 나머지 제의를 수행한다. 본문에서 모세가 자신을 위한 제물을 드리지 않는 것과, 죄 용서에 대한 언급이 없다는 점에서 이 제의가 죄의 오염의 제거와 무관한 것임을 알 수 있다.

---

38 Gane, *Leviticus-Numbers*, 164.
39 Klingbeil, *Bridging the Gap*, 195.
40 하틀리,『레위기』, 295.

[표 12] 제사장 위임예물의 용례

제물	짐승	안수	피 사용/처리	고기 사용/처리	
하타트 제물 (14-17절)	황소	언급 있음	번제단에 바르고 단밑에 쏟는다 (비교, 16:18)	내장의 기름, 간꺼풀, 콩팥과 그 기름은 번제단에서 소각한다.	가죽, 나머지 고기, 똥은 진 밖에서 소각한다(제사장이 먹지 못한다).
번제물 (18-21절)	숫양	있음	번제단에 뿌린다.	머리와 각뜬 고기를 번제단에서 소각한다.	가죽은 제사장에게 준다.
위임 제물 (22-32절)	숫양	있음	첫째 숫양의 피로 아론과 아론의 아들들의 신체의 일부에 바른다.	아론과 그의 아들들은 기름부위들과 오른쪽 넓적다리와 소제물을 트누파 의식후에 번제물과 함께 제단에서 소각한다.	모세는 가슴살 부분을 트루파 의식후에 취한다.
			번제단에 뿌린다.	아론과 그의 아들들은 제단에 태우고 남은 빵과 함께 나머지 고기를 삶아먹는다(28, 31절).	그 후에 남은 고기와 빵은 불로 소각한다 (32절).
			관유와 함께 두 번째 숫양의 피로 아론과 그의 아들들의 겉옷에 뿌린다 (성별).		

여기에서 행해진 아론과 제사장들의 안수의 기능에 대한 이견이 속출하였다. 그 동안 학자들은 안수의 기능을 헌제자와 제물과의 동일시[41], 혹은 속죄를 위

---

41 Sklar, *Sin*, 146.

한 아론과 제사장들의 죄의 이동[42]라고 다양하게 이해하였다. 자발적으로 드리는 번제물(레 1장)과 비자발적인 죄를 범한 것을 깨달았을 때 드리는 하타트 제물(레 4장)의 경우 헌제자(제물의 소유자 및 제물로 인한 수혜자)가 제물에게 한 손으로 안수하지만(레 1:4; 4:4, 15, 24, 29, 33) 태만한 범죄(레 5장의 하타트)의 경우와 아샴제물의 경우 안수 대신에 공적 죄의 고백이나 금전적인 배상이 안수와 유사한 역할을 한다는 점에 주목할 필요가 있었다. 그렇다면, 위임식에 드리는 짐승들에 대한 제사장들의 안수는 죄에 대한 고백이 없고 비자발적 범죄의 경우가 아니라는 점에서 안수자로부터 짐승으로의 죄의 이동이 아니라 안수자와 짐승의 동일시(소유권)의 기능인 것이다. 키우치는 제사장들의 안수가 자신들이 "하타트 제물"과 제의의 "수혜자"임을 보여주는 역할을 한다고 보았다.[43] 클링바일은 이러한 안수가 제사장들과 회막을 "동일한 수준의 거룩함"에 두고(레 8:14) "미래의 속죄의식들의 수단"으로 삼는다는 점을 보여준다고 주장한다.[44] 결국 여기에서의 안수는 성소기물, 제사장, 제물의 일체성("분리불가능성")을 의미한다. 이것은 제사장이 공적인 제사의식을 시행하기 전에 자신이 저지른 어떤 특정한 죄나 그로 인한 성막 (기물들의) 오염의 제거가 아니라, 제사장과 제단을 짐승의 피로 정화하고 성별하는 것을 목표로 하는 일종의 "취임 제의"의 한 과정이라고 할 수 있다.[45] 이 장에 나타난 위임제의와 레위기 4장의 (제사장과 관련된) 하타트 제물과의 차이점들은 ① 뜰의 번제단에서의 피뿌림, 내성소에 들어가지 못한다는 점, ② 무조건 제물을 제사장이 먹지 못한다는 점 등이다.

---

42 노르트제이, 『레위기』, 147.

43 Kiuchi, *Leviticus*, 154, 156.

44 Klingbeil, *Bridging the Gap*, 94.

45 Kiuchi, *Leviticus*, 155.

첫공식 제의에서 제사장이 드린 제물들(레 9:8-14) [46]

모세의 명령에 따라 제사장 가문과 온 이스라엘을 위한 첫 공식 제사가 질서정 연하게 집행된다. 즉 당사자가 제물을 가져오는 개인적 자발적인 제사와는 달 리, 이 첫 공적 제사에서는 대제사장이 먼저 자기 하타트 제물을 가져와 죽인 후, 제사장들이 제물의 피를 받고, 아론이 나머지 피제의를 수행하였다. 이후에 아론이 번제물을 죽여서 드린 후에 이스라엘을 위한 다양한 제물들(하타트, 번 제물, 소제물, 그리고 화목제물의 순서로)을 죽여서 드릴 수 있었다.[47] 레위기 8장과 마찬가지로 레위기 9장의 첫 공적 제의에서도 제사장이 자신과 온 백성을 위 한 여러 가지 제물을 드린 것은 동일하지만, 레위기 8장의 위임 제사와는 달리 레위기 9장의 첫 공적인 제사에서는 제물에 대한 안수의 언급은 전혀 없다. 그 러한 점에서 이 경우도 레위기 4장의 제사장 관련 하타트 제물 규정과 다르다.

[표 13] 첫 공식제의에 드린 예물의 용례

헌제자	제물	짐승	안수	피 사용/처리	고기 사용/처리
아론	하타트 제물	황소	언급 없음	제단뿔에 바르고(9) 바닥에 쏟고(9)	일부를 제단위에 불사르 고(10) 나머지는 진영밖에서 태 우고(11)
	번제물	숫양	없음	제단앞 사방에 뿌리고(12)	제물 전체를 제단 위에 불태우고(13-14)

---

46 이 단락은 성기문(『레위기』, 109)의 내용을 수정증보하였다.
47 제 9장에서 아론이 백성을 위한 제사에 앞서서 자신과 가족들을 위한 하타트 제물을 드린 규례는 레 16장의 하타트 제의에도 적용되었다.

백성	하타트 제물	숫염소	없음	간략언급(15)	간략언급(15)
	번제물	황소1 양1	없음	간략언급(16)	간략언급(16)
	소제물			번제물과 함께 일부를 제단에서 태우고 나머지는 제사장을 준다.	
	화목 제물	황소1 양1	없음	제단 사방에 뿌리고(18)	일부를 번제단에 태우고 (20) 나머지를 요제물로 흔든 후 제사장에게 준다(21).

제물을 드릴 때마다 안수가 빠지지 않는 레위기 8장의 제사장 위임식 제사와는 달리, 레위기 9장에서 실제 이스라엘의 공적제사를 처음으로 집행할 때, 제사장들과 이스라엘 백성을 위한 제물들-심지어 하타트 제물과 번제물-에 대한 안수가 전혀 없거나, 혹은 언급이 빠져 있다. 이와 관련해서 이 제의에서 실제로 안수가 없었던 것이 아니라, 묘사에서 생략된 것 뿐이라는 주장이 있다. 그처럼 안수가 언급되지 않은 것에 대해 몇 가지 입장을 소개한다.

① 밀그롬과 렌토르프는 당시 대제사장이 모든 제물을 드리고 모든 제사도 주관하는 일을 한꺼번에 수행했으므로 절차상 장로들이 그들을 대신하여 오른 손 안수를 행했을 것(1절)이라고 주장한다.[48] ② 키우치와 와츠는 안수가 레위기 1-4, 8장에서 이미 언급되었으므로 레위기 9장 전체(8, 12, 15, 18절)에서 안수는 하였으나 안수에 대한 반복적인 언급을 피할 목적으로 그 표현만 "생략"하였을 것이라고 주장한다.[49] ③ 레위기 9장에서 반복적으로 등장하

---

48 Milgrom, *Leviticus 1-16*, 583; Rendtorff, *Leviticus*, 296.
49 Kiuchi, *Leviticus*, 169; Watts, *Leviticus 1-10*, 493.

는 "규례대로"라는 표현에 주목한 김경열은 이 표현들이 레위기 4-5장에서 언급된 안수를 포함한 규례를 의미하는 것이므로, 레위기 9장에서 안수가 언급되지 않았더라도 제의 가운데 안수가 포함된 것으로 여겨야 한다고 주장한다.[50] 그러한 측면에서 그 용례를 개괄할 필요가 있다.

[표 14] 레 9장의 "명령대로/규례대로"의 용례

표현	문맥
"모세가 (아론에게) 명령한 모든 것을"	화목제물과 소제물을 가져오라(4절의 명령).
"이는 야웨께서 너희에게 하라고 명령하신 것이니"	5절에 모세가 아론에게 명령한 것을 의미한다(6절).
"야웨의 명령대로 하라"	하타트 제물과 번제물을 가져오라(7절).
"야웨께서 모세에게 명령하심과 같았고"	하타트 제물에 대한 명령들(8-10절)
"전과 같이"	아론이 백성의 하타트 제물을 죽였고, 이후에 제물로 드렸다는 점을 말한다(15절).
"규례대로 드리고"	번제물을 드려라(16절).
"모세가 명령한 것과 같았더라"	소제물과 화목제물을 드려라(17-21절).

이것이 레위기 4, 8장의 규례들(안수를 포함한)의 온전한 준수를 의미하는가? 이것은 자기가 이전에 드린 것처럼 동일한 종류의 제물을 드렸다는 것인지 혹은 제물드림의 순서상 이전의 제물처럼 이번에도 드렸다는 것인지에 대한 논의다. 15절은 "자기가 하타트 제물을 드린 것처럼"이라고 말한다. 제물을 드린 주체는 아론 ⇨ 제사장들 ⇨ 아론의 순서이다(8-11절). 이와 관련해서 레

---

50 김경열의 페이스북 페이지, <즐거운 구약공부, 흥겨운 토라학당> http://www.facebook.com/
    groups/1403849393249766 2018년 6월 21일 접근.

위기 8장의 경우도 비교해볼 필요가 있다. 여기에서도 모세가 야웨의 뜻을 온전하게 준행하였다는 언급이 나온다.

[표 15] 레 8장의 "명령대로/규례대로"의 용례

표현	문맥
"야웨께서 자기에게 명령하신 대로"(4절)	이것은 2-3절의 야웨의 명령을 온전히 수행하였다는 의미다.
"야웨께서 행하라고 명령하신 것"(5절)	의복에 관한 말씀의 수행이다.
"야웨께서 모세에게 명령하신 것과 같았더라"(9절)	5-9절까지의 내용의 온전한 수행을 의미한다.
"야웨께서 모세에게 명령하신 것과 같았더라"(13절)	관유 규정의 온전한 수행을 의미한다.
"야웨께서 모세에게 명령하심과 같았더라"(17절)	하타트 제물인 수소 규정의 온전한 수행을 의미한다.
"야웨께서 모세에게 명령하심과 같았더라"(21절)	번제물 규정의 온전한 수행을 의미한다.
"야웨께서 모세에게 명령하심과 같았더라"(29절)	위임제물(숫양)의 모세의 몫을 받을 것이라는 규정의 완수를 말한다.
"야웨께서 너희를 위하여 속죄하게 하시려고 명령하신 것"(34절)	오늘의 모든 제사의 수행명령의 목적을 말한다.
"내가 이같이 명령을 받았느니라"(35절)	일주일동안 수행해야 할 일들의 내용과 목적에 대한 언급이다.
"야웨께서 모세를 통하여 명령하신 모든 일"(36절)	위임식과 그후 일주일간에 행해야할 아론과 그의 아들들에게 주어진 제의규례들을 언급한다.

이것 또한 "안수"를 포함하는 레위기 4장의 하타트 제물 규례보다는 레위기 8장에서 주어진 다양한 제의 규례들의 "온전한 준수"를 언급하는 것이라고 보

아야 할 것이다. 여기서 레위기 8장에서의 안수와 레위기 1, 3, 4장의 안수 규례를 동일시할 수 없는 이유는 레위기 1, 3장의 자발적, 개인적인 제물들과는 달리, 레위기 8장에서 아론 대제사장이 모든 제물을 가져와서 죽이고 제사장들이 피를 받고 아론이 제단 뿔에 하타트 제물의 피를 바르거나 주위에 뿌리고 그 고기(기름, 간, 콩팥)를 번제단에 태워 드렸다는 것이다. 게다가 레위기 9장에서 계속되는 모세의 명령들("모세가 아론에게 이르되 너는 제단에 나아가 네 하타트 제물과 네 번제물을 드려서 너를 위하여, 백성을 위하여 속죄하고 백성의 예물을 드려서 그들을 위하여 속죄하되 여호와의 명령대로 하라"[레 9:7])에는 안수에 대한 특정한 언급이 없다. 추가적으로 아샴 제물의 경우, "하타트 제물과 아샴 제물은 규례가 같으니"라는 표현(레 7:7a)은 안수를 포함하여 하타트와 아샴 제물을 번제단에 드리는 방식이 "전부" 동일하다는 의미가 아니라, 다만 그 제물들을 제사장에게 준다는 점("그 제물은 속죄하는 제사장에게로 돌아갈 것이요", 레 7:7b)에서 두 제물이 '동일하다'는 의미일 것이다. 그러한 점에서 "온전한" 규례의 집행은 레위기 1, 3, 4, 8, 9장의 동일한 규례들의 세부적인 차이점들의 존재를 설명할 수 없다.

그렇다면 레위기 9장의 공예배에서 제사장과 백성의 제물규례에서 안수 언급이 없는 이유가 무엇일까? 모든 제사(특별히 하타트 제물)에서 가장 중요한 역할을 한다고 주장되는 안수에 대한 언급이 여기에서 단지 생략되었다는 전제는 이해하기 어렵다. 다른 규례상의 차이점 등을 고려하지 않고서라도 말이다. 이 제의본문에서 안수가 언급되지 않았다면, 이것도 언급된 다른 요소들에 비해 안수의 기능이나 역할이 중요하지 않다는 것(혹은 덜 중요하다는 것)을 반증해주는 것이라고 볼 수 있다. 게다가 모든 하타트 제물이 모든 문맥에서 죄의 용서와 관련이 있는 것이 아니듯이, 이 장에서도 죄의 용서에 대한 언급이 없다는 점에서 그러한 안수에 관한 가정을 첫 공예배에서 지지해준다.

대제사장은 내성소에 들어가지 않았으나 자기를 위한 하타트 제물의 피를 번제단뿔에 발랐고(9절; 비교 4:4-7) 제물과 나머지 처리 규정은 레위기 4장과 같았다. 이미 언급하였듯이 대제사장의 하타트 예물의 나머지는 대제사장이 먹지 못하고 야영지 밖에서 태워야 했다(11절). 백성을 위한 하타트 제물도 동일하게 처리해야 했으며, 그 제물의 나머지는 집행한 제사장이 회막 내의 거룩한 곳에서 먹었을 것이다(15절; 비교 10:16-20). 이것은 레위기 4장과는 달리 특정한 범죄를 위한 것이 아니기에, 내성소안에도 들어가지 않았다. 오히려 그것은 일종의 일상적인 예배를 시작하는 "큰 날"에 드려지는 것이다.[51]

필자가 생각하는 문맥에 따른 안수의 존재여부에 대한 문제를 해결하는 방법은 오히려 단순하다. 사적인 제물의 경우, 즉 개인적인 자원제물(레 1-3장)과, 자신의 비고의적 죄와 관련된 하타트 제물(4장)의 헌제자나 혹은 자신의 위임식과 관련된 제사장(레 8장)은 제물에게 안수한다. 그러나 속죄의 당사자도 아니고, 속죄를 목적으로 하지 않는 경우, 즉 공적 제사의 경우(레 7, 9, 16장[52]) 집례하는 제사장은 제물에 안수하지 않았던 것이다. 그러한 점에서 안수는 죄의 이동 수단이 아니다. 대신, 제물과 개인적으로 직접 관련이 있는 사람(안수는 드리는 제물이 자신의 것)만이 도살 전에 제물에 안수를 하였던 것 같다.[53] 그러한 점에서 개인의 헌신이나 죄용서나 위임식과는 다른 공예배에서는 안수가 불필요했던 것 같다. 여기서 위와 같은 관찰과 함께 설명이 가능한 예외사항들을 살펴보자. (1) 헌제자와 관련이 있지만, 비둘기와 밀가루 번제물의 경

---

51 하틀리,『레위기』, 312; Watts, *Leviticus 1-10*, 550.
52 이 경우 레 10장과 연속선상에서 이해할 수 있다면, 아론이 예배를 주재하는 자로서 직접적인 범죄와 무관한 것이라고 볼 수 있다.
53 심지어 Gane(*Leviticus-Numbers*, 66)도 그러한 안수가 개인적인 제사에 국한된다고 말한다.

우다. 이것들은 약식의례이거나 헌제자가 직접 손으로 들고 바치는 것이라는 점에서 안수를 대신한다고 할 수 있다. (2) 속죄와 관련이 있지만, 태만으로 인한 하타트 제물과 아샴 제물(5장)의 경우 안수를 하지 않는다. 이것들은 안수 대신에 당사자들의 공적 죄의 고백과 금전 보상의 행위[54]를 강조한다는 점에서 그 해답을 찾아볼 수 있다.

　물론 제의 수행에 있어서 안수 등과 같이 명확한 해답을 주지 못하는 주변 혹은 부차적 행위들보다는 피의 제의적 효과가 제일 중요하다는 것은 명확하다.[55] 결국 이러한 논의 가운데 간과하지 말 것은 안수가 어떠한 의미를 취하든지간에 그것이 희생제의의 서막을 알리는 한 가지 수단일뿐이며, 제단에서 사용되는 피와 제물이 제사에서 가장 중요한 역할을 담당한다는 것이다.

안수와 죄의 고백

이제 안수와 죄의 고백과의 상관관계를 논의한다. 밀그롬 같은 일부 학자들은 제물의 도살 직전에 헌제자가 행하는 죄의 고백을 제의적으로 중요한 요소로 보았으나 그 중요성에 대해서는 다른 입장을 보인다.

　제물안수의 특별한 속죄적 기능이나 그 중요성을 주장하지 않는 사람들

54　하나님과 이웃에 대한 권리나 온전한 상태에 침해(그로 인한 하나님과의 관계유지의 실패)를 끼친 경우다.
55　Gilders(*Blood Ritual*, 76)는 그 모호함을 다음과 같이 말한다: "안수 이외에 다른 체계를 통하여 죄의 이동이 발생한다고 제안하는 것도 가능하다. 마찬가지로 안수를 헌제자와 짐승의 동일시가 가능하게 하는 것으로 이해하는 것도 희생절차를 통하여 헌제자를 위해 달성된 효과를 설명하는데 도움을 주지 못한다."

은 죄의 고백(회개)를 더 중요시한다. 밀그롬은 제물을 가져오기 전에 발생하는 헌제자의 죄의 뉘우침을 더욱 중요하게 보았으며 이러한 강조 때문에 (하타트)제물을 죽여서 그 피와 일부 고기(기름/간/콩팥)를 번제단에 드리는 일 자체는 성소기구에 발생한 오염을 제거할 뿐이라고 주장하였다. 밀그롬은 헌제자의 죄가 제물을 드리게 만드는 동기인 "죄의 뉘우침"을 통하여 해소된다고까지 주장하였고, 이는 학자들로부터 다양한 비판을 받았다.[56]

반대로 안수의 속죄의 매개 역할을 강조하는 사람들은 비록 죄의 고백의 중요성을 인정할지라도, 안수를 통해 제물에게 헌제자의 죄를 이동시켜서 헌제자의 죄가 없어진다는 점을 더 강조하였다. 필자가 볼 때, 밀그롬(죄의 고백)이나 게인(안수를 통한 죄의 이동[사람⇨짐승])의 입장은 실제 제단에서 행해지는 제사행위에서가 아니라, 그 이전의 어떤 행위(죄의 고백이나 안수)를 통하여 이미 헌제자 자신의 죄(의 오염)를 제거한다는 점에서 큰 차이가 없는 것 같다.

빕(Bibb)은 안수처럼, 죄의 고백이 모든 정결제의(의 시작)에 필수적인 것이었다면, 레위기 4장의 모든 정결제의에도 등장했을 것이라고 주장한다.[57] 레위기 4장의 하타트 제물에서 죄의 고백이 없는 이유는 하타트 제물을 드려야할 필요성이 범죄사실의 인식을 통하여 깨닫게 되었지만, 비고의적인 죄라서 죄의 공적 고백이 필요 없었다는 것이다. 필자는 그 주장에 동의하면서 게인의 주장처럼 죄의 이동의 역할을 하는 안수가 모든 정결제의에 필수적인 것이었다면, 적어도 레위기 5장의 속죄제의에서도 안수가 등장했어야 한다

---

56 레 4장의 하타트 제물의 경우 제물을 드리는 시점은 헌제자가 비고의적으로 야웨의 금령을 어긴 것이 생각나게 될 때다. 밀그롬(*Leviticus 1-16*, 300-303, 373)은 안수보다는 레 5:5에서 언급된 죄의 고백의 중요성에 주목한다. 즉 그는 고의적인 죄의 경우 "죄를 고백함으로서" 범죄의 고의성이 비고의성으로 완화되어 속죄제의를 통하여 하나님의 용서가 가능하게 된다고 주장한다.

57 Bibb, *Ritual Words*, 79.

고 생각한다. 물론 이것은 단지 침묵의 논증일 수 있으나, 레위기 5장에서의 그와 같은 안수의 생략을 안수의 강조로 보거나 레위기 4장에서의 죄의 고백의 부재를 죄의 고백의 강조로만 이해할 수는 없는 것이다. 그리고 레위기 16장의 아사셀 제의의 경우 도살과 제사는 없지만, 안수가 죄의 고백과 관련된, 죄의 자각과 통회가 등장한다는 점에서 그와 같은 감정적이거나 지적인 요소들도 속죄와 관련하여 중요한 요소인 것만은 확실하다.

요약

본서의 제4장에서 제사의 첫 단계에서 등장하는 제물의 안수와 죄의 고백 등의 기능과 의미에 대한 논의를 다루었다. 우선 레위기에 여러 차례 등장하는 안수를 일관된 입장으로 이해할 필요가 있었다. 게인 같은 사람들은 죄의 이동역할을 수행하는 안수를 구약속죄체계를 이해하는 핵심이자 그 시작과 마지막을 관통하는 것으로 이해하려는 경향이 있다. 그러나 문제는 모든 하타트 제물의식에 안수가 등장하지 않는다는 것이다. 그러므로 필자가 볼 때 죄의 이동의 매개라는 안수개념은 일관성이 부족하고 그 근거가 박약하다. 레위기 16장의 아론의 아사셀 염소에 대한 두 손 안수의 특정한 기능을 근거로 전체 안수 관련본문들을 일반화하여 해석한 결과가 아닌가 한다.

본 논의에서 비속죄 제물들과 속죄 제물들 사이에서 안수는 죄의 오염의 이동 기능이 아니라, 오히려 제물과 헌제자와의 상관관계(소유권 혹은 대체)를 보여준다는 점을 발견하였다. 안수가 없는 구절들에서 안수에 대한 언급이 생략된 것으로 보더라도, 이는 그 문맥에서 최소한 안수가 강조되지 않았다는 의미로 이해할 수 있다. 물론 하타트 제물과 아샴 제물의 경우 각각의 사례/제물들의 차이(강조)가 있다는 점도 주목해야 한다. 안수는 하타트의 비고의적인 범죄의 경우에만 나타나고, 태만한 범죄의 경우에는 등장하지 않으며, 공적 고백을 강조하고 배상은 재정적으로 환원이 가능한 경우에 드리는 아샴 제물이 갖는 특징적인 요소들을 강조하는 것이다. 이러한 특징은 안수뿐만 아니라, 죄의 공적 고백의 기능의 경우에서도 적용할 수 있다. 물론 속죄 제물은 자신(들)의 범죄에 대한 인식(참회)에서 시작된다는 점은 확실하다. 마지막으로 공적인 제사, 즉 다양한 제물이 함께 드려지는 경우는 안수의 부재가 당연한 것이며 그 레위기의 문맥에서 죄의 고백도 없다.

5장 하타트 제물의 피 규례(레 4:1-5:13)

도입

오경 제의행위에 핵심이라고 할 수 있는 짐승의 제의적 도살[1] 이후 제사장의 제물의 사용은 번제단에서의 피의 사용과 고기의 전부 혹은 그 가운데 일부 내장(기름/간/콩팥) 사용으로 나눌 수 있다.[2] 제사장의 첫 번째 제의 행동은 짐승의 피를 번제단 앞에서 사용하는 것이며 두 번째 제의 행동은 제물의 내장(기름, 간, 콩팥 등)을 번제단에서 태우는 것이다. 이후 두 장(본서의 5, 6장)에 걸쳐서 짐승의 피와 고기의 사용과 폐기에 관한 문제들을 살펴볼 것이다. 여기서 우리의 질문은 본서의 3장에서 다루었고 כפר, חטא, שא נשא 동사의 의미가 모든 문맥에서 고정되어 있다고 말할 수 없듯이, 피의 용례도 문맥에 따라 그 기능과 역할이 다양할 수 있는가에 대한 것이다.

[표 16] **제물의 피와 고기의 사용규칙들**(괄호는 다루어지는 본서의 장 번호)

제물의 피의 규칙들	제물(고기)의 규칙들
성소기구에 사용하는 경우(제5장)	번제단에서 태우는 경우(제6장)
번제단 밑에 폐기하는 경우(제5장)	번제단 근처에서 먹는 경우(제6장) 진영 밖 정결한 곳에서 전부 태우는 경우(제6장)
다른 것들과 접촉한 경우(제 6장)	다른 것들과 접촉한 경우(제6장)

---

1 개인적인 제물의 경우 헌제자가 그것을 제단 북편 야웨 앞에서 도살한다(레 1:11). 제단 동편은 재버리는 곳이며 서편에는 물두멍이 있고 남편에는 제단으로 오르는 경사로가 있었기 때문이다(Milgrom, *Leviticus 1-16*, 16).

2 물론 구약에서 피 사용은 출 12:11-22; 24:3-8; 왕하 16:13, 15; 겔 44:10-15; 43:20; 대하 29:22, 24; 30:16, 17; 35:11 등에도 다양하게 등장하지만 본 논의에서는 회막 안에서의 사용에 국한하기로 한다.

하타트 제물의 피의 역할 논란

여기에서는 제물의 피의 역할, 즉 제단의 오염/정화와의 관련성을 논의할 것이다. 본서의 제2장에서 이미 자세하게 대조하였듯이, 학자들 사이에는 드려진 제물의 피를 제단뿔에 바르는 역할에 대해 크게 두 가지 견해가 있다. 즉, 피가 제단의 오염을 씻는 것(밀그롬), 피가 제단의 부정을 파괴하는 것(길더스), 혹은 피가 제단을 오염시키는 것(게인) 등이 그것이다.

① 밀그롬은 '범죄자의 죄의 독한 기운(miasma)이 공기를 통하여 자동적으로 오염된 성소기물을 정결한 제물의 피의 접촉을 통하여 씻는다'는 점에서 제물의 피를 '제의 세정제'(ritual detergent)라고 부르며, 그는 이처럼 씻겨진 오염이 제물의 남은 고기로 흡수된다고 보았다.[3] 물론 밀그롬의 입장에 반대하는 견해들도 나왔다. 길더스 등은 연속선상에서 피의 정화 역할에 대한 세부적인 이견을 보이고 게인 등은 피가 오염이동의 매개라는 점에서 피의 정화 역할과는 정반대 입장을 취한다.

② 길더스도 데이빗 라이트(David Wright)의 입장[4]을 따라 메소포타미아와 힛타이트의 정화의식에서 유비를 취하여 이론을 세운 밀그롬의 주장[5]에 이의를 제기한다.[6] 길더스는 "새 제의형상, 성소의 벽, 그리고 그 제의용구

---

3 Milgrom, "Israel's Sanctuary: The Priestly Picture of Dorian Gray," *RB* 83 (1976): 390-96; Milgrom, *Leviticus 1-16*, 254-58.

4 Wright, *Disposal of Impurity*, 5-8.

5 Milgrom, *Leviticus 1-16*, 254-55. 이와 관련한 후속적인 작업은 Feder(*Blood Expiation*, 209-41)가 후르-힛타이트 *zurki* 의식에 나타난 피 사용을 중심으로 비교연구를 수행했다.

6 Gilders, *Blood Ritual*, 129-30.

들에 피를 문지르는 일"로 제의형상과 성소를 정화하는 울리피(Ulippi) 제의 (4.38-40)[7]와 같은 힛타이트 제의모델[8]을 언급하면서 레위기의 피 개념과 가장 유사하다는 점을 인정한다.[9] 그러나 이들은 이러한 유사성이 레위기 희생제 의체계에 정답을 제시해줄 수 있는가에 의문을 제기한다. 밀그롬의 주장의 가장 큰 문제는 다른 고대근동 나라들의 제의본문들이 이러한 레위기의 제 의체계를 충분히 설명하지 못한다는데 있다. 밀그롬의 발견처럼 양자 사이 에 유사성도 존재하지만, 메소포타미아 정화제의와의 중대한 차이점은 그들 이 피라는 정화수단을 그 대상이나 사람에게 남겨두지 않고 의식 후에 씻어 서 제거한다는 것이다. 그러나 레위기는 성소의 오염을 제거한 '피'를 그 대상 에서 제거하지 않고 남겨둔다.[10] 또한 레위기와 가장 유사한 힛타이트 제의에 서 피가 부정을 흡수하는 방식으로 성소의 오염을 제거한다고 말하지 않는 다.[11] 이러한 반론들에 근거하여 길더스는 제물의 피를 오염을 씻어내는 '세 제'(detergent)보다는 부정을 파괴하는 "살균제"(disinfectant)라고 부르자고 제 안하며, 제물의 피는 성소기물의 부정을 제거하는 역할을 수행하고 피로 씻 긴 부정을 제물 고기에 흡수시켜서 진영밖 정결한 곳에서 태워서 없앤다고 주장한다. 필자가 볼 때, 문제는 이와 같은 길더스의 입장과는 달리 제의본문

---

7   울리피 제의본문은 Wright, *Disposal of Impurity*, 36, n. 67에서 재인용하였다.
    그들은 황금 신(神), 벽, 온전히 새로운 신(神)의 기구들에 피를 바른다. 새 신(神)과 성전이 깨끗해진다.
8   이러한 비교연구는 1972-76년에 행해진 후청동기 II의 에마르(Emar)의 성전 기록보관소에 보관되어 있었던 주전 14세기말부터 12세기초 기록된 문서들이 발굴되었고 이후 1985년과 1987년 사이에 발 간된 문헌들 등에 근거한 것이다. 이와 같은 고대근동지역의 발굴은 마리, 우가릿, 에블라에 이은 비교 문헌학적 성과들이다. 더 제시한 정보는 Daniel E. Fleming, *Time at Emar: the Cultic Calendar and the Rituals from the Diviner's Archive* (Mesopotamian civilizations 11; Winona Lake: Eisenbrauns, 2000), 1-12를 보라.
9   Gilders, *Blood Ritual*, 129.
10 Schwartz, "Bearing of Sin," 17-18.
11 Gilders, *Blood Ritual*, 129-30.

들이 제거-흡수-소각이라는 가정된 체계를 명확하게 해명하거나 설명하지 않는다는 것이다.[12] 게다가 길더스의 주장처럼 살균제가 생명체의 회복을 돕는 역할을 한다는 개념을 성소의 오염제거체계에 적용하는 것이 적절한지는 또한 의문이다. 또한 길더스가 자기 책에서 희생제의체계에 대한 전체적인 논의보다는 피의 사용과 폐기의 문제에만 집중한다는 점은 매우 아쉽다.

③ 게인은 밀그롬의 입장과는 정반대로, 헌제자의 죄(의 오염)가 제물의 안수를 통하여 제물로 이동하고 그 제물의 피가 번제단으로 죄를 이동시킨다는 점에서 피를 죄의 '이동 매체'(transfer agent)라고 불렀다.[13] 게인은 그러한 자신의 주장에 대하여 레위기 4:26; 5:6[14], 10; 14:19; 15:15, 30; 민수기 8:21을 직접적인 증거구절들로 삼고, 레위기 6:27을 간접증거로 든다(게인은 이러한 자신의 논리에 대하여 하나님이 제물의 댓가로 죄인의 빚을 탕감시켜주신다는 비유를 제시한다).[15]

[표 17] 게인의 증거구절들

관계	증거구절들	내용(개역개정 일부 수정)
직접적	레 4:26	그 모든 기름은 화목제 제물의 기름 같이 제단 위에서 불사를지니 이같이 제사장이 **그가 범한 죄에 대하여** 그를 위하여 제사한즉 그가 사함을 얻으리라
	레 5:6	그 잘못으로 말미암아 여호와께 하타트 제물을 드리되 양 떼의 암컷 어린 양이나 염소를 끌어다가 하타트 제물을 드릴 것이요 제사장은 **그의 허물을 위하여** 제사할지니라
	레 5:10	그 다음 것은 규례대로 번제물을 드릴지니 제사장이 **그의 잘못을 위하여** 제사한즉 그가 사함을 받으리라

---

12 Gilders, *Blood Ritual*, 130.
13 Gane, *Cult and Character*, Chapter 6; Gane, *Leviticus-Numbers*, 104ff.
14 레 5:6에 등장하는 아샴의 해석논란("보상"[다수입장] 혹은 "배상제물"[소수입장])에 대하여 Meshel(*The"Grammar" of Sacrifice*, 121-2)은 후자의 입장의 증거로 두가지를 제시한다. ① 레 5:11과의 유비, ② "הֵבִיא אֶת־אֲשָׁמוֹ"에서 אֲשָׁם을 아샴 제물로 해석하게 만든다(레 5:15, 25; 19:21; 민 6:12).
15 Gane, *Leviticus-Numbers*, 106.

직접적	레 14:19	제사장은 하타트 제물을 드려 **그의 부정함으로 말미암아** 정결함을 받을 자를 위하여 제사하고 그 후에 번제물을 잡을 것이요
	레 15:15	제사장은 그 한 마리는 하타트 제물로, 다른 한 마리는 번제물로 드려 **그의 유출으로 말미암아** 여호와 앞에서 제사할지니라
	레 15:30	제사장은 그 한 마리는 하타트 제물로, 다른 한 마리는 번제물로 드려 **유출로 부정한** 여인을 위하여 여호와 앞에서 제사할지니라
	민 8:21	레위인이 이에 죄에서 스스로 깨끗하게 하고 그들의 옷을 빨매 아론이 그들을 여호와 앞에 요제로 드리고 그가 그들을 위하여 제사하여 정결하게 하고
간접적	레 6:27	그 고기에 접촉하는 모든 자는 거룩할 것이며 **그 피가 어떤 옷에든지 묻었으면** 묻은 그것을 거룩한 곳에서 빨 것이요

이러한 논리에 따라, 게인은 레위기 4장의 하타트 제물이 죄인의 악을 번제단에 전달하며, 거기서 피를 통하여 옮겨진 죄의 오염이 일 년 내내 성소에 남는다고 주장한다. 그래서 게인은 죄인을 위한 두 단계의 희생제의적 כֶּפֶר가 필요하다고 본다.[16] 첫 단계에서 제사장은 하타트 제물의 피를 통하여 외부제단과 외부성소에서 죄인의 악(의 오염)을 쌓아둔다. 둘째 단계에서 대제사장은 속죄일에 또다른 하타트 제물의 피를 가지고 1년간 제사하지 않았던 다른 죄들의 오염을 제거하여 이를 기존에 성소에 1년간 축적된 죄와 함께 아사셀 염소에게 넘겨주어 광야로 보내버린다.

　이와 같이 대부분의 학자들은 제물의 피가 항상 모든 속죄/정화 제의의

16　Gane, *Leviticus-Numbers*, 107.

중심이라고 여겼으며[17] 아래의 [표 18]과 같이 피가 두가지 독특한 기능을 수행한다는 점도 밝혀졌다. 아울러 그러한 논의는 하타트 제물(의 피와 고기)의 기능에 집중할 필요성뿐만 아니라, 제물 고기(기름/간/콩팥)가 제물의 피보다 덜 우월할 지라도 희생제의에서 특별한 기능을 수행했을 가능성도 제기하였다(제물고기의 역할에 대한 세부적인 논의는 본서의 제6장을 보라).

[표 18] 번제단과 내/지성소에서의 피와 고기의 강조점

피의 사용처	피 사용의 특징과 기능
번제단	번제단 주위에 피가 뿌려지는 경우 번제단에서 태우는 제물이 더 강조되지만, 번제단의 뿔에 피를 바르는 경우 피가 더 강조된다.
내/지성소	지성소 향단에 피를 바르거나 지성소 휘장에 피를 7번 뿌리거나 카포레트를 향하여 1번 혹은 7번 피를 뿌리는 경우 피의 역할만이 강조된다.

이 단락에서는 다음과 같은 순서와 내용에 집중하게 될 것이다. 우선 관련된 용어들을 정리하고 피 사용의 장소들에서의 역할을 살펴볼 것이며, 그 다음에 피 처리의 장소와 기능의 의미와, 제물고기에 대한 중요성도 고려할 것이다. 또한 제물의 피를 어떤 성소기물에 사용하냐(번제단, 향단, 휘장, 카포레트), 무슨 용도로 사용하느냐(어떤 동사와 전치사를 사용하느냐에 따라) 그리고 몇회(1회 혹은 7회)로 사용하느냐를 고려할 것이다. 그 이유는 그 방식들이 문맥에 따라 제기하는 의미 혹은 기능이 다르게 여겨졌기 때문이다.

---

17 Gilders, *Blood Ritual*, 187ff.

피 사용(blood manipulation)의 동사들

제물의 피의 제의적 사용은 관련된 동사들에 따라 다음과 같이 분류할 수 있다.[18] 다음(표19)은 각각의 피 사용에 관한 동사들(+전치사)의 역할에 대한 분석표이다.

[표 19] 피 사용의 동사들

용어	의미	사용된 피의 제물
זָרַק	번제단 둘레에 피를 "흩뿌리다"[19]	번제물(제사장[1:5, 11]; 모세[8:19, 24]; 아론[9:12])
		화목 제물(3:2, 8, 13; 7:14; 9:18; 17:6)
		아샴 제물(7:2)
מָצָה	번제단 옆에 새 제물의 피를 "쥐어짜다"[20]	새의 번제물(1:15; 5:9)
הִזָּה	대상에게 피를 "튀기다, 뿜어내다"	7번 사용하는 하타트 제물(4:6, 17; 16:14, 15, 19; 예외, 비둘기의 하타트 제물 5:9)
		제사장의 옷에 뿌리는 제사장 위임제물(8:30)[21]
		7번 사용하는 짜라아트의 하타트 제물(14:7, 16, 27, 51)/7번 사용하는 부정의 잿물(민 19:4, 18, 19).
נָתַן	피를 제단의 뿔들에 "바르다"(대상의 특정)	하타트 제물(4:7, 18, 25, 30, 34; 8:15; 9:9; 16:18)

---

18 Gilders, *Blood Ritual*, 25-32; Meshel, *The "Grammar" of Sacrifice*, 147-53.
19 Gilders, *Blood Ritual*, 25-32, 65-68. Gilders(*Blood Ritual*, 66)는 여기의 "주위"라는 말이 제단 꼭대기를 의미하지 않는다고 주장한다. 이 단어와 "번제단에"(עַל־הַמִּזְבֵּחַ) 혹은 "번제단을 향하여"(הַמִּזְבֵּחָה) 혹은 "번제단 주위에"(סָבִיב)라는 한정적 표현이 첨가된다.
20 Gilders, *Blood Ritual*, 68-70.
21 모세가 관유와 섞은 제물의 피를 제사장들과 그들의 제복에 뿌려 거룩하게 만든다(참고, 출 29:21).

שָׁפַךְ	피를 아래로 쏟다/쏟 아붓다.	하타트 제물의 피를 번제단 밑에(4:7, 18, 25, 30, 34)/짐승의 피를 땅에(17:4, 13)
יָצַק		하타트 제물의 피를 번제단 밑에(8:15; 9:9)/손바닥 에(14:26)

제물의 피의 제의적 사용

제물의 피는 레위기 1-5장의 문맥에서 제사장이 집전하는 제물 및 사용방법, 장소에 따라 크게 속죄용(번제단 뿔에 직접 바르는 용도)과 비속죄용(번제단 앞에 뿌리는 용도)으로 분류할 수 있다.[22] 위의 도표가 말해주듯이, 제물의 피의 사용은 드려지는 제물의 종류와 목적에 따라 다르며, 각 제물의 피의 기능에 대한 직접적인 설명이나 언급이 부재하다는 점에서, 길더스는 피의 역할을 해석할 때 학자들이 전반적으로 피 사용의 의미를 말하는 레위기 17:11에 의존하거나, 피의 주변적, 부대적(附帶的) 행위와 연관하여 유비적이거나 혹은 기계적으로 해석하는 경향이 있다고 주장한다.[23] 이 제물들의 피 사용에는 유사성과 차이점이 병존한다. 물론 번제물과 화목 제물의 경우 제물(기름/간/콩팥)의 제의적 사용과 나머지 고기 처리[24]는 다르지만, 제물의 피를 사용하는 장소(번제단 앞)와 사용방법이 같다는 점에서 그 피의 기능은 동일하다고 판단된다.[25]

　이제 이와 같이 유사성과 차이점을 보여주는 제물의 피의 사용에 관하

22　Gilders, *Blood Ritual*, 188-89.
23　Gilders, *Blood Ritual*, 183-84. 또한 Kiuchi(*Purification Offering*, 93)는 יָצַק와 שָׁפַךְ가 동일한 기능과 의미를 수행하지만, 양자의 차이점은 전치사에 있다고 주장한다.
24　물론 제단에서 태우는 제물의 기본목적은 그것을 태워서 하나님이 기뻐하시는 향기를 내는 "음식선물"이다. 그러나 번제물과 달리 화목 제물은 사람들에게도 음식선물로 주어진다.
25　Gilders, *Blood Ritual*, 86-87.

여 좀 더 세부적으로 살펴본다. 설명의 편의를 위해, 우선, 제물에 따른 피 사용을 중심으로 살펴보고, 그 후에 장소를 중심으로 살펴보는 두 가지 접근방법으로 제물의 피 사용과 피 처리를 세부적으로 살펴보기로 한다.

제물에 따른 피 사용의 분석

길더스는 제물의 피의 사용의 의미를 다양한 제물들의 식용 가능여부를 중심으로 다음과 같이 세 가지로 간단하게 구분한다([표 20]).[26]

[표 20] **제물들의 피 사용의 분류**(고기 식용여부에 따름)

번제물	화목, 위임, 아샴 제물	하타트 제물
전부 소각(번제단)	일부 소각(번제단)	일부 소각(번제단)
고기는 절대로 먹지 못함	드리고 난 나머지 먹음	경우에 따라 드리고 난 나머지를 먹음

번제물(1장)의 피 사용

이 문맥에서 사용되는 동사들을 중심으로 번제물의 피 사용 규례에 따른 간단한 분류는 다음과 같다.

[표 21] **번제물의 피 사용**

제물	동사	사용방법(절)
수소	זָרַק	번제단 주위에 피를 흩뿌림(5)

---

26 Gilders, *Blood Ritual*, 85.

숫양/염소	זָרַק	번제단 주위에 피를 흩뿌림(11)
비둘기	מָצָה	번제단 주위에 피를 쥐어짬(15)

자발적으로 드리는 개인의 번제물(레 1장)은 길들여진 네 다리 가축들(큰 제물
[소]과 작은 제물[양과 염소]), 두 다리 짐승(비둘기 제물) 등으로 나뉜다. 비둘기 제
물은 제사장이 산 채로 번제단으로 가져가서 죽이고 전부 번제단 위에서 불
태우고 그 피는 번제단 주위에 뿌린다. 이러한 번제물의 역할(의미)에 대해 몇
가지 주장이 있다. 즉 선물, 속죄, 정화와 속량, 제의적 제거, 제의적 관계성의
강화가 그것이다.

이와 같은 몇 가지 해석학적 이슈들에 대한 논의를 길더스의 정리[27]를 중
심으로 다루어 본다.

① 레위기 17:11("육체의 생명은 피에 있음이라 내가 이 피를 너희에게 주어 제단
에서 너희의 생명을 위하여 속죄하게 하였나니 생명이 피에 있으므로 피가 죄를 속하느
니라")에 근거하여 번제물의 피도 "생명의 상징인 피를 식용금지와 함께 제단
앞에 뿌리는 행위"를 통하여 하나님의 소유로서 선물로 드린다고 보는 입장
이 있다.[28]

② 레위기 1:4b의 כפר를 어떻게 해석하느냐에 대한 논란도 있다. 혹자는
이것을 죄의 제거/혹은 보상으로 해석하여 피를 죄의 제거의 동인으로 해석
하는 입장이 있다. 혹자는 레위기 17:11의 כפר의 의미에 따라 이중적 기능, 즉

---

27 Gilders, *Blood Ritual*, 61-84.
28 Noth, *Leviticus*, 22-23; Knierim, *Text and Concept*, 56. Rendtorff, *Leviticus*, 53. 이러한 입장들에 대해
Gilders(*Blood Ritual*, 72)는 피가 하나님께 드리는 선물일 가능성을 비판한다. 문제는 본문 자체가 그
리고 피가 하나님께 선물로 드려진 전례가 없다는 것이다.

정화와 속량의 기능을 수행한다고 설명하기도 한다.[29] 이와 관련하여 길더스는 번제물의 피의 사용에서 속죄적 의미보다는 드려진 제물의 피의 안전한 제거만이 있다고 주장한다.[30] 그 근거는 다음과 같다. 피는 먼저 제사장이 모아 번제단에 접촉하지 않고 다만 번제단 주위에 뿌려질 뿐이다.[31] 그 후에 제사장은 음식예물인 제물(기름/간/콩팥)만을 번제단 위에서 태운다(비교. 레 8:19; 9:12; 출 29:16).[32] 그럼에도 제물의 피의 제의적 역할은 마치 모세가 시내산에서 제단과 사람들 모두에게 피를 뿌렸을 때의 효과처럼 번제물의 피가 제물과 번제단 및 제사장과 번제단과의 관계성을 강화시키는 수단으로 작용하게 한다.[33]

③ 이러한 논의에 추가하여 일부 학자들은 번제물의 안수가 죄의 제거(이동)라고 주장하기도 한다.[34] 학자들 사이에 짐승의 도살 전에 헌제자가 행하는 안수의 기능을 동일시, 소유권, 대체, 혹은 죄의 이동의 수단(이것은 레 16:21의 확장이다)으로 볼 것이냐에 대한 이견이 있다.[35] 이에 대해서는 필자가 본서의 제4장에서 자세하게 논의한 바 있다.

④ 마지막으로 번제물의 기능을 다른 제물들과 연관시켜서 논의할 필요

---

29 Gilders, *Blood Ritual*, 88. 그러나 Gilders(*Blood Ritual*, 77-78)은 레 1:4(עָלָיו לְכַפֵּר)을 해석하면서 17:11(לְכַפֵּר עַל־נַפְשֹׁתֵיכֶם)과 연관된다는 Levine(*Presence*, 68-73)의 주장을 증거없다고 비판한다. 그러나 학자들마다 피의 역할에 대해서는 다른 입장을 보인다. Milgrom, *Leviticus 1-16*, 156; Gilders, *Blood Ritual*, 158ff.를 보라. Sklar(*Sin*, 187)는 비고의적 범죄와 중대한 부정의 경우, 속죄의 제사(sacrifice for atonement)가 필요했으며 희생적 속죄(sacrificial atonement)가 속죄와 정화기능 모두를 수행한다고 주장한다.

30 Gilders(*Blood Ritual*, 71)은 Rendtorff(*Leviticus*, 53)를 따라 "번제단 주위에 피를 뿌리는 것은 인간이 피를 먹는 것을 금지한 것의 반영(reflex)"이라고 주장한다.

31 Milgrom(*Leviticus 1-16*, 156)은 5, 11절의 "주위에"(סָבִיב)라는 표현을 번제단의 위가 아니라, 번제단의 측면이나 벽을 향하여 사용하는 것으로 여긴다.

32 Gilders, *Blood Ritual*, 106.

33 Gilders, *Blood Ritual*, 82-83.

34 이에 대한 반박은 Trevaskis, *Holiness*, 188-92를 보라.

35 Gilders, *Blood Ritual*, 74-78. 또한 Gilders(*Blood Ritual*, 75-76)는 소유권의 가능성을 열어두지만, "해석되지 않은 몸짓을 해석하려고 노력하는 문제점"이라고 비판하며 제의본문에 설명이 없기 때문에 우리는 그 의미를 알 수 없다고 주장한다.

도 있다. 다른 관련본문들에서 번제물은 선행적(先行的)으로 하타트 제물을 동반한다(레 5:10; 9:17; 12:7, 8; 14:20, 31; 15:15, 39; 16:24).[36] 특별한 경우, 소제물이 하타트 제물의 역할을 대신하기도 한다(레 5장). 레위기 1장에서는 번제물 자체만으로 드려지는 동기와 방법과 효과를 논의하지만 실제 제사에서는 번제물이 다른 제물들(특히 하타트 제물)과 함께 드려진다는 점에서 제의의 총체적인 의미도 고려해야 할 것이다.

화목 제물, 위임예물, 아샴 제물의 피 사용

길더스는 이 세 제물들(화목 제물, 위임예물, 아샴 제물)을 한가지 범주에 넣는다.[37] 제의과정에서 번제단 주위에 제물의 피뿌리는 행위와, 대부분의 제물의 나머지를 먹는다는 점이 그 근거다.

[표 22] 화목 제물, 위임제물, 아샴 제물의 피 사용

	화목 제물	위임예물	아샴 제물
피 뿌림	3:2, 8, 13; 7:2, 14	8:24 (제사장의 옷, 8:30[38])	7:2
먹는 사람	헌제자와 제사장	모세	제사장(7:6-7)

① 화목 제물의 피 사용(레 3, 7장)

위의 세 가지 제물 가운데 화목 제물의 피 사용규례를 먼저 살펴본다. 이 문맥에서 사용되는 동사들을 중심으로 화목 제물의 규례에 따른 피 사용을

---

36 Gilders, *Blood Ritual*, 72-74.
37 Gilders, *Blood Ritual*, 85.
38 Gilders(*Blood Ritual*, 103)는 제사장 위임제물의 피가 "아론계열과 제단 사이의 실존적 관계를 세우고 아론계열을 모든 다른 이스라엘 사람들로부터 구분하는"라는 이중적인 역할을 수행한다고 주장한다.

간단하게 분류하면 다음과 같다.

[표 23] 화목 제물의 피 사용(레 3장)

제물	동사	사용방법(절)
소	זָרַק	번제단 사방에 피를 흩뿌린다(2)
어린양	זָרַק	번제단 사방에 피를 흩뿌린다(8)
염소	זָרַק	번제단 사방에 피를 흩뿌린다(18)

헌제자는 화목 제물용 짐승을 다른 한손으로는 짐승을 묶은 줄을 잡은 채 한 손으로 안수한 후에 도살한다(3:2, 8, 13). 그후에 아론 자손의 제사장들이 헌제 자로부터 그 제물의 피와 고기(기름/간/콩팥)를 취하여 야웨 앞에 번제단에 드 린다(3:1, 7, 12). 이와 관련한 논의를 정리해본다.[39]

　　일부 학자들은 화목 제물의 나머지 고기를 제사장과 헌제자가 나눠먹 는 것에 착안, 출애굽기 24:3-8을 근거로, 그와 유사한 의미가 있을 가능성 을 제시하기도 한다. 루돌프 슈미트는 노르트쩨이[40]처럼 이 경우를 출애굽기 24:3-8의 언약체결의 피 사용과 유사한 것으로 보았고 화목 제물의 피를 제단 앞에서 뿌리는 것을 피가 하나님께 속한 생명이라서 하나님께 돌려드리는 것 이며 하나님과 백성 사이의 언약유대(결합)를 의미한다고 보았다.[41] 그러나 레 빈은 두 당사자에게 피를 뿌리는 언약체결의 문맥과 번제단에만 피를 뿌리는 일상적인 화목 제물의 문맥은 다르다고 보았다.[42] 길더스는 이러한 주장에 다

39　여기에서의 학자들의 논의는 Gilders(*Blood Ritual*, 89ff.)의 언급을 근거로 요약하였다.

40　Noordtzij, *Leviticus*, 49.

41　Rudolf Schmid, *Das Bundesopfer in Israel: Wesen, Ursprung und Bedeutung der Alttestamentlischen Schelamin*. (Studien zum Alten und Neuen Testament 9. München: Kösel-Verlag, 1964), 30-33. Gilders(*Blood Ritual*, 89)에서 재인용.

음과 같은 몇 가지 논리를 추가한다.[43] ① 언약체결의 문맥은 세계관에 있어서 제의적(P) 문맥과 다르다는 점과 ② 해석되지 않은 한 제의행위로 해석되지 않은 다른 제의를 해석하려는 방법론적인 문제를 지적하였다. 게다가 제의규례보다 언약체결이 먼저 언급되었다는 점도 고려해야 한다는 점에서 언약체결의식과 실제 제의행위를 구분할 필요성이 있다.

화목 제물의 번제물과의 관련성을 논의할 때, 제물의 피를 제단 앞에서 뿌린 후에, 번제단에 태워지는 것들만 음식예물(אִשֶּׁה, 3, 9, 14절), 음식(לֶחֶם)이라고 불리고(11, 16절) 그것이 하나님을 기쁘시게 하는 향기를 낸다는 점(5, 16절)에서 화목 제물의 피의 속죄 기능을 주장하기는 어렵다.[44] 여기서 피를 번제단 앞에 뿌려서 피의 세속적 소비의 가능성을 막는 것이 우선이며 부차적으로 그 존재의 근거인 하나님께 돌려지는 것으로도 여길 수도 있다.[45] 또한 화목 제물의 피는 번제물의 피규정과 동일하다는 점에서 번제물의 피 규정과 연관시켜 이해할 필요가 있다. 레빈은 제물의 피의 사용을 야웨의 진노를 누그러뜨리는 일종의 피의 관주(blood libation)로 보았으며 화목 제물의 피를 일종의 보상의 측면에서 속죄 의미가 있다고 보았다.[46] 밀그롬은 그와 같은 전제하에서도 화목 제물의 피의 속죄적 해석을 주장하지 않으며, 오히려 피 사용이 짐승도살을 정당화시켜준다고 보았다. 밀그롬은 짐승의 도살이 생명의 제거를 의미하지만, 제사를 통하여 생명의 상징인 피를 하나님께 돌려드림으로서 그러한 도살이 야웨에 대한 범죄로 여겨지지 않게 하는 역할을 한다고 주장한

---

42 Baruch A. Levine, *Prolegomenon to the Sacrifice in the Old Testament: Its Theory and Practice* (New York: Ktav, 1973), xxv, xxvi. Gilders(*Blood Ritual*, 90-91)에서 재인용.

43 Gilders, *Blood Ritual*, 90-91.

44 Gilders, *Blood Ritual*, 88, 90-96.

45 Gilders, *Blood Ritual*, 89.

46 Levine, "Prolegomenon," xxv, xxvi. Gilders(*Blood Ritual*, 90-91)에서 재인용.

다.[47] 길더스는 이 모든 해석이 레위기 17:11을 근거로 한 추론이라고 보았고 [48] 번제단 앞에서 피를 뿌리는 모든 행위를 피의 거룩한 제거로서 다음과 같이 두 가지 기능을 수행하는 것으로 보았다. 즉, ① 그것은 인간이 피를 먹을 수 있는 가능성을 원천 제거하는 것이며, ② 그것은 생명의 수단인 피를 생명의 원천이신 하나님께 돌려드리는 것이다.[49]

화목 제물과 비교할 때, 번제물은 제물의 전부를 드린다는 차이점이 있지만, 두 제물이 '하나님이 기뻐하시는 향기'를 낸다는 점은 공통적이다. 화목 제물의 효과는 명시적이지는 않지만, 표현의 일치라는 점에서 번제물과 같을 것으로 추정된다. 물론 드려진 피는 제사장이 받아서 번제단 주위에 뿌렸지만, 제물은 헌제자가 - 번제단에서 태울 필요가 없기 때문에 - "토막을 내지 않으며" 거기에서 일부 장기와 기름만이 분리되어 번제단에 태우는 제물로 드려진다.[50] 화목 제물은 비록 그에 대한 설명이 없지만 번제물의 경우처럼 화목 제물의 기름이 하나님을 기쁘시게 하는 향기를 내는 것이 주목적이라면 피는 부수적인 기능을 수행하는 것으로[51] 속죄의 역할을 수행하지 않는다고 볼 수 있다.[52] 그러므로 번제물과 마찬가지로 화목 제물의 피 사용은 속죄 용도보다는 세속적 용도로 사용되지 못하게 하는 '피 처리'에 불과하다고 볼 수 있다.[53]

---

47 Milgrom, "A Prolegomenon to Leviticus 17:11," *JBL* 90 (1971): 149-56.

48 Gilders, *Blood Ritual*, 91.

49 Gilders, *Blood Ritual*, 89.

50 Gilders, *Blood Ritual*, 87.

51 Gilders(*Blood Ritual*, 88-89)는 번제물의 경우 아론의 아들들이 "제물의 피"를 제물로 가져온다고 말하지만(1:5), 화목 제물의 경우 "제물의 기름"을 가져온다(3:1)는 점을 발견한다. 일반적으로는 '가져간다'는 표현은 제물 자체를 언급한다. 번제물의 피의 경우 예외적으로 피를 가져간다고 하지만, 결국 제물로서 번제단에서 사용하는 것은 피와 가죽을 제외한 제물의 전부를 의미한다. 그러한 점에서 길더스는 엄밀한 의미에서 화목 제물의 피가 헌제자의 제물이 아니라고 주장한다. 그런 점에서 길더스는 번제물과 화목 제물의 분량(부분)의 차이는 있지만, 두 제물의 목적은 동일하게 보아야 한다고 주장한다.

52 Gilders(*Blood Ritual*, 89)는 제사장이 제물에서 흐르는 피를 그릇으로 받지만, 고기에 대한 정교한 작업이 추가로 필요하다는 점을 강조한다.

53 Gilders, *Blood Ritual*, 89.

이것은 하나님이 금지하시듯이, 일단 번제단 앞에서 뿌려졌기 때문에 다른 용도로 심지어 다른 제사에서도 제물의 피를 더 이상 사용할 수 없게 만든다. 그러나 문제는 이처럼 피는 제단 앞에서 뿌리는 행위가 생명의 상징인 피를 생명의 주인이신 하나님께 돌려드리는 행위를 포함하는가는 불분명하다.

② 제사장들의 숫양 위임예물의 피 사용(레 8:22-31; 출 29장)

이 문맥에서 사용되는 동사들을 중심으로 숫양 위임제물의 규례에 따른 간단한 분류는 다음과 같다.

[표 24] 숫양 위임제물의 피 사용

제물	동사	피의 사용
위임식의 숫양	נָתַן זָרַק	아론과 그의 아들들에게 바르고(23절) 번제단 사방에 뿌리고(24절)
아론과 그의 아들들과 그들의 옷을 성별하는 의식	הִזָּה	관유와 제물의 피를 그들과 그들의 피에 뿌린다(30절)

이러한 피 의식은 최종적으로 위임제물의 피 사용에 이른다. 이와 관련하여 몇가지 질문을 제기할 수 있다. 왜 모세는 임직의 숫양의 피를 아론과 그의 아들들에게 발랐을까? 이것은 번제단 앞에서 사용되는 일반적인 제물의 피 사용과는 어떤 관계가 있을까? 이것은 제사장들의 죄를 해결하려는 의도였을까? 아니면 다른 의미가 있었을까? 속죄의식은 번제단에서 행하는 것이기 때문에 사람들에게 피를 바르는 이 행위가 직접적으로 속죄와 관련이 있다기보다는 제사장들의 위임에 따른 구별과 헌신의 의미로 이해해야 할 것이다.

여기에서 제물의 피는 하나님께 드려지는, 아론과 그의 아들들의 특권적 지위와 제단의 독특성을 강조하는 역할을 한다.[54] 제사장들의 위임제물의 경우 하타트 제물, 번제물, 그리고 안수와 함께 위임의 숫염소 제물의 순서로 드려졌고 이 경우 제사장들의 헌신을 위하여 위임의 번제물을 드린 것이다. 이것은 우선적으로 제단 등 성소기물과 그 제의를 집행할 제사장을 성별하는 상징적 절차다.[55] 이러한 위임과 성별행위가 있어야 본격적인 제사가 시작될 수 있다. 시내산 언약 체결 후의 피 의식과 같이 여기에서 제물의 피를 가지고 번제단과 제사장의 몸에 동일하게 행하는 의식(심지어 제사장의 옷에 피를 바른다)은 양자 사이의 '긴밀한 결속'을 의미한다. 모세가 위임예물의 피를 가져다가 제사장들의 몸의 특정부위에 바르는 것[56]은 야웨와 아론 계열 제사장들과의 특별한 관계를 드러내는 것이다. 길더스는 특정한 부위에 피를 바른다는 점에서 '제사장들에게 제물의 피를 바르는 것'과 '하타트 제물의 피를 제단에서 사용하는 것'의 유사성이 있다고 주장한다.[57] 물론 제단에 피를 바르는 일차적인 행위는 제단을 정화하려는 것이며(레 8:15), 아론계 제사장들에게 행하는 피의 기능과의 유사성을 발견할 수 있게 한다.[58] 물론 피의 기능적 차이점도 존재한다. 이 피는 아론과 그의 아들들 사이 그리고 일반 대중과의 관계를

---

54   Gilders, *Blood Ritual*, 100.

55   비교, 하틀리 『레위기』, 294ff.

56   이에 대한 논의도 Gilders(*Blood Ritual*, 97-104)를 보라. René Péter-Contesse(*Lévitique 1-16* [CAT 3a; Geneva: Éditions Labor et Fides, 1993], 144)도 Gilders(*Blood Ritual*, 102)를 따른다. 이 경우에 피를 바르는 행위 자체가 아론과 그의 아들들을 특정한 목적을 위한 성별하는 역할을 한다고 볼 수 있다. 이와는 반대로, 야웨의 명령을 잘 듣고 순종하고 행하는 상징적인 행위로 보는 경우도 있다. 이븐 에즈라(Ibn Ezra)는 피가 제사장들의 생명을 대신한다는 의미라고 주장하기도 했다. 앞서 언급한 대로 밀그롬은 히타이트와 같은 고대근동의 관습을 따라 그것이 정결과 액막이 역할을 한다고 주장하며 봉헌으로서의 번제단에 피를 바르는 의식(겔 43:20)과의 유비로 동일한 기능을 한다고 주장한다. 이에 대해 길더스(*Blood Ritual*, 98-104)는 다음과 같은 전제들에 의문을 제기하며 좀 더 부연설명한다(이와 관련된 더 최근의 논의는 Feder, *Blood Expiation*, 44-45를 보라).

57   Gilders, *Blood Ritual*, 101.

58   비록 문맥 속에서 공적 해석이 제시되지 않기에 이것을 피의 기능에 대한 "개인적인"(private) 해석으로만 여길 수도 있지만, Gilders(*Blood Ritual*, 101-2)는 둘 사이의 유비를 통하여 이 피 바름이 야웨와 그의 성소와의 접촉을 가능하게 하는 것(성별)으로 해석한다.

드러내는 역할을 수행한다. 그것은 아론과 그의 아들들의 성별을 지적한다는 점과, 제물의 피가 사용된 제사장들과 번제단을 엮어주는 역할을 수행한다는 점이다.[59] 이와 같이 피를 특정한 사람에게 바르는 일은 피부병환자의 회복규례와 유사하다(레 14:14, 17, 25, 28). 그러나 그 경우(회복)와 이 경우(헌정)의 차이점은 이 경우에 피가 성별(헌신)의 상징이라는 데 있다.[60]

이와 같이 '제사장들과 일반인들을 구별시켜주는' 아론과 그의 아들들에게 발려진 위임제물의 피의 기능은 제사장들을 제사장들의 제복에도 피가 뿌려져서 사용되었다는 점에서 강화되었다. 이처럼 특정한 사람과 옷에 대한 피의 사용은 일종의 제의적 표시(출입증 같은)로서 이들만이 제단과 성소에 나아갈 수 있음을 드러낸다.[61] 또한 이들이 피뿌림을 받은 후에 제물의 고기와 떡을 거룩한 곳에서 먹어야 했다는 점도 시내산 언약 체결후 모세가 주관하여 제단과 백성에게 피를 뿌리던 유사한 장면과의 연결점을 제공해준다(출 24:6, 8, 11). 이와 같이 제물의 피를 통하여 제사장 위임식에 제사장과 그들의 옷뿐만 아니라, 제사의식을 위한 모든 기구들도 함께 정화되고 성별되었다.

③ 아샴 제물의 피 사용(레 5:14-26; 7:1-7):
이 문맥에서 사용되는 동사를 중심으로 아샴 제물의 피 사용 규례는 다음과 같다.

---

59 Gilders(*Blood Ritual*, 102-103)는 이 일을 제물의 피로 사람들과 제단을 연결시켜주는 언약체결의식 (출 24:3-8)과 연관시킨다.
60 하틀리『레위기』, 295-96.
61 Gilders, *Blood Ritual*, 103.

[표 25] 아샴 제물의 피 사용

제물	동사	사용방법
아샴 제물	זָרַק	번제단 사방에 뿌린다(7:2)

이 규례들은 야웨의 성물을 범한 까닭에 아샴 제물을 드리는 자가 그 죄를 용서받을 것(전제조건)이라고 말하며 제물의 소각과 나머지 고기 처리의 방식을 언급한다. 그 피는 번제단 뿔에 바르지 않고, 다만 번제단 주위에 뿌린다(레 7:2). 그러한 점에서 아샴제물은 번제물과 화목 제물과 공유된다. 게다가 제물의 일부(일부 내장과 장기)만 번제단에서 태운다는 점에서 아샴 제물은 화목 제물과 연결된다.[62] 일부 하타트 제물의 경우처럼 그 일을 수행한 제사장에게 아샴 제물의 나머지 고기를 준다("하타트 제물과 아샴 제물은 규례가 같으니 그 제물은 속죄하는 제사장에게로 돌아갈 것이요," 레 7:7). 심지어 이 아샴 제물은 피부병환자의 제의목록에도 들어간다(레 14:12-14, 24-25). 이 제물의 피는 피부병에서 나은 사람의 신체 일부에 바른다. 이후에 제사장은 기름을 가져다가 그 사람의 신체 일부에 다시 바르고 남은 기름을 그의 머리에 바른다. 이러한 행위는 "야웨 앞에서" 깨끗해진 사람을 위한 정화(성별)의식이다. 그런데 여기에서 제의행위 전이나 후에 피가 번제단에 사용된다는 언급은 없다.[63] 다만 이러한 제의행위 후에 그 사람(의 부정)이 깨끗해졌다는 선포가 있을 뿐이다(20절).[64] 제사장 위임제물과 유사한 피부병환자에 대한 아샴 제물의 처리규정은 비록 동일한

---

62 Gilders, *Blood Ritual*, 104.

63 Gilders, *Blood Ritual*, 105.

64 이것은 제사장 위임식(레 8:30)과 피부병환자의 정결의식(레 14:14, 25)에 나타난 의식상의 동일성이 모든 상황에서 동일한 의미를 갖는다고 말할 수 없는 경우이며 반대로 "다른 상징적 의미들이나 도구적 효과가 동일한 행동을 초래할 수도" 있는 것이다(Gilders, *Blood Ritual*, 105).

제물(위임 제물과 아샴 제물)이 사용된 것도 아니며 그것이 제사장에게 부여된 동일한 지위와 특권을 말하는 것은 아니지만, 두 의식들 모두에서 피의 사용의 유사성을 통하여 피부병환자의 회복규례와 제사장의 위임과 성별규례 사이에 존재하는 유사성을 드러낸다.[65] 이것은 각각 '정결한 이스라엘 진영내로의 회복(복귀)'과 '거룩한 회막 내의 제의봉사를 위한 성별'이라는 의미를 가지지만 유사한 통과의례적 기능을 수행하는 것이다.

하타트 제물의 피

하타트 제물은 직접적으로 속죄(혹은 정화)와 관련하여 레위기 4-5장, 16장에서 사용되었고, 다른 목적으로 제사장 위임식(레 8장)과 제의의 공적 시작의 식(레 9장)에서도 사용되었다. 레위기 4-5장의 하타트 제물의 피는 번제단앞에 뿌려지지 않는다. 대신 그 피는 번제단의 네뿔(족장이나 일반인의 범죄의 경우)이나 내성소의 향단의 뿔(기름부음받은 제사장이나 온 회중의 범죄의 경우)에 바르고 내성소의 휘장을 향하여/등지고 일곱 번 뿌려지는 형태를 취한다. 레위기 16장의 하타트 제물의 피는 레위기 4장의 두가지 용례들처럼 내/지성소(기름부음받은 제사장과 온 백성의 범죄의 경우)안에서 그리고 회막 뜰의 번제단(족장과 개인의 범죄의 경우)에서 사용되었다. 레위기 8장의 하타트 제물의 피는 모세의 집례로 번제단에 발라 제사장들과 번제단을 제의적으로 연관시키며 레위기 16장의 하타트 제물의 피는 아론의 집례로 성소 전체를 정화하고 자신과 성소를 제의적으로 연관시킨다. 레위기 9장의 하타트 제의는 다양한 제물과 함께 집행되지만, 피 사용의 목적과 결과에 대한 구체적인 언급이 없다. 이 제

---

65 Gilders, *Blood Ritual*, 106.

의는 모세가 주관하는 레위기 8장과는 달리 아론이 전제의과정(全祭儀課程)을
직접 주관한다는 특징이 있다.

하타트 제물의 피 사용(4:1-5:13)

이 문맥에서 사용되는 동사들을 중심으로 하타트 제물의 규례에 따른 간단한
분류는 다음과 같다.

[표 26] 하타트 제물의 피 사용

제물	동사	사용방법
제사장의 수소	הִזָּה נָתַן שָׁפַךְ	내성소 휘장 앞에서 일곱 번 뿌리고 향단의 뿔들에 바르고 나머지를 번제단 아래 쏟고(4:6-7)
온 회중의 수소	הִזָּה נָתַן שָׁפַךְ	내성소 휘장 앞에서 일곱 번 뿌리고 향단의 뿔들에 바르고 나머지를 번제단 아래 쏟고(4:17-18)
족장의 숫염소	נָתַן שָׁפַךְ	번제단 뿔들에 바르고 나머지를 번제단 아래 쏟고(4:25)
평민의 암염소/어린 양	נָתַן שָׁפַךְ	번제단 뿔들에 바르고 나머지를 번제단 아래 쏟고(4:30, 34)
특정한 범죄의 암양/염소		언급없음(5장의 경우 상동?)
가난한 자의 비둘기	הִזָּה מָצָה	번제단 곁에 뿌리고 남은 피는 번제단 밑에서 쥐어짠다(5:9)

레위기 4:1-5:13의 하타트 제물의 피는 상황에 따라 '제단뿔에 바름', '휘장을
향하여/앞에서 일곱 번 뿌림', '번제단 아래에 부음'이라는 피 사용의 복합적인
형태를 취한다. 먼저 고의적이지 않은 죄들의 경우(레 4장), 범법자 중심으로,

그 심각성(제의적 지위)[66]/속죄의 장소에 따라 기름부음 받은 제사장/백성 및 온 백성(내성소와 뜰에서 행함), 족장 및 개인(뜰에서 행함)의 순서로 분류된다. 그 후에는 특정한 계명을 태만하여 지키지 않은 범죄의 경우(레 5:1-6)를 다룬다. 그리고 가난해서[67] 일상적인 하타트 제물을 드릴 수 없는 경우, 비둘기나 곡식제물로 대신하는 경우를 다룬다(7-13절). 길더스는 여기에서도 피의 기능에 대한 명확한 언급이 없다는 점에서 레위기 4:1-5:13의 하타트 제물의 피의 작용이 성소기물의 정화뿐인지 성결도 포함하는지에 대한 주장들 가운데 하나로 단정짓기 어렵다고 말한다. 비록 그 기능에 대한 명확한 설명은 없지만, 레위기 4-5장의 하타트 제물 드림의 결과는 성소기물의 정화를 통한 죄인의 용서라는 점은 명확하다(레 4:20, 26, 31, 35; 5:10, 16, 18). 레위기 4장의 하타트 제물들의 경우, 제물을 회막으로 가져와 안수를 하고 도살한다는 점에서 번제물과 화목 제물과 유사하고 제물의 일부만 태운다는 점에서 소제물과 화목제물과 유사하지만, 피 사용에 있어서 제단 뿔에 바르고 (혹은 함께) 휘장에 7번 뿌린다는 점에서 하타트 제물의 독특성을 드러낸다. 또한 하타트 제물들은 "기름부음 받은" 제사장이 그 피를 내성소로 가지고 들어가느냐의 여부에 따라 구별된다. 이것은 제사장들 사이의 구분을 초래한다. 어떤 학자들은 하타트 제물의 피가 내성소내로 들어가는 대제사장/이스라엘 온 회중의 집단적인 죄와는 달리, 족장이나 일반인이 드린 개인적인 하타트 제물의 피가 회막 뜰의 번제단에서만 처리된다는 점에서 집단의 죄가 아닌, 개인의 죄는 내성소를 오

---

66 이것이 죄의 심각성에 따른 것인지, 죄인의 제의적 지위에 따른 것인지에 대한 논란이 있다(Gilders, *Blood Ritual*, 111).

67 하타트 제물의 "등급 매겨진"(graduated) 드림의 한계에 대한 논란의 여지가 있다. 레 5장의 하타트를 일부 특정한 하타트의 예로 보아, 이것을 이 범주내의 가난한 자들에 대한 규례로 볼 것인지, 아니면 하타트 제물 전반(레 4장)의 예외규정으로 볼 것인지에 대한 논란이 있다(보라, Milgrom, *Leviticus 1-16*, 292-318; Gilders, *Blood Ritual*, 110-11).

염시키지 못한다고 생각하지만,[68] 다른 학자들은 본문의 관심이 직책이나 집단이 행하는 죄의 심각성의 차이보다는 사회적 지위 및 드리는 제물의 가치의 차이를 더 강조한다고 본다.[69] 그럼에도 불구하고 피를 사용하는 이러한 모든 제의적 행동은 "야웨 앞에서"[70] 행해진다는 점에도 유사성을 보여준다.

기름부음받은 제사장/온 백성의 범죄의 경우, 세단계로 하타트 제물의 피를 사용한다. ① 먼저 하타트 제물의 피는 "야웨 앞에서" 내성소에서 일곱 번 휘장 앞에서/혹은 등지고[71] 뿌려진다.[72] ② 그 다음에 내성소의 향단뿔에 제물의 피를 바른다. ③ 마지막으로 나머지 피[73]는 뜰의 "번제물"의 제단 아래 쏟는다(피 폐기에 관한 자세한 논의는 본서의 5장을 보라). 그러나 족장과 개인의 경우, 제물(즉, 족장의 경우 숫염소를, 개인의 경우 암염소/암양을 드린다), 제의장소(뜰의 번제단), 그리고 제의집행자(제사장[25, 30, 34절][74])의 차이가 등장하지만 짐승을 가져오며 안수하고 도살하는 형식과 순서와 피사용 및 처리방법은 동일하다.

레위기 5장의 하타트 예물의 경우, 예외적인 규정들이 존재한다. 즉, 가

---

68 Milgrom, *Leviticus 1-16*, 457-58; Wenham, *Leviticus*, 97 등.
69 Gerstenberger, *Leviticus*, 72; Gilders, *Blood Ritual*, 140-41; Watts, *Leviticus 1-10*, 351; 하틀리,『레위기』 207.
70 이에 대한 논의는 Gilders, *Blood Ritual*, 114-5를 보라.
71 이에 대한 해석은 휘장과의 접촉여부에 따라 달라진다. 다수는 피뿌리는 행위가 휘장과의 접촉없이 "휘장을 향하여"라고 보며, 소수는 휘장과의 접촉을 위하여 그 행위가 "휘장에" 행해진다고 이해한다 (보라, Gilders, *Blood Ritual*, 114). 이 휘장의 역할도 견해차가 있다. 밀그롬(*Leviticus 1-16*, 234)은 내성소의 휘장(의 강조)으로 이해하고 키우치(*The Purification Offering*, 125)는 지성소의 휘장(의 강조)으로 이해한다. Gilders(*Blood Ritual*, 115)는 키우치의 입장을 지지하며 휘장에 그룹들이 새겨져 있으며 그것이 지성소에 있는 그룹들을 향한다는 증거를 제시한다.
72 밀그롬(*Cultic Theology*, 78)은 피뿌리는 행위를 성소의 오염을 암시한다고 보았지만, 키우치(*The Purification Offering*, 124-28)는 그러한 주장을 대제사장 혹은 온 백성의 죄와 관련지어 반대한다.
73 Gilders(*Blood Ritual*, 116)는 "모든 피"가 내성소에 가지고 들어가서 피 의식을 수행하고 피의 전부라는 Ziony Zevit("Philology, Archaeology, and a *Terminus a Quo* for P's hattat Legislation," in *Pomegranates and Golden Bells*, ed. by Wright, Freedman, and Hurvitz, 33-34 n. 14 [Winona Lake: Eisenbrauns, 1995])의 주장을 반대하고, 모든 피, 즉 제물에서 나온 모든 피를 의미한다고 본다.
74 이 경우에는 "기름부음받음"이라는 표현이 나타나지 않는다는 점에서 "기름부음받은" 제사장의 역할과 특징이 강화되고 대조된다고 볼 수 있다(Gilders, *Blood Ritual*, 118-19).

난한 자들이 드리는 비둘기의 하타트 제물(7-10절)과, 곡식가루로 드리는 하타트 제물(11-12절)이 나뉘며 다음과 같은 독특성이 있다.[75]

① 비둘기 제물의 규례는 성별을 가리지 않는다는 점에서 암컷 제물을 요구하는 개인의 하타트 제물과 같은 범주가 아닐 수도 있다(레 5:6). 이것은 일반 짐승제물의 규례와 비교할 때, 그것을 더 간단하게 처리하는 비둘기의 번제물의 피의 적용은 동일하지만, 이 규례에서 번제단 뿔에 비둘기의 피를 바르는 내용은 없으며 번제단의 측면에 피가 뿌려진다는 점에서 비둘기 번제물의 피 사용과 동일한 기능을 수행한다(נמצה). 그러나 비둘기의 피는 다른 하타트 제물의 피와 마찬가지로 두 단계로 사용되며 하타트 제물이라고 명시된다(레 5:9). 이러한 점에서 이 비둘기 하타트 제물은 비둘기 번제물과 구별된다.[76] 비둘기라고 명시되지 않은 새 제물은 나중에 피부병환자의 회복을 위한 의식에서 다시 등장하며 그 때는 두 마리의 형태로 나타난다(레 14:4-7).

② 물론 모든 하타트 제물이 피를 동반하는 것은 아니다. 레위기 5:11의 경우 정결예물에서 가장 가난한 자는 곡식가루로도 하타트 제물의 역할을 한다고 규정하고 있으나, 이 경우에는 예외적으로 제물의 피를 뿌리지 않는다. 정확하게 말하자면, 곡식가루에는 뿌릴 피가 없기 때문이다. 길더스는 레위기 5:11-13에 나타난 곡식가루로 드리는 하타트 제물의 경우를 들면서, 피 처리가 없는 하타트 제물과 그것을 태우는 것으로 성소 정결(죄의 용서)이 발생한다는 점을 들어서, 피없는 제물과 피 뿌림 없는 피 처리(즉 태우는 것)의 중요

---

75 기름을 번제단에 태운 후 남은 고기를 처리하는 방법도 다르다. 기름부음받은 제사장과 온 회중의 범죄의 경우에는 그 고기의 나머지를 이스라엘 진영밖 정결한 곳에서 전부 태워야 하고 족장과 개인의 범죄의 경우에는 그 고기의 나머지를 거룩한 곳에서 정해진 기간내에 거룩한 제사장이 먹어야 한다.
76 Gilders, *Blood Ritual*, 120.

성을 강조하였다.[77] 그리고 이 제물은 기름이나 유향이 없는 채로 번제단에 그 일부를 태운다는 점에서 기념물(אַזְכָּרָה)이라고 불린다(5:12).

제사장 위임식에서 하타트 제물과 번제물의 피 사용(레 8:1-21; 출 29장)[78]

이 문맥에서 사용되는 동사들을 중심으로 위임식에 사용되는 하타트 제물과 번제물의 피 사용 규례에 따른 간단한 분류는 다음과 같다.

[표 27] 제사장 위임식의 여러 제물들의 피 사용

제물	동사	사용방법
하타트 제물의 수소	נָתַן יָצַק	번제단의 네 귀퉁이 뿔에 바르고 나머지를 제단 밑에 쏟는다(15절)
번제물의 숫양	זָרַק	번제단의 사방에 뿌리고(19절)

제사장 위임 제사에서 모세가 제사장들을 위한 제물들을 가지고 왔다. 이번에는 제사장들이 아직 정식취임하지 않은 관계로 모세가 제사장을 대신하여 번제단 뿔에 위임의 하타트 제물의 피를 발랐으며 나머지 피는 번제단 밑에 쏟았다(15절). 그리고 지방, 간돌기, 콩팥 등을 번제단에서 제물로 태우고 제물 고기는 먹지 않고 전부를 야영지 밖에 정결한 곳에서 태웠다. 이것은 제사장들에게 제물의 이익이 전혀 없다는 의미다.

이 하타트 제물의 용례는 독특하다. 그것은 레위기 4장의 "기름부음받은" 제사장의 범죄에 관한 규례가 아니라, 일반적인 사람의 하타트 규례를 따

---

77   Gilders, *Blood Ritual*, 138f.
78   안수와 관련해서는 본서의 4장을 보라.

랐다.[79] 제사장들이 헌제자로서 제물에 안수하고 모세는 일종의 대제사장의 역할을 수행한다. 모세는 제사장 위임을 위하여 도살한 한 마리의 하타트 제물의 피를 뜰의 번제단 뿔에 바르고 제단 주위에 붓는다. 이 경우 회막 안으로 그 제물의 피가 들어가지 않는다. 그러한 점에서 위임식에서 하타트 제물의 피 사용은 독특하다(레 8:15; 비교, 16:18).

모세가 손가락으로 새로운 번제단 뿔에 하타트 제물의 피를 바르는 의식(8:15)의 이유는 다음과 같이 다양하게 제시되었다. 즉 (1) 그것은 제단이 정식으로 사용되기 이전의 잠재적인 오염을 제거하는 역할을 수행한다.[80] (2) 그것은 일상적인 성소제의에서 하타트 제물 ⇨ 번제물이라는 순서로 드려진 관례적 행위이다.[81] (3) 그것은 아론이 범한 특정한 범죄의 오염을 제거하고 용서받으려는 행위다. 제사장과 그들의 옷과 다른 성소기물들의 경우처럼 새롭게 위임 받는 제사장들과 그들의 옷과 다른 기구들의 경우처럼 이 경우에 제단도 제의용도로 정식으로 사용하기 위한 기능전환(일종의 통과의례)과 제사장과 제단을 피로 연결시키는 의례로 볼 수 있다.[82] 심지어 밀그롬은 제물의 피를 제단의 뿔에 발라 제단을 정화한다고 말하는 레위기 8:15에 따라 피가 (거룩한) 제단과 직접 접촉함으로서 거룩을 빨아들이고 그것을 아론과 그의 아들들에게 뿌림으로서 그 거룩을 전달한다고 주장한다.[83] 또한 특정한 죄

---

79 Gilders, *Blood Ritual*, 122.
80 하틀리『레위기』, 295; Kiuchi, *The Purification Offering*, 46; Gane, *Leviticus-Numbers*, 164.
81 하틀리(『레위기』, 289)는 출 29장과 레 8장에서 행해지는 제단의 정화와 관련한 차이가 존재한다고 주장한다. "레위기 8장에서는 아론의 속죄제…의 피를 제단 뿔에 바름으로써 제단이 먼저 '정화된다'… 그러나 출애굽기 29장에서는 7일 간의 제사장들의 격리에 대한 언급이 있는 가운데 제단의 정화가 그 규정의 끝에서 나타난다(6절). 레위기에서는 제물이 … 성별되어 정화된 제단 위에만 바칠 수 있다는 것이 당연시되지만, 출애굽기 29장에서는 제물들을 드리는 과정이 제단을 성별하여 정화시킨다…"
82 Milgrom, *Leviticus 1-16*, 1037-40.
83 Watts, *Leviticus 1-10*, 468-59.

와 이 행위를 관련시키려는 이 관점들은 다음과 같은 두 가지 이유로 온전하게 지지하기 어렵다. (1) 이것이 레위기 4장의 대제사장의 범죄에 대한 하타트 규례와 다르고 (2) 여기에 죄의 용서에 대한 언급이 없다는 점이다.[84]

우리는 지금까지 제물의 피의 기능을 속죄 용도와 비속죄 용도를 중심으로 살펴보았다. 이에 추가하여, 피의 총체적 의미를 이해하려면, 길더스가 주장하는 피의 또 다른 기능도 함께 살펴볼 필요가 있다. ① 하타트 제물의 피 사용은 일반적인 제물드림이나 특별히 위임예물에서, 심지어 아샴 제물 사용에서도 "제사장들의 우선적인 제의행동이며, 자신들의 특별한 지위를 구별해주는 행동이며(indexing) 레위인들과의 구별과 아울러, 일반 헌제자들과 구별시켜줌으로서 제사장만이 제단에 나아갈 수 있는 권리를 구축해주는" 역할을 수행한다.[85] ② 속죄용도로 사용된 하타트 제물과 아샴 제물의 경우 양자가 방법상의 차이는 있었으나, 그 피가 범죄의 심각성 혹은 사용처의 거룩성에 따라 번제단과 내성소에서 피를 접촉하거나 7번 뿌리거나 공적인 죄의 고백 혹은 배상금과 함께 피를 뿌리는 방식으로 다양하게 사용되었다. ③ 피의 사용은 제의절차의 특정한 표식으로 작용한다. 즉 피를 가지고 번제단 앞에 뿌리는 것(쏟는 것)으로 본격적인 제의행위가 시작되며 제사장의 "하나님의 현존에 대한 접근"을 가능케 하는 한편, 제사장이 제단에 접근할 수 있는 한계와 제단에서 물러서는 것(withdrawal)을 표시하며, 이것은 하나님과의 공식적인 만남의 종결을 의미하기도 한다.[86]

---

84 Kiuchi, *The Purification Offering*, 42.
85 Gilders, *Blood Ritual*, 107.
86 Gilders, *Blood Ritual*, 117.

공적 제의의 개시식에서 하타트 제물의 피 사용(레 9장)[87]

이 문맥에서 사용되는 동사들을 중심으로 레위기 9장에 나오는 공적 제의의
개시식의 하타트 제물의 피 규례에 따른 간단한 분류는 다음과 같다.

[표 28] 공적 제의의 개시식에서 하타트 피 사용

제물	동사	사용방법
아론의 하타트의 수소	נָתַן יָצַק	번제단 네 뿔에 바르고 번제단 아래 쏟고(9절)
아론의 번제물	זָרַק	번제단 사방에 뿌린다(12절)
백성의 하타트 숫염소 백성의 번제물		언급없음
백성의 화목 제물의 수소와 숫양	זָרַק	번제단 사방에 뿌린다(18절)

한 마리의 하타트 제물은 아론을 위한 수소이며(레 9:2) 또 다른 한 마리의 하
타트 제물은 백성을 위한 숫염소다(레 9:3). 레위기 9장에서의 절차는 다른 곳
에서의 절차보다 더 복잡하다. 즉, 모세의 지도에 따라 아론은 자기 하타트 제
물을 죽이고 그의 아들들이 그 피를 받아 아론에게 주면 아론이 그 피를 번제
단 뿔에 바르고 피의 나머지를 번제단의 바닥에 붓는다(레 9:8-9). 제의적인 측
면에서 모세와 아론의 역할분담처럼 제물의 피로 인한 아론과 제사장들 사이
에서 역할분담이 등장한다. 아론은 제물을 죽이고 제사장들은 그 피를 받아
아론에게 주면 아론이 나머지 제사의식을 치른다. 그러나 여기에서의 하타트
제의규례는 레위기 4장의 기름부음 받은 제사장의 하타트 규례의 반복이 아

---

87 안수와 관련해서는 본서의 4장을 보라.

니라, 아주 간략한 형태로서 개인의 하타트 규정(레 4:22-35)과 같다.[88]

레위기 16장의 하타트 제의의 피 사용

이 문맥에서 사용되는 동사들을 중심으로 레위기 16장에 등장하는 하타트 제
물의 피 규례에 대한 간단한 분류는 다음과 같다.

[표 29] 레 16장의 하타트 제의의 피 사용

제물	동사	사용방법
아론의 하타트의 수소	נָזָה לָקַח	지성소의 카포레트 동쪽에 한번 뿌리고 카포레트 앞에 일곱 번 뿌린다(14절)
온 회중의 하타트 염소	נָזָה לָקַח	성소의 카포레트 동쪽에 한번 뿌리고 카포레트 앞에 일곱 번 뿌린다(15절)
아론과 온 회중의 하타트 제물	נָתַן נָזָה	제단 뿔에 바르고 제단 위에 일곱 번 뿌린다(18-19절)
아론의 번제물/백성의 번제물		언급없음

이 주제는 본서의 제7, 8장에서 더 자세히 논의할 것이며 여기에서는 피 사용
의 대략적인 측면에서만 논의할 것이다. 아론이 자신의 하타트 제물인 황소
를 회막 문 앞에 가져와서 도살하고 그 피를 받고 제단불에서 불을 취하여 향
로에 불과 향을 넣고 지성소로 들어가서 야웨 앞에서 향연[89]을 가득 채운 이후

---

88 Gilders, *Blood Ritual*, 122.
89 Nihan(*Priestly Torah*, 378)에 따르면 이스라엘의 범죄에도 불구하고, 아론이 향연을 통하여 하나님의
    현존에 나아갈 수 있었던 것은 "시내 산에서 이스라엘에 대한 야웨의 즉위적 계시의 제의적 재현"의 수
    단이며 결과이다. 또한 이것은 레 9장의 영광의 임재의 회복이며 하나님과 이스라엘 관계 회복을 의미하
    는 것이다. Nihan(*Priestly Torah*, 379)은 이것을 모세의 중보자직을 대신한다고 여긴다. 즉 모세가 출
    24:15b-18aa에서 구름 가운데 하나님의 영광에 들어갔듯이, 아론도 그렇게 되었던 것이다.

에 본격적으로 제물의 피를 사용한다. 아론이 우선 황소제물의 피를 지성소 안에 있는 카포레트의 동쪽표면에 한 번 뿌리고 카포레트 앞에서 일곱 번 뿌린다.[90] 여기서 피를 뿌리는 행위는 번제단 주위에서 행하는 다른 비속죄적 피 사용(번제물/화목 제물[레 1-3장])과는 달리, "기름부음 받은" 제사장이 내성소의 정화를 수행하려는 것이다. 그 후 아론은 백성을 위한 숫염소 하타트 제물에 대해서도 동일한 형식의 피 제의를 수행하여야 한다.

문제는 14절과 15절의 피 뿌림의 차이에 있다. 14절은 카포레트의 동편 쪽에, 15절은 카포레트 위로 피를 일곱 번 뿌린다고 말하기 때문이다. 이러한 횟수와 관련하여 두 차례 모두 일곱 번씩 피를 뿌리는지, 처음에는 한 번, 두 번째는 일곱 번 뿌리는지에 대한 논란이 있다.[91] 예를 들어서 엘리거는 첫 번째 피 뿌림이 한 번인데 반하여 두 번째 피 뿌림이 일곱 번이라고 보는 입장을 매우 불확실하다고 말했으나[92] 밀그롬은 두 차례 모두 일곱 번의 피 뿌림이라고 볼 필요가 없다는 점에서 두 번째 제의에만 일곱 번의 뿌림이 적용되었다고 보았다.[93] 길더스는 "손가락으로"라는 말의 반복뿐만 아니라, "피로부터"라는 표현이 앞의 "황소의 피로부터"라는 말과 병행한다는 점에서 첫 번째 피제의에서 한번 피를 뿌렸고, 두 번째 피제의에서 일곱 번 피를 뿌렸다고 보아야 한다고 주장한다.[94]

이 부분에서 확실한 것은, 카포레트 동쪽표면에 피를 뿌리는 이유다. 이는 "동쪽을 향해 그룹들 위에" 계신다고 여겨진 야웨의 발 앞에 직접 피를 뿌

---

90 아론이 한번에 이 모든 행위를 했다고 보기는 어렵다. 아마도 그가 여러번 지성소와 내성소를 오고갔을 것이다(Gilders, *Blood Ritual*, 123).
91 Gilders(*Blood Ritual*, 123-24)의 설명을 따랐다.
92 Elliger, *Leviticus*, 213.
93 Milgrom, *Leviticus 1-16*, 1032.
94 Gilders, *Blood Ritual*, 124.

리기 위함이었다.[95] 14절의 "-의 표면에(עַל־פְּנֵי)"에 대한 해석으로, 학자들 사이에 카포레트의 "위에"와 카포레트를 "향하여" 중 어떤 해석이 적절한가 역시 논란거리다. 전자의 논리적 근거는 우선 15절의 "עַל־הַכַּפֹּרֶת וְלִפְנֵי הַכַּפֹּרֶת"라는 표현과의 연관성에서 찾을 수 있다. 그래서 14절의 표현은 일상적인 용례를 따라 '~의 표면에'로 해석할 것이다. 그러나 그 어떤 해석을 취하든지 직접적인 접촉이 회피되었다고 가정할 수 있다. 이 피 뿌림의 특징은 피를 바를 제단의 뿔이나 나머지 피를 쏟을 바닥에 대한 언급이 없다는 것이다. 이와 같은 언급의 부재는 말 그대로 지성소에 피를 바를 뿔과 나머지 피를 쏟을 장소가 준비되어있지 않다는 의미일 수 있다. 또한 피 사용의 신학적 의의는 피가 아론 대제사장을 통하여 하나님과 백성을 연관시키는 매개라는 점이다.[96]

여기에서 כִּפֶּר행위가 레위기 6:23에서처럼 성소를 정화하는 역할을 하는가의 여부를 물어야 한다. 14-15절에서 제물의 피는 두가지로 사용된다. 7번의 피 뿌림과, 제단뿔에 피바르는 것이 그것이다. 이 두 가지 행위의 공통점은 "야웨 앞에서" 행해졌다는 것이다. 레위기 16:16a(21절)에 따르면, 필자의 결론을 미리 말하자면, 이러한 제의행위의 목적은 그들의 모든 하타트 제물들을 통하여 "이스라엘 자손의 부정(טֻמְאֹת), 즉 그들이 범한 모든 반역(פִּשְׁעֵיהֶם)"으로 인한 성소의 총체적 오염을 제거하는 것이다("지성소를… 회막을… 제단을…"[16, 18, 19, 20절]). 그러나 이 표현이 단순히 서로 다른 세 가지 죄의 나열인지, 부정과의 동일시인지 여부는 여전히 논란거리다(이와 관련한 상세한 논의는 본서의 8장을 보라). 또한 이와 같은 하타트 제의의 목적은 성소의 오염의 정화를 넘어선다. 즉 19a절을 통해서 볼 때 그것은 제단 정화와 결과적인 성별(聖別) 모두

---

95 하틀리, 『레위기』, 508.
96 Gilders, *Blood Ritual*, 124-25.

를 이룬다고 말한다.[97]

　　이와 같은 논의를 간단하게 정리하자면, 하타트 제물의 피는 기본적으로 죄나 부정으로 인한 성소기물의 오염의 정화 기능을 갖고 있으며 특정한 죄를 언급하는 문맥(레 4-5장)에서는 속죄(죄의 용서) 기능을 수반하여 부정의 문맥에서는 부정을 정화하는 역할을 수행한다. 추가적으로 피의 제의적 사용은 아론과 제사장을 세우고 성화시킬 뿐만 아니라, 그들의 독점적인 제의수행기능과 번제단 등과의 밀접한 관계를 드러내는 역할도 한다고 볼 수 있다.

피 사용의 장소에 따른 분석

지금까지 동사들의 용례에 따라 각종 제물들의 피사용의 의미와 기능의 문제를 살펴보았다. 이제는 사용되는 장소들에 따라 피 사용의 의미와 기능을 살펴볼 것이다. 많은 학자들이 성소 내의 장소들에 따른 다양한 피 사용은 죄의 등급에 따른 회막의 삼분설과 관련이 있다고 가정하였다. 이는 개인이 저지른 사소한 부주의한 죄(회막 뜰에서 다룸), 기름부은 제사장이나 민족이 저지른 부주의한 죄(내성소), 의도적인 죄(지성소)로 구성된다는 것이다.[98] 결국 이러한 구분은 레위기 4-5장과 16장에 등장하는 죄(부정)과 밀접한 관련이 있다(이러한 구분과 논의는 본서의 8장을 참조해야 한다).

　　그러나 그와 같은 전제는 피가 사용되는 레위기 4장에서의 제의대표자/온 회중의 범죄와 족장/개인의 범죄를 해결하는 방법과 장소가 다르다는 점

97　Gilders, *Blood Ritual*, 137.
98　Milgrom, *Leviticus 1-16*, 258.

(회막의 뜰이냐 성소이냐의 차이)과, 레위기 16장에서 성막 전체에서 사용된다는 점에서 가정된 것이지만, 회막내의 거룩의 차이와 죄의 해결장소의 차이를 연결하여 이해하려는 그와 같은 주장에는 다음과 같이 근거가 부족해 보인다. (1) 관련구절에서 명확한 설명이 없다는 점, (2) 피의 사용처(향단과 휘장)는 다르지만 번제단에서의 제물 태우는 것과 향단에서 향을 피우는 이유의 유사성, 피의 마지막 처리장소(번제단 아래)는 동일하다는 점, 그리고 제물의 고기를 태우는 장소는 동일하다는 점이다. (3) 많은 학자들의 가정과는 달리 레위기 16장의 하타트 제의 자체가 다양한 시기에 행해진 다양한 범죄를 일 년에 한 번 몰아서 해결하기 위한 것이라고 말하지 않는다는 점이다. (4) 게다가 레위기 4장에서는 대제사장이 내성소까지만 들어갈 수 있고 레위기 16장에서는 대제사장이 지성소까지 들어갈 수 있는지에 대한 설명이 없다. 이와 같은 근거하에서 회막 뜰에서 내성소를 거쳐 지성소로 이를수록 죄의 심각성이 강화된다거나 서로 다른 죄를 다룬다고 하는 가정은 재고할 여지가 있다.

피 사용과 관련하여 레위기 1-6, 16장에서 살펴보아야 할 성소기물들을 개략적으로 정리하면 다음과 같다.

[표 30] 피 사용의 장소에 따른 분석(레 16장)

장소	대상 기물	피를 사용하는 방법들
회막 뜰	번제단	앞에서 뿌리거나, (뿔에) 바르거나, 쥐어짜거나, 바닥에 붓는다
내성소	향단	(뿔에) 바른다.
	휘장	향하여/등지고 뿌린다(7번)

지성소	휘장	향하여/등지고 뿌린다(7번)
	카포레트	동쪽을 향하여 뿌린다(1번). 그 위로 뿌린다(7번)

회막의 뜰, 번제단에서의 피 사용

앞서 논의한대로(본서의 5장), 번제단에 제물의 피를 사용하는 방법은 제물에 따라 문맥에 따라 다양하다. 속죄와 관련해서 하타트 제물-아샴 제물이 같은 범주안에 놓일 수 있으나, 피를 사용하는 방식에 따라, 피를 "튀기다(זרק)-흩뿌리다(זרק)-쥐어짜다(מצה)-붓다/쏟다(שפך/יצק)[99]"라는 개념만 사용하는 번제물-화목 제물-아샴 제물과, "바르다(נתן)"라는 표현을 독점적으로 사용하는 하타트 제물로 나눌 수 있다. 그러나 이 다양한 제물들의 피 사용의 역할에 대한 입장은 학자들마다 다르다.[100] 그 중에서도 מצה/הזה/זרק의 역할에 대한 다양한 의견은 일치점을 전혀 찾지 못하였다.[101] 물론 그 모호성때문에 피 뿌리는 방식이 본격적인 제의절차의 한 부분인가 아닌가에 대한 논의는 이미 랍비문헌에서도 등장한다.[102] 엄격하게 말하자면, 제단에 피를 바르는 경우(레 4장)는 그 의도를 말하지 않지만, 죄의 용서와 직접적인 관련이 있고 제단 뿔에 하타트 제물의 피를 직접 바르는 행위가 제단을 정화하는 것이라는 규정이 존재한다(레 8:15[103]). 그러한 점에서 하타트 제물의 경우, 개인적인 범죄에 대한 속죄로서 번제단 뿔에 제물의 피를 바르는 경우와, 집단적인 범죄에 대한 속죄로서 내성소의

---

99 이 두 단어가 출 29:12와 레 8:15에서 교체사용되는 것에 대해서 Nihan, *Priestly Torah*, 140-41을 보라.
100 Gilders, *Blood Ritual*, 61-141을 보라.
101 그러나 Gilders(*Blood Ritual*, 69)는 번제물에 사용된 이 세단어가 동의적 용례라고 주장한다. 물론 동의적 측면에도 불구하고 유사한 문맥들에서 다양한 용어가 사용된 이유를 설명하지 않는다.
102 Meshel, *The "Grammar" of Sacrifice*, 134, n. 16, 149를 보라.
103 물론 이 경우에는 정화 및 결과적인 성결을 언급하지만, 특정한 죄에 대한 언급과 특정한 죄에 대한 용서에 대한 언급은 없다.

휘장과 향단의 뿔에서 피를 사용하는 경우에만 정화와 함께 실제 속죄(죄의 용서)행위가 발생한다. 이 단락에서는 다른 제물들의 피사용은 앞서 충분히 다루었기 때문에 하타트 제물의 피 사용만을 중점적으로 다룰 것이다.

내성소와 지성소에서의 피 사용

이 단락에서 제물의 피를 뿌리는 방식, 제단에 피 바르는 행위, 피가 사용되는 내성소와 지성소의 기구들에 관한 문제들을 사용된 동사와 주요개념들에 대한 논의를 중심으로 다룰 것이다. 우선 성소 오염의 방식을 정리해본다. 내/지성소에 대한 자동적인 원거리 오염을 주장하는 밀그롬과는 달리, 제물의 안수와 피의 번제단과의 직접적인 접촉을 통한 오염을 주장하는 사람들에게 대제사장이나 하타트 제물의 피가 들어간 적이 없었는데도 지성소가 어떻게 오염되는지를 물어보아야 한다. 게인은 안수를 통하여 죄에 오염된 피와 고기를 통하여 접촉으로 외부제단을 오염시킬 때, 내성소와 지성소의 오염은 '자동적으로' 발생한다고 주장한다.[104] 그러한 점에서 게인의 경우도 모든 성소 기물이 직접적인 접촉으로 죄로 오염된다고 여기는 것은 아니다. 필자는 이와 같은 학자들의 논의는 레위기 10장의 나답과 아비후 사건이 레위기 16장의 성소정화의 이유라는 점을 간과한 탓이라고 본다.

　　레위기 16장의 하타트 제물의 피 규정은 하타트 제물의 피를 내성소의 향단 뿔에 바르고 내성소 휘장에 뿌리거나 번제단 뿔에 바르는 레위기 4-5장의 하타트 제물 규정에 지성소에서 피를 '뿌리는' 방식이 추가된 것이다. 이 공간에서 피 사용은 회막의 뜰에서의 피 사용방식에 내성소의 향단의 뿔에 피

104　Gane, *Leviticus-Numbers*, 170.

를 바르는 행위(ָנָתַן)와 더불어 특정한 성소기물(휘장/카포레트) 혹은 지향으로 7번[105] 뿌리는 행위(ָהִזָּה)를 더한다(레 4:6, 17; 16:18-9).

피를 뿌리는 방식은 다음과 같다. 레위기 4:6, 17의 휘장 앞에서 행해지는 ָהִזָּה 행위는 제사장 가문을 위한 수소 제물의 피를 손가락으로 카포레트 동쪽에 한번, 그리고 카포레트 앞에 일곱 번 뿌리는 행위와 동일하게 백성을 위한 숫염소 제물의 피를 카포레트 동쪽에 한번, 그리고 카포레트 앞에 일곱 번 뿌리는 행위를 언급하는 레위기 16:14-15의 ָהִזָּה행위를 예시한다.

[표 31] 레 4, 16장의 하타트 제물의 피 힛짜 행위

하타트 제물의 피의 ָהִזָּה행위(4:6, 17)	하타트 제물의 피의 ָהִזָּה행위(16:14-15)
6 그 제사장이 손가락에 그 피를 찍어 야웨 앞 곧 내성소의 휘장 앞에 일곱 번 뿌릴 것이며… 17 그 제사장이 손가락으로 그 피를 찍어 야웨 앞, 휘장 앞에 일곱 번 뿌릴 것이며…	14 그는 수소의 피를 가져다가 손가락으로 카포레트 동쪽에 한번 뿌리고 손가락으로 그 피를 카포레트 앞에 일곱 번 뿌릴 것이며 15 백성을 위한 하타트 제물의 염소를 잡아 그 피를 가지고 휘장 안에 들어가서 그 수소 피로 행함 같이 그 피로 카포레트 위와 카포레트 앞에 뿌릴지니

제단에 피를 바르는 행위는 다음과 같다. "ָנָתַן"은 기름부음 받은 제사장의 범죄/온 백성의 범죄의 경우 하타트 제물의 피를 내성소의 향단의 뿔에 사용하는 경우와, 족장의 범죄/개인의 범죄의 경우 하타트 제물의 피를 번제단 뿔에 사용하는 경우에 사용된다.[106] 레위기 16장에서는 이 동사가 내성소에서와 휘장에 대해서 사용되었다.

---

105 내/지성소에서 행해진 첫 번째와 두 번째 피제의에서의 피 뿌림 횟수에 대한 논란은 Gilders, *Blood Ritual*, 123-24를 보라. 이 부분은 위에서 개괄적으로 논의한 바 있다.

106 ָנָתַן은 대상과의 직접적인 접촉을 의미하며 '알'이라는 전치사와 함께 제단의 뿔, 사람의 귀, 엄지, 발가락 등의 특정한 지점에 제물의 피를 적용할 때 사용한다(Meshel, *"Grammar" of Sacrifice*, 147).

[표 32] 레 4, 16장의 하타트 제물의 피의 나탄 행위

하타트 제물의 피의 נתן행위(4:7, 8)	하타트 제물의 피의 נתן행위(16:18)
7 제사장은 그 피를 야웨 앞 곧 회막 안 향단 뿔들에 바르고 18 그 피로 회막 안 야웨 앞에 있는 제단 뿔들에 바르고	18 그는 야웨 앞 제단으로 나와서 그것을 정화할지니[107] 곧 그 수소의 피와 염소의 피를 가져다가 제단 귀퉁이 뿔들에 바르고

여기서 중대한 논란은 "야웨 앞 제단"(레 16:18)이 무엇이냐 하는 것이다. "~으로 나아가"라는 표현의 의미에 따라 다음의 두 가지 해석이 제시되었다.

(1) 그 제단을 뜰의 번제단으로 보는 입장은 대제사장이 성소를 나오는 것으로 이해하고 "희생의식을 거행하는 성소밖의 뜰의 번제단"을 정결케 하는 것으로 해석한다.[108] 이것은 레위기 4:7과 16장의 제의상의 차이점을 전제로 하는 것이다. 니한은 내성소의 향단이 레위기 4장에만 언급되었으며 레위기 16장에서는 언급되지 않았다고 주장한다. 더 나아가 니한은 "야웨 앞에서"라는 말(12절)은 레위기 4:18("회막 안 야웨 앞에 있는 제단 뿔들 … 회막 문 앞 번제단 밑…")의 경우처럼 레위기 1:11("… 제단 북쪽 야웨 앞에서… 제단 사방에…")과 비교해볼 때 아론이 제단을 정결하게 하려고 성소를 나갔다는 의미로서, 그 제단이 번제단이라고 주장한다.[109] 이 해석의 문제점은 본문이 이러한 과정 가운데 내성소(향단)의 정화를 생략한다는 것이다.

(2) 그 제단을 내성소 향단으로 보는 입장은 대제사장이 지성소를 나오는 것으로 해석하여 제단을 "내성소 향단"으로 이해한다.[110] 이러한 관점을 주

---

107 "그것을 위하여 속죄할지니"(개정개역)

108 Kiuchi, *The Purification Offering*, 128ff.; Gilders, *Blood Ritual*, 126.

109 Nihan, *Priestly Torah*, 162, nn. 245, 246.

110 전통적인 유대인들의 입장은, Levine(*Leviticus*, 105)에 따르면, 이 제단을 뜰에 있는 번제단이라고 여긴다. 그러한 주장은 그러한 행위가 번제단 뿔에 피를 바르는 것이며 레 4장의 개인들을 위한 하타트 규례와 동일하며 출 29장과 레 8, 9장의 규례와 같다고 보는 것이다. 그런데 뿔의 주위를 바른다는 독

장하는 학자들은 16b절을 그 증거로 보지만,[111] 니한은 그것이 레위기 4:3-21을 언급하는 것으로 본다면, 그러한 입장을 고려할 필요는 없을 것이라고 주장한다.[112] 이러한 입장은 지성소와 내성소 모두를 하타트 제물의 피로 정화한다는 의미로 볼 수 있다. 레위기 4장의 대제사장의 피 제의를 고려한다면 향단과 번제단 가운데 하나를 선택해야 하지만 이처럼 단 한 가지 입장을 확실하게 취하기는 어렵다. 물론 번제단 뜰의 제단을 정화시켜야 할 필요가 없었다면 (1)의 입장을 취할 수 있을 것이다.

이제 하타트 제물들의 피가 사용되는 내성소 기물들(향단, 휘장, 카포레트)과 관련된 문제들을 살펴본다. (1) 향단[113]은 내성소와 지성소의 사이에서 지성소를 가리는 휘장과 함께 내성소에서 유일하게 하타트 제물의 피를 사용할 수 있는 곳이다. 내성소에서 피를 사용하는 방식은 레위기 16:18의 제단이 향단을 의미한다고 볼 경우, 레위기 4장에서처럼 피를 향단의 네 뿔에 바르는 행위다. 니한은 레위기 16:18이 향단 뿔에 대한 피 사용을 향단의 재봉헌(reconsecration)이라고 여긴다.[114] 또한 번제단에서는 고기 혹은 기름을 포함한 일부 내장을 온전히 태워 하나님이 기뻐하시는 향기를 내듯이, 내성소의 향단에서는 향을 태우고 특정한 상황속에서 제물의 피를 향단 뿔에 바른다. (2) 내성소의 휘장[115]은 내성소와 지성소를 구분하는 장치로 사용되었지만 완벽

특한 표현은 여기와 레 8:15에만 등장한다. 여기에 황소와 염소의 피를 바르며 성소내에서 뿌렸던 형태와 동일한 단어로 일곱 번 뿌린다는 표현이 등장한다. 그러한 점에서 제단은 특별한 피 사용의 대상이다. 이것은 레 16장의 의식에서 독특한 것이다. 7번 뿌리는 행위는 세군데서 발생한다.

111 Milgrom, *Leviticus 1-16*, 1035; Gane, *Cult and Character*, 27ff.
112 Nihan, *Priestly Torah*, 163, n. 247.
113 Kurtz, *Sacrificial Worship*, 216-17. 향단의 기원에 대한 논란은 하틀리,『레위기』, 196-97을 보라.
114 Nihan, *Priestly Torah*, 141.
115 휘장의 공간적 기능에 대해서는, R. Gane and J. Milgrom, "פָּרֹכֶת," *TDOT*, XII, 96를 보라.

한 분리는 아닌 것 같다. 휘장에(혹은 휘장을 향하여/등지고) 피를 뿌린 것은 다음과 같은 방식들 가운데 하나로 지성소의 카포레트의 그룹들과의 연결을 상징한다고 볼 수 있다.[116] ① 피뿌림이 간접적으로 카포레트를 향하여 행한 것이라는 점에서 그렇게 연결되었거나 ② 평소에 그 누구도 지성소 안에 들어갈 수 없었기에, 내성소에서의 모든 제의행위가 가장 안쪽의 장막지붕에 새겨진 그룹들, 내성소의 휘장에 그려진 그룹들을 통하여 그렇게 연결되었을 것이다. 그러한 점에서 레위기 4장의 내성소 안의 휘장의 피 뿌림은 레위기 16장의 지성소의 피 뿌림의 제의를 예비한다.[117] 휘장에 새겨진 그룹들(출 26:31, 35)은 "청색 자색 홍색 실과 가늘게 꼰 베 실로 짜서 휘장을 만들고 그 위에 그룹들을 정교하게 수를 놓아서"라고 설명된다. 그렇다면, 휘장에 수를 놓은 그리고 언약궤 위에 만들어 놓은 그룹들의 모양은 어떠했을까? 그 모양은 고대근동의 날개달린 천사들과의 유비를 통해 대략적으로 추측할 수 있다.

여기에서 다른 경우들의 피 사용과의 가장 큰 차이점은 피를 사용하는 장소와 아울러 그 횟수(7회)라고 할 수 있다. 특이하게도 게인은 레위기 4-5장의 하타트 제의와 16장의 하타트 제의에서의 피 뿌림의 차이를 제기한다. 즉 게인은 일상적인 속죄제의에서 피가 죄/부정을 죄인에게서 성소로 옮기는 역할을 하지만, 레위기 16장의 하타트 제의에서 피가 성소의 오염을 제거하는 역할을 수행한다고 주장한다.[118] 필자는 본문상의 증거가 없다는 점에서 이와 같은 해석은 부적절하다고 본다. 또한 레위기 4, 16장의 피 뿌림의 차이는 레

---

116 Kiuchi, *The Purification Offering*, 124ff. 참조. Menahem Haran, *Temples and Temple Service in Ancient Israel: An Inquiry into the Character of Cult Phenomena and the Historical Setting of the Priestly School* (Oxford: Oxford University Press, 1978), 161.
117 하틀리,『레위기』, 206-7.
118 Gane, *Cult and Character*, 169-71, 294-99.

위기 4장이 휘장을 향하여/등지고 일곱 번의 사용을 규정하고 있으나, 레위기 16장이 카포레트에 관련하여 한번, 7번의 횟수를 규정하고 있다는 데 있다.

(3) 지성소의 카포레트는 그동안 속죄판/속죄소 등과 같이 다양하게 번역되었으나, 그 자체는 야웨의 언약궤의 윗덮개를 의미한다. 레위기 16장에서만 아론 대제사장이 하타트 제물의 피를 가지고 지성소에 들어가 카포레트를 포함한 다른 곳에 뿌린다. 다음의 [표 34]은 유사한 형태로 사용된 하타트 제물의 피 사용을 간단하게 분류한 것이다.[119] 필자는 여기서 뜰의 번제단 즉 열린 공간에서 번제단 사방에 피를 뿌리는 것과 폐쇄된 공간인 내성소의 휘장이나 지성소에서의 카포레트 관련 피뿌림이 같은 기능을 수행한다고 보지 않는다.

[표 33] 레 4, 16장의 하타트 제물의 회막뜰, 내/지성소에서의 피 사용

회막 뜰	내성소	지성소, 회막, 제단 모두
번제단 뿔에 피를 바른다 (4:25, 30, 34)	내부 휘장의 앞에서 일곱 번 피를 뿌린다.	카포레트의 동쪽을 향하여 피를 한번 뿌린다
	향단의 뿔에 피를 바른다(4:6-7, 17-18)	카포레트 앞에 피를 일곱 번 뿌린다(16:14-15)
		제단 뿔에 피를 바른다(16:18)
		제단 주위에 피를 일곱 번 뿌린다(16:19)

앞에서 논의하였듯이 번제단 앞에서 사용된 번제물-화목제물의 피 사용은 비속죄적이며 번제단 뿔 혹은 내성소의 향단의 뿔에 발라진 하타트 제물의 피 및 휘장에 뿌려지는 하타트 제물의 피 사용은 내성소의 정화와 관련이 있으며 레위기 16장에서의 카레포트와 관련하여 한번과 일곱 번 뿌려진 피는 성소의 오염의 제거를 의도한 것으로 여겨진다. 이에 대한 논의는 아래에서

---

119 Nihan(*Priestly Torah*, 188)의 도표를 가져왔다.

자세하게 다루어질 것이다.

내/지성소에서의 피의 사용의 의미

위와 같이 우리는 내/지성소내의 피의 제의적 사용을 개괄하였다. 레위기 4장에서 '개인적인 범죄의 속죄'와 관련하여 '번제단에 피를 바르는 행위'만이 죄로 인해 오염된 번제단을 정화할 수 있다. "기름부음 받은" 제사장과 온 회중의 범죄의 경우 성소 내에서 피를 사용하는 방식이 다르다. 내성소로 제물의 피를 가지고 들어가는 특정한 하타트 제의에서 사용되는 제물의 피는 뜰에서 행해지는 '제단 뿔에 피를 바르는 하나의 일관된 행위'와는 달리, 내성소의 휘장을 향하여/등지고 일곱 번 피를 뿌리고 (번)제단 뿔에 바르는 등의 '다양하고 복잡한' 행위들로 구분된다.

　　문제는 본문들이 내/지성소의 오염원인과 과정을 명확하게 말하지 않고, 그곳들의 오염을 제거하는 제의절차와 효과만을 말해준다는 것이다. 또한 피 처리가 사람들 사이의 제의적 역할을 구별해 준다는 점도 간과하지 말아야 할 것이다. 즉 제사장과 일반인 사이에 구분을 주며(제사장의 역할이 피 처리에 집중되기 때문에) 제사장들의 제의활동의 공간적 차원(뜰에서 번제단에 피를 사용할 수 있는 제사장과 제단과 향단과 지성소라는 처리 장소에 들어갈 수 있는 "기름 부음 받은 제사장"으로)을 한정해준다. 이 기름 부음 받은 제사장만이 하타트 제물의 피를 가지고 지성소 안에 들어갈 수 있다는 점에서 하나님과 백성 사이의 제의 중재자이다.[120]

　　하타트 제물의 피의 바름/뿌림은 속죄의 수단일뿐만 아니라, 특별히 기

120　Gilders, *Blood Ritual*, 118-9, 139-40.

름 부음 받은 제사장이나 온 회중이 범죄한 경우에 사용하는 제물의 피가 내/지성소에서 "야웨 앞에서" 행해진다는 점에서 물리적으로, 신학적으로도 중요하다.[121] 물리적 개념은 피의 사용이 내성소의 휘장 앞에서 행해진다는 것이며(레 4:6, 17), 향단의 뿔에서 행해진다는 것이며(레 4:7a, 18a), 또한 회막 뜰 번제단에서도 행해진다는 것이다(레 4:4). 그와 같이 피가 물리적으로 다른 공간들에서 행해지지만, 신학적으로 항상 "야웨 앞에서" 피 처리를 수행한다는 점과, 여러 가지 피 처리의 행위와 그 결과에서 야웨와의 밀접한 관련성이 발견된다. 그렇다면, 이것은 레위기 16장의 하타트 제의의 경우처럼 휘장 너머에 있는 야웨의 영광의 자리이자, 언약궤와 카포레트가 있는 지성소의 경우와 어떤 차이를 제시하는가, 아니면 야웨 앞에서 뿌려지는 모든 피(의 사용)가 동일한 역할을 하는가? 아래에서 살펴보게 되듯이, 이러한 질문들과 그에 대한 탐구가 필요하다.

내/지성소에서의 피 사용의 기능과 역할

기름부음 받은 제사장은 내성소 안에서 지성소와 내성소를 가로막는 휘장을 "등지고/향해서"(레 4:6, 17//16:14-15)[122] 하타트 제물의 피를 일곱 번씩 뿌린다(레 16:14-19). 이것은 내성소의 오염을 정화시킬 목적으로 수행된 것 같다. 이것은 피 뿌림과 관련된 그룹들이 새겨진 휘장은 내성소에서 그룹들이 놓여 있었던 카포레트를 향하여 피 뿌림을 상기시켜주며 제단에 피를 일곱번 뿌리는 것(19절)은 앞서 지성소에서 피를 일곱 번 뿌리는 것을 상기시켜준다. 그러한 점에서 다른 일곱 번 피를 뿌리는 행위는 번제단에서 이뤄지는 다른 제물드림

---

121   Gilders, *Blood Ritual*, 116.
122   Gane, *Leviticus-Numbers*, 100. Gane, *Cult and Character*, 4장를 보라.

(피 사용)과 해당의식을 구별시켜준다.[123]

　　내성소에서 하타트 제물의 피 사용은 크게 두 가지이다. '내성소의 향단에 피를 바르는 것'과 '휘장을 향하여/등지고 피를 뿌리는 것'이다. 그 피 사용은 세부적으로 세 가지이다. '피를 제단 뿔에 바르는 것', '휘장과 관련하여 피를 뿌리는 것', '카포레트와 관련하여 한번/일곱 번 뿌리는 것'이다. 이와 관련하여 피가 각 장소에서 동일한 기능을 한다는 주장과 피가 각 장소에서 서로 다른 기능을 한다는 주장이 있다. 이 부분을 논의해본다.

　　지성소에서는 제단(뿔)의 경우처럼 카포레트에 직접 제물의 피를 한번 바르는 것이 아니라, 피를 더 자주("일곱 번") 뿌리는 이유는 무엇인가? 길더스는 바르는 행위(직접적인 접촉)가 거룩한 곳에서 거룩이 전염될 수 있다는 점에서 더 위험하기 때문이었다고 주장한다. 길더스는 레위기 4장에서 성소에 제물의 피를 가지고 들어가는 일부 하타트 규례에서도 피의 사용이 지성소(의 휘장)를 향할 뿐이며, 지성소내로 들어가지 못하는 이유를 "신중한 준비"를 명령하는 레위기 16:2과 3ff.에서 발견할 수 있다고 한다.[124] 또한 이러한 피 뿌림은 제사장이 회막내 어느 곳에 있든지 행해지는 모든 피 제의의 절차가 "야웨 앞에서" 행해지는 것이라는 점도 유의할 필요가 있다. 반대로 키우치는 피의 뿌림(הזה)이 성막의 정화와 관련되고 피의 바름(נתן)은 제단의 정화와 관련이 되었다고 보기 때문에, 성막의 정화가 더 우선하고 제단의 정화가 뒤따른다는 점에서 피의 뿌림(הזה)이 피의 바름(נתן)보다 더 효과적인(혹은 강력한) "피"처리라고 볼 수 있다고 주장한다.[125] 그러므로 휘장 너머에 있는 지성소의 하나

123　Gilders, *Blood Rituals*, 112-20.

124　Gilders, *Blood Ritual*, 115.

125　Kiuchi, *The Purification Offering*, 129-30.

님의 현존에 대하여, 지성소의 언약궤를 보호하려고 -양쪽의 날개를 펼치고 있는- 두 쌍의 그룹들이 새겨진 휘장을 향하여, 기름 부음 받은 제사장이 제물의 피를 일곱 번 뿌리는 행위에 주목할 필요가 있다.

앞서 논의한 대로 레위기 16장의 경우, 무엇보다도 지성소내에서 카포레트에 대한 피의식이 다음과 같이 특징적이다. 첫 번째로 카포레트의 동쪽을 향하여 피를 한번 뿌리는 것이며 두 번째로 카포레트 위에서 피를 일곱 번 뿌리는 것이다.[126] 또한 피를 일곱 번 사용하는 세 가지 경우들의 기능 논란도 살펴볼 것이다.

레위기 4장에서 내성소의 휘장을 향하여 피를 일곱 번 뿌리는 것과 레위기 16장에서 지성소의 카포레트 앞에서 피를 일곱 번 뿌리는 것은 상응한다.[127] 게다가 지성소의 "언약궤를 향한 한차례의 피 뿌림은 [향]단의 뿔들에 대한 피적용과 상응하고" 지성소의 "언약궤 앞에서의 일곱 번의 피 뿌림은" 내성소의 "휘장을 향한 일곱 번의 피 뿌림과 상응한다."[128] 지성소에서 카포레트와 관련하여 제물의 피를 한 번 그리고 일곱차례 뿌림은 하나님의 신현(神顯)의 상징인 카포레트의 존재(출 25:22)를 강조하며 대제사장조차도 향연을 가득채우고 나서 피를 가지고 지성소에 들어갈 수 있었고 그렇더라도 성소기물들을 절대로 접촉할 수 없음을 의미한다.[129] 길더스는 이러한 "일곱 번의 피 뿌림"의 행위가 그 자체가 갖는 독특성(즉, 완벽한 속죄의 기능?)보다는 레위기

---

126 어떤 사람들은 이 두가지 행위 자체가 각각 7번 피를 뿌렸다고 주장하지만, Gilders(*Blood Ritual*, 123-24)는 그 경우 피 뿌림이 너무 과도하다고 보고 두번째 행위만 일곱 번 반복되었다고 주장한다.

127 Nihan, *Priestly Torah*, 188, n. 345.

128 Gilders, *Blood Ritual*, 125.

129 Nihan, *Priestly Torah*, 188.

16장의 하타트 제의의 독특성을 보여주기 위한 것이라고 주장한다.[130]

아론이 내성소에서 제물의 피를 휘장을 등지고/향하여 일곱 번 뿌리는 것과 아론이 지성소에서 피를 카포레트를 향하여 일곱 번 뿌리는 것의 관계성에 대한 학자들의 견해도 다양하다.

일부 학자들은 두가지 행위가 동일한 효과(정화)를 낸다고 주장한다. 밀그롬은 "지성소의 휘장을 향하여 피를 일곱 번 뿌림"을 지성소 부정의 정화로 이해하며,[131] 키우치는 "지성소의 휘장의 표면에 피를 일곱 번 뿌림"을 기름부음을 받은 제사장이나 온 회중의 죄로 인한 지성소의 오염을 정화하는 것으로 이해한다.[132]

고만은 내성소에서 피를 일곱 번 뿌리는 것(레 4장)과 지성소에서 일곱 번 뿌리는 것(레 16장)이 동일한 기능을 갖고 있다고 주장하며 내성소 향단에서 휘장을 향하여 피를 일곱 번 뿌림은 "거룩한 영역의 외적 경계"를 재설정하고, 지성소의 카포레트를 향하여 피를 일곱 번 뿌림은 "거룩한 영역의 내적 경계"를 재설정한다고 주장한다.[133]

길더스도 레위기 16:18의 제단에서의 행위가 부정을 제거하는 효과를 낸다고 여기고 '동일한 행위가 다른 곳에서도 동일한 기능을 수행한다'는 고만의 주장을 지지하면서도 그 주장의 약점을 다음과 같이 제시한다.[134] 첫째, 피를 뿌려 지성소의 거룩함을 회복시키는 거룩함의 출처에 대한 문제가 제기된다. 즉, 지성소보다 더 거룩한 장소는 없다는 것이다. 물론 거룩의 회복을 문자

---

130 Gilders, *Blood Ritual*, 126.
131 Milgrom, *Leviticus 1-16*, 1034.
132 Kiuchi, *Leviticus*, 93.
133 Gorman, *Ideology of Ritual*, 88.
134 Gilders, *Blood Ritual*, 132-33.

적으로 보지 않고 상징적인 행위로만 본다면 문제가 없을 것이다. 그러나 그것이 피의 도구적 효과를 노린 것이라면, 이것은 취할 수 없는 가정이다. 둘째, 그 주장은 피가 번제단에 뿌려졌다는 가정에 근거한 것이지만, 이 경우는 카포레트 앞에서 제물의 피가 뿌려진 것이다. 지성소에서의 피 사용은 카포레트 위에 그리고 그 앞에 행하여 이 거룩한 장소에 영향을 끼치는 것이다. 즉 피 사용의 대상이 카포레트이지만, 그 행위는 지성소 전체에 영향을 끼친 것이다. 첫 번째 피 뿌림처럼 7번의 피 뿌림은 카포레트 위에서 사용되지 않았는가? 이것은 많은 횟수와 동일한 장소에서 피를 반복적으로 사용하는 '강조의 효과'를 기대하게 한다. 셋째, 레위기 4:6, 17의 일곱 번의 피 뿌림은 성소에서 그 어떤 피 사용보다도 앞서서 행해진다. 길더스는 결국 이와 같은 7번의 피 뿌림의 기능은 어디서 행하든지 간에 동일하다고 주장한다. 키우치는 레위기 16:16에서 지성소와 내성소에서도 그와 같은 피 뿌리는 행위가 반복된다고 보았다.[135]

일부 학자들은 '내성소에서의 일곱 번의 피 뿌림'과 '제단에서의 일곱 번 피뿌림'의 기능상의 차이를 강조한다. 전자는 성소의 정화(14-16절)를 의미하며, 후자는 성소의 재성결을 의미한다는 것이다(19a, 19b). 또는 외부제단에 제물의 피를 바르는 것은 제단의 정화를 의미하고 그곳에 다시 피를 일곱 번 뿌리는 것은 제단의 재성결(성별)을 의미한다고 주장한다.[136] 밀그롬은 레위기 16:19b에서 하타트 제물의 피를 제단에 직접 바르는 것이 제단의 정화이며 가장 거룩한 "지성소와 접촉했던" 피를 그곳에 뿌리는 것이 일종의 접촉을 통한 거룩의 이동이라는 점에서 제단을 "다시" 거룩하게 하는 것이라고 주장한

---

135 Kiuchi, *The Purification Offering*, 128.
136 Gane, *Cult and Character*, 298-99; Gane(*Leviticus-Numbers*, 169)는 *par pro toto*의 원칙에 따라 번제단 뿔에 피를 바르는 일이 "온 제단"을 정화/성화시키는 것이라고 주장한다. (Kiuchi, *Leviticus*, 302).

다.[137] 길더스는 이와 같이 제단의 뿔에 제물의 피를 발라 부정을 제거하고 피를 제단에 뿌려서 "제단에 거룩함을 소통하는 수단"으로 삼는다고 보았다.[138] 이러한 이중적인 역할은 이중적인 때를 위한 고려라고 할 수 있다. 즉, 일부 학자들은 레위기 4:13("이스라엘 온 회중이 야웨의 계명 중 하나라도 부지중에 범하여 허물이 있으나 스스로 깨닫지 못하다가…")에 따라, 피를 바르는 것은 과거에 발생한 오염을 정결케 하는 것이며, 피를 뿌리는 것은 미래를 위해 제단을 거룩하게 구별하는 것이라고 주장한다.[139] 카일-델리취는 이러한 두가지 행위를 다른 기능을 하는 것으로 보아서, 첫 번째 피 뿌림이 제사장과 백성의 죄를 속죄하고 두 번째의 피 뿌림이 성소 정화를 의미한다고 주장한다.[140] 그러나 하틀리는 이러한 주장에 대하여 본문상 근거가 없다고 주장한다.[141]

페데르는 제단에서의 피를 사용하는 두 가지 행위 모두를 정화와 관련시키지만, 그 차이점을 언급한다. 피를 바르는 것은 카포레트와 향단을 정화하고, 피를 7번 뿌리는 것은 지성소와 성막을 각각 정화하는 것이라고 본다.[142] 페데르와 마찬가지로 김경열은 번제단에서 성결에 대한 언급(19b)이 회막 전체의 정화 후 성결이 결과적인 것일 뿐, 피 뿌림 자체가 정화와 성결이라는 이중적인 역할을 하는 것은 아니라고 주장한다.[143]

이것을 고려하려면, 19b절을 정확하게 번역할 필요가 있다. 이것을 개역개정처럼 "이스라엘 자손의 부정에서 제단을 성결하게 할 것이요"라는 번역

---

137 밀그롬의 주장에 대해 Gilder(*Blood Ritual*, 131)도 동의한다.

138 Gilders, *Blood Ritual*, 132, 141.

139 Gorman, *Ideology of Ritual*, 97. 참조. Milgrom, *Leviticus 1-16*, 1039-40.

140 카일-델리취,『카일-델리취 구약주석-레위기』김득중 역 (서울: 기독교문화출판사, 1981), 195.

141 하틀리,『레위기』, 508.

142 Feder, *Blood Expiation*, 90-91; Kim, "The *hattat* ritual," 20-25, 116-17.

143 Kim, "The *hattat* ritual," 170-74.

은 문제가 있다. 또한 하타트 제물의 피가 이중적 기능을 수행한다는 측면에서 "이스라엘 자손의 부정에서 제단을 정결하게 하고 거룩하게 해야 한다"라는 번역[144]도 문제가 있다. 오히려 정화 ⇨ 성결의 해석의 순서상의 문제는 피의 사용의 결과론적인 측면에서 "이스라엘 자손의 부정에서 제단을 정결케 하여 (그렇게 함으로써) 거룩하게 해야 한다"라고 번역해야 할 것이다.[145] 이와 같은 논리의 근거는 다음과 같다.

본문은 회막뜰[146]에서 행해지는 피(바름과 뿌림) 제의가 정화와 (재)성별을 초래한다고 말하는 것처럼 보인다. 그런데, 앞서 논의한대로, 일곱 번 피 뿌림이 피를 직접적으로 바르는 것과 동일한 기능을 수행한다고 가정할 때, 페데르는 정화⇨성별(재봉헌)의 순서가 관련본문들에서 일반적이라는 점(출 29:36-37; 레 8:15)과, 일반적인 성별의 매체가 기름이라는 점에서(출 29:36) 19절의 "성별"을 "그 제의가 나답과 아비후의 죄의 부정적인 결과들을 취소하는 목적을 성공적으로 완수하였고 제의 시설을 레위기 8-9장에서 달성된 [성소의] 원래의 신성한 상태로 회복시켰다"는 의미라고 주장한다.[147] 필자는 이 말에 전적으로 동의한다.

이와 같은 학자들 사이의 논란에도 불구하고, 레위기 16장에서의 복잡한 피 뿌림의 절차가 초래하는 결과는 명백하다. "이스라엘 자손의 부정과 그들이 범한 모든 죄로 말미암아 지성소와 그들의 부정 가운데 있는 회막"을 정화하려는 것이며(16절) 결과적으로 "이스라엘 자손의 부정에서 제단을 성결하게" 하려는 것이다(19절). 다시 말하자면, 레위기 16장의 하타트 제의는 1차적으로

---

144 Milgrom, *Leviticus 1-16*, 233; Gane, *Cult and Character*, 191.

145 김경열, "레위기 16장," 128, n. 37.

146 18절의 "제단으로 나갔다"는 표현에 근거한 것이다(Feder, *Blood Expiation*, 90).

147 Feder, *Blood Expiation*, 91.

성소 전반에 대한 정화행위였다(이에 대한 자세한 논의는 본서 8장을 참조하라).

하타트 제물의 피 처리(disposal)

이 단락에서는 하타트 제물의 피의 폐기에 대한 표현들을 개괄하고 관련된 논의를 진행하고자 한다. 번제물과 화목제물 그리고 심지어 배상제물을 포함하여 일반제물의 피는 제물(혹은 기름/간/콩팥만)을 번제단에서 태우기 전에 피를 먼저 번제단 주위에 뿌리는 방식[148]으로 처리된다. 일부 학자들은 이것이 제물의 피를 다른 용도로 사용할 수 없게 만드는 비속죄적 피의 사용이라고 주장한다.[149] 이와는 달리 제사장은 하타트 제물의 피를 번제단에 접촉시켜 사용한 후에 번제단 밑에[150] "모든 피"를 폐기한다. 이와 같은 하타트 제물의 피 처리의 독특성은 피 처리 자체의 중요성 때문인 것 같다.

일반적인 제물들의 피 사용에는 בזר라는 동사만 사용되고, 사용후 피 처리에 대한 언급은 나타나지 않으나, 하타트 제물의 피의 경우에만 그 사용뿐만 아니라, 그 처리규정도 반복적으로 등장한다(레 4:7, 18, 25, 30, 34; 5:9). 사실 제물의 피를 사람이 먹지 말라거나 다른 세속적 용도로 사용하지 말라는 피 처리 규정은 구약제의규례에서 반복적으로 등장하지만, 일반적으로 제단에서

---

148 비록 제단"위에" 혹은 "향하여"라는 세부적인 차이는 있지만, 이러한 표현은 일관되게 사용되었다(출 29:16, 20; 레 1:5, 11[15]; 3:2, 8, 13; 7:2[7:14]; 8:19, 24; 9:12, 18).

149 중요한 학자들은 Gilders와 렌토르프가 있다. Gilders의 논리와 입장과 렌토르프의 입장은 본서의 5장에서 다루어졌다.

150 이러한 표현은 일관되게 사용되었으며(출 29:12; 레 4:7, 18, 25, 30, 34; 9:9), 다만 비둘기 하타트 제물(레 5:9)의 경우에만 예외적이다. Nihan, *Priestly Torah*, 140, n. 153을 보라.

피를 사용한 후에 어떻게 처리하는가는 앞서 말한 하타트 제물의 피의 규정 이외에는 설명이 없다. 우리가 주목해야 할 레위기 4-5, 6-9, 16장에서도 피 처리와 관련된 언급은 앞서 이야기한 대로 레위기 4-5장에서만 등장할 뿐이다. 여기서 논의해야할 중요한 단어는 יָצַק와 שָׁפַךְ/שֶׁפֶךְ이다. 제의적 용도 이후에 사용되는 단어(שָׁפַךְ)는 출애굽기 29:12과 레위기 8:15[제사장들의 위임식에서 피를 번제단에 사용한 후에]과 9:9[번제단에 처음으로 피를 사용한 후에]에도 등장한다.[151]

제사장이 번제단 뿔에 하타트 제물의 피를 바른 후에 남은 제물의 피를 쏟는다. 그 장소("그 소의 피 전부를 회막 문 앞 번제단 밑에 쏟을 것이며"[4:7])의 정체에 대해서는 다음과 같은 두 가지 입장이 있다: (1) 그것은 제단 바닥("at the base of the altar")인가? (2) 제단 바닥에 있는 땅인가? 이와 관련한 본문 자체의 명확한 증거가 없기 때문에 주로 이에 대한 논의는 (1)을 지지하는 후대의 문헌들에 의존한다. 예를 들어서, 하틀리는 "피가 전혀 유실되지 않는 것을 보장하도록 건축"되었던 제2성전기의 제단바닥에 관련한 P. E. 디온(Dion)의 연구[152]에 근거하여 폐기를 위하여 제물의 피를 쏟는 곳이 "제단바닥"이라고 여긴다.[153] 에스겔서에서 묘사하는 환상 속의 성전에서 흘러나오는 피와 제단구조를 볼 때 거기에 물과 피를 쏟아내는 구멍이 있었다는 언급[154]을 상기시킨다("제단의 크기는 이러하니라 한 자는 팔꿈치에서부터 손가락에 이르고 한 손바닥 넓이가 더한 것이라 제단 밑받침[חֵיק]의 높이는 한 척이요 그 사방 가장자리의 너비는 한 척이

---

151 이 본문들에 대한 논의는 Nihan, *Priestly Torah*, 140ff.를 보라.

152 P. E. Dion, "Early Evidence for the Ritual Significance of the 'Base of the Altar' around Deut 12:27 LXX," *JBL* 106/4 (1987): 487-92.

153 하틀리, 『레위기』, 178.

154 미쉬나에 따르면, 이에 대한 상세한 언급이 있다. 남쪽과 서쪽 면에 두 개의 구멍이 있어 서쪽으로는 피가 흘러나오고, 남쪽으로는 물이 흘러나오도록 만들었다.

며 그 가로 둘린 턱의 너비는 한 뼘이니 이는 제단 밑받침이요" 겔 43:13). 그러한 면에서 제1성전시기에 번제단의 아래쪽에 구멍이 뚫려있었다는 것을 암시하는 것으로 이해할 수 있다. 물론 이것이 후대해석이라는 단점은 있지만,[155] 그 연속성을 고려할 필요는 있다.

하타트 제물의 피를 번제단 바닥에 쏟는 이유

회막 뜰에 있는 번제단 밑에 피[156]를 쏟는 이유는, 앞서 논의하였듯이, 번제단 앞에서 피를 뿌리는 행위가 직접적인 속죄(정화)행위와 무관하다는 점과도 관련이 있다. 이 피를 쏟는 행위와 관련하여 두 가지 의견이 있다. 즉, 고만은 피를 제단뿔에 사용하여 제단을 정결하게 하려는데 반하여, 피를 바닥에 쏟는 것은 제단의 재성화를 목적으로 하는 것이라고 주장한다.[157] 그러나 피를 바닥에 쏟는 이유에 대한 대부분의 입장은 그것이 피의 폐기처분[158], 즉 속죄역할이 없는 피 사용의 완결이라고 본다. 이런 주장에는 다음과 같은 몇 가지 근거가 있다.

---

155 Gilders, *Blood Ritual*, 66-67.
156 원문의 "콜"(כל)은 다음과 같이 두가지로 해석될 수 있다. ① 문자적으로 제물에게서 나온 피 전부를 의미할 수도 있고(Gilders, *Blood Ritual*, 115-16), ② 회막 안으로 가지고 들어갔던 피 가운데 "적은 양만이 피 의례에 사용되었기 때문에"(하틀리,『레위기』, 183) 사용되고 남은 나머지 전부를 의미할 수도 있다.
157 Gorman, *The Ideology of Ritual*, 232.
158 Wright, *Disposal of Impurity*, 147-59; Milgrom, *Leviticus 1-16*, 239; 렌토르프,『구약정경신학』, 224; Noordzij, *Leviticus*, 98-99; 하틀리,『레위기』, 207-208; Gane, *Leviticus-Numbers*, 100; Gilders, *Blood Ritual*, 79, 89, 126. Meshel, *The "Grammar" of Sacrifice*, 149. 또한 Gilders(*Blood Ritual*, 50-51)는 신 12:17에 나타난 피 폐기와 관련한 단어사용에 근거하여 이 피 사용이 속죄적 기능을 수행하지 않는다는 렌토르프의 말을 인용한다.

① 피를 뿌리거나 바르는 주체와 피를 붓는 주체가 다르다는 것이다.[159] 희생제의는 (대)제사장이 처리하는 것이 원칙이므로 제물을 드렸던 (대)제사장이 아닌 다른 사람이 나머지 피를 처리한다는 것은 다른 사람이 제물(혹은 나머지)을 이스라엘 진영 밖에서 완전히 소각시키는 것과 마찬가지로 비속죄적이라는 의미다.

② 다른 제물들의 피 처리의 제의적 용어(זרק)와는 달리, 하타트 제물의 피 처리는 "쏟아낸다"는 의미의 שפך를 사용한다는 데 있다.[160] 렌토르프는 "속죄제물의 경우 피를 버리는 것은 실제적인 의미에서 제사행위와 관련된 것이 아니라, 피를 제거함으로써 인간적인 사용을 배제"하기 위함이라고 보았다.[161] 길더스처럼 렌토르프는 제물의 피를 어디에 뿌리느냐를 심각하게 생각한다. 그는 번제물과 화목 제물의 피가 뿌려지는 곳("제단 [아래쪽] 사방에 뿌린다"[레 1:5, 11, 비교, 15; 3:2, 8, 13])과 하타트/아샴 제물의 피가 버려지는 장소와 같다고 보았고[162] 하타트 제물의 피는 기름부음받은 제사장이 내성소로 들어간 경우들(즉 기름부음받은 제사장과 백성 전체의 "비고의적" 범죄)에는 내성소의 휘장을 향하여/등지고 일곱 번 뿌린 후, 내성소에 있는 향단 뿔에 바르고 번제단 아래 쏟아버린다(레 4:7b, 18b)는 점에 주목하였다. 레위기 16장의 경우 하타트 제물의 피를 지성소의 카포레트의 동편에 한번, 카포레트를 향하여 일곱 번 뿌린다.[163] 결국 렌토르프는 의무적으로 드려야 하는 속죄관련 제물들(하타트, 아샴)의 피 사용과는 달리, 자발적으로 드리던 제물들(번제물, 화목 제물)의 경우

---

159 Watts(*Leviticus*, 336-37)는 이 절이 불특정 주어(indefinite subject)를 사용한다는 점에서 피를 쏟는 사람이 제사장이 아니라 다른 사람이라고 주장한다.
160 하틀리,『레위기』, 207-8. זרק와 שפך의 동일한 의미에 대한 논란은 Dion, "Early Evidence," 487, 89를 보라.
161 렌토르프,『구약정경신학』, 224.
162 렌토르프,『구약정경신학』, 219-20.
163 렌토르프,『구약정경신학』, 224.

(레 1:5) 후렴구에 죄의 용서에 대한 언급이 없다는 점에서 피를 속죄 목적으로 사용한 것이라고 볼 수 없기에 그 경우들에서 제물의 피의 제의적 사용 자체가 없었다고 이해하는 것 같다.

③ 후대문헌의 증거다. 즉, 앞서 언급한 대로 남은 피를 처리하기 위한 번제단에 흐르는 피를 받는 홈통의 존재를 언급한다(겔 48:13-17; 왕상 18:32; 겔 43:20).

④ 속죄에 사용한 피의 나머지를 번제단 아래에 쏟는 행위는 일반적인 도살의 유비에서 그 의미를 찾을 수 있을 것이다. 일반적으로 비제의적인 혹은 식용으로 짐승을 도살한 경우 도살한 짐승의 피를 온전히 땅에 쏟고 그것을 흙으로 덮었다는 점(레 17:4, 13에서 동일한 동사를 사용한다)과 유비를 찾을 수 있다.

⑤ 레위기 8:15의 두문장(לֶאֶת־הַדָּם יָצַק אֶל־יְסוֹד הַמִּזְבֵּחַ וַיְקַדְּשֵׁהוּ לְכַפֵּר עָלָיו)의 상관관계를 논의할 필요가 있다. 개역개정은 제물의 피의 두가지 기능("그 피는 제단 밑에 쏟아 제단을 속하여 거룩하게 하고")인 것처럼 번역하였으나, 적절하지 않은 번역처럼 보인다. 더 나은 번역은 다음과 같다. NIV는 "모세는 그 황소를 도살하고 그 피의 일부를 가지고 와서 자기 손가락으로 제단의 모든 뿔들에 피를 발라 제단을 정결하게 하였다. 그는 피의 나머지를 제단바닥에 부었다. 그와 같이 모세는 그것을 위한 속제의식을 수행함으로써 그것을 거룩하게 하였다('So he consecrated it to make atonement for it.')"라고 번역하였다. 마찬가지로 하틀리는 "… 그가 피의 나머지를 제단 바닥에 부었다. 이와 같이 그는 그것을 위한 속죄의식을 수행함으로써 그것을 거룩하게 하였다"[164]라고 번역한다(여기서 "거룩하게 하였다"는 말은 그것이 여러 가지 절차를 거침으로써 제단을 제의

---

164 하틀리,『레위기』, 282.

적 용도에 적합한 상태로 다시 만들었다는 말이다). 개역개정은 두 문장을 하나로 묶었지만, 하틀리는 두 번째 문장을 이 규례의 결론으로 삼는다. 여기서 중요한 것은 제사장이 사용하고 남은 피를 다른 사람이 제단 밑에 쏟았다(מָצָה)는 것이다. 이것은 속죄 자체와는 무관한 남은 피의 폐기처분인 것이다.

마지막으로 레위기 16장에 하타트 제의의 나머지 피의 쏟음에 대한 언급이 없는 이유[165]를 살펴본다. 일부 학자들만 그 이유에 대한 언급을 한다. 예를 들면, 김경열은 복잡한 제의 때문에 피가 소진되어서 피 처리에 대한 언급이 없을 것이라고 주장한다.[166] 그러나 필자가 생각하기에 제의적인 사용 후에 남겨진 짐승의 피의 양을 고려한다면 피 폐기의 언급의 부재는 레위기 4장과 16장의 하타트 제의들의 밀접한 관계(즉 첨가[+]와 생략[-])로 인한 것 같다. 즉 제단 아래 피를 붓는 행위는 레위기 16장의 하타트 제의에서 덜 중요한 행동이기에 생략한 것 같다.

요약

제5장에서 제단에서 행해진 다양한 제물의 피 사용과 나머지 피 처리의 문제를 살펴보았다.

피 사용과 관련된 용어들을 정리하고 피 사용의 장소들에서의 역할을

---

165 랍비 전통(예를 들면, *m. Yoma* 5:6)은 "사용하고 남은 피를 번제단 바닥에 쏟아부었던 것으로 이해하였고, 이런 논리에 따르면, 속죄일에 이 번제단에 피를 사용한 유일한 예라고 여겼다"(Gilders, *Blood Ritual*, 126, n. 74에서 재인용).

166 Kim, "The *hattat* ritual," 161.

살펴보았다. 제단에서 제물의 피와 고기를 사용하는 방식에 대한 해석의 기원과 전개방식(제의적 세정제, 오염의 전달매체, 살균제)에 대해서도 살펴보았다. 앞 장들에서도 논의하였듯이, 필자는 하타트 제물의 피가 성소기물로 죄의 오염을 전달하는 역할을 하지 않는다는 밀그롬의 입장을 유지하였으나, 피가 성소기물의 정화(淨化)를 의미한다는 밀그롬의 입장을 비판적으로 수용하여 상황과 문맥에 따라 속죄 등의 기능이 더 있었다는 점을 논의하였다.

속죄(정화)를 위한 하타트와 아샴 제물의 경우 제물보다는 피가 더 주도적인 역할을 수행하지만, 직접적으로 속죄와 무관한 번제물과 화목제물의 경우, 번제단 앞에서 피를 뿌리는 행위는 정화/속죄와 직접적으로 관련이 없었다는 점을 논증하였다. 피는 번제단 앞에서 사용한 후 즉시 번제단에서 폐기되었다. 또한 제물 전반에 있어서 피의 사용은 유일한 집례자로서의 제사장의 독특한 기능적 특징을 강조하며 번제단에서 행해지는 희생제의의 시작과 끝이라는 특정한 표식 기능이라는 점에서 사용되었다는 점을 살펴보았다.

마지막으로 하타트 제물의 피 사용의 장소와 기능의 의미를 살펴보았다. 하타트 제물의 피는 사용된 제물의 종류와 장소에 따라 사용하는 방식과 횟수가 달랐다. 특히 내/지성소의 피 사용은 장소와 절차의 측면에서 번제단의 피 사용보다 더 복잡한 것이다. 하타트 제물의 피는 내성소의 제단 뿔에 바르거나 회막(내성소/지성소)이라는 폐쇄된 공간 내에서 뿌리는 방식으로 속죄(레 16장의 경우에는 성소정화)기능을 수행하고 그 기능을 다한 피의 나머지는 여전히 성물이기 때문에 다른 곳에 버려져서 다른 것과의 접촉을 통한 오염을 초래하거나 사람이 먹을 수 있는 여지를 전적으로 차단할 목적으로 거룩한 영역에 속하는 번제단 바닥에 쏟아서 남은 모든 피를 적절한 방식으로 폐기하는 것은 당연한 결말인 것이다.

6장 하타트 제물의 규례들(레 4:1-5:13)

도입

제 6장에서는 하타트 제물 사용과 처리, 그리고 고기나 피와 접촉하여 발생하는 문제들을 다룰 것이다. 해당 본문들에서 제물을 '죽이는 과정'이나 '제단으로 운반하는 과정' 중에 피와 고기와의 '자연스러운' 접촉에 대한 언급은 없고 (제사장 자신이나 그릇 등에 의한), '제단에 드려진 경우'(구별, 거룩해짐) 혹은 '그 이후의 접촉'에 대한 규정이 많다는 것은 그만큼 제물의 나머지 처리과정이 더 까다롭다는 의미일 것이다. 번제단에서의 제물(고기) 사용은 단순히 '전부/혹은 일부를' 태우는 행위만 있다는 점에서 본서 제 5장에서 다루어진 제물의 피 규례보다는 사용에 있어서 더 단순하지만, 폐기(후처리)에 있어서는 제사장이 정결한 곳에서 먹거나 먹지 않고 혹은 장소/사람/기일의 위반으로 인하여 먹지 못하게 되어 이스라엘 진영 밖 정결한 곳에서 전부 태워야 한다는 점에서 더 복잡한 양상을 드러낸다.

구약희생제의에서 고기는 번제물, 화목 제물, 하타트/아샴 제물에서 골고루 사용되었다. 소, 양, 염소, 비둘기 등의 제물고기 사용규례는 레위기 1-6장에 나오며 제물들의 처리는 레위기 6-7장에 집중적으로 등장한다. 레위기 8-9장은 제사장 위임과 공적인 희생 제의수행을 다룬다. 번제물을 제외한 다른 제물들인 경우 그 일부만 번제단에서 태운다(레 3:3-4, 9-10, 14-15; 4:8-10). 여기서 대표적인 제물은 기름(脂肪)[1]과 일부 내장(두 콩팥과 간에 덮인 꺼풀[2] 등)이다.

---

1   제물의 지방을 언급할 때 일반적으로 חֵלֶב가 사용되었고(레 3, 4, 7, 8장에 집중적으로 등장), פֶּדֶר가 특정한 지방의 경우(레 1:8, 12; 8:20)에만 사용되었다. 이것은 "간을 덮고 있는 지방의 분리가 가능한 덮개(loose

제물의 피가 다양한 장소와 방식과 용도로 사용되는 것과는 달리 제물 사용은 번제단에 국한되며, 이후 고기 처리의 논의는 세 가지로 다루어진다. 즉 ① 일상적인 제사 종료 후 제사장이 회막 내에서 먹거나 ② 이스라엘 진영 밖 정결한 장소에서 태우는 방식으로 용도폐기 혹은 마무리되는 방식으로 행해진다. 또한 ③ (접촉에 의한 거룩의 전염 등에 의한) 비일상적인 처리절차도 나타난다.

짐승의 도살과 제물의 소각 용어들

헌제자(들)의 제물드림의 마지막 준비단계는 희생짐승의 도살[3]과 해체작업이다. 제의적 도살 과정의 시작은 제의적으로 짐승의 "멱을 따는" 행위다. 드려진 제물의 사용(manipulation)과 관련된 동사들은 다음과 같다(표 35).

[표 34] 도살과 소각의 용어들

	도살	소각
제의적 용어들	도살(שׁחט): 이것은 일관되게 제단 등 성소기물에서 고기와 피를 사용하기 위해 제물을 죽일 때 사용된다.[4]	소각(קטר): 이것은 일관되게 번제단에서 제의적으로 제물을 "연기를 내기 위하여 태우는" 행위를 의미한다(1:13; 3:5).[5]

---

covering)"와 같은 특정한 부위를 의미하는 것으로 여겨진다(Nihan, *Priestly Torah*, 144).

2 심지어 화목제의 경우 "그는 그 화목제의 제물 중에서 여호와께 음식예물을 드릴지니 그 기름 곧 미골에서 벤 기름진 꼬리"라는 명령이 추가된다(3:9).

3 Norman Snaith, "The Verbs *Zabah* and *Sahat*," *VT* 25 (1975): 242-46.

4 비록 예외(레 17:3)가 존재하지만, 이것도 제의적 도살이라고 보는 학자들도 있다. 즉, Levine, *Leviticus*, 113; Hartley, *Leviticus*, 269-71; Kim, "The *hattat* ritual," 181-84.

5 piel형의 명사형이 향(קטרה)이다.

비제의적 용어들	도살(תֶּבַח): 이것은 짐승의 식용도살을 의미한다(창 43:16).	소각(שָׂרַף): 이것은 진영 밖에서 동물의 고기를 태우는 행위를 의미하며 번제단 위에서 더 천천히, 그리고 점진적이며 통제 가능한 소각의 카타르(קָטַר)와 대조적으로 사용된다(4:12a, 21a).

하타트 제물의 나머지 고기 사용

하타트 제물의 일부(지방과 간과 신장)[6]도 다른 제물들의 경우처럼 번제단에서만 제의적으로 태워졌으며, 다른 예외는 없었다. 여기서 제기해야할 질문은 다음과 같다. 번제물과는 달리, 번제단에서 하타트 제물의 일부분만을 태우는 것은 무슨 의미인가? 모든 제물들의 고기의 태움의 의미는 같은가, 다른가? 하타트 제물의 일부분을 번제단에서 태우고 나머지를 번제단 근처에서 제사장들이 (헌제자들과 함께) 먹거나, 아니면 진영 밖 정결한 곳에서 전부를 태우는 것은 용도폐기인가, 죄를 없애는 속죄의 나머지 임무를 수행(완결)하는 것인가? 그렇다면 그러한 구분의 이유는 무엇인가? 여기에 먹거나 소각하는 행위의 의미와 관련하여 다음과 같은 두 가지 해석의 방향이 제시될 수 있다. ① 그것은 죄와 관련(죄의 오염의 제거)이 있다. ② 혹은 그것은 다른 자발적인 제물들의 경우와 유사하게 하나님께 드려진 제물(헌제자)에 대한 기쁨을 증진시키는 것과 관련이 있다.

6　화목 제물과 마찬가지로 모든 하타트 제물(예외적으로 비둘기와 밀가루)은 제사를 집도하는 제사장이 기름과 내장의 일부를 추출해서 번제단에서 태웠다(레 4:8-10, 19, 26, 31, 35; 8:16; 9:10; 16:25; 출 29:13).

하타트 제물은 죄의 오염의 영향을 받는다는 입장

일반적으로 '죄의 용서와는 무관한' 비속죄 용도로 사용되는 번제물과 화목제물은 회막뜰의 번제단에서 전부 혹은 일부를 태워 하나님이 기뻐하시는 향기를 내고 나머지는 제사장(과 헌제자)이 먹는다. 그러나 일부 학자들은 하타트 제물과 아샴 제물의 경우 제물 고기를 먹는 것에 죄와 관련된 유사(類似)속죄 기능을 가진다고 주장한다. 예를 들어 게인과 같은 사람들은 죄의 오염의 심각성이 피만큼은 아니더라도, 제물고기가 포함하고 있는 죄의 오염이 번제단에서 불태워지는 것으로 여겼다. 그와 같이 하타트 제물 고기들이 다른 제물 고기와 다른 기능을 한다는 주장도 있으니, 이제 하타트 제물 고기가 다른 제물들과 동일한 기능을 하는지 아니면 하타트 제물의 경우에는 다른지를 살펴볼 필요가 있다.

번제단에 올려진 모든 제물의 목표는 동일하다는 입장

결론부터 말하자면, 필자는 번제단에 태워지는 모든 제물의 목적은 동일하다고 여긴다. 물론 관련본문들에서 하타트 제물고기의 용도가 명확하게 언급되지 않았지만, 연속성의 측면에서 번제물과 화목 제물의 용도와 동일한 목적을 갖는 것으로 추론할 수 있다. 이와 동일한 혹은 유사한 표현들의 용례는 [표 36]과 같다.

[표 35] 번제단 제물고기와 관련된 용어들

구절	역할(1): 음식제물	역할(2): 향기로운 냄새	야웨께
1:9	אִשֶּׁה	רֵיחַ־נִיחוֹחַ	לַיהוָה
13	אִשֶּׁה	רֵיחַ־נִיחוֹחַ	לַיהוָה
17	אִשֶּׁה	רֵיחַ־נִיחוֹחַ	לַיהוָה
2:2	אִשֶּׁה	רֵיחַ־נִיחוֹחַ	לַיהוָה
9	אִשֶּׁה	רֵיחַ־נִיחוֹחַ	לַיהוָה
3:3	אִשֶּׁה		לַיהוָה
5	אִשֶּׁה	רֵיחַ־נִיחוֹחַ	לַיהוָה
9	אִשֶּׁה		לַיהוָה
11	אִשֶּׁה		לַיהוָה
14	אִשֶּׁה		לַיהוָה
16	אִשֶּׁה	לְרֵיחַ נִיחֹחַ כָּל־חֵלֶב	לַיהוָה
4:31		רֵיחַ־נִיחוֹחַ	לַיהוָה
35	אִשֶּׁה		
6:15		רֵיחַ־נִיחֹחַ	לַיהוָה
21		רֵיחַ־נִיחֹחַ	לַיהוָה
7:5	אִשֶּׁה		לַיהוָה

무엇보다도 레위기 1:3-4을 보면, 제물의 일반적인 기능과 의미를 발견할 수 있다(사역).

3 [헌제자가] 그 예물[을] … 회막 문 앞으로 가져오면, 그것은 야웨 앞에서 기쁘게 받아들여질 것이다.[7] 4 그는 번제물의 머리에 안수하라. 그것이 기쁘게 받아들여질 것이며, 그를 **대신하는 속량(물)**이 될 것이다.(필자의 강조)

레위기 1장은 번제물을 "야웨께서 좋아하시는 향기를 내는 음식예물"이라는 표현의 반복적인 사용을 통하여(1:9, 13, 17; 비교. 창 4:4-5[שעה]; 8:21[ריח]) 제사의 용도를 명백하게 규정한다. 이러한 표현은 소제물과 화목제물(관련된 세 표현이 반드시 동시에 등장하지는 않는다)의 경우에서도 발견된다. 그런데, 흥미롭게도 (일부 학자들이 "죄를 포함하고 있어서 번제단에서 태움을 통하여 속죄 기능을 수행한다"고 주장하는) 하타트 예물(특히 기름)에서도 번제단에서 불태워 "향기로운 냄새"를 내게 한다고 묘사되어있다(레 4:31).[8]

그 모든 기름을 화목제물의 기름을 떼어낸 것 같이 떼어내 제단 위에서 불살라 여호와께 향기롭게 할지니 제사장이 그를 위하여 속죄한즉 그가 사함을 받으리라.

이 표현은 다음과 같은 몇가지 중요한 표현들을 포함한다. 첫째는 화목제물처럼 기름으로 태워져서(הקטיר) 하타트 제물을 드려야 한다는 것이며 둘째 그

---

7 "좋아하다"(רצה)라는 표현은 이외의 레위기 문맥에서 제사와 관련하여 긍정적("하나님이 기쁘게 받아들이실 것이다")이거나 부정적인 의미("하나님이 기쁘게 받아들이지 않으신다")에서 사용된다(레 7:18; 19:5, 7; 22:19, 20, 21, 23, 25, 27, 29; 23:11 등).

8 Kjeld Nielsen., *Incense in Ancient Israel* (SVT 38; Leiden: Brill, 1986), 51-62; Paul Heger, *The Development of Incense Cult in Israel* (BZAW 245; de Gruyter, 1997), 108-11, 146-56.

것이 야웨께 향기로운 연기(ריח ניחח ליהוה)를 내는 제물이 될 것이라는 것이다. 셋째로 이것을 헌제자를 위한 정화예식을 수행하며(וכפר) 그로 인하여 헌제자가 범한 죄가 용서를 받을 것(ונסלח)이라는 점이다.

이제 위의 중요한 표현들 가운데 하타트 제물(평민을 위한 암염소 제물)이 "야웨께 향기로운 냄새를 내는 것"이라는 표현은 무슨 의미가 있을까? 이에 대한 학자들의 입장을 살펴보자.

① 사본 오류라는 주장: 예를 들어 노르트쩨이와 하틀리 같은 학자들은 자발적으로 드리는 제물에게서 나타나는 "향기로운 냄새"라는 표현이 의무적으로 드려야 하는 하타트 제물이라는 "부적절한 장소"에 삽입된 것으로 본다. 이 표현이 번제물[레 1:9, 13, 17]/소제물[레 2:2, 9, 12]/화목 제물[레 3:5, 16]과는 달리 속죄를 다루는 하타트 제물들의 문맥에는 맞지 않는다는 것이다.[10] 그러나 이와 같은 주장들에 대한 사본상의 증거도 없으며, 필자의 논증처럼 그렇게 이해할 필요가 없다. 즉, 하타트 제물이 속죄를 다루기 때문에 향기로운 냄새가 어울리지 않는다고 볼 필요는 없다(일부의 주장처럼 속죄기능을 하는 번제물도 향기를 낸다는 점도 고려해 보라).

② 하타트 제물의 의무성의 강조: 이것을 주장하는 학자들은 이 표현을 공유하는 다른 본문들과의 차이점에 주목한다. 즉 번제물-소제물-화목제물들과 같이 자발적으로 드리는 제물들은 "야웨께 향기로운 음식예물"(אשה)[11]이라고 불리지만, 이 문맥에서 하타트 제물은 "야웨께 향기로운 냄새"라고만 불

---

9   이 표현은 음식예물(אשה)와 밀접한 관련이 있다(하틀리,『레위기』, 143). 물론 레 7:5의 아샴 제물의 경우에도 음식예물(אשה)이라고 부른다. 그러나 민 15:24은 번제물을 묘사하는데 אשה라는 표현을 생략하고 있다("ריח ניחח ליהוה").

10 하틀리(『레위기』, 187-8)는 A. Noordtzij(*Leviticus* [Bible Student's Commentary; trans. by Raymond Togtman [Grand Rapids: Zondervan, 1982], 63)를 따른다.

11 이에 대한 논의는 Milgrom, *Leviticus 1-16*, 161-2, 253과 Meshel, *"Grammar" of Sacrifice*, 179, n. 22를 보라.

릴 뿐이며 음식예물이라는 표현이 부재하다는 것이다. 그러한 주장에 대해 필자의 의문은 전자와 후자 사이의 명확한 표현상의 차이가 다른 의미를 가진 것으로 입증될 수 있는가 하는 것이다.

게인은 이 음식예물이라는 표현이 자발적인 선물임을 함축한다고 보아, 의무적인 하타트 제물에 그러한 표현이 등장하지 않는 이유라고 주장한다.[12] 김경열은 다른 자발적으로 드리는 제물들과 아샴 제물과는 달리, 하타트 제물에 그 표현이 없는 것을 "그 표현이 생략되었거나 특별한 기능 혹은 차별성이 있다"는 의미로 보았고 그 가운데 후자의 입장을 더 선호한다고 주장한다. 또한 그는 아샴제물에 그러한 표현이 있는 이유를 그 제물이 번제단에서만 태워진다는 점에서 헌제자 자신을 오염시킬 뿐, 성소오염을 초래하지 않는 점에서 찾으며, 하타트 제물에 그러한 표현이 없는 이유를 레위기 8:15와 16:19의 증거를 따라 그 제물이 제물을 드린 당사자뿐만 아니라 성소의 오염도 초래하기 때문이라고 주장한다.[13] 그러나 필자는 위와 같은 김경열의 주장에 동의하지 않는다. 그 이유는 다음과 같다.

그가 인용한 증거구절들은 그 자신의 논지에도 부합하지 않는다. 성소의 오염의 제거와 관련된 제물들의 경우 "향기로운 냄새"라는 표현이 없기 때문에 번제-소제-화목제의 고기 태움과는 다른 기능을 수행한다는 주장은 음식예물(אִשֶּׁה)이라고 불린 화목제물(레 3:3, 9, 11, 14)과 아샴제물(레 7:5)의 경우에도 "향기로운 냄새"라는 표현이 없다는 사실로 인하여 모순에 빠질 수 있다. 그것들은 향기로운 냄새가 없는 음식의 역할만 수행한다는 의미로 사용될 수 있는가? 게다가 레위기 4장의 하타트 제물 가운데 번제단에 드려진 경우 제

---

12 Gane, *Leviticus-Numbers*, 108.
13 Kim, "The *hattat* ritual," 114-16.

사장들이 먹을 수 있다는 점(비교. "그들이 내게 드리는 모든 헌물의 모든 소제물과 하타트 제물과 아샴 제물은 **지성물**이므로 너와 네 아들들에게 돌리리니 **지성물**로 먹으라"[민 18:9-10])과, 매년의 절기적 축제를 다루는 단락에서 욤 키푸르의 제물이 음식예물이라고 불리는 이유를 설명할 수 없다(레 23:27; 비교. 모든 제물을 음식예물, 향기를 내는 제물이라고 부르는 경우도 있다[민 28:2]). 이러한 점에서 김경열의 주장에는 모순이 발생한다.

③ 속죄 기능과의 연관성: 하타트 제물의 속죄기능이라는 다른 제물들과의 차별성을 강조하는 입장과는 달리, 알프레드 마르크스는 관련된 표현들을 근거로 레위기 1-3장의 자발적으로 드리는 제물들의 속죄 가능성을 논한다.[14] 사실 구약제의에서 향의 기능은 중요하다. 향과 마찬가지로 번제단에서 제물을 태워서 향기를 내는 것도 '속죄와 관련된 제물들'로 인한 야웨의 진노를 진정시키거나 '범죄와 무관하게 자발적으로 드리는 제물'로 하나님의 기쁨을 고양시키는 효과를 낸다는 점도 암시할 수 있다.[15] 이것이 정화와 속죄의 역할을 하는 하타트 제물에서의 피의 기능과는 다른 역할을 하지만, 큰 틀에서 모든 제물 고기도 제물 자체가 하나님께 받아들여지게 하는 중요한 역할을 수행한다는 것도 사실이다.

이 문맥에서 하타트 제물의 기름(을 태우는 일)이 음식이라고 불리지 않는

---

14 Alfred Marx, "The Theology of the Sacrifice according to Leviticus 1-7," in *The Book of Leviticus: Composition and Reception*, ed. by Rolf Rendtorff, Robert A. Kugler, and Sarah Smith Bartel, 111(VTS 93; Leiden: Brill, 2003)에서 두가지 중요한 결론을 제시한다.
  "첫째는 즐거운 향기를 내는 제물과 속죄용 제물들 사이에 확실한 구분선이 그어져야 한다는 것이다… 두 번째 결론은 속죄가 희생제의의 우선적인 목적이 아니라는 것이다. 그 중요한 목적은 … 제물을 통하여 야웨와의 관계를 이룩하는 것이다."
  또한 Bohdan Hrobon, *Ethical Dimension of Cult in the Book of Isaiah* (BZAW 418; New York: De Gruyter, 2010), 16에서 화목 제물과 하타트 제물의 기능상의 중첩의 증거로 사용하는 Marx의 입장을 지지한다. 그러나 위에서 논증 하듯이 그러한 엄격한 구분은 유지될 수 없다.
15 참고. 아론의 하루 두 번의 내성소에서의 분향(출 30:7-8)와 아론의 향로의 기능(민 17장). Green, "Soothing Odors," 135.

이유는 짐승의 지방을 태울 때 향기로운 냄새가 나지만 그 자체가 음식예물이 될 수 없다는 점에서 당연한 것이다. 그러한 점에서 번제단에 드려진 모든 지방의 태움은 "야웨께 드리는 향기"가 된다(31절). 제사장은 하타트 제물로 드려진 짐승의 지방 및 간과 콩팥을 음식예물과 함께 번제단에서 태운다(35절). 밀그롬은 이러한 특징을 하타트 제물이 음식예물이 될 수 없다는 점을 반증하는 증거라고 본다.[16] 암수염소의 화목제물에는 "향기와 음식예물"이라는 표현이 동시에 등장하며 특이하게도 암염소 하타트 제물에는 "향기"가 등장하고 어린양 하타트 제물에는 "음식예물"이 추가된다.

중요한 몇가지 키워드들이 다양한 제물들을 연결시키는 역할을 수행한다. כפר는 번제물(עליו לכפר, 레 1:4)과 하타트 제물들의 용도를 연관시키지만, "אשה"는 자발적으로 드리는 제물들(번제물/소제물/화목 제물)과 하타트 제물들을 직접적으로 연관시키지는 않는다. 오히려 이를 아샴 제물(레 7:5)과 연관시킨다. 또한 "야웨를 기쁘게 하는 향기"라는 표현은 자발적으로 드리는 제물들과 하타트 제물을 연관시킨다.[17] 그러한 점에서 כפר는 피를 가지고 성소기물에 발생한 범죄의 오염을 씻어낼 뿐만 아니라, 제물을 번제단에서 태워서 향기를 내는 역할도 포괄한다. 야웨의 성물에 대한 범죄를 다루는 아샴 제물을 음식제물(אשה)이라고 부른다는 점(레 5:15-16)에서 속죄를 다루는 하타트 제물(고기)도, 게인 등이 주장하듯이 번제단에서 죄로 오염된 채로 태워지는 것이 아니라, 번제단에서 하나님께 음식으로 좋은 향기를 내도록 태워드리는 예물이라고 유추할 수 있다. 이와 같이 레위기 1-7장에 등장하는 제물들 사이 그

---

16   Milgrom, *Leviticus 1-16*, 253.
17   Marx, "Sacrifice," 110. 향기를 내는 것과 음식예물로서의 제물의 기능에 대한 후속적인 언급은 Marx, 111ff.를 보라.

특징상 밀접한 관련을 보여주는 연결고리들이 존재한다.

④ 하타트 제물(기름)의 기능: 이것은 유일하게 "화목제물의 기름처럼" 번 제단에서 드려지는 하타트 제물고기의 기능에 대한 근거를 제기하는 것으로 보인다(26, 31, 35절). 필자는 레위기 4장의 하타트 제물의 대부분의 직접적인 문맥에서 음식예물이라는 표현이 없더라도 번제단에 드려지는 고기(혹은 기름)의 기능이 향기를 낸다는 점에서 어떤 제물이든 동일하다고 여긴다. 그러 한 점에서 하타트 제물에 대한 이러한 관점은 번제단에서 제물을 태우거나 제사장들이 드려진 제물의 나머지를 먹거나 진영 밖 정결한 곳에서 제물 전 체를 태우는 행위 자체가 직접적으로 죄를 없애는 행위라는 일부 사람들의 주장을 반대하는 가장 명확한 증거가 될 수 있다.

제단에서의 향기제조와 향의 제의적 사용의 관련성[18]

이 단락에서 필자는 특별히 구약 제의에 사용된 향들의 기능과 번제단에 드 려진 제물들의 향기의 기능과 연관시켜서 해석할 수 있는가의 가능성을 탐 색할 것이다. 메나헴 하란(Menahem Haran)은 구약에 나타난 향의 제의적 사 용을 세가지로 나누어 다음과 같이 논의하였다. (1) 제물에 추가된 향(소제 물의 경우)-번제단에서 사용되었다[19], (2) 제물 자체로서의 향로의 향(censer incense)-제단에서와 이스라엘 진영안에서도 사용되었다(민 16:5-7), (3) 향단 향

---

18 이 단락은 필자가 2019년 3월 9일에 복음주의 구약학회에서 발표한 내용의 일부를 수정하여 가져왔다.
19 ` 더 자세한 논의는 Nielsen, *Incense*, 73-78을 보라. 제사장이 이스라엘을 위해 드리는 상번제물의 경우 소제물과 전제물을 함께 드려 "향기로운 냄새"가 되게 하였다(출 29:40-41; 민 28:2-8). 구약시대에는 번 제단 위에 적절하게 부어서 향기를 더 했던 것 같으나(왕하 16:13, 15) 제2성전시기에는 번제단 주위 에 부었던 것 같다(참조. William H. C. Propp, *Exodus 19-40: A New Translation with Introduction and Commentary* [AB; New York: Doubleday, 2006], 472).

(altar incense)-내성소에서 사용되었다(출 30:7-10; 37:29).[20] 향은 회막뜰 안에서와 향로에서 피워지는 일상적인 향(קְטֹרֶת)과 내성소안에서와 특정한 제단에서만 태워지는 특별한 향(קְטֹרֶת הַסַּמִּים)으로 사용되었다.[21]

구약의 향의 제의적 사용을 고려할 때마다 몇가지 의문이 제기되었다. 첫째는 내성소에서의 향의 기능은 무엇인가? 둘째로 향의 기능과 관련하여 내성소와 지성소에서는 제물을 가져가지 않는 이유는 무엇인가? 향이 제물의 역할을 대신하기 때문은 아닌가? 이에 대한 전통적인 대답은 다음과 같다. 더 심각하거나 더 중요한 범죄의 경우 제물이 배제된 채 혹은 무관하게 혹은 제물의 대표로서 피가 유일한 속죄의 매개로 사용되었다. 이러한 질문들에 대하여 필자는 번제단의 제물과 내/지성소에서의 향의 역할의 상관성의 측면에서 비교를 시도하려고 한다. 물론 이에 관련하여 상당히 많은 논의가 별도로 필요하겠지만, 본서에서는 양자의 기능적 연관성의 측면[22]에서만 간단하게 다루어보기로 한다.

구약 제의본문들에서 제의행위에서 발생하는 향기는 번제단 등에서 함께 태워지는 제물 자체 혹은 제물에 첨가되는 것들(향과 올리브 기름)로 인하여 발생한다.[23] 연기를 동반하는 향(기)이 헌제자들에게 시각적인 효과를 주고 숨이나 바람을 통하여 코로 전달된다는 점에서 헌제자들에게 후각적 효과도 준

---

20 제사장이 상번제로 하루에 두 번 드렸고 향품은 하루에 아침과 저녁에 두 번 태워서 그 효과를 냈다. Menahem Haran, "The Use of Incense in the Ancient Israelite Ritual," *VT* 10 (1960): 113-129. 이와 같은 분류에 대한 평가는 Heger, *The Development*, 49-96을 보라.

21 Haran, "The Use of Incense," 127; Nielsen, *Incense*, 68-71.

22 여기에서의 논의는 관련 본문들에서 명시적인 설명이 없는 경우 고대근동에서 향의 제의적 사용과의 유비적 고려를 염두에 둔 것이다. 참조. 유선명, "고대 이집트와 이스라엘 제의에서 향(incense)이 갖는 상징적 의미," 『구약논단』 24권 4호(통권 70집): 180-203. 유선명은 고대근동에서 향의 사용의 예를 들면서 방향제, 축귀의 매체, 기도의 매체로서의 역할을 언급하였다.

23 Nielsen, *Incense*, 51-62; Heger, *The Development*, 108-11, 146-56.

다.[24] 문제는 번제단에서 발생하는 향(기)의 효과는 명확하지만, 출애굽기에서는 회막 안에서 사용되는 향을 사용하는 장소(출 30:7-10; 37:29)와 제조하는 방법(출 30:34-38)이 언급될 뿐, 내성소의 향단에서 피워지는 향의 기능과 역할은 명확하지 않다는 것이다(개역개정 수정).

7 아론이 아침마다 그 위에 향기로운 향을 사르되 등불을 손질할 때에 사를지며 8 또 저녁 때 등불을 켤 때에 사르라. 이 향은 너희가 대대로 여호와 앞에 끊지 못할지며 9 **너희는 그 위에 다른 향**[25]**을 사르지도 말며 번제나 소제를 드리지도 말며 전제의 술을 붓지도 말고**[26] 10 아론은 일 년에 한 번씩 이 향단 뿔에 대하여 **정화의식을 수행하라**(כִּפֶּר). 하타트 제물의 피로 일 년에 한 번씩 대대로 **정화의식을 수행하라.**[27] 이 제단은 여호와께 지성물이라

34 … 너는 소합향과 나감향과 풍자향의 향품을 가져다가 그 향품을 유향에 섞되 각기 같은 분량으로 하고 35 그것으로 향을 만들되 향 만드는 법대로 만들고 그것에 소금을 쳐서 성결하게 하고 36 그 향 얼마를 곱게

---

24 Deborah A. Green, "Soothing Odors: the Transformation of Scent in Ancient Israelite and Ancient Jewish Literature," (unpublished Ph.D. dissertation, University of Chicago, 2003), 81.

25 이 말은 레 10:1의 다른 불(비교. 민 3:4; 26:61)과 유사어로서, "다른 제조법, 잘못된 시간 혹은 잘못된 장소에서 드려지는 것"을 의미하는 것 같다(참조. Propp, *Exodus 19-40*, 475). 민 17:5에 의지하여 허가 받지 못한 자의 분향을 의미하는 것으로도 볼 수 있다(Propp, *Exodus 19-40*, 475; 존 더햄, 『출애굽기』 [wbc; 손석태, 채천석 역; 서울: 솔로몬, 2000], 648).

26 이것이 번제단에서 야웨께서 기뻐하시는 향을 만드는 방법과의 차이점이다. 이것은 번제단과 향단 사이의 기능보다는 재료상의 대조 혹은 차이를 드러낸다고 볼 수 있다(참조. Douglas K. Stuart, *Exodus*, [NAC: Nashville, Tennessee: Broadman & Holman Publishers 2006], 635).

27 1년에 한번씩 향단뿔을 정화하는 이유가 공기를 정화하는 향의 기능과 유사하다고 주장하는 C. Houtman, "On the Function of the Holy Incense (Exodus xxx 34-8) and the Sacred Anointing Oil (Exodus xxx 29-33)," *VT* 17/4 (1992): 464를 보라.

쩛어 내가 너와 만날 회막 안 증거궤 앞에 두라 이 향은 너희에게 지성물

이니라 37 네가 여호와를 위하여 만들 향은 성물이니 …

그러나 레위기의 문맥(16장)에서는 대제사장 아론이 지성소안에서 수행할 제

의적 향연의 기능을 좀 더 자세하게 언급한다.[28]

11 아론은 … 12 향로를 가져다가 여호와 앞 제단[29]위에서 피운 불을 그

것에 채우고 두 손으로 곱게 간 향기로운 향(סמים קטרת)을 향로에 채워 가

지고 휘장[30]안에 들어가서 13 그가 죽지 않게 하려면, 여호와 앞에서 분향

하여 **향의 구름**(הקטרת ענן)으로 증거궤 위 카포레트를 가리게 하라.[31]

앞서 물었던 질문을 다시 제기해본다. 어째서 내성소에서는 향 외에 그 어떤

제물을 드리지도 태우지 못하게 했을까? 혹자는 출애굽기 30:9에서 그 해답

을 찾으려고 한다. 즉, 어떤 사람들은 그러한 이유를 내성소에 제물로서의 빵

(현존의 빵)과 아마도 포도주가 비치되어 있었기 때문이라거나[32] 내성소 자체

가 화재(火災)에 취약하기 때문에 번제단에서와 같은 본격적인 불의 사용을

28　학자들 사이에서 향의 기능에 대해서는 다음과 같이 전개되었다. 기도, 제사장의 죄를 가리우는 것, 사
　　람들의 시선을 가리우는 것, 하나님의 임재, 하나님의 은혜, 등. 기도와 향과의 상관성에 대해서는 유선
　　명, "향이 갖는 상징적 의미," 187를 보라.

29　뜰의 번제단(Milgrom, *Leviticus 1-16*, 1025).

30　지성소로 들어가는 휘장(Milgrom, *Leviticus 1-16*, 1013).

31　이 표현은 레 10:1("아론의 아들 나답과 아비후가 각기 향로를 가져다가 **여호와께서 명령하시지 아니**
　　하신 다른 불을 담아 여호와 앞에 분향하였더니")과 레 16:1-2("아론의 두 아들이 **여호와 앞에 나아가**
　　다가 죽은 후에," "**성소의 휘장 안 법궤 위 카포레트 앞에 아무 때나 들어오지 말라** 그리하여 죽지 않
　　도록 하라 이는 내가 구름 가운데에서 카포레트 위에 나타남이니라")의 표현과 관련지어서 이해할 필
　　요가 있다. 이 본문을 살펴보면, 야웨께서 명령하지 않은 나답과 아비후의 향로들과 야웨께서 명령하
　　신 아론의 향로의 대조가 나타난다.

32　그러나 문제는 빵과 포도주는 일반적으로 태우는 방식으로 드려지지 않았다는 데 있다.

금지하고 있었던 것으로 여기기도 한다.[33] 그렇게 본다면 내성소에서의 속죄 (정화)행위는 피만으로 가능했다고 전제할 수 있다. 그러나 앞서 언급했듯이, 번제단에서의 피와 제물의 사용을 전제(前提)로 제물이 하나님이 기뻐하시는 향기를 낸다는 점을 고려한다면 번제단에서 제물을 태워서 만들어지는 향기 및 향단(로)안에서 향을 태워서 만들어지는 향기 사이의 연속성을 더 고려할 필요가 있을 것이다.

레위기의 문맥에서 소제물과 내성소의 향단과 지성소에서 향로의 사용을 제외하고서는 제물에 첨가되어 태워지는 향에 대한 언급은 없다.[34] 그럼에도 불구하고 번제물은 가죽을 제외하고 모두 태우기 때문에 그 속에 기름이 포함된 것이고 화목제물과 하타트/아샴 제물의 경우 제물의 기름이 필수적인 제물의 요소라는 점에서 제물과 향 사이의 유사성을 발견할 수 있다. 물론 기름이 상징적으로 힘을 의미하긴 하지만, 관련 문맥들에서 기름이 번제단에서 태워지는 이유를 언급하지 않는다. 그러나 기름이 들어간 제물들의 경우도 야웨께서 기뻐하시는 향기를 낸다. 물론 피를 흘리는 제물과는 별도로 소제물 등에 추가되는 향은 내성소 향단에서 사용되는 향과 다른 종류이다. 하나님께 드려지는 향이 내성소에서 드려지는 경우처럼 소제물과 함께 드린다거나 제물에 향을 추가한다는 등 혼합적이라는 측면뿐만 아니라, 번제단에서 제물의 기름이 하나님께만 독점적으로 사용되듯이 향도 하나님께만 독점적으로 사용된다는 유사성이 존재한다. 물론 번제단에 드려지는 고운 가루와 기름과 유향(לְבֹנָה)과 내성소의 향단에서 사용되는 향품(קְטֹרֶת)은 제의적 등급에

---

33 Propp, *Exodus 19-40*, 475. Stuart(*Exodus*, 634-35)는 향을 기도의 상징이라고 이해한다.
34 Green, "Soothing Odors," 83.

서의 차이점(제조법과 용처)을 보인다.[35]

향이 제물로 인한 악취를 가리거나 제물에 몰려드는 벌레떼를 몰아내는 실용적인 역할을 한다는 주장도 있다.[36] 그러나 관련 본문들이 말하듯이 번제단에서 첨가되는 향이든지 내성소 향단의 향이든지간에 그 자체가 하나님을 기쁘시게 하거나 하나님이 제물을 받으시게 만드는 중요한 역할을 한다는 점을 부인할 수는 없다.[37] 물론 레위기 16장에서 하나님의 현존과 같이 향연이 갖는 그 이상의 기능도 암시되었다고 볼 수도 있다.[38] 물론 이것은 마치 시내산에서 하나님을 만나는 모세를 죽지 않게 하는 구름과 같은 역할을 한다고 볼 수 있다. 그와는 반대로 이것이 하나님의 진노나 특정한 징벌을 완화시키거나 억제하는 역할을 한다는 설명은 레위기 자체에서는 찾을 수 없다. 가장 명확한 설명을 "향이 만드는 구름"으로 속죄소를 가려서(וכסה)[39] 지성소에 안에 들어온 아론이 죽지 않도록 한다는 것이다(레 16:13).[40]

그러한 점에서 번제단에서 제물의 전부를 태우거나 일부를 태울 때 발생하는 향기는 (비록 그 이상의 의미를 갖고 있기는 하지만[41]) 내성소와 지성소에서 사용되는 향의 기능과의 유사성을 가정할 수 있다. 하타트 제물은 번제단에서 일부만 태워졌고 그 제물의 피가 번제단 뿔에서 사용되었으나 일부 범죄의 경우에 드려지는 하타트 제물은 내성소에 들어갈 수 없었고 그 제물의 피

---

35 유선명, "향," 194-95.
36 Propp, *Exodus 19-40*, 513.
37 Propp, *Exodus 19-40*, 513.
38 Propp, *Exodus 19-40*, 514.
39 아론의 시야로부터 하나님의 임재의 상징인 카포레트를 가리는 것은 아론의 죄성으로 인한 아론의 죽음이 아니라, 하나님의 임재로 인한 아론의 죽음을 방지하려는 의미도 있었을 것이다(참조. Propp, *Exodus 19-40*, 514). 유선명("향," 196)은 이것을 "차폐적 기능"이라고 부른다.
40 이러한 자욱한 향연은 다양한 의미로 이해될 수 있다.
41 하나님의 임재의 상징으로서 구름기둥과 불기둥 등을 상기시키기도 한다.

만이 향단의 뿔에서 '속죄'를 위하여 사용되었다. 앞서 논의하였듯이 고기와 향의 연속성을 고려한다면, 향단에서 태워지는 향이 번제단에서 온전히 태워져서 "야웨께서 기뻐하시는 향"의 역할을 하였던 제물(고기)을 대신하는 것으로 이해할 수 있다.[42] 또한 번제단에서 만드는 연기는 하나님이 기뻐하시는 향기가 되지만, 제물을 받으시는 하나님의 임재의 상징이기도 하기 때문이다. 이러한 논의로 볼 때, 이것은 제물 고기가 내/지성소에 들어가지 않았던 이유를 설명해줄 수 있다고 본다. 그러한 점에서 다음의 [표 37]가 보여주듯이 회막의 세군데에서 행해진 제물(향)과 피의 사용은 서로 깊은 연관성이 존재한다고 볼 수 있다. 비록 제물의 피를 사용하는 방법은 달라도 특히 하타트 제물의 피와 고기는 향기를 낸다는 측면에서 항상 함께 사용되었던 것 같다.

[표 36] 제물과 향의 대조와 연관성

	뜰(고정식)	내성소(고정식)	지성소(이동식)
향	고기전체/곡식/일부	향단의 향연	향로의 향연
피	피	피	피

이와 같은 논의로 볼 때, 모든 제물을 번제단에 태우는 목적은 동일하며 일부 학자들의 주장과는 달리, 특별히 하타트 제물만이 죄의 오염을 포함한다거나, 번제단 등에서 죄의 소각을 목표로 한다고 볼 만한 증거는 없다.

---

42   Green, "Soothing Odors," 특히 132-49를 보라.

하타트 제물의 처리(disposal)

그동안 학자들은 속죄(정화) 수단인 하타트 제물의 피 사용에 주로 관심이 있었고, 고기의 사용에 상대적으로 관심이 적었으며, 제단외에서의(전부 혹은 일부를 제단에서 태운 후) 제물의 나머지를 처리하는 방법에 있어서는 거의 관심이 없었다.

제물로 드리고 남은 것을 (비)제의적으로 처리하는 "정결한 곳"은 다양한 곳에 대한 지칭이기도 하다. (1) 회막 내의 "정결한 곳", (2) 이스라엘 진영 내의 "정결한 곳"(제사장의 가정[레 22:11] 혹은 화목 제물[레 7:19-21]은 회막 밖의 "정결한 장소"에서 먹었던 것 같다.[43]), 그리고 (3) 완전한 소각을 위해 준비된 진영밖의 "정결한 곳"(일부 하타트 제물[레 4:12]; 제사장의 위임식[출 29:14; 레 8:17]; 제의의 위임[레 9:11]; 레위기 16장의 하타트 제의[16:27]).[44] 문제는 일부 학자들의 주장과 같이 이 각각의 장소들이 특별히 제사장이 제물을 먹는 것과 관련하여 속죄(죄의 용서)와 직접적으로 관련이 있는가이다. 레위기 4-5장의 규례에 따르면 하타트 예물 가운데 내성소로 그 피가 들어간 경우와 제사장 자신을 위하여 드린 경우(위임예물포함)를 제외하고는 모든 제물의 나머지(고기)는 제사장(혹은 그와 관련된 자들)이 먹을 수 있었다(자세한 논의는 레 6-7장을 보라). 이들은 다음과 같이 개괄할 수 있다.

---

43 Milgrom, *Leviticus 1-16*, 621.

44 Milgrom, *Leviticus 1-16*, 619.

[표 37] 하타트 제물 사용과 처리

제단에서 일부만 소각	제사 이후 고기 처리(먹거나 나머지/전부를 소각)	
"내장에 덮인 기름과 내장에 붙은 모든 기름과 두 콩팥과 그 위의 기름 곧 허리 쪽에 있는 것과 간에 덮인 꺼풀을 콩팥과 함께"(레 4:8-10)	먹음	족장과 땅의 백성 가운데 한 사람(מֵעַם הָאָרֶץ)의 하타트 제물(레 6:17-23[6:24-30])[45]
	먹지 못함[46](진영 밖 정결한 곳에서 전부 소각)[47]	기름부음 받은 제사장이나 온 회중의 범죄에 대한 황소 제물(레 4:12)/ 아론과 그의 아들들의 위임식의 황소 제물(출 29:14; 레 8:17)/ 공식제의의 위임의 황소제물(레 9:11)/ 특별한 하타트 제의의 황소와 염소(레 16:27)

하타트 제물과 아샴 제물로 드려진 고기도 번제물의 경우처럼, 비록 제사장이 먹게 되더라도 제물 전체가 '지성물'이라고 불린다는 점이 가장 중요하다.[48] 물론 '드려진 제물'의 경우 번제단에서 하나님께 드려야하는 것들(규정된 일부분)과 번제단 외부에서 제사장이 먹을 수 있는 것(드려지지 않은 남은 것들)은 확실히 구분된다.[49] 이에 대해서는 번제단에서 제물(일부)을 태우는 것의 의미와 번제단 근처에서 제사장이 제물의 나머지를 먹는 것의 의미가 명확하게 언급되어있다는데 그 근거가 있다.

레위기 4-5장의 하타트 제물의 나머지의 '정상적인' 처리는 ① 그 제물의 피를 제사장이 번제단에서 처리하는지, 아니면 ② 대제사장이 그 제물의 피를 내성소에서 처리하는가에 따라 다르다. 제사장이 번제단에서 제물의 피와

---

45 하타트 제물을 드린 제사장은 회막의 거룩한 곳에서 먹어야 하며, 제사장 가문의 모든 남자들은 그것을 먹을 수 있었고 그것을 지성물이라고 불린다(레 4:19, 22; 10:18).

46 그 이유는 레 6:23에 나온다(보라, 레 16:27).

47 레 4:12을 보라.

48 물론 게인(Leviticus-Numbers, 149)은 현대적 의미에서 노폐물을 배출이동의 통로이자, 영양분을 전달하는 통로의 역할을 수행하는 피의 이중적 기능을 예로 들면서, 부정과 거룩함이 역설적으로 공존한다고 본다. 또한 그는 피의 기능을 목욕물을 비유로 삼아 몸을 씻고 다른 물을 사용하여 목욕통을 씻는 경우의 비유로 설명한다(Leviticus-Numbers, 106).

49 Gilders, Blood Ritual, 94.

고기를 함께 처리한 경우, 그는 회막의 거룩한 곳에서 정해진 기간 내에서 그 고기를 먹어야 했다. 그러나 대제사장이 제물의 피(내성소)와 고기(번제단)를 다른 곳에서 처리했을 경우 제사장은 제물의 나머지를 먹지 못하며 다른 사람이 이스라엘 진영 밖 정결한 곳에 가져가서 그것들을 전부 태워야 했다(레 4:11-12, 20-21).[50] 물론 집례하는 사람이 다를 경우 비록 제사장이더라도 그 제물로부터 나오는 유익을 취할 수 없다. 여기서 고려해야 할 것은 피 및 고기와의 부적절한 접촉 등에 의한 비정상적인 전염 혹은 오염을 다루는 2차적인 문제해결에 관한 규례다.

하타트 제물의 나머지를 소각하는 이유

특정한 하타트 제물의 나머지를 제사장이 아닌 다른 사람[51]이 이스라엘의 야영지 밖 "정결한 곳"에서 불태우라는 규정의 이유는 무엇인가? 제사장이 회막 뜰에서 제물의 나머지를 먹는 행위와 이스라엘 진영 밖 정결한 곳에서 고기의 나머지를 태우는 행위를 본문이 동일선상에서 취급한다는 데 학계의 의견이 일치한다. 그러나 그 이유에 대한 견해는 다양하다. 즉, ① 제사장이 하타트 제물의 나머지를 먹는 것과 마찬가지로 진영 밖 정결한 곳에서 나머지 제물을 태우는 것을 속죄의 일환으로 보는 입장도 있고,[52] 그와는 반대로, ② 제

---

50 이것은 제의의 집행자의 차이의 탓일 수도 있다.
51 Watts(*Leviticus*, 337-78)는 주어가 명확치 않고 수동태로 처리된 것이 "11절의 이접적 문법과 12절의 마지막 절이 불특정 주어를 지적한다"는 점에서 제사장이 아닌 다른 사람을 지칭한다고 주장한다.
52 Feder(*Blood Expiation*, 75)는 제사장의 소제물을 먹을 수 없다는 규정(레 6:16)과 먹을 수 있다는 규정(레 6:19-23)과 언급이 없는 규정(레 4:22-35)의 대립적 주장들을 근거로 제사장이 고기를 먹지 않고 태우는 것이 속죄과정상 큰 중요성이 없다고 가정해야 한다고 주장한다.

사장의 먹는 행위를 보상 혹은 진영 밖에서 태우는 것을 전체 제사행위의 종결을 고하는 것으로 여기는 입장도 있다. ③ 그것을 제사용으로 이미 사용된 제물의 나머지의 폐기를 의미할 뿐, 이것이 죄를 없애는 직접적인 행위로 보지 않는 입장도 있다.[53]

이 단락에서는 이러한 소각이 죄의 제거와 관련이 있다는 입장을 먼저 설명하고 그에 대한 비판을 제기할 것이다. 밀그롬 등은 하타트 제물 고기의 소각이 이스라엘 진영 밖 정결한 곳에서 행해지는 이유가 제물 고기의 나머지가 헌제자의 죄로 오염되었고 그래서 폐기해야 한다는 전제에서 비롯된 것이라고 생각한다.[54] 그러나 이에 대해서 다음과 같은 비판도 가능하다.

① 게인의 주장처럼 하타트 제물에 대한 헌제자의 안수를 통해 죄의 오염이 제물에게 옮겨왔다면, 큰 죄나 작은 죄가 다 문제가 되는데, 죄로 오염된 제물의 일부를 번제단에서 태우고 나머지를 남겨서 제사장에게 먹게 하거나 혹은 이스라엘 진영 밖 정결한 곳에서 제물의 나머지 전부를 소각케 한 이유는 무엇일까? 제물 자체의 오염도의 차이 때문인가? 차라리 그냥 제물의 전부를 번제단에서 태우게 했다면, 아무런 문제나 복잡한 후속절차가 필요 없었을 텐데 구태여 이와 같은 더 번거롭고 더 위험한 절차를 만들어 내는 이유는 무엇일까?

② '더 심각한 죄'의 오염의 경우 제사장이 죄(하타트 제물)를 먹지 못하고, '덜 심각한 죄'의 오염의 경우, 제사장이 죄(하타트 제물)를 먹게 한다는 이분법은 직접적이고 명확한 본문상의 증거가 없다는 점에서도 그렇지만, 제의체계

---

53 이 경우는 번제단에서 태운 제물의 재처리와 동일하다고 보거나(Budd, *Leviticus*, 81) 혹은 추가적인 문제의 발생을 제거하려는 목적(하틀리,『레위기』, 208)이라고 보기도 한다.

54 Milgrom, "Two Kinds of hattat,"*VT* 26 (1976): 334; Milgrom, *Leviticus 1-16*, 239-40.

자체가 그러한 이분법을 허용하는지도 의문이다.

③ 밀그롬 등이 전제로 하듯 제사장이 견뎌낼 수 있는 정도의 약한 죄의 오염(회막 내 정결한 곳에서 먹을 수 있음)과 견뎌낼 수 없는 정도의 죄의 오염(진영 밖 정결한 곳에서 온전히 소각함)에 대한 구분이 존재하는가는 의문이다.[55]

④ 이 본문들은 오히려 이러한 제물들을 번제단에서 태운 후에도 나머지를 거룩한 장소에서 먹을 것을 제사장에게 요구하며 그 자체가 지성물이라고 부른다(레 6:26, 29; 7:6).

⑤ 이러한 소각절차(출 29:14; 레 4:11-12, 21; 8:17; 16:27)가 원래 정상적인 불 태우는 장소인 번제단이 아닌,[56] 이스라엘 진영밖 정결한 곳에서[57] 행해진다는 점, 그리고 그것이 속죄행위의 목적 가운데 하나[58]이며 제사의 절정의 행위인 제사장의 사죄선언 이후(레 4:20, 26, 31, 35)에 등장한다는 점이다.[59] 그러한 점에서 사죄선언(레 4:20)이 제사행위의 목적달성(완료)를 의미한다고 볼 수 있으며 그 이후의 일들은 마무리 작업이라고 볼 수 있다. 그러나 앞에서 주장했듯이, 제물의 나머지를 진영 밖 정결한 곳에서 태우는 사람은 제사장이 아닐 수도 있다는 점이다. 제사장은 원래 회막 안에서 제사를 집행해야 할 사람인

---

55 보라, 하틀리, 『레위기』 208-9.

56 제물의 가장 좋은 부분만 골라 번제단에서 태워서 하나님이 기뻐하시는 향기를 내고 나머지는 지성물로서 회막내의 거룩한 곳에서 먹거나 진영밖에서 정결한 곳에서 태워야 한다는 설명에 주목할 필요가 있다.

57 일반적으로 제물의 남은 부위를 진영밖 기름재를 버리는 곳에서 태운다. 정결한 곳에서 부정한 것들을 태운다는 것이 가능한가의 의문의 여지가 있다(벨링거, 『레위기/민수기』 77). 게다가 다른 경우들에서 진영밖으로 나가는 행위는 다시 진영 안으로 돌아올 때 간단한 정결례(통과의례)를 필요로 한다.

58 다른 하나는 번제단에서 제물을 태워 하나님이 기뻐하시는 향기를 내는 것(하나님이 기뻐 받으실 수 있도록 하는 향기)이다.

59 Kiuchi(*The Purification Offering*, 133-35)는 고기를 먹는 일(레 6:19-22[26-29])은 고기의 처분이지만, (대)제사장 자체의 하타트 제물의 경우 사죄의 선언이 없기에 (대)제사장의 범죄에 대한 용서는 속죄 일까지 기다려야 했으며, 진영밖 정결한 곳에서 제물의 전부를 태우는 행위가 (대)제사장에 대한 속죄 (죄책의 제거)를 대신한다고 보았다. 그 근거 가운데 하나가 진영밖에서 제물의 나머지를 전부 불태우는 절차가 계속적으로 언급된다는 점에서 속죄행위 가운데 하나라고 주장한다.

데, 일상적인 제사행위 가운데 '부정하다고 여겨지는' 진영 밖까지 나와서 '번제단에서 태우지 않은' 제물의 나머지를 다 태워야 한다는 것 자체도 비논리적인 것이다.

이러한 불태워야할 세부적인 제물목록과 그 일에 사용된 동사가 이 문장의 의미를 결정한다. 즉 이 명단에는 번제물에서도 제외되는 짐승의 가죽이 포함되어 있다. 이 말은 일반적인 제물의 경우, 일상적으로 짐승의 가죽이 제사장에게 주어졌다는 기록과 견주어 볼 때 제사장에게 "돌아갈 음식물로서의 유익이 전혀 없다는 것"을 의미한다.[60] 짐승의 가죽은 번제물의 경우에도 제물로 여기지 않았다는 점에서 죄의 정상적인 오염(의 대상)과는 상관이 없는 것으로 보아야 할 것이다. 또한 제물을 처리할 때 번제단 위에서 행해지는 제물의 '제의적 소각'을 의미하는 히크티르(הִקְטִיר)[61] 대신에 이스라엘 진영 밖 정결한 곳에서 수행하는 '폐기로서의 소각'(שָׂרַף)[62]을 사용한다는 데 주목해야 한다. 또한 여기에서 제물도 소각할 때 연기를 내지만 그것을 하나님께 드리는 음식이라거나 향기를 낸다는 언급은 없다.

하타트 제물의 소각은 다른 제물의 소각과 연결시켜 논의할 필요가 있다. 레위기 1-3장에서 언급되는 일반인들을 위한 번제물, 소제물, 화목 제물의 규정에서는 (전부 태우거나 제사장에게 주거나 헌제자와 제사장이 먹어야 하기 때문에) 폐기처분용 소각에 대한 언급이 나오지 않으나, 제사장들을 위한 규정(레 6-7장)에서 하타트 제물고기의 처리단락에서 자세한 언급이 등장한다. 여기에서 שָׂרַף라는 단어가 일관되게 등장한다는 점에서 이스라엘 진영 밖 정결한

---

60 하틀리,『레위기』, 208.
61 레 1:9, 13, 15, 17; 2:2, 9, 16; 4:19, 31, 35; 5:12; 6:5, 8; 7:5, 31; 17:6.
62 레 4:12, 21; 6:23; 7:17, 19; 8:17, 32; 9:11; 10:6, 16; 13:52, 55, 57; 16:27, 28; 19:6; 20:14; 21:9.

곳에서 특정한 제물의 전부를 소각시켰다는 것은 그것의 비제의적 처분이 수행되는 것을 알 수 있다. 즉, 번제물은 번제단에서 가죽을 제외하고 모두 제의적으로 태워야 하며 남겨진 재는 이스라엘 진영 밖 정결한 곳에 두어 폐기처분하는 것을 의미한다(레 6:10-11).

소제물은 번제단에 제물로 드리고 난 나머지를 제사장이 먹어야 한다. 그러나 제사장을 위한 소제물의 경우 남겨서 먹지 말고, 번제단에서 전부를 태워해야 한다(레 6:22-23[히 6:15-16]). 이것은 화목 제물도 마찬가지다. 정해진 날짜 안에 다 먹지 못한 경우(레 7:17)와 부정한 것과 접촉한 경우(레 7:19) 먹지 못하고 폐기처분해야 한다. 하타트 제물의 처리는 일반인을 위한 하타트 제물의 규정(레 4:11-12, 21)과, 제사장을 위한 하타트 제물의 규정(레 6:30)에도 등장한다. 아샴 제물의 나머지는 하타트 제물 등 다른 제물의 경우와 동일하게 처리한다(비교, 레 7:7).

제물을 먹는 기한이나 제물과의 접촉과 관련된 규례를 요약하자면 다음과 같다. 화목 제물의 경우처럼 하타트(아샴)제물의 나머지는 ① 제사장이 정결한 곳에서 전부 먹거나 ② 진영 밖 정결한 곳에서 전부 폐기처분으로 태워야 한다. 그러므로 이것은 제사를 위한 "의식상의 행위가 아니라, 그 짐승이 가장 거룩하고 더럽혀질 수 없다는 이유로 인한 남은 부위들의 적절한 처분"[63]을 의미하기 때문이다. 게다가 이 표현과 관련하여 "더 오래된 형식은 진영 밖의 장소를 '기름 섞인 재를 쏟는 곳'(12절 등)으로 규정하는 설명과 그 위치를 세밀하게 지정하기 위한 표현인 '그것을 기름 섞인 재를 버리는 장소에서 태워져야 한다'(12절 등)는 지침에 의해 확장되었다."[64]

---

63 하틀리,『레위기』, 208.
64 하틀리,『레위기』, 197.

결론적으로 제물과 관련된 제사장의 임무가 무엇인가를 생각해보아야한다. 첫째는 헌제자가 가져온 제물의 정결성을 검사하는 것이며, 그 다음은 제단 불을 잘 보관하였다가 제물의 피와 고기를 번제단에 가져다가 전부 태우는 일이며, 마지막으로는 제물의 나머지를 먹거나 진영밖에서 온전히 태우게 하는 식으로 마무리하는 일이라고 볼 수 있다. 레위기는 어떤 제물을 어떻게 드릴 것인가에 대한 관심만큼이나 제물의 나머지를 어떻게 처리할 것인가하는 문제에 큰 관심을 보인다. 그것은 적절한 처리에 관한 세부적인 규례들, 즉 먹거나(몫, 대상, 장소, 기한), 먹지 말아야 하거나(제물의 피와 기름), 접촉하지 말아야 하거나(부정한 것, 부정한 사람, 접촉하지 말아야 함), 온전히 폐기처분하는 일(먹거나 태우는 것)인 것이다.

제사장에게 주는 제물의 나머지 고기

이제 이 주제와 관련해서 일차적인 문제-제물을 먹는 것-와, 이차적인 문제-제물과의 부적절한 접촉- 모두를 다루어야 한다. 제사장이 제물을 먹는 일과 관련하여 고대근동에서도 제사장들이 제물을 먹는 경우가 드물지 않았다는 점에 먼저 주목할 필요가 있다.[65] 번제물 및 제사장과 대제사장 자신의 제물을 제외한 모든 제물들의 고기는 제물을 번제단에서 태운 후 나머지를 제사장들에게 음식으로 주어진다. 소제물과 화목 제물은 당연히 제사장들에게 제물의 나머지가 제공된다. 게다가 화목 제물의 나머지는 제의를 수행한 제사장에

---

65 Gane, *Leviticus-Numbers*, 145.

대한 수고의 댓가로 주어진 것이다(레 7:14, 33).[66] 그렇다면 하타트 제물의 경우는 어떨까? 이 문제를 논의하기에 앞서서 주목해야 할 소제물과 관련된 본문이 있다(레 6:17-18; 비교. 하타트 제물[레 6:25-30]).

17 그것[소제물]에 누룩을 넣어 굽지 말라 이는 나의 **음식예물**(אשה)[67] 중에서 내가 그들에게 주어 그들의 소득이 되게 하는 것이라 [소제물은] **하타트 제물과 아샴 제물** 같이 지성물인즉 18 아론 자손의 남자는 모두 이를 먹을지니 이는 야웨의 **음식예물**(אשה) 중에서 대대로 그들의 영원한 소득이 됨이라 이와 접촉한 것[68]마다 거룩하리라".

이 구절은 논의하고자 하는 하타트/아샴 제물의 나머지의 의미(기능)에 중요한 암시를 주는 것 같다. 즉, 17절[10절]하반부의 "소제물은 하타트 제물과 아샴 제물과 같이 지성물이다"라는 말은 무슨 의미일까? 이것은 두 제물군이 제의적 측면에서 동등하게 지성물이라는 것을 말해주는가, 아니면 그것들이 거룩할 뿐만 아니라, 제사장의 "영원한 소득"으로서 삼을만하다는 점까지 의미한다는 말인가? 게다가 이 지성물이 죄의 부정을 포함하고 있다는 주장 또한 문제다. 이러한 입장들은 번제단에 '드려진 제물'과 '드려지지 않고 번제단 주변에서 제사장이 먹는 것'이나, '진영 밖 정결한 곳에서 전부 태워지는 제물의

---

66 Gilders, *Blood Ritual*, 92-96. 이와 유사한 표현은 기름을 드린 제사장에 대한 수고비에 대한 언급(레 7:33)과 관련지어서 고려할 수 있다(Gilders, *Blood Ritual*, 94).
67 보통 אשה가 불과 연관된 것으로 보아 화제물(火祭物)로 번역되기도 하지만, 최근 학자들은 이것을 번제단에서 불태우지 않은 채 하나님께 드리는 제물을 포함한다는 점에서 "음식예물"로 번역하는 것이 더 낫다고 주장한다(Wenham, *Leviticus*, 56; Budd, *Leviticus*, 50; 비교. Hartley, *Leviticus*, 13-14; Knierim, *Text and Concept*, 67-82).
68 본서의 6.4.3.1를 보라.

나머지 모두'가 죄의 부정에 전염되어있다고 여긴다. 이와 관련하여 다음과 같은 몇 가지 입장이 제시되었다.

[표 38] 제물고기에 대한 학자들의 입장

의미	제사장이 먹는 제물의 나머지	태우는 제물의 나머지
비속죄적 의미	제사장의 몫(대행수수료)이다	제사장의 몫이 아니다
속죄의 의미	속죄 행위에 포함한다	속죄 행위에 포함한다
	죄를 먹어서 없앤다	죄를 태워서 없앤다

"대행 수수료"-제사장의 몫

한가지 입장은 자발적으로 드리는 번제물, 소제물, 화목 제물처럼 하타트 제물과 아샴 제물의 나머지(고기)를 제사장에게 주는 경우도 그 의미가 동일하다고 보는 것이다. 즉, 제사장들이 먹는 하타트 제물의 나머지는 제사를 집행한 제사장들에게 보상으로 주어지는 것이다(레 6:17-23).[69] 이와 관련하여 길더스가 가장 명쾌한 해답을 내놓는다.[70] 번제물의 가죽은 번제물을 드리는 일에 수고한 제사장에게 주고(레 7:8), 소제물의 나머지는 소제물을 드리는 일에 수고한 제사장에게 주고(레 7:9) 화목 제물의 나머지는 화목 제물을 드리는 일에 수고한 제사장에게 주고[71], 심지어 하타트/아샴 제물의 경우도 번제단에서 드려진 경우 그 일에 수고한 제사장에게 준다(레 6:19/7:7). 이러한 면에서 특정한

---

69 Baruch Levine, *Numbers 21-36*, (AB; New York: Doubleday, 2000), 378.

70 Gilders, *Blood Ritual*, 92.

71 길더스(Gilders, *Blood Ritual*, 92)는 밀그롬(*Leviticus 1-16*, 416)을 따라 "화목 제물을 감사로 드린 빵과 함께 드린 경우, 그 빵을 화목 제물의 피를 뿌린 제사장에게"라는 표현(레 7:14)의 등장이 화목 제물이 제사장에게 주어지는 의미를 유추할 수 있게 한다고 주장한다. 물론 길더스는 빵을 드리는 것(14절)이 다른 모든 화목 제물의 나머지를 제사장에게 드리는 원리라고 여기지 않는다. 그러나 길더스(*Blood Ritual*, 93)는 밀그롬이 언급하지 않은, 화목 제물의 피와 기름을 드린 제사장에게 오른쪽 어깨를 주는 규정을 언급하는 레 7:33을 언급한다.

경우(번제물+내성소에 가지고 들어간 피의 제물 등)를 제외하고 특정한 제물을 드리는데 수고한 제사장에게 제물고기의 나머지를 주는 일은 일관되며 당연한 것이며 '수고료'라고 할 수 있다.[72] 이러한 개념은 호세아서 4:8("그들이 내 백성의 חַטָּאת를 먹으나 그 마음을 그들의 죄악에 두는도다"[개역개정수정])에서도 나타난다. 이 구절의 의미는 비록 제사장이 백성이 하나님께 드린 하타트 제물을 드리고 제물의 나머지를 음식으로 받는다는 점에서 그것이 희생제의의 한 부분이라는 점을 부인할 수는 없다. 이 구절이 제사장이 "하나님을 대신하여" 제물을 먹는 것을 말하지만, 그것이 그 제의행위의 목표인 '속죄'와 직접적으로 관련이 없다는 점을 강조하려는 것이다. 이것은 레위기 6:26, 29("그 제물을 드리는 그 제사장이 그것을 먹되 곧 회막 뜰 거룩한 곳에서 먹을 것이며", "제사장인 남자는 모두 그것을 먹을지니 그것은 지성물이니라")를 상기시킨다.[73] 이처럼 하타트 예물(의 나머지)의 경우 제사장이 정결한 곳에서 그것을 먹어야 하는가, 또 그곳에서 먹게 된다면 주의해야할 점은 무엇인지[74] 혹은 이스라엘 진영 밖 정결한 곳에서 그것을 전부 태울 것인지에 대한 세부적인 규정은 있으나, 아샴 예물의 규정에는 그러한 언급이 없다. 물론 유비적인 측면에서 다른 제물들처럼 제물의 나머지를 먹는 것이 아샴 예물의 마무리 과정임을 예상할 수 있다.

어떤 학자들은 하타트 제물의 나머지를 먹거나 태우는 일을 속죄행위와 직접적인 관련이 있다고 주장하기도 한다. 그러나 제사장이 하타트 제물

---

72 그러나 Kiuchi(*The Purification Offering*, 135-41, 141-42)는 희생의식을 행한 죄를 없애는 제사장이 제물을 먹는 것은 제의절차는 아니지만, 진영 밖에서 제물을 태우는 것이 상징적으로 죄를 처리하는 제의행위라고 주장한다.

73 하틀리,『레위기』, 333.

74 레 6장에서 하타트 제물의 나머지 고기의 조리방법은 "27 그 고기에 접촉하는 모든 것은 거룩할 것이며 그 피가 어떤 옷에든지 묻었으면 묻은 그것을 거룩한 곳에서 빨 것이요 28 그 고기를 토기에 삶았으면 그 그릇을 깨뜨릴 것이요 유기에 삶았으면 그 그릇을 닦고 물에 씻을 것"이다.

을 먹는 것의 의미를 이해하려할 때, 속죄행위와 직접적인 관련이 없는 소제물과 화목 제물 규례처럼 번제단에서 드려진 하타트 제물의 나머지를 관련된 제사장에게 몫으로 주어진다는 언급만으로도 모든 제물을 먹는 단일한 의미를 충분히 이해할 수 있다. 다음과 같이 태만으로 인한 하타트 예물의 규례에서 매우 중요한 단서를 발견한다(레 5:13).

"그 예물의 나머지는 소제물의 경우처럼 제사장의 소유가 될 것이다."

이 문장은 하타트 제물의 "남은 것은 제사장의 삯의 일부로서 그의 몫이 된다"[75]는 의미다. 그런데 "소제물의 경우처럼"이라는 특정한 언급은 무슨 의미일까? 소제물의 나머지가 제사장에게만 주어지듯이 하타트 제물의 나머지도 동일하다는 것이다. 이러한 규례는 전부 태우는 번제물과도 다르고 전제자와 나눠 먹는 화목제물과도 다르다. 우리는 위에서도 논의하였듯이, 각각의 제물들 사이에 공유되는 속성을 언급할 때 "-처럼"이라는 표현이 종종 사용된다는 데 주목해야 한다.

[표 39] "-처럼"이라는 표현의 용례

표현	관련 구절들
소제물처럼	하타트 제물과의 관련성(5:13)
하타트 제물처럼	6:10; 7:7(아샴 제물과 함께); 14:13; 겔 45:25
아샴 제물처럼	7:7(하타트 제물과 함께); 삼하 14:13

---

75 하틀리,『레위기』, 222.

번제물의 경우 전부 번제단에서 태운다는 점에서 제사장에게 음식(제물)의 몫이 없이 제물 가죽만을 제사장에게 주지만, 하타트와 아샴 제물처럼 소제물과 화목 제물의 경우 번제단에 태우는 일부를 제외한 나머지(고기)를 제사장에게 준다. "הָיְתָה לַכֹּהֵן כַּמִּנְחָה"(레 5:13)와 관련된 표현은 "그 소제물의 남은 것은 아론과 그의 자손에게 돌릴지니"일 것이다(레 2:3, 10). 이것은 "이는 야웨의 음식예물(אִשֶּׁה) 중 가운데 지성물"이다. 이 표현은 하타트 제물의 경우도 소제물의 일부를 번제단에 태우고 나머지는 제사장의 소유로 주어진다는 의미일 것이다. 그러한 점에서 이것은 다른 해석을 위한 명확한 설명도 없을 뿐만 아니라, 진영밖 정결한 곳에서 소각하는 하타트 제물의 나머지가 죄로 오염된 것이라고 볼 수 없고 따라서 제사장이 먹는 행위도 속죄의 나머지 행위를 한다고 여길 수 없다.

필자가 볼 때, 피와는 달리 제물(고기)이 하나님께 드려지는 (음식)선물이라는 점에서 제물을 번제단에 태울 때나 제사장이 먹게 될 때 그 의미는 같다(거제물과 요제물의 경우와 비교하라).[76] 그러한 점에서 이 규정도 속죄용 제물(아샴 제물과 하타트 제물 모두)도 제사장에게 수고료로 주어졌다는 점을 명확하게 한다. 아샴 제물의 경우 "제사장인 남자는 모두 그것을 먹되 거룩한 곳에서 먹을지니라 그것은 지성물이니라 아샴 제물은 하타트 제물과 규례가 같으니 그 제물들[아샴과 하타트 모두]은 그것들로 **정결제의를 집행하는** 제사장[הַכֹּהֵן אֲשֶׁר יְכַפֶּר-בּוֹ]에게로 돌아갈 것"이다(레 7:6-7). "제물들로 정결제의를 집행하는 제사장"에게 "돌아간다"는 말은 그에게 "귀속된다"는 말이므로, 이 구절들도 그것이 죄가 아니라 소유(혹은 음식)를 함축한다는 점에서 레위기 4:31과 함께 제물 자체가 죄에 오염되었다거나 죄의 오염/기운을 흡수하였다고 주

---

76 Gilders, *Blood Ritual*, 94.

장할 수 없는 증거다.[77] 게르스텐베르거의 주장처럼 "성소에서 먹으라"는 말은 다음과 같은 두 가지 근거를 제시한다.

> … 첫째로, 이미 인용된 야웨의 말씀은 제사장의 특권들에 대한 증거를 제기한다. 하나님은 자기 자신의 수입('나의 선물들') 가운데 자기 종들에게 정해진 몫을 주신다(6:10[17aE]). 이것은 제사장들에 대한 '흔드는 가슴살'의 강조적 배당과 상응한다(7:34) …
>
> 제사장에게 희생제물의 몫을 주는 일의 두번째 정당화는 '지성물'('가장 거룩하다')이라는 명칭에 존재한다. 이 강화된 형태, 즉 '지성물'(6:10b[17bE])은 제사장의 몫과 관련해서만 사용되며(cf. 레 2:3; 6:18[25E]; 7:1, 6; 10:12; 21:22; 24:8), 그런 식으로 제의 사건들 자체에서 그 제물들 가운데 거창하게 취해진 제사장들의 양식(糧食)을 분리시킨다.[78]

심지어 제사장이 죄를 먹는다고 주장하는 게인도 제사장 자신을 위한 것이 아닌, 타인의 범죄를 위한 하타트 제물의 나머지(레 6:26, 29)를 제사장에게 주는 일종의 수당, 즉 "대리인 수수료"라고 부른다.[79] 이러한 점에서 심지어 게인도 하타트 제물의 나머지를 먹는 일에 대한 해석의 여지를 남겨둔다.

---

77 그러나 Richard S. Hess(*The Old Testament: A Historical, Theological, and Critical Introduction* [Grand Rapids: Baker, 2016], 97)는 제사장이 제물을 먹는다는 것 자체가 제물이 죄를 포함하지 않는다는 의미라고 주장한다.

78 Gerstenberger, *Leviticus*, 85.

79 Gane, *Leviticus-Numbers*, 108.

속죄와 관련된 행위로 보는 다양한 입장

이 입장은 개인이 자발적으로 드리는 번제물, 소제물, 화목 제물과는 달리, 자신이 지은 범죄와 관련하여 하타트 제물(고기)을 먹는 일이 특정한 역할을 수행한다고 보는 것이다. 레빈은 제물의 음식을 먹는 것 자체가 제의의 필수부분으로, (1) 수고에 대한 보상 및, (2) 화목에 대한 어느 정도의 기여로 보지만,[80] 일부 학자들은 제사장이 제물의 나머지를 먹는 행위를 속죄행위와 직접적으로 관련이 있다고 보았다. 여기서 제기해야 할 근본적인 질문은 드려진 제물이 이미 죄로 오염되었을 때 그것을 모두 번제단에서 태운다면 복잡하지 않고 더 쉽게 해결될 것을 어째서 어떤 것은 제사장이 먹어서 없애야 하며 또 나머지는 '진영 밖 정결한 곳'에서 태우도록 하느냐는 것이다.[81] 제물의 나머지 고기를 먹는 것을 죄(의 오염)의 제거로 보는 입장은 성소기물의 오염원이 죄인의 안수를 통해서인지 아닌지에 따라 다음과 같이 두 가지로 나눌 수 있다.

밀그롬은 안수의 죄의 이동 기능을 거부하고 정결한 피로 씻겨진 번제단의 오염을 흡수한 하타트 제물의 나머지를 제사장이 먹어서 하타트 제물을 드린 자의 죄로 인해 발생한 성소의 오염을 완전히 제거한다고 보았고,[82] 안수의 기능을 인정하는 게인은 안수를 통하여 성소로 이동한 죄의 오염을 가진 하타트 제물의 나머지를 제사장이 먹어서 하타트 제물을 드린 자의 과실(culpability)이 제거된다고 보았다.[83] 필자가 볼 때 이들의 주장은 성소기물의 부정의 기원(起源)에 대한 이견에도 불구하고 범죄자의 죄로 인한 제물의 오염 및 그것을 먹거나 태워서 죄를 제거한다는 점에서 큰 차이는 없어 보인다.

---

80 Levine, *Leviticus*, 62.
81 Schwartz, "The Bearing of Sin," 17-18; Gilders, *Blood Ritual*, 130.
82 Milgrom, *Leviticus 1-16*, 624, 635-40; Wright, *The Disposal of Impurity*, 129-35.
83 Gane, *Leviticus-Numbers*, 190.

밀그롬의 입장: 번제단 자체가 제물의 오염원이다

밀그롬은 하타트 제물의 나머지를 먹는 것이 "공동체의 죄의 제거"에 영향을 준다고 여긴다. 밀그롬은 제사장이 하타트 제물의 나머지를 먹는 일을 대제사장의 "야웨께 성결"이라는 이마의 패의 역할("이 패를 아론의 이마에 두어 그가 이스라엘 자손이 거룩하게 드리는 성물과 관련된 죄책을 담당하게 하라 그 패가 아론의 이마에 늘 있으므로 그 성물을 야웨께서 받으시게 되리라"[출 28:38])과 유사한 기능을 수행한다고 보았다. 밀그롬은 "대제사장이 이마의 표시(ṣîṣ)를 통하여 이스라엘이 드린 제물의 부정을 흡수하듯이, 집례하는 제사장도 하타트 제물(ḥaṭṭā't)을 먹음을 통하여 이스라엘의 부정을 흡수한다."고 말한다.[84]

밀그롬은 원래 번제단의 하타트 제물이 죄의 오염을 제거하고 제물의 나머지는 제사장의 수고에 대한 일종의 보상이라고 믿었으나,[85] 나중에 미국 재림교회 구약학자 로드리게스[86]의 영향을 받아 하타트 제물의 나머지를 제사장이 먹음으로써 그 부정의 나머지를 흡수한다고 자기 입장을 수정한다. 그러므로 밀그롬은 최종적으로 심각한 죄의 부정(즉 그 피가 내성소에 들어간 하타트 제물)의 경우 진영 밖 정결한 곳에서 태워서 없애고, 제물의 가벼운 죄의 부정(즉 그 피가 회막 뜰의 번제단에서 태워진 하타트 제물)은 제사장이 회막의 정결한 곳에서 그것을 먹어서 없애는 것이라고 주장한다.[87] 밀그롬은 이 과정을 "거룩이 부정을 삼켰고 생명이 죽음을 이길 수 있다"라고 설명하며 정결한 제물의 피("제의 세정제")가 이미 오염된 번제단의 부정을 씻었고 그 부정이 제물로 이동한

---

84 Milgrom, *Leviticus 1-16*, 624.
85 Milgrom, "Two Kinds of hattat," *VT* 26 (1976): 337-37.
86 Rodriguez, *Substitution*, 134 n. 2.
87 Milgrom, *Leviticus 1-16*, 625.

다는 전제를 제기한다. 성소는 심지어 비고의적인 죄에 대해서도 죄의 오염에 취약하지만, 제사장은 기본적으로 성소 내에 있으면 그러한 부정으로부터 면역이 되어있다고 보았다. 밀그롬은 "부정은 성소를 오염시키지만, 성소에서 하나님을 섬기는 한 제사장을 오염시키지 않는다."고 말한다.[88]

밀그롬의 주장처럼 피가 제물과 분리되어 번제단 앞에서 뿌려짐으로서 그곳에 옮겨진 죄의 오염을 씻는다고 할 때, 문제는 그러한 기능을 하는 피와 제단에서 태운 제물의 일부와 이미 따로 분리되었던 제단에 드려진 적이 없었던 제물 나머지 고기와의 사이에 아무런 접촉도 없었다는 것이다. 게다가 번제단에 드려졌던 제물은 원래 제사장이 먹도록 주어진 것이 아니었다. 그렇다면 안수를 통하지도 않고 씻어낸 죄의 오염이 제물(즉 나머지)에게 어떤 방식으로 전달된다는 것인가? 밀그롬은 안수를 통하지 않은 채 정결한 피와 제물이 번제단에 드려진 후에, 피에 의해 씻겨진 번제단의 오염이 나머지 제물로 옮겨갔는데 그것을 제사장이 먹어서 없앴다고 주장하는데, 이것도 마찬가지로 문제다. 이것은 추론일 뿐, 이러한 주장에 대한 본문상의 증거는 없다.

결국 밀그롬은 이와 같은 일상적인 성소제의의 노력에도 불구하고, 제의적으로 행하지 않아서 제대로 처리되지 못한 다른 죄들의 부정은 성소에 남는다고 전제한다. 그리고 밀그롬은 1년에 한번 속죄일에 대제사장이 하타트 제물의 피를 가지고 지성소로부터 성소, 그리고 회막의 뜰까지 죄의 오염을 씻어낸다고 보았다. 마지막 단계로 아론이 살아있는 숫염소의 머리에 안수를 통하여 성소에서 하타트 제물로 정화한 죄들이 숫염소에게 이동되며, 결국 광야로 이스라엘 온 백성의 부정이 광야로 보내진다고 주장한다.[89] 이러한 해

---

88 Milgrom, *Leviticus 1-16*, 638-39.
89 Milgrom, *Leviticus 1-16*, 638. 그러나 밀그롬은 죄의 고백을 언급하지 않는다.

198 피와 고기의 신학

석은 결국 일상적인 희생제의 자체가 불완전한 것이 아닌가하는 의문을 초래한다. 이러한 혼란에 대하여 좀 더 체계적인 설명을 제공한 사람이 게인이다.

게인의 입장: 제물 자체가 오염원이다.

게인은 제물의 나머지(음식)를 제사장이 먹는 목적을 다음과 같이 말한다.[90] 즉 (1) 제사장이 먹는 행위는 헌제자의 악을 화목케 한다. (2) 제사장이 [하타트] 제물을 먹는 것은 하나님이 제물을 받으시는 역할(번제단에서 태워서 연기를 내는 것)의 유비다.[91] (3) 제사장이 제물을 먹는 행위는 헌제자의 윤리적 결점을 보완하는 것이다(회중의 죄를 제거하고 그들을 위하여 정결케 함[17절]). 이와 같은 게인의 논리적 근거는 당연히 제물의 안수를 통해 제물이 죄로 오염된다는 가설에 기초한 것이다. 그는 더 나아가 레위기 10:17도 자기 입장을 지지해준다고 생각한다.[92] 그렇지만 반대로 이 과정에서 제사장이 죄를 먹어서 없애는 것이 목표였다면, 모세가 아론이 원래 규정대로 하지 않고 진영 밖 정결한 곳에서 하타트 제물 전체를 죄를 없앨 목적으로 소각한 것에 문제를 제기한 이유는 무엇일까? 그것이 제사장들의 몫이었는데 모세가 그것을 찾다가 제사장들이 그것을 먹지 않고 모두 소각했다는 것을 알고 화를 냈던 것이다.

게인의 입장은 번제단 이후의 나머지 고기의 처리의 목적(죄의 해결)에 관해서

---

90 Gane, *Leviticus-Numbers*, 194f. 김경열(『레위기』, 207-8)은 제물 자체가 오염원이라는 게인의 의견에 동의하면서 다음과 같은 증거를 추가로 제시한다: ① 레 6장의 하타트 제물과 접촉한 그릇을 씻거나 깨뜨려야 한다는 규정, ② 레 11장 부정한 고기는 짐승과의 접촉에 따라 씻거나 깨뜨려야 한다는 규정, ③ 내성소에 진열했다가 1주일만에 나오는 진설병을 제사장이 먹는 일, ④ 출 21:28의 사람을 죽인 소의 고기를 먹지 말라고 한 점, ⑤ 화목 제물의 유효기간이 지난 것이나 부정과 접촉한 경우 먹지 말라는 말씀, ⑥ 레 19:8의 더럽혀진 성물도 함부로 취급하지 말라고 했던 구절 등이다. 그러나 결국 김경열의 논증은 레 10:17에 의존한다(김경열, 『레위기』, 209, 특별히 n. 13.).

91 Derek Kidner, *Sacrifice in the Old Testament* (London: The Tyndale Press, 1958), 21.

92 Gane, *Leviticus-Numbers*, 190.

는 밀그롬과 별차이가 없는 듯하지만, 그 죄의 오염의 출처가 번제단이 아니고, 원래부터 드려진 짐승제물이라는 점에서 큰 차이를 보인다.[93] 앞서 언급하였듯이, 게인의 입장은 헌제자의 안수를 통해 옮겨간 제물의 피와 제물 고기의 오염을 전제로 하기 때문이다. 게인은 이와 같은 과정이 두 단계(속죄론)로 구성된다고 주장한다.

[표 40] 제물의 피의 역할에 대한 게인의 입장

단계	내용
1	피는 죄인의 짐승에 대한 안수를 통하여 짐승에게 죄의 부정을 전달하고 그 피와 제물을 번제단에 사용함을 통하여 번제단에 그 부정을 옮겨주는 전달자(carrier) 역할을 한다. 그렇게 피를 포함해서 짐승 자체도 부정한 상태로 번제단에 놓여진다.[94] 부정이 심한 하타트 제물(그 피가 내성소에 들어간 경우)은 번제단에서 태워지며 나머지는 진영 밖 정결한 곳에서 소각되지만, 부정이 덜 심한 경우(즉 회막 뜰 번제단에서 처리된 제물의 나머지) 고기를 제사장이 먹음으로 제거된다.
2	번제단 뿔이 제물의 피로 적셔짐으로서 번제단에 남겨진 악은 제거되지 못한 채 일년내내 회막에 쌓여진다. 일년에 한번 속죄일에 대제사장이 수행하는 하타트 제의로 성소에 남겨져 있던 그 죄들의 오염을 제거하고 아사셀 염소 의식을 통하여 그동안 범한 다른 죄를 이스라엘 진영 밖으로 버려진다.[95]

지금까지 다루었던 모든 논란의 배경에는 길더스가 지적하였듯이 레위기 10:17의 해석에 대한 '과도한 의존'과 명확하게 설명하고 있지 않은 제의행위와 본문들에 대한 의미부여가 있다. 즉, 이 구절에서 '너희에게 준 것'을 나머지 제물을 먹는 행위 전체를 의미하는 것으로 볼 것인가, 아니면 하타트 제물을 먹는 것에 국한해서 볼 것인가에 따라 하타트 제물 고기를 제사장이 먹거

93 Gane, *Leviticus-Numbers*, 278ff.

94 Gane, *Leviticus-Numbers*, 278, 279.

95 Gane, *Leviticus-Numbers*, 104, 278.

나 진영 밖에서 태우는 일에 대한 전혀 다른 해석이 나온다.

레위기 10:17의 해석

이제 레위기 10장의 하타트 제물의 나머지 처리를 살펴볼 것이다. 이 단락의
내용은 나답과 아비후의 사망사건 이후에 등장하는 두 가지 교훈들 가운데
하나다. 첫 번째는 모세를 통한 야웨의 제사장들에 대한 금지교훈(장례절차에
대한 참여 금지[6-7절], 술과 독주에 대한 섭취 금지[8-11절])이며 두 번째는 여러 가지
제물(즉, 소제물과 화목 제물[12-15절], 하타트 제물[16-20절])을 적절하게 처리하는
것과 관련한 에피소드다.

　　일반인들이 먹다 남은 제물을 절대로 남기지 말고 모두 불태우라는 명
령처럼("유월절제물[출 12:10a, 12b; 23:18; 34:25; 민 9:12; 신 16:4], 감사예물[레 7:15;
22:30], 화목 제물[레 7:17; 19:6], 위임예물[레 8:32; 출 29:34…]"[96]), 제사장들도 주어진
제물의 나머지를 남기지 말고 먹어야 했고 남은 것은 이스라엘 진영 밖 정결
한 곳에서 모두 태워야 했다. 그런데 이와 같은 처리의 의미(기능)에 대한 논란
이 있다. 이것은 단순히 남은 제물의 폐기처분과정인가? 어떤 사람들은 이것
을 속죄행위 자체에 포함되는 것으로 보았으며 혹자들은 이것을 제사장들이
완결시켜야 할 의무적인 속죄 과정("the expiatory process")이었던 것 같다고 주
장한다.[97] 그렇기 때문에 밀그롬[98]의 주장처럼 레위기 10장의 마지막 구절들
에 나타난 하타트 제물의 나머지 처리에 대한 아론과 모세의 논쟁을 더 심도
깊게 살펴보아야 할 것이다. 하타트 제물의 나머지처리와 관련하여 뜨거운

96　Milgrom, *Leviticus 1-16*, 637-38.
97　Milgrom, *Leviticus 1-16*, 638; Feder, *Blood Expiation*, 69.
98　Milgrom, *Leviticus 1-16*, 625.

관심과 논란이 되는 구절은 레위기 10:17이다(개역개정의 일부 수정).[99]

이 하타트 제물은 지성물이거늘 너희가 어찌하여 [회막의] 거룩한 곳에서 먹지 아니하였느냐 이는 너희로 회중의 죄를 담당하게 하려고[100] 그들을 위하여 야웨 앞에 제사하게 하려고 너희에게 주신 것이니라

"이는 너희로 회중의 죄를 담당하여 그들을 위하여 야웨 앞에 제사하게 하려고"라는 표현은 동의적 병행으로 이해할 수 있다는 데는 반론의 여지가 없다.[101] 와츠는 MT의 액센트를 따라서 모세의 연설을 "두 번째와 세 번째 요소들 사이에 존재하는 병행법으로 표시되는 두 개의 삼콜론들(tri-colons)"로 나눈다.[102] 즉

A "너희가 어찌하여 먹지 않았느냐"

　B "거룩한 장소에서 하타트 제물을"

　B' "그것이 지성물이기 때문이다."

C "그것은 너희에게 주신 것이다"

　D "회중의 죄를 담당하여"

99　이에 대한 학자들의 다양한 견해는 다음과 같다: Janowski, *Sühne*, 207-8; 238-39, n. 272. 야노브스키의 속죄관은 그의 스승 Hartmut Gese("The Atonement," in *Essays on Biblical Theology* [trans. by Keith Crim; Minneapolis: Augsburg, 1981; 2nd. ed., 2000], 93-106)을 따른다. 또한 Kiuchi, *The Purification Offering*, 46-47; Wright, *Disposal of Impurity*, 132-35; Milgrom, *Leviticus 1-16*, 261-64, 622-25, 635-40.

100　Schwartz, "The Bearing of Sin," 15ff. 여기서 사용된 "נָשָׂא עָוֹן"의 의미에 대한 논란이 있다. 이것을 "죄의 책임을 담당한다"고 해석하기도 있지만, Sklar(*Sin*, 93-95)는 이에 대해 문제를 제기한다. 첫째 לְ가 일반적으로 근거절(ground clause)의 의미로 사용된 것이 아니라는 점이며 둘째 다른 학자들도 책임이라는 측면에서 그 의미를 제기하지 않는다는 점이다.

101　Gane, *Leviticus-Numbers*, 195.

102　Watts, *Leviticus 1-10*, 348.

D' "야웨 앞에서 그들을 위하여 제사하려고"

이러한 병치는 이 구절이 제사장이 하타트 제물의 나머지를 먹음으로서 죄에 대한 어떤 효과를 미치는 것으로 생각할 수 있는 여지를 주었다.[103] 그와 관련하여 밀그롬[104]은 제물 자체가 나중에 제사장이 먹어서 처리하는("disposing of") 죄의 부정을 포함하고 있다고 주장한다. 이를 따라서 게인은 제사장이 제물의 나머지를 먹는 것이 단지 그것을 처리하는 데 그치지 않고 죄를 없애는 데("expiating")까지 이른다고 보았다.[105] 게다가 그는 모세의 연설에서 첫 네 개의 콜론의 교차대구적 분석을 통해서 "너희가 하타트 제물을 먹는다"를 "그것은 너희에게 주셨던 것이다"와 병행하는 것으로 보았으며 니한도 LXX('그것은 너희가 먹도록 주어진 것이다'[אֹתָהּ נָתַן לָכֶם לָשֵׂאת])처럼 하타트 제물을 먹는 것이 죄를 없애는 것을 의미한다고 여겼다.[106] 페데르도 이들의 입장에 동의한다.[107] 그러나 밀그롬은 제사장들이 하타트 제물의 나머지를 먹지 않고 태운 것, 즉 '사소한' 오염을 먹어서 없애지 않고, 더 심각한 오염을 처리하는 진영 밖 정결한 곳에서 태운 일이 모세가 그리도 화를 낼 정도로 큰 문제였는가를 묻는

---

103 Watts, *Leviticus 1-10*, 548.

104 Milgrom, *Leviticus 1-16*, 624, 635-40.

105 Gane, *Leviticus-Numbers*, 91-105.

106 Nihan, *Priestly Torah*, 599 n. 97. 또한 Nihan(*Priestly Torah*, 600)은 두가지 논거를 제공한다. ① 그는 하타트 제물 자체가 일종의 제거의식이라는 점에서 진영밖 정결한 곳에서 제물을 전부 불태우는 것과의 유비를 통하여 식사와 속죄행위를 연관시킨다. ② Nihan은 그러한 주장의 논거로 "흠있는 제물을 드렸을 때, 아론의 이마의 표식으로 인하여 그것을 하나님이 온전한 제물로 받아들여 질 수 있다"고 말하는 출 28:38과의 유비를 제시한다. 그러나 이에 대한 반론도 제기될 수 있다. ① נָשָׂא עָוֹן이라는 표현이 여기에 있지만, 그 이마의 표식의 기능이 아론이 남은 제물을 먹는 것도 불태우는 것에 의한 것도 아니라는 점에서 그 유비는 온전하지 않다. ② 게다가 다음과 같이 언약식사와 속죄의식행위를 연결시키지 않는 학자들도 있다. (Rendtorff, *Leviticus*, 319; Rodriguez, *Substitution*, 130ff.; Milgrom, *Leviticus 1-16*, 622-24).

107 Feder, *Blood Expiation*, 67-75.

다.[108] 키우치는 모세의 진노가 제사장들이 하타트 제물에 대한 세부적인 규정을 철저하게 지키지 않았기 때문이라고 주장한다.[109]

그러나 다른 대부분의 학자들은 이와 같은 속죄행위와 제물 먹는 일의 동일시에 동의하지 않는다.[110] 밀그롬은 자신의 옛 입장이기는 하지만, 제사장들이 부정을 먹어서 없애는 전례를 고대근동에서 발견할 수 없다고 주장한다.[111] 페테르-콩테스는 회중의 죄를 담당하는 것은 제물을 '먹는다'는 동사가 아니라, 제물을 '준다'는 동사의 사용에 직접적으로 의존한다고 주장했다.[112] 또한 와츠는 자신의 분석과 관련하여 MT의 독법이 자신이 보여준 병행을 지지하며(forced), "이스라엘 진영 밖에서 대제사장과 공동체의 하타트 제물을 태우는 제의적으로 병행적인 행동은 레위기 4:21의 죄의 경감(mitigation)과 용서에 대한 후렴구를 따라 등장한다."고 주장한다.[113] 또한 이 단락에서 등장하는 제물이 지성물이라서 제사장이 그것을 거룩한 장소에서 먹어야 했다는 표현은 레위기 6:18-23을 상기시킨다.[114] 물론 이 문맥의 '전염'이 거룩의 전염인지 (죄의) 부정의 전염인지에 대해서는 여전히 논쟁중이지만, 회중의 죄를 담당하는 것(제사장의 제의행위)이 제물의 나머지를 먹는 일을 포함한다하더라도 그것은 속죄의 한 방편이 아니라, 규례를 따라 지성물을 정한 곳에서 먹어서 소비하는 것이라는 방증이 될 수 있다[115](제물을 먹는 것과 제물과의 접촉의 관련성에 대

108 Milgrom, *Leviticus 1-16*, 635.
109 Kiuchi, *The Purification Offering*, 183.
110 이에 대한 논증은 Kiuchi, *The Purification Offering*, 46-52를 보라.
111 Milgrom, *Studies in Cultic Theology and Terminology* (Leiden: Brill, 1983), 101, n. 28.
112 Péter-Contesse, *Lévitique 1-16*, 167. 또한 Kiuchi(*The Purification Offering*, 46-52)의 경우도 שׂא נָשָׂא에 근거하여 제물을 먹음이 속죄과정에 포함되지 않는다고 주장하면서(51) 속죄에 관한 제사장의 죄책(guilt) 담당으로 이해하면서(52) 이에 동의한다.
113 Watts, *Leviticus 1-10*, 548.
114 Feder, *Blood Expiation*, 71-72.
115 Feder(*Blood Expiation*, 72-73)는 성소경내를 벗어날 경우 발생할 수 있는 문제점을 제거할 목적으로

해서 본서의 6장을 보라).

이 구절에 대한 논란은 아론을 포함한 제사장들이 백성의 하타트 제물의 나머지를 먹지 않은 것에서 그 의미를 찾을 수 있을 것이다. 본문 자체에는 제사장들이 하타트 제물처리 방법을 변경시킨 이유에 대한 명확한 언급이 없다. 모세의 이러한 질문에 대한 아론의 수사학적 질문("오늘 그들이 그들의 **하타트 제물**과 번제물을 여호와께 드렸어도 이런 일이 내게 임하였거늘 오늘 내가 **하타트 제물**을 먹었더라면 여호와께서 어찌 좋게 여기셨으리요"[19절])을 보면, 이들이 하타트 제물의 나머지를 먹지 않고 진영 밖 정결한 곳에서 그것들을 전부 태우게 한 일이 의도적인 것이었다는 느낌이 든다.[116] 이에 대한 가능한 해답은 다음과 같이 두세 가지 정도일 것 같다.

① 아론의 말은 자기의 아들들이 죽은 날 (속죄의 문제를 다루는) 하타트 제물의 나머지를 먹는 것이 부적절하다고 느꼈다는 의미다.[117] ② 하타트 제물이 사체로 오염되었기 때문에 하타트 제물을 먹을 수 없었다는 것이다. 이 두 가지 대답은 다른 제물들은 먹을 수 있었는데, 어째서 정결예물만 먹지 않았는가라는 질문에 가로막힌다. 물론 이것은 아마도 죄의 용서(혹은 제단의 정화)와 관련지어서 고려할 여지가 없는 것은 아니다. ③ 밀그롬은 현재 본문이 옛 전승과 새전승이 혼합된 상태라고 본다.[118] 그는 해석상의 혼란의 원인을 거거에서 찾는 것이다. 밀그롬은 "… 이 제사장의 자료(와 상응하는 규범적 본문, 출 29:10-14)의 단락은 … 하타트(ḥaṭṭā't) 제의의 더 오래된 형태를 보존"할 수 있는 가능성을 제시한다. 밀그롬은 그러한 점에서 해결책을 현재 본문에서 찾

제사장의 제물 나머지 고기를 거룩한 곳에서 먹는 행위를 거룩의 제거라고 본다.

116 Milgrom, *Leviticus 1-16*, 635-36.
117 Nihan, *Priestly Torah*, 600-601.
118 Milgrom, *Leviticus 1-16*, 636.

을 수 없다고 보고 다음과 같은 해결책을 제시한다. "… 그들은 거룩한 구역들의 한 가운데서 발생한 나답과 아비후의 죽음이 성소 전체를 오염시켰으며, … 그 고기는 안전하게 삼키기에는 대단히 부정으로 가득 차 있었다고 확실히 느꼈다." 그래서 밀그롬은 아론의 입장을 "자기 아들들의 죽음과 그들의 시체를 통한 결과적인 성소의 오염이 먹는 하타트(ḥaṭṭāʾt)에서 태우는 하타트(ḥaṭṭāʾt)로의 제물의 지위로 악화시켰다"고 이해했다고 본다.[119]

결론적으로 필자는 제사장들이 거룩한 곳에서 제물을 먹지 않고 진영 밖에서 태우게 하였던 이유가 무엇이든지간에 이 본문은 이러한 하타트 제물을 먹는 제사장의 행위가 죄를 먹는 것이 아니었으며 아론의 아들들이 죽은 상황에서 아론과 그의 다른 아들들이 하타트 제물을 먹는 행위가 "여호와께서 보시기에 좋지 않았을 것"이라는 점에서 (비록 밀그롬의 주장처럼 전승의 혼잡을 수용할 수는 없지만) 아들들이 죽은 비정상적인 상황 속에서 제사장들이 "주어진 규례대로" 제물을 먹는 일을 제대로 집행할 수 없었음을 말해준다고 주장하는 위의 밀그롬의 입장에 동의한다.

부차적 문제들: 제물과의 접촉의 문제

이 단락은 제사장이 일상상황 속에서 제물의 나머지 고기를 먹지 못하는 경우를 중심으로 다룬다. 일반적으로 부정은 직접적인 접촉을 통하여 사람이나 물건에게 전염 혹은 전달되지만, 죄의 경우 접촉을 통하여 죄가 사람이나 물건

---

119 Milgrom, *Leviticus 1-16*, 639.

(혹은 짐승)에게 전염 혹은 전달되지 않으며 "특정한/심각한 죄"의 경우나 "정화 과정을 거치지 않은 중대한 부정"의 경우 자동적으로 접촉 없이 성소기물을 오염시킨다. 그러나 '드려진 제물'의 접촉의 경우 그 양상이 더욱 복잡하다.

이 주제를 다룰 때 하타트 제물의 피와 고기뿐만 아니라, 하타트 제물이 아닌 소제물과 화목 제물에도 접촉과 관련한 규례가 있기에 제물 모두를 함께 유비적인 측면에서 고려해야 한다. 여기서 제물과의 접촉문제는 말 그대로 접촉을 통한 부정의 전염(처음부터 끝까지 제물의 피와 고기가 전염되었다고 보고 그것과 접촉하는 모든 것이 2차적인 오염을 초래하였다고 보는 것의 입장)과 거룩의 전염(그것이 부적절한 전염이라는 점에서 접촉의 가능성을 미리 제거해야 한다고 보는 것[120])의 입장도 함께 고려해야 한다.

여기서 혼돈하지 말아야 할 부분은 정상적인 접촉(제물의 번제단과의 제의적 접촉), 제사장이 제단 뿔에 행하는 제의적인 접촉, 그리고 비정상적인 접촉(제물의 제사장과의 이차적인 접촉, 제물의 조리용 그릇들과의 접촉, 제물의 부적절한 것[혹은 상황-사람과 시간과 장소]의 접촉)이 있다는 점이다. 문제는 이러한 혼돈이 제물과의 접촉을 모두 부정의 접촉으로 여기려는 해석적 오류를 초래했다고 본다.[121] 여기서 제물의 피와 고기의 접촉의 시기, 즉 제물의 피를 제단에서 사용할 때 (제사장의) 옷과의 접촉의 문제(이 경우에는 거룩한 곳에서 씻어야 한다)와, 제물을 다양한 방식으로 익혀먹을 때 사용한 그릇과의 접촉의 문제(그릇을 씻거나 파괴해야 한다)를 다룬다.

---

120   Budd, *Leviticus*, 116-17.
121   Kiuchi, *The Purification Offering*, 135-41을 보라.

소제물(레 6:14-18; 비교. 6:19-23)[122]

소제물은 하나님께 드려진 '지성물'이며, 회막봉사를 수행한 제사장에 대한 보상이자, 그렇게 함으로서 제사장이 이스라엘의 대표로서 하나님의 거룩함에 참여하는 것을 의미한다. 본문은 회막의 거룩한 곳에서 제사장의 남자가족 혹은 레위인들이 소제물을 '누룩없이' 먹을 수 있다고 규정한다. "누룩없이"라는 말은 주어진 제물을 하루가 지나지 않은 시점에서 완전히 먹어야 한다는 의미일 수 있다.

이 주제와 관련하여 가장 우선적으로 다루어야할 본문은 "예물과 접촉하는 것[사람]마다 거룩해진다"(18절)로서, 이 말은 두 가지로 해석될 수 있다. ① 그것이 사람인 경우, 그 말은 부주의한 접촉에 대한 추가적인 경고로 볼 수 있다.[123] ② 그것이 물건인 경우, 그 말은 우연찮게 혹은 필연적으로 어떤 물건이 회막 뜰에 있는 제물(피 혹은 고기)과 접촉했을 경우 발생할 수 있는 거룩의 전염성을 의미한다고 볼 수 있다. 그러나 이 문맥에 나타난 거룩의 전염성은 다양하게 해석될 수 있다.

몇 가지 본문들(레 5:14-16; 학 2:12; 출 30:26-29; 말 4:15)에 근거하여 그 접촉된 상태가 실제적으로 "거룩"의 전염(확산)을 의미한다거나[124], 상징적인 의미에서로 거룩한 상태가 유지되어야 한다거나, 거룩한 곳에서만 전용(專用)되어야 한다는 식으로 해석되었다.[125] 그러나 그것이 접촉한 후에는 더 이상 일

---

122 이 부분은 성기문(『레위기』, 83)을 수정보완한 것이다.

123 Levine, *Leviticus*, 37-38, 40.

124 Milgrom, *Leviticus 1-16*, 443-51; Kiuchi, *Leviticus*, 125, 127.

125 Levine, *Leviticus*, 37-38, 40; 하틀리, 『레위기』 269, 271. 레빈(*Leviticus*, 38)은 이 구절의 의미가 구별된 자만이 제사용 물건과 접할 수 있다고 말하는 것으로 18절의 시작부분을 강화하는 역할을 한다고 보며 출 29:37과 30:29 그리고 말 2:11-13에 근거하여 부정은 전염되지만, 거룩은 전혀 전염될 수 없다고 주장한다. 이에 대하여 Hartley(*Leviticus*, 97)도 레빈의 말에 동의한다.

반적인 용도로 사용할 수 없다는 의미라는 주장[126]은 그것이 이미 성소안에서 제의적으로 사용되는 상황이라는 점에서 그 개연성은 떨어진다. 게다가 그러한 입장들은 그 대상의 장소적 제한이나 사용자의 제한의 이해에 도움이 되지만 그것을 물로 씻어내거나 제거하는 행위는 설명할 수 없다. 오히려 그것은 지성물(제물)과 성물(음식조리용 기구)의 접촉으로 인한 성물(그릇 등)에 남겨진 '과도한 거룩'을 제거해야 한다는 의미일 것이다. 그러한 측면에서 이 표현은 문자적인 측면이 아니더라도, '거룩의 전염'의 위험성에 대한 엄중한 경고로 보아야 할 것이다.

제사장이 먹을 수 있었던 일상적인 소제물과는 달리, 제사장 임직식에 드려진 소제물은 다른 취급을 받는다. 이것은 죄(오염)의 이동과는 상관없이, 제사장 자신을 위한 제물이라서 제사장은 그것을 먹지 말고 전부 태워야 한다. 이와 같이 제사장과 관련된 소제물(지성물)은 제사장이 소유하거나 먹을 수 없다. 여기에서 소제물이 하타트 제물과 연관성이 없는가에 대한 또 하나의 의문이 생긴다. 하타트 제물의 경우 제사장들이 처리한 경우(족장과 일반인의 하타트 제물)에는 당연히 제사장들이 그것을 먹을 수 있었지만, 대제사장이 처리한 경우(기름부음 받은 제사장과 온 백성의 하타트 제물)에는 제사장들이 먹을 수 없고 진영 밖에서 그 나머지 고기를 전부 불태워야 한다. 단지 유비적으로만 보더라도 특정한 하타트 제물이 더 오염되었기 때문에 진영 밖에서 전부 불태움으로서 그 죄의 오염을 제거해야 하는가에 의문을 제기할 수 있다. 또한 소제물의 거룩의 전염문제와 대척점에 있는 것은 그릇이나 창고에 비축되었던 곡식이 부정을 초래하는 것들과의 접촉으로 인해 부정해지는 경우다(레

---

126 Milgrom, *Leviticus 1-16*, 403.

11장). 이것은 먹는 혹은 접촉하는 사람을 부정하게 할 수도 있지만, 하나님께 그 상태로 소제물로 드려질 때도 부정의 위험이 상존할 수 있었다.

화목 제물(레 7:19-21)[127]

화목예물은 제사장이 헌제자와 함께 먹는 것이라서 다른 제물들과 비교할 때 여러 가지 제한사항이 더 있다. 제사장은 (지)성물과의 접촉에 있어서 그 거룩을 씻어내는데 노력을 다해야 하지만, 제사장들뿐만 아니라 헌제자들도 거룩한 음식을 먹으려면 부정과의 접촉을 회피해야 했다. 즉 제의적으로 정결한 사람만이 화목 제물을 먹을 수 있으나, 제물의 피와 지방은 절대로 먹을 수 없다. 부정한 사람은 화목예물을 먹을 수 없다. 부정한 것과 접촉한 화목예물도 먹을 수 없다. 이를 어길 경우 레위기 18, 20장의 성적인 범죄나 우상숭배의 처벌의 경우와 유사한 징벌을 받는다.

[표 41] 화목제물 처리 규례

화목 제물의 나머지	부정해지는 방식	처벌규정(관련 구절)
나머지는 정해진 날짜가 지나면 불태워야 한다	날짜를 초과해서 먹은 경우	제물이 "부정해진 상태로 그것을 먹는 사람은 죄의 책임을 져야 한다"(18)
제물의 나머지의 부정 문제	부정한 것과 접촉한 화목제물의 경우	"먹지 말고 불태워야 한다"(19)-부정의 전염
	부정한 사람이 먹은 경우	"그런 사람은 그의 백성에게서 끊어질 것이다"(20)
	부정한 것과 접촉한 사람이 화목 제물을 먹은 경우	"그는 자기 백성에게서 끊어질 것이다"(21)

---

127 이 부분은 성기문(『레위기』, 85-87)을 수정보완한 것이다.

짐승의 지방부위	먹는 경우	"먹은 사람은 자기 백성으로부터 끊어질 것이다"(25)
새를 포함한 동물의 피	먹는 경우	"그 피를 먹은 사람은 그의 백성에게서 끊어질 것이다"(27)

아마도 부정의 원인은 "땅에서 떼지어 다니는 것들"(파충류와 설치류)의 사체와의 접촉을 통한 것처럼 보인다. 동물의 사체와의 접촉은 1일간 부정하며, 사람의 사체와의 접촉은 7일간 부정하며 중간에 그에 적절한 처리과정을 거쳐야 한다(민 19장). 이 경우 외에 몇 가지 경우들(속죄일에 금식하지 않은 경우, 금지된 예배에 관여한 경우, 금지된 성풍속에 관여한 경우, 피째 고기를 먹은 경우, 화목 제물을 셋째 날 먹은 경우 등)에도 "그의 백성에게서 끊어지는" 형벌을 받게 된다.

하타트 제물(레 6:24-30)

하타트 제물은 개인/국가적인 측면에서 발생한 범죄의 직접적인 속죄를 위해 드려진 것이다(레 4-5장의 논의를 보라). 그러나 이 제물의 피와 고기의 경우도 다른 제물들의 경우와 차이보다는 유사성 혹은 일관성이 많다는 점에서 다른 번제물-소제물-화목 제물의 경우와 준하여 이해해야 할 필요가 있다. 여기에서는 하타트 제물의 피와 고기와 접촉한 경우, 즉 제사장이 먹을 수 있는 경우(25-29절)와 먹을 수 없는 경우(30절)를 다룬다. 여기에서의 논의는 항상 그러하듯이 피와 고기로 나누어 다루어질 것이다.

하타트 제물의 피와의 접촉[128]

제물의 피가 [제사장의] 겉옷과 접촉한 경우 그 옷을 회막의 뜰에서("거룩한 곳") 물에 빨아야 한다.[129] 이 단락에서 이것이 제사장이 번제단에서 피를 뿌리거나 바르는 제사 과정에서 발생한 상황을 지칭하는지, 아니면 제물을 드리고 난 후에 발생하는 피와의 접촉이라는 아주 예외적인 상황만을 지칭하는지에 따라 다를 수 있다. 이를 위해서 회막뜰에서 제물의 피나 고기와 접촉한 옷, 토기, 구리그릇에만 온전한 제거의 규칙이 적용된다는 점을 고려해야 한다. 물론 이 규칙은 사람에게는 적용되지 않는다.

이와 같은 피와의 접촉에 대한 처방의 해석에 대하여 학자들 사이에 이견이 존재한다. 예를 들어 밀그롬은 거룩한 피와의 접촉에 대한 취급이 "양면가치적"이라고 규정한다. 밀그롬은 거룩한 피와 접촉한 경우 그것을 씻어내야 하는 이유를 아래의 인용문에서처럼 좀 더 부연하여 설명한다.

> "성경은 한편으로 하타트 제물의 고기와 접촉한 모든 대상이 **거룩과 관여한다고**(contracts) 주장하며; 다른 한편으로 그 대상물은 **부정한 것처럼** 취급된다고 단호하게 주장한다. 즉, 피가 튄 겉옷들은 씻겨져야 하며, 구리그릇들은 씻겨지고 헹궈야하며 토기는 파괴되어야 한다."[130](강조는 필자의 것이다).

학자들 사이에서 이러한 접촉의 결과를 '거룩의 오염'으로 보는 입장과 '죄나

---

128 이 부분은 성기문(『레위기』, 83-84)을 수정보완한 것이다.
129 Milgrom, *Leviticus 1-16*, 403, 1064을 보라.
130 Milgrom, *Leviticus 1-16*, 405

부정으로 인한 오염'으로 보는 입장이 있다.

[표 42] 하타트 제물의 피의 접촉: 거룩과 부정의 오염의 대조

이동의 근원	내용설명
거룩의 오염	이 경우는 회막 안에서 거룩한 피가 거룩의 등급이 낮은 것[겉옷]과 접촉하는 것이다. 피와 접촉한 것이 무엇이든지 원래 상태보다도 더 거룩해지므로, 그 과도한 거룩함을 물로 씻어내야 한다. 이러한 규례의 배후에는 옷의 과도한 거룩함을 줄이려는 의도도 있겠지만, 궁극적으로 거룩한 피가 회막 밖에서 다른 것과 접촉하는 잠재적 위험을 막기 위함이라고 볼 수 있다.[131]
부정의 오염1	밀그롬은 정결한 피가 죄로 오염된 번제단에 적용된 후[after] 죄의 부정을 씻어낸 피와 접촉을 통해 제사장의 겉옷에 옮겨진 오염을 씻어낼 필요가 있다고 주장한다.[132] 이것은 "죄를 씻는 역할에서 죄를 담지하는 역할로" 피의 기능의 전환으로 이 경우에 옷을 씻어 죄의 오염을 제거하여 다시 정결하게 해야 한다고 주장한다.
부정의 오염2	개인은 제물의 피가 범죄자의 죄의 오염을 담지한 상태(번제단에 사용되기 전[before])에 제사장의 겉옷에 닿아서 그 옷을 오염시킨 죄의 오염을 씻어 정결하게 할 필요가 있다고 주장한다.[133]

하타트 제물의 고기와의 접촉[134]

제물 고기는 번제단에서 전부/일부를 태우기 때문에 이 논의는 제단에 드려진 후에 그 제물 나머지를 제사장이 자기 몫으로 먹을 때 발생하는 접촉의 문제를 다룬다. 이것은 하나님께 바쳐진 제물인 성물(심지어 "지성물")을 음식으로 조리할 때 직접적으로 접촉한 다른 그릇들의 처리와 관련된 문제다.

제물의 남은 것은 제사장이 회막의 "거룩한 곳"에서 먹는 것이 원칙이다.

---

131 Willis, *Leviticus*, 64; Kiuchi, *Leviticus*, 127; Watts, *Leviticus 1-10*, 408.

132 Milgrom, *Leviticus 1-16*, 403, 444, 624, 635-40.

133 Gane, *Leviticus-Numbers*, 91-105, 148.

134 이 부분은 성기문(『레위기』 84-85)을 수정보완한 것이다.

회막뜰에서 제물의 피나 고기와 접촉한 경우, 사람에게는 정결규례가 적용되지 않으며 옷, 토기, 구리그릇에만 그 규례가 적용된다. 밀그롬은 이 처리절차가 하타트 제물만을 다루고 다른 제물(소제물과 화목 제물)을 언급하지 않는다는 점에서 "죄의 오염의 처리와는 무관한" 다른 제물과 접촉한 경우 2차적 처리가 필요없었을 것이라고 말한다.[135] 또한 레위기 6:20-21[27-28]은 제사장이 먹으려고 제물을 조리하는 과정에서 발생한 문제를 다룬다. 제물 고기를 삶은 놋그릇은 물로 씻어야 하고 토기의 경우 온전하게 닦아낼 수 없기 때문에 완전히 파괴해야 한다. 이와 관련한 규례의 이유에 대해서 다음과 같은 두가지 견해들이 있다.

(1) 죄의 오염의 제거로 보는 입장:

일부학자들은 이러한 파괴(세정)의 이유를 거룩의 전염보다는 죄의 부정의 전염으로 이해한다. 밀그롬은 제물과 접촉한 토기를 파괴하는 이유를 가장 깊숙이 흡수되는 특성을 가진 토기에 흡수된 제의적 부정을 물로 씻는 방식으로 온전하게 제거할 수 없기 때문이라고 주장하며 하타트 제물이 "지성물이자 오염의 원천"이라고 보며 이와 관련한 보충설명을 시체와의 접촉으로 부정해진 사람들의 부정을 제거하려고 재를 준비하는 사람에게도 부정이 초래된다는 붉은 암소로 만든 재의 "역설"과 관련하여 설명한다.[136] 게인은 이와 관련한 역설과 관련하여 한걸음 더 나아가 이것을 지성물이 죄의 오염을 전달하는 수단이라는 논증의 부수적인 증거로 삼는다.[137]

135 Milgrom, *Leviticus 1-16*, 405.
136 Milgrom, *Leviticus 1-16*, 405-406.
137 Gane, *Leviticus-Numbers*, 148-49.

(2) 거룩의 오염의 제거로 보는 입장:

다른 학자들은 이러한 파괴(세정)의 이유를 죄의 부정의 오염보다는 거룩의 오염(전염)으로 이해한다. 즉 과도한 거룩을 그에 적합하지 않은 대상에게서 물로 씻어내거나 물리적으로 힘을 가하여 부숴버림으로써 더 이상 다른 용도로 사용이 불가능하도록 제거하는 것으로 이해하는 것이다.[138] 또한 동물의 사체와 음식이나 음료 등의 접촉을 다룬 레위기 11:32-33을 보면, 거룩과의 부적절한 접촉을 해결하는 이 규례들과 동물 사체와의 접촉을 통한 음식이나 음료가 부정하게 된 경우와, 제물의 나머지 고기를 담거나 삶는데 사용되었던 나무그릇을 물로 씻고 토기는 깨뜨려야 했던 경우는 서로 유사하다는 것을 알 수 있다.[139] 두 가지 규례들을 비교해보면, 부정과의 부적절한 접촉도 씻어내거나 파괴해야하듯이 거룩과의 부적절한 접촉도 마찬가지라는 것을 알 수 있다.

27절("그 고기[지성물]에 접촉하는 모든 물건은 거룩할 것이며 그 피가 어떤 옷에든지 묻었으면 묻은 그것을 거룩한 곳에서 빨 것이요")에 주목해야 한다(이 표현은 소제물의 규정에 나타난 유사한 표현[레 6:18]을 상기시켜준다). 그 어떠한 방식으로든지, 거룩한 제물과 덜 거룩한 것/거룩하지 않은 것의 접촉에 따른 '부적절한' 결과

---

138 웬함,『레위기』, 136; Levine, *Leviticus*, 40; Kiuchi, *Leviticus*, 127; cf., Budd, *Leviticus*, 116-17.

139 Kiuchi(*Leviticus*, 127)은 거룩의 오염과 부정의 오염의 유사성을 다음과 같이 설명한다.

… 그 유사성은 두 종류의 전염(contagion)이 갖고 있는 서로 다른 성격을 강조하려는 것 같다; 부정의 전염의 영향은 만연하고 널리 퍼져 있지만 성결의 전염의 영향은 크지 않고 최소한도인 것이다. 희생 제물은 거룩하며 부정한 것과 아무 상관이 없다. 동물의 피와 살은 헌제자의 죽음을 대신하는 것이며, 내내 거룩한 채로 남아있다.

이 문제에 대한 가르침의 차이가 한편으로 충성(loyalty) 제물과 보상 제물(reparation offerings) 사이에 존재하며, 다른 한편으로 속죄제물 사이에 존재한다. 이것들은 각 제물들이 내포하는 다양한 정도의 거룩성에서 비롯된 것 같다. 즉 충성 제물의 거룩성은 속죄제물보다 더 높은데 반하여, 보상 제물은 성소를 더럽히지 않는 범죄(자기 은닉, self-hiding)의 정도가 적은 경우를 다룬다.

[자기 은닉이라는 말은 키우치의 אָשָׁם에 대한 독특한 이해에서 비롯된다. Kiuch, *Leviticus*, 103-105를 보라.]

를 회피해야 했다. 다시 말하자면, 성물은 그 어떤 사람(것)을 통해서도 회막의 거룩한 곳을 벗어나지 말아야 하며, 제물 고기의 경우 제사장이 거룩한 곳에서 먹어서 소비되어야 한다.[140] 또한 부주의한 상태에서 지성물과의 접촉은 물로 거룩함을 씻음으로써 그 거룩을 제거해야 한다.[141] 이러한 언급은 이에 상응하는 엄격한 주의를 기울인 채로 주어진 기한 내에 제물을 먹을 것을 강조하려는 것이다. 이와 관련하여 제의적 부정을 제거하기 위한 손씻기의 규례를 살펴볼 필요가 있다. 여기에 부정의 제거를 위한 물로 씻음의 의식이 필요했다면, 그 반대로 과도한 거룩을 제거하려는 물로 씻는 의식도 필요했다. 이것은 사람이 정결에서 거룩의 영역으로 들어갈 때(레 16:4), 거룩의 영역에서 정결의 영역으로 나갈 때(레 16:24)도 적용되었다.

성막과 관련한 금기는 접촉(만지는 것), 시각(보는 것[회막 자체는 휘장과 벽으로 가려져 있다]), 그리고 접근(여부)으로 나뉜다. 회막의 어떤 기구도 "전염 가능한 거룩이 내재해있기에" 일반인은 접촉할 수 없었다.[142] 이러한 거룩한 제단이나 회막 기구와의 접촉은 사람이건 물체건 간에 제의적으로 거룩하게 된다. 물론 이 표현은 물이나 물리력으로 거룩함을 제거하려는 규례와 함께 실제로 제물의 오용에 대한 경고나 제의용에 한정한다는 의미를 넘어선다고 보아야 할 것이다. 이와는 상반된 개념, "전염 가능한 부정"도 있다. 물론 부정도 접촉을 통하여 옮겨진다. 그러한 점에서 부정도 씻어내는 등의 제거를 위한 의식

---

140 Noordzij, *Leviticus*, 122-23. 비교 Sklar, *Sin*, 131; Kiuchi, *Leviticus*, 127.

141 Budd, *Leviticus*, 115.

142 Menahem Haran, *Temples and Temple Service in Ancient Israel: An Inquiry into the Character of Cult Phenomena and the Historical Setting of the Priestly School* (Oxford: Oxford University Press, 1978), 175-76.

을 필요로 한다. 회막 내의 성물들과의 접촉에도 불구하고, 제사장들에게 문제가 없는 이유가 "제사장들이 전염된 거룩이 주는 치명적 충격에 면역된 상태가 아니라, 아주 처음부터 그 상태였듯이, 다만 제사장들이 전염된 거룩과 계약된 상태였기 때문"일 수 있다.[143] 그러나 레위기 16장에서 증거하듯이 진영밖으로 나갔던 자들의 부정제거의식과 함께 대제사장의 경우도 성소 안으로 들어가거나 나올 때는 목욕을 하고 옷을 갈아입는 등의 거룩을 씻어내기 위한 엄격한 규정이 존재하는 것도 사실이다.

요약

제6장에서는 제물의 사용과 처리(먹는 것과 소각하는 것), 그리고 제물을 드리고 난 후에 먹는 과정에서 고기나 피와 접촉하는 다양한 상황에 발생하는 문제들을 다루었다. 이 단락에서 살펴본 많은 논란들 가운데 중요한 이슈는 사람과 제물 사이의 접촉으로 인한 거룩함/부정[혹은 죄]의 이동 혹은 전염여부에 관한 논란이다.

　　제물 고기의 제의 기능은 모든 제물들을 번제단에서 태울 때에 일관되게 하나님과 단절 혹은 소원해진 관계를 회복시키거나 그 관계를 심화시키는 향기와 음식의 기능을 수행한다. 필자는 하타트 제물 고기가 번제단에서 태워지거나 회막 내 정결한 곳에서 제사장이 먹거나, 진영 밖 정결한 곳에서 전부

143　Haran, *Temples and Temple Service*, 176-77.

소각되거나 혹은 회막의 정결한 곳에서 먹을 때의 조리기구들 등과의 접촉과 관련하여 하타트 제물 고기가 죄로 오염되었다는 주장들을 자세하게 논박하였고 거룩의 전염을 제거하려는 목적이 있었음을 주장하였다. 필자는 제물의 나머지 고기는 화목 제물의 경우 헌제자와 제사장이 나눠먹고 남은 것을 모두 소각하라는 명령에서도 그 논증을 발견할 수 있었다.

지금까지 논의한 제물의 하타트 제물의 피와 고기의 사용과 처리를 필자의 입장에 따라 요약해본다. 그와 같이 제물에게 부과된 복잡한 처리절차는 제물의 피와 고기가 죄의 오염원이라는 것이 아니라, 제의 절차를 거친 후라도 하타트 제물 고기 자체는 지성물로서 회막 내에서 제사장이 먹는 것이 정상적이라는 것을 말해준다. "기름 부음 받은" 제사장이 그 의식을 내성소 안에서 집례할 경우, 제사장들에게 돌아가는 고기의 몫은 없으므로 그것 전부를 진영 밖 정결한 곳에서 소각해야 했다.

하타트 제물은 다른 제물들의 경우와 마찬가지로 다른 것들과의 '부적절한' 접촉을 회피해야 했다. 제사장이 할 수 있었던 피의 유일한 합법적인 접촉은 제단 뿔과의 접촉이며 적절하게 먹는 것 이외에 고기의 유일한 합법적인 접촉은 제물의 소각을 위한 번제단과의 접촉인 것이다. 제물의 피가 번제단 아래 부어졌듯이,[144] 고기의 나머지는 일종의 보상으로서 제사장이 먹음을 통하여 "적절하게" 소비되어야 한다. 아래의 [표 44]는 제물의 피와 고기 사용과 처리의 법도의 요약이다.

---

144 Levine(*Leviticus*, 40)은 "속죄제물의 피는 제단의 뿔에 발라져야 하며 나머지 피는 레 4:25에 명령되었듯이 제단의 측면에 부어져야 했다."고 말한다.

[표 43] 제물의 피와 고기의 사용 규례의 요약 비교

제물	제물의 적용(속죄 용도)	나머지 처리(비속죄 용도)
피	번제단, 향단, 휘장, 속죄판에 바르거나 뿌린다.	번제단 아래 붓는다. 피가 옷에 묻을 경우 거룩한 곳에서 그것을 물로 씻어야 한다.
고기	번제단에서 태운다. (피를 성소 뜰에서만 사용한 경우)	담당 제사장에게 수고비로 준다. 고기를 조리할 때 사용한 그릇들을 그후에 씻거나 깨뜨리는 식으로 적절하게 처리해야 한다.
	번제단에서 태운다. (피를 성소안에서 사용한 경우)	진영밖 정결한 곳에서 완전히 소각한다.

7장 레위기 16장의 하타트 제의의 배경연구

도입

레위기 하타트 제의해석에서 가장 난해한 부분 가운데 하나는 레위기 10장과 16장의 관계정립에 있다. 본 장에서 필자는 나답과 아비후 사건을 중심으로 레위기 16장의 하타트 제의의 배경을 살펴보려고 한다.[1] 본서의 제 8장에서 레위기 16장의 하타트 제의의 내용을 본격적으로 살펴보기 전에 이 장에서는 예비적이며 필수적인 요소들을 먼저 고려할 것이다. 사실 그간 레위기 10장과 16장과의 관련성은 이상하게도 둔한히 다루어졌다.[2]

지금까지 레위기 16장의 하타트 제의는 "속죄일의 속죄제의"라고 불려졌고, 1년에 한번씩 행해야 하는 대제사장이 자신과 자기 가족과 이스라엘을 위한 하타트 제의와 아사셀 의식을 포함하는 매년의 절기규례라고 보는 입장이 우세했다. 오경속에서 욤 키푸르는 레위기 16장(사건과 절기규례로의 전환), 절기규례로서 레위기 23:26-32과 민수기 29:7-11에 등장한다(참고, 출 30:1-10). 일반적으로 민수기 28-29장은 레위기 23장의 규례에 대한 추가로 여겨진다.[3]

---

1 레 16장에 대한 개괄적인 연구사는 Nihan, *Priestly Torah*, 340-5를 보라. 니한(*Priestly Torah*, 345)은 레 16장의 비평적 재구성의 불가능성을 주장한다. Feder(*Blood Expiation*, 82)는 레위기 구성의 역사를 재구성하면서 말하기를, 레 10, 16장이 원래 연결되어 있다가 레 11-15장이 중간에 삽입되어 결과적으로 레 16장이 욤 키푸르의 규례가 되었다고 주장한다. Nihan(*Priestly Torah*, 350-70)은 레 16장과 관련한 비교종교적 배경을 논의한다. 그는 대제사장의 특별한 속죄의식을 신전으로 들어가 신들과 대면한다는 점에서 우룩과 바벨론의 아키투 축제와 유사하다고 주장하며 아사셀의 경우에는 재앙을 보낸 진노한 신을 완화시키려고 군대지도자가 살아있는 "짐승들"을 안수한 후에 광야 혹은 원수의 땅으로 몰아내던 아쉘라(Ashella) 의식과 유사하다고 보았다.

2 Gorman, *The Ideology of Ritual*, 63-65. 최근에 Mark A. Awabdy("Did Nadab and Abihu Draw Near Before Yhwh? The Old Greek Among the Witness of Leviticus 16:1," *CBQ* 79 [2017], 580 [580-92])는 나답과 아비후 사건의 언급은 레 16장의 욤 키푸르 준수의 중대성을 말해주려는 의도가 있다고 보았다.

3 Levine, *Numbers 21-36*, 394.

레위기 16장의 하타트 제의를 해석하는 방식은 크게 둘로 나눌 수 있다. ① 레위기 10장과 16장의 밀접한 연관성, 즉 레위기 16장의 하타트 제의를 레위기 10장의 나답과 아비후 사건과 직접적으로 연결시켜서 해석한다. ② 레위기 10장의 나답과 아비후 사건과는 별개로 레위기 16장 전체를 레위기 23장의 매년의 절기제의인 욤 키푸르의 규례로 이해한다(욤 키푸르에 대한 논의는 본서의 8장을 보라.). 이러한 두가지 관점은 레위기 16장의 하타트 제의의 기능과 의미를 전혀 다르게 해석하게 만들었다.

본장의 논의는 나답과 아비후의 죽음을 언급하는 레위기 10장이라는 문맥에서 레위기 16장의 문맥적 배경을 찾는 것으로 시작할 것이다. 그 다음에는 레위기 10장의 본문의 중요한 구절들과 개념들을 중심으로 레위기 내에서와 오경 내에서 민수기 본문들과의 연관성을 고려할 것이다. 마지막으로 레위기 4, 16장의 하타트 규례의 관계성을 살펴볼 것이다.

레위기 10, 16장의 관계성 논란

레위기 10, 16장의 관계성에 관한 다양한 입장은 위에서 개괄하였듯이 크게 양자 간의 피상적인/실제적인 연속성과 명확한 불연속성으로 나눌 수 있다.

(1) 양자의 명확한 불연속성을 주장하는 입장:

이 입장은 레위기 10, 16장 사이의 연속성을 반대하고 16장 전체를 욤 키푸르의 규례로 이해한다. 이제 그들의 주장을 나열해보고 적절하게 비판해보고자 한다. 이들의 입장은 다음과 같다.

레위기 10, 16장 도입부에 나답과 아비후 사건이 각각 언급되지만, 양자 사이에 '발견되는 모순들'로 인하여 실제적인 연속성은 없다고 주장하는 입장이다. 이것은 주로 문학비평적인 측면에서 행해진 것이다. 페데르는 그와 같은 "모순들"을 다음과 같이 정리하였다.[4]

① 이들의 사망 원인의 차이: 레위기 10장은 이들의 사망 원인을 야웨 앞에 다른 불을 드린 것(레 10:1; 민 3:4; 26:61)이라고 말하지만, 레위기 16장은 야웨께 다가간 것(레 16:1)이라고 말한다. ② 죽은 곳의 차이: 레위기 10장은 아론의 아들들이 성소안에서 나온 불로 인해 타죽은 것이라고 말하지만, 레위기 16장은 그들이 성소안에 들어간 것처럼 말한다. ③ 타는 향의 역할의 차이: 레위기 10장은 나답과 아비후가 하나님께 불법적인 향을 드리려다가 죽은 것처럼 말하지만, 레위기 16장은 오히려 향을 "위협의 무력화"[5]의 수단으로 여기고 오히려 그들이 하나님께 "더 가까이 다가감"이 문제였다고 말한다. 게인 등은 이와 같은 증거들에 따라 레위기 16장의 해석이 레위기 10장과는 실제적으로 무관하게 진행되어야 한다고 주장한다.[6]

---

4 Feder, *Blood Expiation*, 83-85.

5 심지어 아론도 향없이는 지성소에 들어갈 수 없다고 말하는 것처럼 보인다(Feder, *Blood Expiation*, 85).

6 이에 대해서 Gane(*Leviticus-Numbers*, 189-90)은 레 10, 16장의 연결성을 반대하는 B. Schwartz, "The Literary and Ritual Unity of Leviticus 16"(2001년 미국 덴버에서 열린 SBL 연례모임에서 발표되었다)의 입장을 인용하면서도, 레 10, 16장의 연관성을 완전히 부인하지는 않는다. 그러나 Gane(*Leviticus-Numbers*, 270-71)은 나답과 아비후의 사건을 언급하는 레 16:1을 아론의 지성소출입을 경계(6절)하기 위한 내러티브 뼈대로만 여기며, 과도하게 죄가 쌓이면 하나님이 오염된 성소를 버리고 떠나실 수도 있기 때문에, 1년에 한번씩 성소의 제단에 남겨진 죄들을 제거할 필요성을 주장한다. 게인(*Cult and Character*, 35-6)은 Schwartz의 주장을 다음과 같이 요약한다. ① 레 16:1이 화자의 언급이라는 점에서 레 10장과 연관이 빈약하며 이것은 단지 나답과 아비후의 죽음 후에 주어진 신탁이라는 점을 지적한다. ② 레 16장의 부정의 제거에 대한 언급은 레 11-15장과 자연스럽게 연결된다. ③ 이 단락은 단순히 들어갈 수 있게 하는 허락을 받아야 하는 "입장제의"(entrance ritual)에서 비롯된 것이 아니라, 제사장이 성소를 정화시키려면 반드시 내성소로 들어가야 한다는 점을 설명한다. ④ 레 16장의 매년의 절기적 속죄일에 대한 언급이 후대의 삽입이라는 입장을 레 16장 전반과 이 단락과의 용어와 문체적 연관성을 제시함으로써 거부한다.

(2) 양자의 피상적인 연속성을 주장하는 입장:

레위기 10장의 시체제거가 나답과 아비후의 개인적인 범죄의 해결이지만, 레위기 16장은 아론과 온 백성이 참여하는 공적 제의라는 점에서 양자가 나답과 아비후 사건의 모티프를 통하여 "피상적으로 연관되어있을 뿐"이라는 입장도 있다. 그것은 제사장들의 죽음이 개인적인 일탈의 결과라는 점에서 시체를 치워서 이 문제를 아주 간단하게 처리하였기에 레위기 16장과 같은 복잡한 규례가 필요한 것은 아니었다고 보는 것이다. 그렇다면 제물처리와 관련한 모세의 '아론의 정당화'라는 레위기 10장의 결론은 회막에서 제사장들의 죽음이라는 비정상성에서 정상으로 돌아갔다는 의미인가?[7] 하틀리는 이를 다음과 같이 묘사한다.

> 현대의 독자들에게 이 매장과 애도에 대한 자료는 그 사건의 보고와 비율이 맞지 않은 것으로 보인다. 그러나 고대인들에게 그러한 지침은 많은 측면에서 중대했다. 공동체는 하나님의 진노가 공동체로 확산되는 것을 막기 위해서 그런 재난에 반응하기 위한 적절한 길을 지도받을 필요가 있었다. … 그들이 지침을 받고 또한 응답한다는 것은 무엇보다 새로 확립된 제사장직이 여전히 손상을 입지 않았으며, 따라서 하나님께 받아들여질 수 있는 방식으로 역할을 할 수 있다는 것을 의미했다. 즉 나답과 아비후의 범죄는 아론 집안의 남은 사람들을 더럽히지 않았다. 이러한 사실은 그들의 범죄가 본질상 대단히 개인적이었다는 것을 시사한다.[8]

---

7 Nihan, *Priestly Torah*, 578.
8 하틀리, 『레위기』, 324.

이처럼 레위기 10, 16장 사이의 단절, 혹은 피상적 연결을 고려한다면, 두 제사장이 행한 이 범죄를 "대단히 개인적"인 문제로 여길 수도 있다. 그런 측면에서 이 개인적인 범죄에 국가적인 제의가 불필요했다는 결론에 이르게 된다. 이와 관련해서 레위기 16장 도입부의 나답과 아비후의 언급이 레위기 16장 전체 내용과는 전혀 무관하지만, "이 큰 날의 엄숙한 분위기를 반영하며 아론의 두 아들들에게 일어난 일을 상기시킴으로써 하나님의 두려운 거룩성을 주목"[9]하게 하는 역할만 한다는 입장도 있다.[10] 그러나 레위기 10장에서의 개인사의 해결을 레위기 16장의 국가적인 속죄일의 배경으로 삼는 것이 적절한가?

(3) 양자의 실제적인 연속성을 주장하는 입장:

이들은 레위기 16장에서 성소내부의 정화의 필요성이 나답과 아비후의 사건에서 비롯되었다는 점을 말한다고 보는 것이 레위기 문맥에서 논리적이며 신학적으로 더 자연스럽다고 주장한다(이 부분은 본서의 제7장에서 다룰 것이다).[11] 또한 레위기 16장 자체가 회막 전반에 발생한 부정의 해결이 목적이라는 점을 발견할 수 있다. 추가적으로 이 입장은 레위기 16장의 하타트 제의가 매년의 절기인 욤 키푸르 규례로의 후대의 전환으로 이해한다(이 두가지 주제들은 본서의 제8장에서 다룰 것이다).

레위기 10, 16장 사이의 논리적 모순은 여러 가지 측면에서 조화될 여지가 있다. 문학적 측면에서, 레위기 10장과 16장의 도입부의 차이는 상호모순

---

9 하틀리,『레위기』, 489

10 K. Koch, *Die Priesterschrift von Exodus 25 bis Leviticus 16. Eine überlieferungsgeschichtliche und literarkritische Untersuchung.* (FRLANT NF 53; Göttingen: Vandenhoeck & Ruprecht, 1959), 92-93.

11 Kiuchi, *The Purification Offering*, 77-84를 보라. 키우치의 논의에서 아론의 제의적 책임을 강조하는 것에 동의하지만, 이러한 관점에서 키우치의 논의 가운데 레 10, 16장의 세부사항에 대한 구체적인 논의가 없다는 점이 아쉽다.

이 아니라, 각 장의 초점의 전환으로 볼 수 있으며 종합적으로 이해할 수 있는 여지와 정보를 제공한다고 볼 수 있다.[12] 물론 그것이 본문의 원래 의도였든지, 아니면 편집 과정 가운데 한 편집자의 의도였는지, 본문이 명확하게 언급하지는 않다.

또한 레위기 10, 16장의 연관을 주제적 측면에서 이해할 때, 나답과 아비후의 회막안에서의 죽음과 성소의 오염을 고려해야 한다. 현재 레위기의 논리적 흐름을 따라 해석한다면, 지금까지 성소를 오염시킨 경우가 나답과 아비후 사건밖에 없다. 논리적으로 볼 때, 성소기물에 누구 다른 사람들의 죄가 쌓이거나 축적될 시간적인 여지가 없었다. 레위기 4장이 말하는 기름 부음 받은 제사장이 백성 전체에게 죄책을 감당하도록 지은 죄가 아직 없었기 때문이다. 레위기 10장에서 아론이 아들들이 죽은 후에 후속적으로 행동을 취할 수 없었던 것은 이 상황과 관련된 후속적인 계시가 없었으며, 나답과 아비후의 장례를 위하여 아론 대제사장이 회막을 떠날 수 없었다. 그리고 레위기 11-15장의 부정 규례는 레위기 16장의 부정의 제거를 예비한다.

이와 같이 본서의 제 7장에서 다루게 될 문학적, 주제적 측면에서 볼 때 레위기 10장과 16장을 연결시켜 해석하는 데 충분한 증거와 유비가 존재하는 것처럼 보인다.[13]

---

12 Feder, *Blood Expiation*, 85.
13 보라, Kiuchi, *The Purification Offering*, 67ff. 이와 관련된 요약은 다음과 같다. 아론이 제물을 먹지 않은 것은 "나답과 아비후의 죽음이 8일간의 예배의 속죄의식을 사실상 무의미하게 만들었다"는 생각에서 비롯된 것이며, "아론이 가문의 수장으로서 나답과 아비후의 죄의 책임을 지게 되었다"고 여겼다는 것이다(84). 이에 대한 좀 더 자세한 설명은 다음과 같다.

 "2. 레 10.1-11은 역사적 언급에서 일반적인 규례들의 조항들로 전환하는 가운데 레 16.1ff과 문체적으로 병행한다. 레 10.1-11은 내용상 제사장들의 (아론을 포함한) 사역을 일반적으로 다루고 있지만, 16장이 아론의 성소에서의 일에 집중하고 있다는 점에서 레 16.1ff과의 점층적 관계 가운데 있다. 레 10장의 두사건(나답과 아비후 사건과 하타트 제물고기 사건)은 제8일의 예배의 속죄의식의 부적절함을 함께 보여주기 때문에, 그것들은 나답과 아비후의 가족과 같은 제사장 가문의 죄에 직면하여 성소와 뜰에서 수행하는 제사장들의 속죄사역의 부적절함을 암시하는 것일 수도 있다.

레위기 10장을 중심으로 한 상관관계

레위기 16장의 하타트 제의의 의미를 제대로 이해하려면, 구약제의 문헌들에서 등장하는 다양한 제의와의 관계들을 우선 살펴보아야 한다.

고만은 이스라엘의 제의를 수립 제의(founding rituals), 유지 제의(maintenance rituals), 회복 제의(restoration rituals)라는 세가지 제의로 나눈다. 레위기 1-7장까지의 세부규례들과 비교할 때 (마지막 부분의 매년의 절기화의 규례를 제외한) 레위기 16장의 하타트 제의 자체는 성소/지성소의 "부정의 정화"를 목적으로 한다는 점에서 '회복 제의'라고 규정한다.

수립 제의들. 수립 제의들은 특정한 상태, 제도 또는 상황의 존재를 의도한 제의들이다. 이 의식들은 수립 행위 또는 어떤 것의 기원을 제시하는 역할을 한다. 그처럼 그것들은 창조, 사회, 혹은 제의의 더 큰 질서의 일부 요소를 만들어냈다. 이에 대한 두 가지 예는 레위기 8장의 제사장직 위임과 레위기 9장의 성막제의의 개시이다. 이 두 가지 의식은 상호 밀접하게 관련되어 있다는 것이 명확한 반면, 둘 다 기원의 독특한 순간을 제시한다. 공식적인 성막의 제사장직은 레위기 8장에서 세워졌고 이때 새롭게 세워진 제사장들이 레위기 9장에서 처음으로 제물을 드렸고 야웨로부터 불이 임하여 제물을 태웠을 때, 그 제의가 작동하게 되었다. 이 제의들은 한 상태에서 다른 상태로 사람들과 공간이 지나가는 통과의례라는 정상

---

3. 위에서 논의하였듯이, 레 10장의 두 사건들이 제기하는 핵심적인 문제는 레 4.3에서나 레 9.7에서도 다루어지지 않는, 아론의 집을 위한 속죄에 대한 것이다. 키페르가 나사 아본과 관련이 있을 수 있으며(레 10.17), 레 16장에서 아사셀 염소가 모든 이스라엘의 범죄를 제거한다는 상황 하에서, 더 효율적인 속죄를 위한 레 10.16-20의 요구는 궁극적으로 아사셀 염소 제의와 부합할 것이다."(84-85).

적인 구조를 반영한다.

유지 제의들. 유지 제의들은 이미 성립된 질서를 유지하려고 고안된 제의들이다. 이 제의들은 하나님이 창조하신 우주, 사회 그리고 제의 질서의 보호자들로 여겨질 수 있을 것이다. 민수기 28-29장의 제의 규례에서 세부화된 매년의 축제제의들이 이에 대한 적절한 예다. 규칙적으로 제정된 희생제물들과 예물들은 죄, 오염 또는 맹세에 의해 때때로 요구되는 희생 제사들과 제물과는 분명히 구별된다. 이러한 정기적으로 규정된 제물과 제물은 하나님의 창조질서를 유지하고 그 질서의 지속적인 존재의 입증의 고안물이다. 민수기 28-29장에 나오는 제사장적 제의규례 속에서 상술한 매년의 제의 주기(cycle)가 이와 관련한 좋은 예다.

회복 제의들. 제사장적 제의체계에서 발견되는 주도적인 유형의 제의는 회복 제의다. 이 제의들은 창조질서가 파손, 파열 또는 손상될 경우 그것의 회복을 의도한 것이다. 피부병환자의 정결을 위한 의식은 이러한 유형의 제의에 대한 명확한 예다. 그 개인은 부정의 상태에서 정결의 상태로 이동된다. 마찬가지로 욤 하키푸림의 제의는 성소와 진영의 부정한 상태에서 정결한 상태로 옮기는 역할을 행한다고 말할 수 있다.[14]

레위기 10장의 의미

이제 레위기 10장의 문학적 배경[15]을 다룰 것이다. 즉, "다른 불"의 정체와 관련된 것으로 보이는 다양한 본문들과 연결시켜 살펴볼 것이다. 우선 그러

---

14 Gorman, *The Idealogy of Ritual*, 54-55. 이와 유사한 주장은 Nihan, *Priestly Torah*, 370-71을 보라. 또한 Klingbeil(*Bridging the Gap*, 205ff.)가 제시하는 이에 대한 비판과 보완을 제시한다.
15 그 고대성의 논증은 하틀리, 『레위기』, 471-75를 보라.

한 범죄의 원인을 규명하고 나답과 아비후 사건의 여파가 무엇이었는지를 묻고 이 사건의 신학적 의미와 중대성에 대한 질문하고자 한다.[16] 빕(Bibb)은 레위기 10장의 나답과 아비후 사건의 신학적 의미를 "… '거룩'이 진영 한가운데 한 장막에 거하고 있을 때 사용해야 하는 필연적인 예방책들(necessary precautions)"이라고 주장한다.[17]

많은 학자들이 나답과 아비후 이야기(레 10:1-5)의 원인을 어떻게 이해할 것인가에 주목하지만, 정작 명확한 해답을 본문을 통해서 발견하지는 못한 것 같다.[18] 일반적으로 학자들은 레위기 10장의 나답과 아비후 사건 및 레위기 16장의 하타트 제의와의 관련성(결과)에 오히려 무관심하였고, 나답과 아비후 사건의 원인 혹은 배경에만 관심을 집중하였다.[19] 심지어 일부 학자들은 이 부분을 민수기 관련본문들과의 간본문(intertextual)비평과 유비를 통하여 해석하려고 했다.[20]

구조적 관련성들

현재 레위기의 문학 구조상 레위기 16장의 배경은 레위기 10장인 것처럼 보인다.[21] 와닝은 아래의 [표 45]와 같이 레위기 16장의 이중 신언표식(double

---

16 Bryan D. Bibb, "Nadab and Abihu Attempts to Fill a Gap: Law and Narrative in Leviticus 10.1-7." *JSOT* 96 (2001): 83-99; Walter J. Houston, "Tragedy in the Court of the Lord: A Socio-Literary Reading of the Death of Nadab and Abihu." *JSOT* 90 (2000): 31-39; Nihan, *Priestly Torah*, 111-50.

17 Bibb, "Nadab and Abihu", 94.

18 자세한 논의는 Watts, *Ritual and Rhetoric*, 100-101을 보라.

19 나답과 아비후 사건에 대한 연구사는, David Jeffrey Mooney, "*On This Day Atonement Will be Made For You*": *A Theology of Leviticus 16* (unpublished Ph.D. dissertation, Southern Baptist Theological Seminary, 2003), 99-108를 보라.

20 예를 들면, Timothy K. Beal and Tod Linafelt("Sifting for Cinders: Strange Fire in Leviticus 10:1-5," *Semeia* 69/70 [1995]: 19-32)는 "그가 명령하지 않은"이라는 표현의 용례에 근거하여 자녀제사의 가능성을 제시한다(25ff.); Bibb, "Nadab and Abihu,": 83-99.

21 비평적 관점에서의 레 10장의 기원문제는 Nihan, *Priestly Torah*, 148ff.를 보라. 레 10, 16장의 관계성에 대한 논란은 Nihan, *Priestly Torah*, 581, 585ff.를 보라.

Divine Speech marker)이 레위기 10장과 21장까지를 서로 묶어준다고 주장한다. 레위기 16장의 첫 번째 신언표식(1절)은 레위기 16장의 규례들을 레위기 8:1-10:7의 내용, 즉 제사장들의 하타트 규례들과 두 제사장들의 죽음과 연결시킨다. 그리고 레위기 11-15장의 정결규례들과, 레위기 16장의 두 번째 신언표식은 "시체로 인한 성소 전체의 부정의 해소를 다루는" 레위기 16:2-28을 "시체와의 접촉의 문제를 다루는" 레위기 21장의 제사장규례들과 연결시킨다. 레위기 21장의 제사장 규례는 레위기 10장처럼 제사장들의 애도 및 제물 섭취의 금지 등을 다룬다.[22] 이러한 문학 장치들은 관련본문들을 더 밀접하게 연관시키며 그러한 통일적인 관점하에서 관련 본문들을 함께 읽어야 할 필요성을 제시한다.

[표 44] 레 10, 16, 21장의 주제적 연결

10장	16장	21장
"아론의 아들 나답과 아비후가 각기 향로를 가져다가 그 속에 불을 넣고 향을 그 위에 얹고 야웨 앞에 다른 불을 드렸다 (וַיַּקְרִבוּ לִפְנֵי יְהוָה)"(1절)	"아론의 두 아들이 야웨 앞에 나아가다가 (בְּקָרְבָתָם לִפְנֵי־יְהוָה) 죽은 후에"(1절)	
"그것은 야웨께서 명령하시지 않은 것이다"(1절)	"야웨께서 모세에게 말씀하시니라"(1절) "야웨께서 모세에게 이르시되 네 형 아론에게 이르라"(2절, 2-28절의 표식)	"야웨께서 모세에게 이르시되 아론의 자손 제사장들에게 말하여 이르라 "(1절)

---

22   W. Warning, *Literary Artistry in Leviticus*, (BIS 35, Leiden: Brill, 1999), 44; Mooney, "On This Day," 112-13.

레위기 9장에서 이스라엘이 공적인 첫제물들을 성공적으로 하나님께 드린 후에, 그것을 확증하는 차원에서 하나님의 임재의 불이 임하였다. 그후에 레위기 10장에서 나답과 아비후라는 두 명의 제사장들이 야웨께 드린 다른 불로 인하여 야웨로부터 나온 불로 죽임을 당하는 사건이 발생하였다. 여기에서 일차적인 연관성은 나답과 아비후의 죽음에 대한 언급들이 레위기 10장과 16장에 존재한다는 것이다.[23] 그러므로 두 장들 사이에 그 차이점과 불연속성은 관점과 강조점의 차이에서 비롯된 것이라고 볼 수 있다.

레위기 9-10장은 레위기 10장끝의 "이 날"(19절)이 레위기 9-10장의 시간적 뼈대를 통하여 연결된다.[24] 레위기 10:1은 레위기 10장의 나답과 아비후 사건(1-7절)과 레위기 16장의 아론의 하타트 규례들을 연결시켜주는 내러티브적 도입[25]이다. 레위기 10:1은 나답과 아비후가 각자 향로를 취하여 그 속에 불을 깔고 그 위에 향을 넣고서 '성소에서'[26] 야웨께서 명령하지 않으신 "다른 불"[27]을 야웨께 드린 것을 길게 설명하지만,[28] 레위기 16:1은 제사장들이 야웨 앞에[29] 가까이 간 것을 사망의 원인으로 간단하게 설명한다(민 28:2은 "그들이 예배하려했다"고 명확하게 밝힌다). 그러나 레위기 16:1-2이 레위기 10장과는 다른 목소리를 내고 있지는 않다. 여기에서도 제사장들은 향로를 갖고 (지)성소

23 물론 Nihan(*Priestly Torah*, 346)은 이것들을 후대의 연결장치라고 주장한다.

24 Nihan, *Priestly Torah*, 577-78.

25 하틀리,『레위기』, 488; 보라, Noth, *Leviticus*, 117.

26 Gorman, *The Ideology of Ritual*, 70. Gradwohl, "'fremde Feuer'," 288-96은 지성소로 들어가려고 했다고 이해한다. Mooney("On This Day," 115-20)의 고대 이집트 성전제의와의 관련성을 논의하였다.

27 Levine(*Leviticus*, 122)는 출 30:9의 הָרָז תֶרֹטְק와 동일시한다.

28 출 30:1-10; 37:25-28에 따르면 내성소에서 등대의 불을 켜는 것(27:21)과 향을 하루에 두 번 피우는 것은 아론의 몫이었다.

29 레위기에서는 다양하게 사용되지만 출애굽기-민수기까지 이 표현은 회막문 앞을 의미한다고 본다 (Mooney, "On This Day." 110).

에 들어가 야웨 앞에서 분향하려고 했던 것 같다.[30] 레위기 16:12-13("향로를 가져다가 여호와 앞 제단 위에서 피운 불을 그것에 채우고 또 곱게 간 향기로운 향을 두 손에 채워 가지고 휘장 안에 들어가서 여호와 앞에서 분향하여 향연으로 증거궤 위 카포레트를 가리게 할지니 그리하면 그가 죽지 아니할 것이며")도 나답과 아비후의 행동을 설명하는 그 정황적 증거로 사용될 수 있을 것이다.[31] 레위기 10, 16장의 나답과 아비후 사건을 묘사하는 짧은 문장들 가운데 "불"이 여러번 사용된다. 나답과 아비후가 각자 가져온 향로에 넣은 불[32], 하나님께 드린 (향로의) "다른 불" 그리고 나답과 아비후를 불사른 야웨로부터의 "불." 여기서 대조점은 이러한 과정 속에서 기대되는 것은 "야웨앞에서 향"이어야 하지만 결과는 "야웨 앞에서 다른 (향)불"이라는 것이다.

레위기의 이전 장들에서 자주 반복적으로 등장하는 "야웨께서 명령하신 대로"와는 대조적으로 레위기 10:1는 두 제사장들이 "야웨께서 명령하지 않으셨던 다른 불"을 가져왔다고 말한다.[33] 그러한 점에서 와츠의 주장대로, 이 부분에서의 강조점이 "야웨의 명령을 거스르는 행동"이었다면, 나답과 아비후가 야웨 앞에 이르기까지 무슨 잘못들을 범했는지 알아내려는 수많은 시도들은 "무의미"하다.[34]

---

30 Kiuchi, *The Purification Offering*, 78-84.

31 하틀리,『레위기』, 328; 비교. Gradwohl, "Das 'fremde Feuer'," 288-96.

32 사실 번제단에 이미 불이 있었기 때문에(레 9:24) 제사장들이 다른 불을 가져올 필요는 없었을 것이다. John C. Laughlin, "The 'Strange Fire' of Nadab and Abihu," *JBL* 95 (1976): 565.

33 Watts, *Ritual and Rhetoric*, 106. 레 4장 서론(2절)에서 사람들 가운데 비의도적으로 죄를 범하고 '야웨의 금지명령을 행한 것'이라고 말하는데, 레 10:1은 야웨께서 그들에게 명령하지 않으셨던 것의 위반이라고 말한다.

34 Watts, *Ritual and Rhetoric*, 107.

"다른" 불의 정체

그동안 학자들은 나답과 아비후를 죽게 만든 이 "다른" 불의 정체, 출처 혹은 의도에 대한 수많은 논의를 하였다. 역사상 그 해석의 경향은 개략적으로 크게 둘로 나눌 수 있다.

간단하게 말하자면, 랍비들과 초대교부전통은 두 제사장들의 이교도적 관습 혹은 음주와 같은 규례위반 등에서 나답과 아비후의 죽음의 원인을 찾았고,[35] 현대해석자들은 주로 민수기 18-19장의 사건들과 연관시켜서 제사장들 집단들 사이에서 벌어지는 정치적-이념적 갈등 속에서 죽음의 원인을 찾는다. 즉, 일부 학자들은 이 구절을 제사장들 내부갈등에 따른 것, 즉, 아론계열 제사장직에서 나답과 아비후 계열의 배제를 정당화하는 구절이라고 보기도 한다.[36] 이 사건 자체를 아론계열 제사장직을 강화하거나 비판할 목적으로 언급되었다는 상반된 주장이 있다.[37] 비록 본문형성이나 본문 배후의 이념적 갈등의 문제는 본서의 관심사는 아니나 민수기에서 나타나는 제사장들 사이의 갈등 사건에 향로가 등장한다는 점은 흥미롭다.

민수기 16장은 불이 담긴 향로를 야웨 앞에 가져오게 함으로써 누가 제의사역에 있어서 독점적인 우위를 가지는가가 야웨로부터 나온 불로 반역자들이 타죽는 사건으로 드러나며 그로 인하여 하나님의 진노를 중보하는 아론의 제의행위(향로의 기능 및 향로 사용의 독점적인 사용의 권한)가 있다는 점을 말해

---

35 음주가 제사장들의 사망의 원인이라고 주장했던 고대 랍비들로부터 현대 학자들까지의 해석사는 Nihan, *Priestly Torah*, 580, n. 10를 보라. 내성소에 출입하는 등의 제의법 위반은 Kiuchi, *The Purification Offering*, 81-84를 보라. 이교적 남용은 Richard Hess, "Leviticus 10:1: Strange Fire and Odd Name," *BBR* 12/2 (2002): 187-98를 보라.

36 Noth, *Leviticus*, 84; Hartley, *Leviticus*, 130-31; Gerstenberger, *Leviticus*, 116, 118-19.

37 이에 대한 자세한 논의는 Watts, *Ritual and Rhetoric*, 108-18를 보라. Watts는 심지어 아론계열의 잘못으로 벌어진 사건임에도 불구하고, 나중에 모세가 승인했다는 점에서 이 사건 자체도 아론계열의 제사장직에 대한 승인을 의미한다고 주장한다(보라, 118).

준다.[38] 여기서 아래의 [표 48]이 보여주듯이, 레위기 10:1-2과 민수기 16:18, 35 사이의 유사성을 발견할 수 있다.[39] 그러한 직접적인 상관성은 다음과 같다.[40]

[표 45] 레 10장과 민 16장과의 연결

레 10:1	민 16:18
아론의 아들 나답과 아비후가 제각기 향로를 가져다가 그 속에 불을 담고 향을 그 위에 얹고 야웨 앞에 다른 불을 드렸다	그들이 제각기 향로를 가져다가 그 속에 불을 담고 향을 그 위에 얹고 모세와 아론과 더불어 회막 문에 서니라
레 10:2	민 16:35
불이 야웨 앞에서 나와 그들을 삼키매 그들이 야웨 앞에서 죽은지라	야웨께로부터 불이 나와서 분향하는 이 백오십 명을 불살랐더라

향로의 사용이 죽음과 연관되는 사건들 가운데 하나는 나답과 아비후 사건이다(레 10:1-3). 이러한 경우는 모세가 고라와 모든 무리들 및 아론에게 "향로를 가져다가 제단의 불을 그것에 담고 그 위에 향을 피워 가져 오라"는 명령과 대조된다(민 17:11[16:46]). 민수기 향로 구절에서는 레위인들과 아론 계열 사이의 역할에 관한 갈등을 다룬다. 이와는 반대로 레위기 구절에서는 제사장들과 아론 사이의 역할 문제를 다루는 것 같다. 그러한 점에서 본다면, 일부 학자들이 주장하는 것처럼 불이나 개인 향로의 출처논쟁이 이 사건의 핵심은 아니었던 것 같다.[41] 개인 향로가 적법하다는 점(레 16:12-3; 민 17:6-15)과 번제단(레 16:12; 민 17:11)에서 불을 취했을 거라는 가정을 할 수 있다.

---

38 Watts, *Ritual and Rhetoric*, 125.
39 Watts(*Leviticus*, 522-23)은 레 10장과 민 16장의 밀접한 관련성을 주장한다.
40 Nihan, *Priestly Torah*, 548의 도표를 가져왔다.
41 Nihan, *Priestly Torah*, 582. Nihan(*Priestly Torah*, 376-77)은 아론이 지성소로 가져간 향을 아론 자신을 정화하며 하나님 앞에 설 수 있게 만들며 하나님을 기쁘시게 하는 향기의 역할도 강조한다.

제사장들이 번제단에서 제물을 드릴 때 향의 사용은 허락되었으나, 회막 내에서 향과 향로의 사용에 대한 언급은 다른 향의 제조와 개인적인 향의 사용을 금지하는 구절에서 등장한다(출 30:1-10, 특별히 "아론이 아침마다 그 위에 향기로운 향을 사르되 등불을 손질할 때에 사를지며 저녁 때 등불을 켤 때에 사를지니 이 향은 너희가 대대로 야웨 앞에 끊지 못할지며 너희는 그 위에 다른 향을 사르지 말며"[7-9절][42]; 출 37:25-28, 특히 "거룩한 관유와 향품으로 정결한 향을 만들었으되 향을 만드는 법대로 하였더라"[29절]). 이 구절들은 향의 사사로운 사용의 금지와 아론에게 내성소에서의 그 임무를 제한하고 있다는 점을 명백하게 말해준다. 그런데 문제는 나답과 아비후는 야웨 앞에서 향로의 향을 피우려고 했다는 것이다. 물론 "성소의 휘장 안 법궤 위 카포레트 앞으로 나아갈 때"(레 16:2) 불과 향을 채운 향로를 가져와야 한다("향로를 가져다가 야웨 앞 제단 위에서 피운 불을 그것에 채우고 곱게 간 향기로운 향을 두 손에 채워 가지고 휘장 안에 들어가서 야웨 앞에서 분향하여 향연으로 증거궤 위 카포레트를 가리게 하라"[12-13절; 비교. 10:1]).[43] 본문에 따르면, 문제는 지성소를 향연으로 가득 채운 후에 아론이 들어간다면, 그는 죽지 않을 것이라고 말한다는 점이다. 이 부분은 레위기 10장에서 아론이 아닌 다른 제사장들이 향로를 취하여 야웨 앞에 나아갔을 때 죽은 이유를 떠오르게 해준다.

나답과 아비후 사건을 다룰 때, 주목할 필요가 있는 또 다른 구절은 3절이다. 우선 3a절부터 살펴보자. 해석자들은 3a절("나는 나를 가까이 하는 자들 중에서 내 거룩함을 나타내겠고")이 레위기 10장의 문맥에서 잘 이해되지 않는다는 점에서 당혹스러워 한다. 레위기 16:1의 경우처럼 "나에게 다가오는 자들"을

---

42 이 경우 분향이 아론에게 주어진 일이라는 점(7절)과 분향시에 번제물, 소제물, 전제물을 함께 드리지 못한다는 규정(9절)이 나타난다.

43 Nihan, *Priestly Torah*, 580.

제사장들[44]이라고 이해한다면,[45] 하나님은 제사장들을 통하여 거룩하게 되신다는 말인가? 또한 문맥적으로 부적당한 불을 가지고 하나님께 나아오는 자들의 잘못을 하나님이 징계하신 것(과거)[46]은 교훈적-일반적인(당위적) 의미를 갖는가,[47] 아니면, 레위기 16장의 대제사장에 의한 회복의 정결제의(미래)를 염두에 둔 언급인가? 이 표현은 과거의 징계라는 부정적인 측면에서도 미래의 회복이라는 긍정적인 측면에서도 이해할 수 있다.

이제 3b절의 표현("온 백성 앞에서 내 영광을 나타내리라")을 살펴보자. 이 표현은 출애굽기 29:43과 레위기 9:23과 관련이 있다고 본다. 즉 하나님의 영광이 회막에 임재하여 자신을 거룩하게 하실 것을 의미하는 듯하다. 이것은 '희생제의제도로 시작한 새로운 우주적 질서이자, 모든 이스라엘에 대한 야웨의 영광의 정확한 현현이었던 바의 특징'인 것이다.[48]

제사장들, 그리고 그에 병행하는 온 백성의 의미가 무엇인가를 밝혀야 3절의 의미를 더 잘 알 수 있을 것이다.[49] 이와 병행하는 혹은 유사한 구절들[50]은 이스라엘의 불순종으로 인해서 "미래적인 심판" 가운데 야웨의 영광과 거룩

---

44 레 22:32("너희는 내 성호를 속되게 하지 말라 나는 이스라엘 자손 중에서 거룩하게 함을 받을 것이니라 나는 너희를 거룩하게 하는 야웨다")과 비교해보면, 이 사람은 하나님을 직접 만날 수 있는 자의 의미로 이해한다. 이 용어의 자세한 논의는 Nihan, *Priestly Torah*, 587를 보라.

45 Peretz Segal, "The Divine Verdict of Leviticus 10:3," *VT* 39 (1989): 92.

46 하나님이 원수들을 진멸하심으로서 거룩성을 드러내는 것(נקדשׁ, 니팔형)은 겔 28:22; 38:16, 33을 보라. Houston("Tragedy", 34)은 이 영광을 그 직전에 나답과 아비후에게 임한 불징계와 관련된 것으로 여긴다. Segal도 이러한 입장을 이스라엘 전체의 멸망 대신에 제사장들을 징계한다는 하나님의 은혜 행위로 여기면서, 그러한 징계를 통한 하나님의 영광을 드러낸다고 이해한 Houston의 입장을 지지한다("Divine Verdict," 92, 94). 그러나 Noth(*Leviticus*, 85)는 "하나님의 거룩과 영광"이 그 자신의 "거룩한 영광"과 관련된다는 점에서 이러한 주장을 반대한다.

47 Milgrom(*Leviticus 1-16*, 602: "하나님의 친밀한 제사장들 나답과 아비후의 죽음은 하나님을 거룩하게 하는 기능을 수행한다 - 사건을 목격한 모든 사람 혹은 결국 그것을 배우게 될 모든 사람들에게 하나님의 권세를 두려워하고 존경하게 만드는 것이다.") 등은 나답과 아비후 사건이 증인들 혹은 그 사실을 알게 되는 자들에게 교훈거리가 될 것이라고 여기기도 한다.

48 Nihan, *Priestly Torah*, 587.

49 가장 최근의 논의는 Bibb, "Nadab and Abihu," *JSOT* 96 (2001): 90-91이다.

50 나열된 구절들에 대해서는 Segal, "The Divine Verdict of Leviticus X 3," *VT* 29/1 (1989): 91-92를 보라.

함이 나타날 것을 말한다(겔 28:22). 그런데 문제는 (일반적인 이해와 같이), 이것이 하나님의 "과거의" 심판의 결과에 대한 언급이 아니라, "미래적인" 경고 혹은 회복의 말씀으로 주어진다는 데 있다.

[표 46] 민 20:12-13과 겔 28:22과의 비교

민 20:12-13	겔 28:22
12 … 이스라엘 자손의 목전에서 내 거룩함을 나타내지 아니한 고로 (כִּי לֹא־הִקְדַּשְׁתֶּם) … 13 … 야웨께서 그들 중에서 그 거룩함을 나타내셨더라(וַיִּקָּדֵשׁ בָּם)	시돈아 내가 너를 대적하나니 네 가운데에서 내 영광이 나타나리라 … 내가 그 가운데에서 심판을 행하여 내 거룩함을 그 안에서 나타낼 때에(וְנִקְדַּשְׁתִּי בָהּ) 무리가 나를 야웨인 줄을 알지라

제사장들의 정당한 제사집행을 통한 야웨의 영광의 현시를 말하는 문맥 속에서 레위기 10:3은 어떤 의미일까? 학자들은 이것을 이 사건을 통한 두려움의 강조[51], 위험한 활동의 강조[52], 위험함에도 불구하고, 그것을 수행하려는 아론에 대한 신뢰[53], 혹은 아론 계열의 의무에 대한 강조[54] 등으로 이해하였다. 그러나 필자는 3절을 레위기 16장에서 (대)제사장들이 집행하는 하타트 제물의 피를 통하여 하나님의 거처가 (재)정화되어 결국 다시 거룩해지는 것을 암시하는 것으로 해석한다. 죽은 제사장들의 시체를 통한 성소의 부정에 대한 또 다른 암시는 아론이 하타트 제물의 나머지를 먹지 않은 것에서도 발견된다.[55] 시체로 인하여 부정해진 자는 제사장이라 하더라도 거룩한 곳에서도 성물을 먹

---

51 Milgrom, *Leviticus 1-16*, 603.
52 Gorman, *Leviticus*, 54.
53 Houston, "Tragedy," 34.
54 Watts(*Ritual and Rhetoric*, 113)는 3절의 의미를 제사행위가 위험한 일이긴 하지만, 아론계열 제사장들의 수행해야 할 의무(필요성)를 강조하려는 것이라고 말한다.
55 Milgrom, *Leviticus 1-16*, 639; Houston, "Tragedy," 36; 비교. Gerstenberger, *Leviticus*, 110.

을 수는 없다.

이러한 모세를 통한 야웨의 말씀에 대한 아론의 침묵에 주목할 필요가 있다. 이것은 레위기 10:20의 마지막의 '모세의 동의'처럼 아론의 동의를 말한다(비교, 레 10:19, "야웨께서 어찌 좋게 여기셨겠느냐?"). 물론 아론의 침묵을 통곡으로 읽는 것도,[56] 레위기 10장의 적절한 해석에 도움을 준다. 아론(과 제사장들)의 장례식에서의 통곡은 아론과 그의 남은 아들들을 오염시키는 결과를 초래할 것이며 이같은 (장례식에서의) 아론과 엘르아살과 이다말의 통곡금지규정(6절. 보라, 레 21:1-12)과의 관련성을 제기할 것이기 때문이다.[57]

시체로 부정해진 하나님의 회막

제사장들의 죽음과 그 해결을 다루는 데 있어서 부정에 대한 언급은 부정해진 지성소와 하나님의 회막의 정화를 언급하는 레위기 16:16(19, 21)과 21:1-6, 10-12에서만 나타난다. 이것은 레위기 16장과 비교할 때, 10장에서 아직 해결되지 못한 사건 해결법을 규정하는 중요한 간본문적 단서(intertextual clue)라고 생각한다. 이제 시체를 통한 부정의 문제를 집중적으로 다루어보자.

---

56 물론 Levine ("Silence, Sound and the Phenomenology of Mourning in Biblical Israel," *JANES* 22 [1993]: 89-106)은 *d-m-m*의 "두번째 어근"에서 추론하여, 아론의 반응을 침묵이 아닌, 통곡이라고 해석한다. 그러나 레빈은 아론의 침묵 가운데 통곡하는 가능성을 애 2:10의 유비로 제시할 뿐이다(95).

57 그와 같은 관련성을 제기하는 Levine, "Silence," 90, 106를 보라.

하나님의 집에 발생한 죽음(부정)

레위기 자체에 사람이, 특히 제사장들이 성소에서 죽었을 경우 성소에 발생
한 부정(오염)의 처리법에 대한 언급이 레위기 10장에는 없고 레위기 16장에
그 해결법이 존재하며 레위기 21:1-12에 제사장의 장례식 참여로 인한 부정
에 관한 규례들에 등장할 뿐이다. 레위기 부정규례에서 음식과 관련한 시체
의 접촉에도 엄격한 규정이 있다는 점을 생각한다면 하나님의 집에 발생한
시체를 진영밖으로 옮겨서 처리(매장)하는 것만으로는 부정의 제거와 회복이
가능하다는 전제는 많이 부족해 보인다. 다만 레위기 11-15장에서는 짐승 혹
은 곤충의 시체와의 접촉에 의한 부정[58]을 처리하는 방법만 언급할 뿐이다. 그
러한 점에서 나답과 아비후의 시체를 성막에서 치우는 일을 살펴보고, 마지
막에 아론이 (부정 때문에) 주어진 제물을 먹지 못한 것에 주목할 필요가 있다.
이 사건의 결과가 단지 시체를 치우고 백성의 하타트 제물을 먹지 않고 진영
밖에서 전부 태우는데서 그칠 일인가라는 점에서 이 사건의 중대성을 고민해
볼 필요가 있다. 이런 상황 속에서 아론이 백성의 하타트 제물의 나머지를 섭
취할 수 없었다는 대답에서 (아론과 온 백성의) 성소 정화를 위한 하타트 제물을
드릴 필요성이 전제된다는 키우치의 이해[59]에 공감한다. 부정한 자가 제물을
먹을 경우에는 제물 드린 것 자체가 취소될 수도 있는 상황이었다.

　　이처럼 레위기 10장에는 아들들의 죽음에 대한 대제사장의 애도와, 시
체와의 접촉의 금지와, 제사장들의 시체를 옮기는 것(10:6-7; 비교. 21:10-12) 이
외에 다른 대처 혹은 마무리에 대한 후속적인 언급은 없다. 그렇다면 이것은

58　Milgrom, "The Rationale for Biblical Impurity," *JANES* 22 (1993): 107-11.
59　Kiuchi, *The Purification Offering*, 77-85.

단지 부정한 것들(시체)를 회막에서 치우는 것만으로 "거룩한 곳"이 정화되었다고 말하는 것일까?[60] 또한 레위기 16장이 그 비극적인 사건을 언급하기는 하지만, 그 이상의 연결고리를 말하지 않는 것처럼 여겨져 왔다. 그러나 레위기 10장에서 나답과 아비후의 죽음 자체가 성소 오염을 초래했다는 전제 하에서 레위기 16장을 본다면, 새로운 계시 말씀을 통하여 레위기 16장이 부정에 의한 성소 오염을 전제하고 정화 계획을 세우는 것은 이상하지 않고 오히려 당연한 것이다.

와닝은 "그리고 그들이 죽었다"는 표현을 통하여 레위기 10, 11-15, 16장이 일련의 부정규례(不淨規例)들로 연결된다고 주장한다(레 10:2, 6, 7, 9; 11:39; 15:31; 16:1).[61] 그러한 점에서 "레위기 10장에 대한 언급은 레위기 16장의 제의를 이해하는데 핵심적이다."[62] 이러한 논의에서 레위기 16장"의 제의는 야웨의 거룩의 재선언의 문맥에 놓여있다."는 가정이 더 자연스러워 보인다.[63] 이와 같은 나답과 아비후의 죽음으로 인한 야웨의 성소 오염의 가능성은 제사장의 중요한 책무를 준수할 것을 경계하는 레위기 15:31에서 발견할 수 있다 ("너희는 이와 같이 이스라엘 자손이 그들의 부정에서 떠나게 하여 그들 가운데에 있는 내 성막을 그들이 더럽히고 그들이 부정한 중에서 죽지 않도록 할지니라"). 그 중대한 연결고리는 비록 31절이 심한 부정의 경우 하타트 제물을 드려 그 부정이 성소까지 오염시키지 않도록 하라는 명령이긴 하지만, 이 표현들이 레위기 16장의 하타트 제의의 목적을 언급하는데서 반복되기 때문이다(16, 19절). 이 본문들은 정결법 준수의 실패가 죽음을 초래할 수 있다고 전제하며, 죽음이 성소 부

---

60 W. H. 벨링거, 『레위기-민수기』김진선 역, (서울: 성서유니온, 2016), 100.

61 Warning, *Literary*, 45.

62 Mooney, "On This Day," 125.

63 Mooney, "On This Day," 120.

정 자체의 원인이며 성소 오염이라는 범죄(반역)로 말미암는다는 것을 명시적으로 말한다고 볼 수 있다.[64]

민수기 18-19장과의 관련성

레위기 밖의 다른 관련 본문들을 통한 레위기 10장의 성소부정의 심각성을 살펴보려면, 민수기 18-19장을 살펴볼 필요가 있다. 우선 제사장들의 제의 책무를 다루는 민수기 18장부터 살펴보자(민 18:1-7).

> 1 여호와께서 아론에게 이르시되 너와 네 아들들과 네 조상의 가문은 **성소의 불의(죄)를 해결할 것이요**(תשא אתשן המקדש) 너와 네 아들들은 **너희의 제사장 직분의 불의(죄)를 함께 해결할 것이니라**[65] ⋯ 5 이와 같이 너희는 성소의 직무와 제단의 직무를 다하라 그리하면 여호와의 진노가 다시는 이스라엘 자손에게 미치지 아니하리라 7 너와 네 아들들은 제단과 휘장 안의 모든 일에 대하여 제사장의 직분을 지켜 섬기라 내가 제사장의 직분을 너희에게 선물로 주었은즉 거기 가까이 하는 외인은 죽임을 당할지니라.

레위기 10, 16장과 관련하여 하틀리가 말한 "민수기 18:1-7에 근거하여 만일 어떤 제사장이 성소의 신성을 침해한다면, 공동체 전체가 그 죄가 제거될 때까지 하나님의 진노 아래 놓이게 된다"는 점과 "제사장들은 자신들을 성결케

---

64 Kiuchi, *The Purification Offering*, 155-56. 키우치는 이러한 점에서 여기에서 사용되는 하타트가 백성의 오염을 한정하고 오염과 반역에 하타트에 의해 한정된다는 점에서 하타트는 부정과 죄책으로 구성되어있다고 주장한다.

65 개역개정을 히브리 본문에 따라 수정하였다.

하고 야웨께서 지시하신 대로 야웨와 백성들 사이를 중재함으로써 백성들 앞에서 그분의 존엄을 높인다"는 내용에 주목할 필요가 있다.[66] 우리 관점에서 좀 다르게 표현하자면, 이것은 성소에서 죽은 범죄한 제사장들을 즉각적으로 징벌하시고 그 시신들을 이스라엘의 진영밖으로 내보내는 것만으로는 불충분한 것이다. 본문이 말하듯이 대제사장은 성소안의 불의(죄)를 제의적으로 담당해야 할 의무가 있었던 것이다.

레위기에는 짐승의 사체와의 접촉에 따른 부정의 규정(레 11:24, 27-28, 33ff.)은 있지만, 제사장의 시체 부정을 다루는 레위기 21장을 제외한다면 정작 사람의 사체와의 접촉에 따른 부정과 해소에 대한 규정은 없다. 일반적인 사람의 시체와의 접촉에 의한 부정을 해소하려는 차원에서 부정의 물을 사용하는 장면은 레위기가 아닌 민수기 19장에서만 나타난다(여기에서는 불평하던 이스라엘이 하나님의 징계를 받아 죽은 경우를 전제로 한 것이며 민 31:19-24의 경우에는 전쟁에서 돌아온 자들로 인한 부정을 제거하는 정화의식을 제공한다).[67] 그러한 점에서 우리 본문을 이스라엘 진영 안에서 사람의 집이 시체로 인하여 부정해진 경우를 다루는 민수기 19장의 부정 규례(특별히, 14-15, 17-20절)와 비교해볼 필요가 있다.

민수기 19장의 규례에 비추어 레위기 10장에서 하나님의 집이 시체로 인하여 부정해졌다고 가정해보자. 매우 난해한 질문들 가운데 하나인 '나답과 아비후가 왜 죽었는가' 만큼이나 '나답과 아비후가 어디서 죽었는가'라는

66　하틀리, 『레위기』, 329.

67　Gorman, *Ideology of Ritual*, 191-214. Albert I. Baumgarten, 'The Paradox of the Red Heifer,' *VT* 43/4 [1993]: 449)은 붉은 암소를 태운 재와 함께 피를 섞는 자들이 부정하다고 말하는 것을 향후 상징적인 부정함을 말하는 것이 아니라, 후대의 "성물을 만진 것이 손을 더럽힌다"는 표현으로 사용하는 것에 유비로 설명하려고 한다.

질문도 해답을 찾기가 어렵다. 이 질문은 '아론이 내/지성소에 들어가 성소의 부정과 자신을 포함한 제사장들과 백성의 범죄를 정결케 해야 했던' 이유에 대한 대답의 추구이기도 하다. (지)성소에 대한 언급으로서의 '집'(2, 12, 15절)과 가문으로서의 '집'(6, 11, 17절)에 대한 언급도 주목할 필요가 있다. 여기에서 특이점은 개인의 장막에서 발생한 시체의 부정을 정결규례대로 처리하지 않는다면 결과적으로/자동적으로 야웨의 성소의 오염도 초래한다는 20절에 있다 ("사람이 부정하고도 자신을 정결하게 하지 아니하면 야웨의 성소를 더럽힘이니"). 심지어 성소 내에 시체가 있었다면 그 부정함의 정도는 최악의 상황이었을 것이다. 그러나 이럴 경우에는 어떻게 해야하는지에 대한 규례는 없다.

　　민수기 19장의 사람의 시체와의 직접적인 접촉에 따른 부정과 그것을 방치했을 경우에 발생하는 성소오염의 연관성의 측면에서 볼 때 레위기 10장의 나답과 아비후의 죽음은 가장 중대한 위급 상황으로서 "성소 기물들"의 오염을 초래했을 것이다.[68] 이와 관련하여 밀그롬도 "레위기 16장에서 규정된 긴급한 정화의식들의 원인은 성소구역내에서 행해진 나답과 아비후의 죽임"이라고 주장하였다.[69] 빕은 "긴급정화의식을 다루는 [레위기] 16장은 나답과 아비후 사건의 직접적인 결과로 등장한다"고 주장하였으며[70] 레위기 16장의 하타트 제의가 필요했던 이유를 "나답과 아비후는 성소를 이중적으로 오염시켰다. 즉 그들의 죄로 인한 생명으로, 그들의 시체로 인한 죽음으로."라고 말한다.[71] 이러한 유비를 통해서 볼 때 레위기 10장의 제사장들의 죽음과 관련된 전체적인 흐름은 다음과 같다. 나답과 아비후는 그들의 잘못에 대한 하

68　Feder, *Blood Expiation*, 85-86, 90.

69　Milgrom, *Leviticus 1-16*, 608.

70　Bibb, "Nadab and Abihu," 93.

71　Milgrom, *Leviticus 1-16*, 1011.

나님의 심판으로 죽임을 당하였고 그로 인하여 성소 전체가 부정하게 되었으며 이스라엘 온 회중은 제사장들의 범죄에 대한 책임과 아울러, 장례식에 참여함으로 하나님의 집에 임한 시체로 인한 심한 부정의 영향을 받게 되었다 (비교. 기름부음 받은 제사장의 범죄로 온 백성이 책임을 지게 되는 경우[레 4장]). 여기에서 회막속의 시체처리와 부정의 가능성의 제거라는 점에서 매장의식에 대한 언급은 있지만, 회막 제의 혹은 거룩함의 회복에 대한 언급은 없다. 레위기 10:6-7은 21:10, 12와 관련이 있다.[72] 더 나아가 성물과 일반적인 것을 구별하도록 가르쳐야 하기 때문에(8-11절), 11-15절은 레위기 16장을 상기시킨다. 특히 20절은 레위기 10장에서 제사장들이 회막에서 죽은 사건이 초래하는 성소 부정의 심각성을 잘 보여준다고 하겠다.

성소에서 나답과 아비후가 범죄하여 하나님의 불로 죽임을 당한 후 성소가 제사장들의 시체로 인해 부정해졌다. 나답과 아비후가 향을 가지고 내성소에 접근했다는 것은 나답과 아비후가 향로를 가지고 야웨 앞에서 즉 내성소에 들어가려고 혹은 들어갔다는 것을 당연히 전제로 한다. 성소에서의 이들의 죽음은 비상 상황이었기 때문에 게인은 일반인들이 시체의 옷을 끌어서 진영밖으로 나왔다는 측면에서 시체와의 직접적인 접촉을 피했다고 주장하기도 하지만,[73] 민수기 19장에 따르면 시체가 있는 집안에 출입한다는 것뿐만 아니라, 시체의 옷과의 접촉도 그로 인한 아론의 사촌들의 부정을 피할 수는 없었을 것이며 결국 그곳에 출입하는 사람들과 하나님의 집의 오염은 피할 수 없는 상황이었을 것이다. 이러한 추론은 이들의 시체가 광야로 옮겨지고 매장될 때까지, 제사장들에게 나답과 아비후의 죽음에 대한 애도의식을 갖지 못하도록

---

72 Nihan, *Priestly Torah*, 589-90를 보라.

73 Gane, *Leviticus-Numbers*, 189.

금지한다는데서 실마리를 찾을 수 있다. 이것은 단지 그들의 죽음에 대한 애도가 아니라, 장례식장에서의 '접촉'을 동반하는 애도행위 모두를 금지하는 것이다. 나답과 아비후의 죽음에 대한 애도는 장례에 참여한 백성의 몫이었으며 민수기 19장의 규례에 따라 결국 장례를 주도한 나답과 아비후의 삼촌들 뿐만 아니라, 이 모든 백성도 나답과 아비후의 시체로 인하여 부정해졌던 것 같다.

모세의 명령에 따라 아론의 삼촌 웃시엘의 아들 미사엘과 엘사반(출 6:14-27)이 그들의 시체(부정의 원인)를 성소로부터 직접 들어서 진영밖으로 옮기는 방식으로 부정의 매개(근원)를 제거하여야 했다. 물론 여기서 직접 시체를 들어서 옮겼다고 문자적으로 이해하기보다는 들것을 가지고 시체를 옮겼다고 가정하는 것이 더 적절할 것이다. 민수기 19장에 따르면 시체뿐만 아니라, 시체를 운반한 들것을 만진 자들도 부정해진다. 그러한 점에서 이러한 옮김 자체 ("רֵעֵיכֶם, אֲשֶׁ",[74] 5절)가 회막에서 일하는 제사장들과 이스라엘 진영 내의 사람들이 부정한 상태가 되지 않도록 방지하려는 것은 아니다. 성소 안에 있던 시체를 메어 옮기는 행위(5절)는 비제의적 행동임에도 불구하고 성소의 부정의 원인을 제거하는 하나의 행동을 의미하며, 레위기 10:17에 나타난 죄의 제거와 관련되며 레위기 16장의 아사셀 염소의 역할(21, 22절)과도 용어의 공유와 행위적 유사성이라는 측면에서 관련이 있다. 마치 레위인들이 '거룩한' 성막기구들과의 직접적인 접촉을 피하면서도 성물을 옮겼듯이, 아론의 사촌들이 부정해짐에도 불구하고 '두 제사장의 시체'(부정의 원인)를 성소에서 (어깨에) 지고

---

74 이 표현 자체는 "이들이 시체와의 직접 접촉을 피하고 죽은 제사장들의 옷을 당겨서 진영 밖으로 데리고 나갔다"라고 해석할 것이 아니라, ESV와 같은 영어번역들처럼 "제사장 옷을 입은 채로 있는 그들의 시체를 당겨서…"라는 해석이 더 낫다.

나와서 진영 밖 멀리 가져가는 장면과 대제사장 아론이 이스라엘의 모든 죄를 숫염소에게 지워서 광야로 가져가게 하는 장면에 공통적으로 נָשָׂא 동사가 사용되었다. 아론의 사촌들이 두 사람의 시신을 하나님 앞에서 성소 밖으로 끌고 나왔듯이, 아론이 그러한 죄와 부정의 오염을 씻어내야 했고 이스라엘 진영밖에 있던 숫염소에게 가져와 그 죄의 짐을 짊어지워 다른 일반인에게 광야로 보내는 그 몫을 맡겨야 했다([표 48]을 보라).

[표 47] 레 10:4-5과 16:2-3, 20, 22의 비교

	10:4-5(시체들의 제거)	16:2-3, 20, 22 (성소와 진영의 오염의 제거)
원인	나답과 아비후의 범죄	나답과 아비후의 범죄
원인	향 야웨 앞에서 불이 나와 제사장들을 태움	향 야웨 앞에서 불태움
결과	성소의 오염	성소의 오염
해소: 성소로부터	아론의 사촌들이 성소로 가까이 와서(קִרְבוּ)[75], 성소 입구로부터 (נָשָׂא פְּנֵי־הַקֹּדֶשׁ)[76]	아론이 성소로 들어가서 (אֶל־הַקֹּדֶשׁ, 2, 3절) 아론이 아사셀 염소에게 가까이 가서(הִקְרִיב, 20절)
진영 밖으로	두 사람이 시체들을 들어다가 (וַיִּשָּׂאֻם) 진영 밖 멀리로 가져간다 (אֶל־מִחוּץ לַמַּחֲנֶה)- 5절	염소가 그들의 모든 불의를 들어 다가(וְנָשָׂא, 22절) 광야로(즉, 진영 밖 멀리로)

---

75 Watts(*Leviticus*, 532)는 이 단어가 레 10장에서 반복적으로 사용된다는 데 주목한다. 나답과 아비후 사건과 관련해서 4번 사용되었고, 16장에서는 '가까이 가는 것'이 문제였다. 이 단어는 일반적으로 제물(명사)과 제물을 드리려고 가까이 가는 것(동사)의 의미로 사용되었다.

76 Milgrom(*Leviticus 1-16*, 605)는 레 10:18(MT)에서 아론과 그의 아들들이 성소 안이 아니라, 경내에서 먹었어야 했다는 점에서 성소보다는 거룩한 영역이 더 잘 어울린다고 주장한다(보라, Nihan, *Priestly Torah*, 579-80, n. 7).

이 단락의 논의를 정리해본다. 레위기 10장은 일차적으로 하나님의 징벌의 불로 죽은 두 제사장들의 처리방법과 제물의 나머지의 처리방법에만 집중하는 것 같다.[77] 그러나 레위기 16장을 고려할 때 레위기 10장에서처럼 이 사건을 이처럼 단순하게 종결시킬 것이라고 예상하기는 어렵다.[78] 이러한 점에서 레위기 10장의 결말은 레위기 16장이 없이는 미완의 결말인 것이다. 레위기 16장의 하타트 제의가 필요했던 이유는 레위기 10장과 민수기의 고라의 반역에서도 잘 나타나듯이, (하나님의 진노가 성소와 이스라엘 백성에게 임할 수 있었기 때문에) 아론이 향로[79] 및 자신과 이스라엘 모두가 드린 하타트 제물의 피를 가지고 부정해진 성소를 정화해야할 필요가 생겼다는 것을 전제한다.

그런데 이러한 전대미문의 사건에 대해 모세와 아론은 야웨로부터 "죽은 제사장들의 시체를 치우되 애곡하지는 말라"는 명령 밖에 받지 못했다. 심지어 하타트 제물의 피를 통해 아론에게 주어진 향단뿔에 대한 매년의 정화(출 30:10)가 명문화되었지만, 당시까지 지성소의 정화작업에 대해서는 아무런 계시도 명문화도 없었다. 그래서 그들은 이 문제에 대한 하나님의 새로운 말씀을 기다려야 했다. 여기 이외에도 (관련된 말씀이 전혀 없는 경우라기보다는) 기존의 말씀이 전제로 하는 상황과는 다른, 새로운 상황에 적용하기 위한 야웨로부터의 새로운 말씀을 기다리는 상황이 오경에 몇 차례 더 등장한다(예, 하나님의 이름을 더럽힌 혼혈인[레 24:10-17]과 안식일에 일한 자[민 15:32-36]에 대한 처리규정). 그러한 점에서 모세와 아론은 하나님의 후속적인 계시를 기다려야 했다. 그 새로운 계시(말씀공식)는 레위기 16:1-2이하에 등장한다. "아론의 두 아

___

77 하틀리,『레위기』 323.
78 "첫번째 사건에 대한 토막난 보고는 1-2절에 있는 가장 간결한 언급에 국한된다. 이것은 그 기사가 잘려나간 채 보존되었다는 것을 암시한다."(하틀리,『레위기』 323-4).
79 지성소안에서의 향로의 향의 기능에 대해서는 본서의 6장을 보라.

들이 야웨 앞에 나아가다가 죽은 후에 야웨께서 모세에게 말씀하시니라 야웨께서 모세에게 이르시되 네 형 아론에게 이르라."

레위기 4, 16장의 하타트 제의규례의 비교

지금까지 레위기 10장을 중심으로, 관련된 민수기 구절들(18, 19장)과 비교하면서 레위기 10. 16장의 상관성을 연구하였다. 이제 레위기 4장, 16장의 하타트 규례들의 비교를 통한 양자의 관계성을 고려하려고 한다. 앞서 논의하였듯이, 레위기 4-5장의 하타트 제물과 레위기 16장의 하타트 제의와의 관계를 논의하려면, 양자를 세부적으로 비교해볼 필요가 있다. 즉, 공통적인 요소들과 아울러 레위기 4-5장에는 없는 추가규례들이 16장의 하타트 제의에서 등장하는 이유를 고려해볼 필요가 있다. 그 이유는 무엇인가? 기존의 해석의 입장에서 보면 레위기 4-5장의 하타트 제물이 불완전한 것인가? 제거된 죄가 선택적이라서 그런 것인가? 레위기 16장의 하타트 제의가 죄용서의 측면에서 포괄적이고 완성적이라서 그런 것인가? 아니면 피부병환자의 경우처럼 정화규례 자체가 반복적인 것인가?[80] 아니면 새로운 상황이라서 새로운 규례가 필요했던 것인가? 전통적인 입장들은 레위기 4장과 16장의 하타트 규례를 연속선상에서 이해하지만 필자가 볼 때는 앞서 논의하였듯이 양자 사이에 하타트 제의가 사용된 문맥과 목적이 다르고 하타트 제의에 새로운 계시가 주어졌기

---

80 Kiuchi, *The Purification Offering*, 56ff.

때문이라고 생각한다(이에 대한 자세한 논의는 본서 8장을 보라).

하타트 제물의 규정

레위기 4-5장의 하타트 제물과 레위기 16장의 하타트 제물규정의 비교는 레위기 16장의 하타트 제물의 규례를 이해하는 데 중요하기 때문에 이 단락에서 세부적으로 비교할 필요가 있다. 우선 레위기 4장의 하타트 제물의 내용을 정리해본다. 이 제물은 기름부음 받은 제사장의 범죄, 온 백성의 범죄, 족장 개인의 범죄, 개인 범죄의 경우로 나뉜다.

하타트 제물들(레 4:1-5:13; 16)의 규례의 비교

레위기 4장에 나오는 "기름 부음 받은" 제사장의 범죄의 처리 방법(3-12절)과 레위기 16장의 부정에 대한 아론의 처리방법을 비교할 때 그 정화의 대상이 지성소까지 확장되었다는 점 및 아사셀 염소규례 외에는 큰 차이가 없다.[81] 레위기 4장이 "기름 부음 받은" 제사장의 범죄가 온 백성에게 끼친 영향의 문제를 원론적으로 다루는 반면, 레위기 10, 16장은 구체적이고 특정하게 제사장들의 범죄로 인한 성소의 부정이 초래한 문제를 다룬다는 점이 가장 큰 차이점이라고 할 수 있다(민 16:35의 처리방법을 보라). 이러한 차이점은 범죄한 두 제

---

81 레 4장과 민 15장과의 관련성에 대한 논의는 Jonathan P. Burnside, *The Signs of Sin: Seriousness of Offence in Biblical Law* (JSOTSS 364; London: Sheffield Academic Press, 2003), 158-59를 보라.

사장들의 죽음으로 당시에 발생한 사건과 결과들이 완전히 해결될 것인가에 대한 의문을 제기하게 만든다. 물론 가장 큰 차이점은 현역 '기름 부음 받은' 제사장들이 모두 죽었다는 것이다. 그렇기 때문에 그것을 제의적으로 처리할 사람은 이 모든 제사 업무를 총괄하는 기름부음 받은 아론 밖에 없었다.[82] 아론은 내성소에 출입할 수 있는 유일한 기름부음 받은 제사장이었다.

이제 기름 부음 받은 제사장의 범죄를 위한 제물처리(레 4장)와 아론의 하타트 제물(레 16장)의 처리규정들을 비교분석하면서 레위기 16장의 하타트 제의의 특징을 살펴볼 것이다. 다음의 도표(49)는 레위기 4, 16장의 하타트 제물 규례들의 개괄적인 비교분석이다. 비교분석을 보면, 레위기 16장이 레위기 4-5장과 상호 밀접한 관련이 있다는 점을 알 수 있다. 비교분석항목에서 증감 (+-)은 상응하는 구절에서 관련내용이 추가 혹은 생략된 경우를 지칭한다.

[표 48] 하타트 제물의 규정(레 4장)

	기름부음 받은 제사장의 범죄	개인들의 범죄
범죄	3 만일 기름 부음을 받은 제사장이 범죄하여 백성의 허물이 되었으면	22(27) 만일 족장(평민의 한사람)이 그의 하나님 야웨의 금령 중 하나라도 부지중에 범하여 허물이 있었는데 23(28) 그가 범한 죄를 누가 그에게 깨우쳐 주면

---

82 이것에 대해서 Watts(*Ritual and Rhetoric*, 125)는 아론 대제사장의 정당성을 입증할 목적으로 만들어진 본문이라고 주장하지만, 레 10, 16장의 논점은 기름 부음 받는 제사장들의 "불"(향로)의 정당성의 문제에 관한 것이다. 레 16장에서 이 불이 하나님의 면전에서 회막에 입장하는 자들을 가리는 역할을 하는데 반하여, 아론의 역할은 하타트 제물의 피를 가지고 회막에 들어가서 자신과 자기 가족과 이스라엘으로 인한 성소 부정을 해결하려는 데 있다.

도살	그는 자신이 범한 죄에 대하여 흠 없는 수소를 **하타트 제물로 삼아** 야웨께 드릴지니[83] 4 그 수소를 회막 문 야웨 앞으로 끌어다가 그 수소의 머리에 안수하고 그것을 야웨 앞에서 도살할 것이요	23(28) 그는 흠 없는 숫염소(암염 소)를 예물로 가져다가 24(29) 그 숫염소의 머리에 안수하고 야웨 앞 번제물을 도살하는 곳에서 잡 을지니 이는 **하타트 제물**이라
피 사용	5 기름 부음을 받은 제사장은 그 수소의 피를 가지고 회막에 들어 가서 6 그 제사장이 손가락에 그 피를 찍어 야웨 앞 곧 성소 휘장 앞에 일곱 번 뿌릴 것이며 7 제사 장은 그 피를 야웨 앞 곧 회막 안 향단 뿔들에 바르고	25(30) 제사장은 그 **하타트 제물** 의 피를 손가락에 찍어 번제단 뿔 들에 바르고
피폐기	그 소의 피 전부를 회막 문 앞 번 제단 밑에 쏟을 것이며	25(30) 그 피는 번제단 밑에 쏟고
고기 사용	8 그 **하타트 제물**이 된 수소의 모 든 기름을 떼어낼지니 곧 내장에 덮인 기름과 내장에 붙은 모든 기 름과 9 두 콩팥과 그 위의 기름 곧 허리쪽에 있는 것과 간에 덮인 꺼 풀을 콩팥과 함께 떼어내되 10 화 목 제물의 소에게서 떼어냄 같이 할 것이요 제사장은 그것을 번제 단 위에서 불사를 것이며	26(31) 그 모든 기름을 화목 제물 의 기름을 떼어낸 것 같이 떼어내 제단 위에서 불살라 야웨께 향기 롭게 할지니(제사장이 그를 위하 여 **제사한즉** 그가 사함을 받으리 라)
고기나머지 폐기	11 그 수소의 가죽과 그 모든 고기 와 그것의 머리와 정강이와 내장 과 12 똥 곧 그 소의 전체를 진영 바깥 재 버리는 곳인 정결한 곳으 로 가져다가 불로 나무 위에서 사 르되 곧 재 버리는 곳에서 불사를 지니라	(-)

---

83 개역개정을 히브리 본문에 따라 수정하였다.

7.4.2.1 기름부음 받은 제사장의 범죄와 기름부음 받은 제사장의 속죄

레위기 4, 16장에서 하타트 제물을 죽이는 장소는 동일하지만, 그 제물의 수는 다르다. 또한 그 피를 사용하는 장소가 다르다는 특징이 있다. 이 두가지 하타트 제물 규정들에 나타난 제물드림의 원인(범죄)은 다음과 같다([표 50]).

[표 49] 레 4, 16장의 하타트 제물드림의 원인비교

4장(죄의 해결)	16장(부정의 해결)
기름 부음을 받은 제사장이 범죄하여 백성의 죄책[84]이 되었을 경우	10장의 나답과 아비후 사건에 대한 언급-이로 인해 온 이스라엘을 위한 하타트 제사의 필요성을 설명한다.
제물을 도살할 때 헌제자가 한 손으로 안수한다.	대제사장이 하타트 제물을 도살할 때 안수는 없으나, 아사셀 염소의식을 할 때 대제사장이 두손으로 안수를 죄의 고백과 함께 수행한다.

기름부음 받은 제사장의 비고의적인 범죄[85]로 인해 백성의 허물이 된 경우 드려지는 하타트 제물(레 4장)과 레위기 16장의 하타트 제의에 아론이 자신과 가족과 온 백성을 위해 드리는 하타트 제물들(레 16장)과의 유사성은, 일부 증감(+-)은 있지만, 큰 차이는 없다.[86] 이러한 주장의 근거는 다음과 같다.

기름부음 받은 제사장과 아론 대제사장의 역할

레위기 4장이 말하는 기름 부음 받은 제사장은 누구인가? 종종 대제사장과

---

84 Kiuchi(The Purification Offering, 126)는 대제사장과 온 백성의 공동책임을 의미한다고 주장한다.

85 Burnside(The Signs of Sin, 165)는 비고의적인 범죄의 심각성을 다음과 같이 말한다. "그러므로 야웨께서 거하시는 성소를 오염시킨다는 점과 야웨께서 오염된 성소에 거하시지 않으실 것이기 때문에 야웨께서 떠나도록 만드는 위험이 있다는 점에서 부주의한 범죄는 심각한 범죄행위였다…"

86 Kiuchi, The Purification Offering, 126을 보라.

제사장들의 차이를 대제사장에게는 있지만, 제사장에게는 없는 기름부음의 차이에서 찾지만, 제사장들도 '기름 부음 받은' 제사장들이라고 불린다는 점에서 양자간의 유사성도 고려해야 한다(출 28:4; 30:30; 40:14-15; 레 7:35-36; 8:30; 비교, 민 3:3). 그러한 점에서 레위기 4장의 '기름 부음 받은' 제사장은 포괄적이며 레위기 16장의 기름부음 받은 제사장은 '아론'으로 한정한다는 점에서 특정적이다. 레위기 6:19-23[히 6:12-15]은 제사장 전체를 기름 부음 받은 자들이라고 말한다("이 소제는 아론의 자손 중 기름 부음을 받고 그를 이어 제사장 된 자가 드릴 것이요" [22절]). 물론 레위기 4:4의 "기름 부음 받은 제사장"은 대제사장"만"을 의미하는 것으로 볼 수 있으나 그렇다고 해서 이 규례를 대제사장(의 범죄)에게만 적용되는 것으로 볼 수는 없다.[87] 또한 일반 제사장을 레위기 4:27의 일반 백성의 범주에 넣을 수 없는 것과 마찬가지다. 게다가 이 규례를 너무 엄격하게 적용하면, 대제사장의 범죄를 용서받을 수 있는 길이 없어진다. 문제는 이러한 모호함이 레위기 10, 16장을 해석할 수 있는 열쇠를 제시한다는 것이다. 누가 야웨의 성소에 무엇을 가지고 들어갈 수 있는가가 관건이다. 레위기 16장을 통해서 본다면, 기름부음 받은 제사장은 지성소에 들어가려면 향과 제물의 피를 가지고 들어가야 한다. 레위기 4장은 제물의 피의 사용만을 규정하고 있고 레위기 10장은 다른 불(혹은 향)을 언급하고 있고 레위기 16장은 전제조건으로 향과 제물의 피를 규정하고 있다. 모세는 성막이 완성된 후 구름에 쌓인 회막에 들어갈 수 없었으나(출 29:43-46/40:34-5), 아론은 카포레트 위의 구름의 등장[88] 속에 나타나신 야웨를 만난다(레 16:2).[89]

---

87 Burnside, *The Signs of Sin*, 166.
88 이것이 지성소내에서 아론을 가리우는 향연(香煙)인지, 하나님의 신현을 상징하는 구름인가에 대한 논란이 있다(Nihan, *Priestly Torah*, 365, n. 425).
89 출 24:15-8; 40:34-5; 레 16:2, 12-3과의 관련성에 대한 논의는 Nihan(*Priestly Torah*, 375-79)을 보라.

만약에 레위기 4장이 지금의 최종본문을 통해서 유추 가능하듯이 "기름 부음 받은" 제사장이 아론 대제사장만을 암시하고 있다면, 나답과 아비후의 범죄는 그 자체가 명백한 것이다. 그러나 문제는 현재 문맥에서 레위기 16장을 읽지 않고서는 레위기 4장도 레위기 10장도 해석하기가 어렵다. 분명히 레위기 4장의 기름부음 받은 제사장의 범죄를 언급하고 있고 레위기 10장의 기름부음 받는 두제사장은 향로를 가지고 내성소에 들어갔다가 죽었다고 볼 수 있다. 레위기 4장만 본다면, 한명의 기름부음 받은 제사장만이 내성소에 들어갈 수 있는 것처럼 묘사된다. 이것은 내성소에 두 사람이 동시에 들어가지 말라는 말인가? 또한 내성소에 피와 향을 가지고 들어가는 대제사장의 속죄와 정화의 목적이 아닌 경우(떡, 등잔 등) 제사장들이 내성소에 출입을 했을 것이다. 그러한 점에서 레위기 4, 10, 16장은 현재의 상태에서 함께 읽어야 좀 더 명확한 그림을 그릴 수 있을 것이다.

기름부음 받은 제사장의 범죄가 백성의 죄책을 초래한다(레 4장).
이 경우 두가지 가능성이 존재한다. 그 하나는 제사장과 백성 사이의 제의적 측면[90]에서의 연대(solidary)를 가정하는 것이다. 두 번째는 제사장이 백성들에게 무언가 죄를 초래하는 것을 수행하도록 만들 가능성이다.[91] 레위기 16장과 관련짓는다면, 그 의미는 전자일 가능성이 있다. 레위기 16장에서는 제사장들의 범죄가 아무런 일도 수행하지 않은 백성 모두의 "죄책"으로 나타나기 때문이다. 게다가 레위기 16장에서 기름부음 받은 제사장 아론은 자신과 자기 가족이 드리는 하타트 제물을 준비해야 했다. 레위기 4장의 기름 부음 받은 제사

---

90   A. A. Bonar, *A Commentary on Leviticus* (London: Banner of Truth, 1972), 67.

91   Burnside, *The Signs of Sin*, 167.

. 레위기 16장의 하타트 제의의 배경연구   253

장의 범죄는 제사장 가문의 (연대)책임을 초래한 것이다. 물론 이들도 온 백성에 포함되지만, 레위기 16장에서는 별도로 백성의 하타트 제물을 드려야 했다. 레위기 4장의 제사장의 범죄는 비고의적인 것이지만, 레위기 10장의 나답과 아비후의 경우에는 명확치 않다. 그러나 이러한 결과로 아론과 제사장들과 백성은 비고의적인 범죄에 드려지는 소 하타트 제물(혹은 그에 상응하는 두 마리의 숫염소)을 드려야 했다. 문제는 레위기 4장 규례에 제사장의 범죄나 백성의 책임은 모호한 채로 남아있다. 위에서 이야기했듯이, 레위기 4장과 레위기 10장과 16장은 비교하면서 함께 읽어야 명확해진다. 확실한 것은 이러한 범죄(들)가 아론이 피를 가지고 야웨 앞으로 나아가게 만들었다는 것이다.[92]

기름부음받은 제사장의 내/지성소 출입(레16장)

2절은 그 시기를 "아무 때나"라고 규정한다. 이 말은 아론도 자의적으로 지성소에 출입할 수 없음을 의미한다. "בְּכָל־עֵת"라는 표현은 "항상"(혹은 "아무 때나")이라는 말이다. 즉 아론은 자발적으로[맘대로] 지성소를 들락날락거리지 말라는 말이다(이것은 다른 제사장들에게도 마찬가지로 적용할 수 있을 것이다). 이 말은 "한해의 특정한 시간"이 아니라, "마음대로" 출입하는 것을 금지하는 표현인 것으로서, 이 표현의 의도가 레위기 16장 전체를 욤 키푸르 규례로 가정하듯이 특정한 날짜를 확정하려는 것이 아니라는 의미다.[93] 이것은 정상적인 상황이 아니라, 오히려 "응급한 상황"을 전제로 하고[94] 그 시기에 대한 "상술되는 절차의 설명"을 위한 것이다. 게다가 "P에서 주어진 제의의 연대는 일반적으

---

92 Gilders, *Blood Ritual*, 116.
93 Nihan, *Priestly Torah*, 346. 보라. Milgrom, *Leviticus 1-16*, 1061-62.
94 Feder, *Blood Expiation*, 81.

로 앞에서 주어진다"는 규칙을 깨고 있다. 나아가 내러티브의 시간에 따르면, 레위기 16장의 제의규례는 1월에 주어진 것이라는 점에서도 그렇다(레 9:1[1월 8일]; 민 1:1[그 달말경]).[95] 결국 이 표현은 이 규례가 고정적인 날짜를 가진 것이 아니라는 점을 보여주며 또한 이 표현과는 대조적으로 34절의 "영원한 규칙"에 대한 언급은 이와 같은 사건과 제의의식의 발생을 전제로 한다.[96] 이와 같은 니한의 주장은 레위기 16장의 하타트 제물의 규례가 어떤 입장을 취하는지를 잘 드러내 준다. 그러한 점에서 본다면, 레위기 16장의 하타트 제의는 그 자체가 욤 키푸르 즉 매년의 절기 규례를 위한 것이 아니다.

물론 여기서 문제는 '언제인가'가 아니라, 지성소에 들어갈 일이 생겼을 때("아론이 성소에 들어오려면"[레 16:3]), 그가 어떻게 해야 들어갈 수 있는가에 대한 것이다. 레위기 16장은 이제 그가 성소에 들어갈 때가 된 것이며, 어떤 제물을 가지고 들어가서 무엇을 하느냐가 중요하다고 말하는 것 같다.

기름부음 받은 제사장의 속죄(정화)장소

그 장소에 대한 논란에는 다음과 같은 여러 가지 문제가 존재한다. 우선적으로 기름부음 받은 제사장의 속죄 장소가 내성소와 지성소인 이유의 논란을 다루어야 한다. 물론 이 문제는 속죄 장소에 대한 논의와 밀접한 관련이 있다. 물론 레위기 10장을 고려하지 않는다면, 레위기 16장의 '지성소까지 정화해야 하는' 이유는 불명확한 채로 남아있을 것이다. 그러나 레위기 4장과 관련하여 이해한다면, 레위기 16장의 속죄 장소는 레위기 4장의 규례의 모호함의

---

95 Nihan, *Priestly Torah*, 347.
96 Nihan(*Priestly Torah*, 350)은 레 16장 본문 자체가 "시간간격에 대한 언급이 전혀 없기" 때문에 "이 의식의 계시와 첫 수행이… 레 9장의 희생제의의 개시 직후에 발생했다는 점을 매우 명확하게 보여 준다"고 주장한다.

규명, 혹은 확장으로 이해할 수 있을 것이다. 정화의 대상인 성소("מקדש", 2, 3, 16, 17, 23, 27절)의 정체에 대하여는 (1) 내성소, (2) 성소 전체로는 보는 두 가지 입장이 있다. 결과론적으로 본다면, 성소 전체의 정화가 이 제의의 목적이다.

이제 어떻게 내/지성소가 오염될 수 있었는가를 살펴본다. 이와 관련하여 레위기 4장의 기름부음 받은 제사장의 범죄는 그 심각성으로 인하여 내성소를 '자동적으로'(비접촉에 의해) 오염시킨다고 보는 입장도 있다. 게다가 키우치는 내성소와 지성소 사이에 있는 휘장이 내성소로부터 카포레트를 온전히 분리시키지 못한다는 점에 주목한다. 또한 그는 휘장에 대하여 피를 뿌리는 행위가 그 배후에 있는 카포레트에 대한 간접적인 피 뿌림 행위를 의미한다고 보았다. 그래서 기름부음 받은 제사장의 범죄가 내성소뿐만 아니라, 지성소도 함께 오염시킨다고 보았다.[97] 이 경우 내성소로 들어간 대제사장뿐만 아니라, 제물을 드리는 수고를 하지 않은 제사장도 제물고기의 나머지를 먹을 수 없었다.[98] 최근에 페데르는 접촉이라는 매개 없이 성소내부가 죄로 오염된다는 밀그롬의 입장을 지지한다. 그는 그 증거로 그 과정이 후르-힛타이트 피 제의와 유사하다는 점과, 내성소/지성소가 직접적인 접촉이 없어 피로 오염될 기회가 없었는데도 피의 정화의식이 필요하다는 점 등을 그 증거로 제시한다.[99] 그러나 여기에서 가장 중요한 논점은 직접적인 접촉이 없이도 성소 전체의 오염이 가능한가가 아니라, 무엇이 성소 전체를 오염시키는가에 있다. 이 문제는 본서의 8장에서도 자세하게 다룰 것이다.

성소의 오염원(汚染源)을 정확하게 알면 하타트 제의의 정화대상에 대한

---

97 Kiuchi, *The Purification Offering*, 125; Haran, *Temples*, 161.
98 Menahem Haran, "Priesthood, Temple, Divine Service: Some Observations on Institutions and Practices of Worship," *HAR* 7 (1983): 121-35.
99 Feder, *Blood Expiation*, 110-11.

논란을 더 잘 해결할 수 있을 것이다. 필자는 레위기 10장의 나답과 아비후의 범죄와 그들의 시체에 의한 오염을 그 원인으로 여기며 회막 등에서의 제의적 '부정의 제거'와 회막에서의 시체의 처리(제거)는 다른 것이다. 나답과 아비후는 자신들의 죄를 해결할 제물을 바칠 기회도 없이 죽었으며 죄(반역)의 처벌은 이미 나답과 아비후의 죽음을 통하여 해결되었지만, 시체로 인한 성소의 부정의 해소문제가 발생하였고 레위기 16장의 하타트 제의는 성소 오염과 그 부정적인 여파를 해결하려는 것이다. 그래서 죄의 용서("용서 받았다")에 대한 전형적인 표현들이 레위기 16장에서 나타나지 않고 오히려 부정의 제거 ("깨끗하게 되었다")에 대한 언급만 나타난다. 이것이 레위기 4-5, 16장의 하타트 제의의 중대한 차이다. 배상제물을 포함하여 레위기 4-6장은 죄의 용서가 목적이지만(레 4:20, 26, 31, 35; 5:10, 13, 16, 18, 26), 레위기 16장의 경우(16, 19, [21], 30절)는 성소 전체의 정화를 목표로 하는 부정 규례(레 14:19; 15:31)를 떠올린다. 그러한 점에서 레위기 4-5장은 죄의 용서가 목표라고 한다면, 레위기 16장은 성소 전체의 부정의 정화를 우선 목표로 삼는다. 레위기 16장이 레위기 11-15장 뒤에 오는 이유는 제사장들의 반역의 문제로 비롯된 "성소 안에서의 죽음으로 인한" 가장 중요한 부정의 해소를 목표로 하기 때문이다. 그러한 점에서 레위기 16장은 레위기 11-15장의 부정 규례의 정점에 위치해 있다. 레위기의 흐름상 부정의 해소로 하타트 예물이 사용되어야 한다는 전제는 레위기 11-15장의 부정 규례를 살펴야 한다. 그 어떤 것이든지 심각한 부정은 성소를 부정하게 만드는데 성소내의 시체로 인한 부정의 경우는 오죽했겠는가?

이 정화의식에서 가장 관심을 끄는 것은 지성소의 카포레트의 의미와 기능에 관한 것이다. 레위기 4장과 16장의 하타트 규례를 비교해볼 때, 가장 큰 차이점 가운데 하나는 지성소의 카포레트에서 행해지는 피의 기능이다.

[표 50] 레 4, 16장의 내성소와 내/지성소에서의 피 사용

내성소(4:5-7)	지성소와 내성소(16:14-18)
야웨 앞에, 성소의 휘장 앞에	카포레트 동쪽에, 카포레트 앞에
일곱 번 뿌릴 것이며	일곱 번 뿌릴 것이며
야웨 앞에	야웨 앞에
곧 회막 안 향단 뿔들에 바르고	제단 뿔들에 바르고

사실 이 단락에서는 "지성소"라는 표현보다는 성소와 카포레트와 "야웨 앞에서"라는 표현만 사용된다는 점에서 용어적 혼동은 없다. 이 카포레트의 번역은 밀그롬은 그 자체가 불가능하다고 주장할 정도로 난해하다.[100] 우선 카포레트의 의미를 살펴보자.

[표 51] 카포레트의 번역과 용례

정결의식의 자리	전통적으로 카포레트는 "화해/속죄(propitiation)의 도구"(ίλαστήριον)라고 해석하는 70인경을 따라 כפר("정결의식을 수행하다")라는 단어에서 비롯된 '속죄판' 혹은 '시은좌'(施恩座)라고 불렸다(출 25:17-22). 그러나 제사장의 속죄행위나 범죄를 용서하시는 하나님의 은혜가 이곳에서만 나오는 것은 아니다.[101] 이러한 전통적인 표현은 카포레트 이외에도 성소의 제단, 향단, 휘장 등에서도 제의행위를 통하여 하나님의 용서와 은혜가 나타난다는 점을 간과하게 만든다.
야웨의 보좌의 발판	카포레트를 하나님의 보좌로, 언약궤를 그 발판으로 이해하기도 한다.[102] 이 카포레트는 어원적으로 고대 이집트 말의 "발이 놓이는 장소"(kappuri[e]t)와 관련이 있다는 점에서 "발바닥"(kp[n]rdwy)이라는 이집트 말에서 유래된 것 같다(참조. 시 132:7; 대상 28:2). 그렇다면 그것은 "야웨의 (보좌)발판"이라고 해석할 수 있다. 그러므로 "속죄판"보다는 "야웨의 발판"(카포레트)[103] 혹은 정결의 발판이라고 부르는 것이 더 적합할 것이다.

---

100 Milgrom, *Leviticus 1-16*, 1014.

신학적 실체에 대한 상징적 표현	이것은 단지 하나님과 인간의 만남의 장소를 상징한다.[104]

이제 레위기 16장에 나타난 하타트 제물의 피의 기능을 살펴볼 것이다. 아론이 황소와 숫염소의 하타트 제물의 피를 취하는 것(3a, 3b절)은 그가 지성소에 들어갈 수 있는 유일한 인물임을 보여준다. 레위기 4장에서의 '성소'는 내성소를 의미한다.[105] 하타트 제물은-그것이 밀그롬이나 키우치의 입장을 따르더라도-죄로 인한 지성소(성소)의 오염을 전제해야 한다. 그러나 필자는 그 죄의 원인에 대해서 그들과 다른 입장을 취한다. 필자는 두 명의 제사장들의 죽음(부정)을 성소의 오염원이라고 본다.

이 두 제물드림의 중요한 차이는 세가지다. 즉 숫양이 이스라엘 백성을 위한 번제물로 추가된 점, 아사셀 염소제의, 그리고 하타트 제의의 번제물과의 병행[106]이다.

숫염소 제물은 레위기 4장에서 개인의 범죄를 위한 하타트 제물이다. 이와 관련해서는 두 가지 질문, 즉 아론과 온 백성이 각각 다른 제물을 드리는 이유는 무엇인가? 아론과 온 백성을 대표하는 제물이 한 가지가 아니고 두 가지인 이유는 무엇인가? 그리고 온 백성의 하타트 제물이 한 쌍으로 드려진 이유는 무엇인가?

---

101 Milgrom, *Leviticus 1-16*, 1014.

102 Levine, *Leviticus*, 103.

103 카포레트의 기능과 관련된 논의는 G. Gerleman, *Studien zur alttestamentlichen Theologie* (Heidelberg: Lambert Schneider, 1980), 11-23 [특히 18ff.]를 보라.

104 Lang, "כפר," 298.

105 Nihan, *Priestly Torah*, 367-68.

106 보라, Nihan, *Priestly Torah*, 181-2. 부정과 관련하여 먼저 하타트 제물을 드리고 그후에 번제물로 드리는 절차가 있다(비교, 레 14:19; 15:30).

① 아론과 온 백성이 각각 하타트 제물을 드린 이유를 알아보자. 이것은 레위기 4-5장의 하타트 제물과의 차이점 가운데 하나이다. 즉 레위기 4-5장이 하타트 제물의 경우 한 마리 수소 제물을 드려야 했는데 레위기 16장의 하타트 제물의 경우는 다르다. 희생제의에서 제사장과 백성이 각각 제물을 드리는 경우는 레위기 9장, 즉 이스라엘의 첫 공식적인 제사의식에서 나타난다. 앞서 언급하였듯이, 레위기 16장에서 회막의 정화와 회복을 위한 봉헌제의을 수행하라는 특별한 명령이 주어졌기 때문이며 이것은 별도의 하타트 제물을 드려야 하는 아론 가문과 백성의 중대한 책임을 특별히 구분하는 것이다. 아론은 자신과 가족을 위하여 가축떼 가운데 수소를 한 마리 골라 드렸고(2절), 이스라엘 백성을 위하여 두 마리의 숫염소를 드렸다(7절).

② 백성이 한 쌍으로 숫염소 제물을 드린 이유는 무엇일까? 이것은 레위기 16장의 하타트 숫염소 제물의 역할과 관련이 있다. 하틀리는 레위기 16장의 두 마리의 숫염소 하타트 제물의 존재에 대해서 마치 무거운 짐을 멀리 옮기듯이 "살아있는 염소가 분명히 회중의 죄를 멀리 옮"기는 상징적 역할을 하기 때문에 "야웨께 바친 염소의 피 의례는 다른 목적, 즉 성소를 정화하려는 것"이라고 주장한다.[107] 그런데 문제는 두 번째 제물이 말 그대로 산 채로 그와 같은 역할을 수행한다는 것이다. 무니는 두 마리의 염소제물에서 첫 번째 죽는 염소 제물에는 안수가 없고 두 번째 죽지 않는 염소제물에는 안수가 있다는 점에서 "역전된 샤마크[안수] 의식"(inverted *sāmak*-rite)라고 부른다.[108] 그러나 이 문맥에서 아사셀 염소에게 죄를 넘겨주는 행위에 סמך이 사용되었다. 단순히 유비적 측면에서는 동일한 기능과 의미를 가졌다고 주장할 수 있지만,

---

107 하틀리,『레위기』, 491.
108 Mooney, "On This Day," 209.

그렇다고 그렇게 단정할 수는 없을 것이다. 이제 숫염소 두 마리가 필요했던 이유들을 고려해보자.

① "두 마리의 염소 수는 두 마리의 새가 한 마리의 숫염소와 동일시되듯이 한 마리의 소로 여겨진다."[109] 이와 같은 경우는 레위기 5:11을 보면 알 수 있다("만일 그의 손이 산비둘기 두 마리나 집비둘기 두 마리에도 미치지 못하면"). 그러한 점에서 볼 때, 레위기 16장의 하타트 제의의 경우 하타트 제물로 드리는 소 한 마리가 제사장 가문을 대표하고 대제사장이 각각 성소에서 죽이는 숫염소가 회중들을 대표하며, 결국 아사셀 숫염소의식에서 다른 숫염소는 이스라엘 전체를 대표하는 듯하다.[110]

② 레위기 16장의 두 마리 염소는 성소에서 죽은 두 명의 제사장들(나답과 아비후)의 시신을 꺼내 이스라엘 진영 밖까지 가져갔던 두 사람들(레 10장)을 상기시키는 것 같다.[111] 레위기 16장의 특별한 하타트 의식은 레위기 10장의 사건과 그 처리과정을 암시하는 가운데 장례식에 참여하여 부정해진 온 이스라엘의 중대한 오염과 죄들을 제거하는 의식을 재현한 것이 아닐까 한다.

③ 두 마리 숫염소 하타트 제물은 두 마리 새 제물을 요구하는 레위기 14장의 부정한 자를 위한 의식과 유사하다.[112] 페데르는 제의적으로 부정해진 사람의 정화를 도살된 새와 살아있는 새의 합작품으로 보기 때문에, 물과 피를 섞은 물에 살아있는 새를 담갔다가 공중으로 날려 보내는 의식 행위를 (비

---

109 Mooney, "On This Day," 209. 또한 희생제물의 경제(經濟)에 대한 설명은 Jenson, *Graded Holiness*, 176을 보라.

110 그러한 점에서 두 마리의 숫양은 한 마리 수소로 드리는 하타트 제물과 동등한 하나의 하타트 제물을 의미할 수도 있다(비교, Kiuchi, *The Purification Offering*, 147-56).

111 김경열("레위기 16장의 속죄일 예전의 해석," 122)은 이러한 두 제물의 통합을 세마포를 입은 아론의 집례를 통해 가능해졌다고 주장한다.

112 Nihan, *Priestly Torah*, 351.

록 단순화된 형태지만 레 16장과 비교할 때) 제의적으로 오염된 사람의 부정을 살아있는 새에게 전달하여 오염된 사람의 제의적 정화를 초래한다고 주장한다.[113] 아사셀 염소의 규례는 다음과 같이 레위기 13, 14장에 등장하는 피부병자 및 집의 벽의 정화의식 가운데 새 규례와 유사한 부분들이 존재한다. 아래의 분석표를 제시한다([표 52]).

[표 52] 피부병자의 새 규례와 아사셀 염소 규례의 비교

피부병자를 위한 새들의 규례(14장)	아사셀 염소의 규례(15장)
두 마리의 새	두 마리의 염소
한 마리는 죽이고 다른 한 마리는 들로 날려보낸다	한 마리를 제단에서 죽이고 다른 한 마리는 들로 보낸다
부정의 해소와 관련	죄악의 해소와 관련

물론 레위기 14장의 경우 피부병 환자가 이스라엘 진영 밖에서 진영 안으로 들어가기 위한 통과의례적 측면에서 두 마리 새가 필요했던 것이다. "살아있는 새"(6-7절)와 "살아있는 숫염소"라는 표현 자체가 그 상응성을 보여준다. 그러나 제사장이 진영 밖으로 나가야 했던 레위기 14장과는 달리 레위기 16장에서 대제사장은 하타트 제물들의 피로 성소 전체를 정화한 후에 회막 문앞으로 나와서 그곳에 매여있던 아사셀 염소의 의례를 집례해야 했다(3절). 비록 지리적 순서(성소 ⇨ 광야)는 역전되었지만 레위기 14장에서 제사장의 감독 하에 누군가가 새 제물의 피와 물을 섞어서 뿌려 제의적으로 부정한 자를 정화시킨다는 점(광야 ⇨ 성소)에서 이 규례는 민수기 19장의 시체로 인한 오염을

---

113 Feder, *Blood Expiation*, 61.

해소하는 규례들과의 유사성도 존재한다. 간접적인 증거들이지만, 이 모든 유사성들은 레위기 16장의 하타트 제의가 성소에 발생한 부정의 제거제의였음을 암시한다.

하타트 제물들의 피 사용과 피 폐기

다음은 두 본문들의 피 사용과 폐기의 규례들의 비교표이다.

[표 53] 레 4, 16장의 하타트 제물의 피 사용과 폐기(개역개정 수정)

피	4장	16장
피 사용 (두단계)	5 기름 부음을 받은 제사장은 그 수소의 피를 가지고 회막에 들어가서 6 그 제사장이 손가락에 그 피를 찍어 야웨 앞 곧 성소의 휘장 앞에 일곱 번 뿌릴 것이며	6 아론은 … 14 수소의 피를 가져다가 손가락으로 **카포레트** 동쪽에 뿌리고 손가락으로 그 피를 **카포레트** 앞에 일곱 번 뿌릴 것이며 … (+)
	7 제사장은 그 피를 야웨 앞 곧 회막 안 향단 뿔들에 바르고	18 그는 야웨 앞 제단으로 나와서 그것을 위하여 제사할지니 곧 그 수소의 피와 염소의 피를 가져다가 제단 귀퉁이 뿔들에 바르고 19 손가락으로 그 피를 그 위에 일곱 번 뿌려
		(+)부연설명: 이스라엘 자손의 부정으로부터 제단을 성결하게 할 것이요
피 처리 (폐기)	그 소의 피 전부를 회막 문 앞 번제단 밑에 쏟을 것이며	(-)

이 부분을 볼 때, 레위기 4장의 반복/부연설명/생략의 요소들은 레위기 16장의 규례에서 발견된다. 레위기 16장에서 아론이 성막에서 행하는 하타트 피 제의의 목적은 "지성소가 이스라엘의 부정에서" 깨끗해지는 것, 즉 "백성들의

죄의 용서로부터 부정한 성소의 정화로의 전환"이 주된 목적인 것이다.[114] 레위기 4장에 따르면, 내성소의 오염은 기름부음 받은 제사장과, 온 회중이 원인일 수 있다.[115] 그렇지만 지성소와 성소 전체의 부정의 정화를 말하는 레위기 16장을, 레위기 4장의 연장에서 레위기 16장을 이해하는 것은 안타깝게도 나답과 아비후의 죽음에 따른 성소의 오염이라는 레위기 16장의 레위기 10장과의 직접 연속성을 배제하는 결과를 초래한다. 이미 레위기 4-5장에서 죄에 대한 그리고 레위기 11-15장에서 부정의 오염에 대하여 하타트 제물을 통한 해소방법을 제시해주고 있다는 점에서 부정을 다루는 레위기 16장을 죄를 다루는 레위기 4장의 연장으로 이해할 이유는 없는 것이다.

물론 레위기 4장으로 레위기 16장의 정화 의식을 이해할 경우, 다음과 같은 행동들의 이유와 결과에 대한 해석학적 유익은 다음과 같다. 즉, (1) 대제사장의 행동, (2) 성소 기물에 제물의 피를 7번 뿌리는 행동[116], (3) 제물을 대제사장이 먹지 아니하고 모두 태우는 행동. 그리고 이해하기 어려운 부분은 다음과 같다. 즉 (1) 성소정화에 지성소의 기물이 포함된 이유, (2) 아사셀 염소의 안수와 죄의 고백문제. 요약컨대 이에 대한 필자의 간단한 해결책들은 다음과 같다. (1)의 경우는 제사장들의 죽음으로 인한 성소 전체가 부정으로 인하여 오염된 것으로 가정하면 아론의 역할에 대한 해석이 가능하다. (2) 성소정화에 추가하여 아사셀 염소의 경우, 피부병환자의 회복규례뿐만 아니라 가시적 상징적 제의의 요소들로서 안수[비고의적인 범죄]와 죄의 고백[태만의

---

114 하틀리,『레위기』, 490-91. 여기에서 일부 표현은 원서를 보고 번역본을 수정하였다.
115 김경열("레위기 16장," 124)은 밀그롬(*Leviticus 1-16*, 254-61)의 공기를 매개로 한 독기의 오염의 가능성에 의문을 제기한다. 물론 밀그롬(*Leviticus 1-16*, 254-55)은 이러한 제의의 목적을 성소기물의 오염 제거에만 국한시킨다.
116 Mooney("On This Day," 171ff.)은 "제의적 부복행위"(act of cultic prostration)라고 주장한다.

범죄]은 각각 관련 구절들과의 유비로 볼 수 있다.

하타트 제물 고기의 사용과 폐기

레위기 4, 16장에 나타난 두 하타트 제의본문들의 제물고기의 사용과 폐기의 규례들의 비교는 다음과 같다. 레위기 4장 하타트 규례의 긴 설명과 비교해보면, 레위기 16장 하타트 규례의 설명은 레위기 4장의 하타트 규례와의 반복적인 측면에서 간단한 요약처럼 보인다.

[표 54] 레 4, 16장의 하타트 제물 고기의 사용 비교(개역개정 수정)

4장	16장
8 그 **하타트 제물**이 된 수소의 모든 기름을 떼어낼지니 곧 내장에 덮인 기름과 내장에 붙은 모든 기름과 9 두 콩팥과 그 위의 기름 곧 허리쪽에 있는 것과 간에 덮인 꺼풀을 콩팥과 함께 떼어내되 10 화목제 제물의 소에게서 떼어냄 같이 할 것이요 제사장은 그것을 번제단 위에서 불사를 것이며(+)	25 **하타트 제물**의 기름을 번제단에서 불사를 것이요

그리고 하타트 제물고기의 폐기관련 구절은 다음과 같다. 이 비교를 보면 양자 사이에 증감(+ -)이 나타난다.

[표 55] 레 4, 16장의 하타트 제물 고기의 폐기 비교

	레위기 4장	레위기 16장
내용	11 그 수소의 가죽과 그 모든 고기와 그것의 머리와 정강이와 내장과 12 똥 곧 그 소의 전체	그 가죽과 고기와 똥을 밖으로 내다가 불사를 것이요
진영밖 정결한 곳에서 소각	(+)장소의 명시 "진영 바깥 재 버리는 곳인 정결한 곳으로 가져다가 … 불사를지니라"	(+)진영밖 처리의 이유설명
임무수행자의 정결례	없음	28 불사른 자는 그의 옷을 빨고 물로 그의 몸을 씻은 후에 진영에 들어갈지니라 [117]

여기에서 모든 제물의 나머지를 이스라엘 진영 밖 정결한 곳에서 태우는 이유는 ① 아론 제사장이 자신을 위한 제사를 집례하였기 때문에 자신에게 돌아갈 몫이 없다는 점을 전제로 하며, ② 진영밖 정결한 곳에서 제물을 전부 태웠기 때문에 결국 자신에게 돌아갈 아무런 몫이 없다는 것을 반복적으로 증거한다.

위와 같은 개략적인 논의를 통해서 유사성도 있지만 레위기 4, 16장 사이에 존재하는 차이점들도 존재한다. 즉 ① 숫양이 이스라엘 백성을 위한 번제물로 추가된 점, ② 야웨 앞 곧 성소의 휘장앞, 즉 내성소/속죄소 앞에서의 향을 피우는 일과 피뿌리는 일의 추가, ③ 피를 뿌리는 이유설명(백성의 부정의 제거), ④ 아사셀 염소제의, ⑤ 범죄행위의 차이(비고의적인 범죄[4장], 고의적인 범죄[16장]),[118] ⑥ 하타트 제물의 번제물과의 병행.[119] 즉 이것은 레위기 4-5장 규

---

117 이 씻는 행위는 민 19장에서 유비를 얻을 수 있다.
118 Burside(*The Signs of Sin*, 161)은 레 4장의 제사장의 비고의적인 범죄에 술취함을 포함시킨다. 그런 입장에서 레 10장의 음주금지규정과 나답과 아비후의 범죄의 원인을 연관시키기도 한다. 사실 레 4장의 기름 부음 받은 제사장의 범죄는 비고의적인 범죄로서 고의적이고 반항적인 범죄(민 15:22-31)와 대비된다.
119 Nihan, *Priestly Torah*, 181-2를 보라.

례에 근거한 일상적인 죄의 속죄(용서)와 레위기 9장의 공적 제의의 위임식과 레위기 16장에 근거한 재위임을 위한 성소의 오염(부정)의 정화라는 차이점에서 비롯된 것이다. 이와 함께 그 사이에 존재하는 연속성에 대한 새로운 근거도 세울 수 있다는 점도 발견할 수 있었다.

요약

제 7장에서 레위기 4-5, 9, 10장을 중심으로 레위기 16장 등의 하타트 제의의 배경을 주로 외적인 비교(민수기 18-19장)와 내적인 비교(레 4장)를 통하여 살펴보았다. 문학적으로나 구조적으로 본 이야기전개 등에 있어서 레위기 10장이 레위기 16장의 중요한 배경과 원인을 제기한다는 점을 확증하였다.

필자가 레위기 10장과 관련하여 레위기 16장의 가정된 정황은 다음과 같다: ① 회막에 시체(두 명, 제사장)로 인한 심각한 부정의 발생. ② 제사장들의 부주의로 회막과 온 백성에게 위기가 임함. ③ 온 이스라엘이 제사장들의 장례식에 참여함으로 중대한 부정 가운데 놓임. 레위기 10장에서 우선적으로 행한 것은 야웨의 명령을 따라 회막에 있는 제사장들의 시신을 제거하는 것이었다. 그러나 이후의 처리절차에 대한 추가적인 야웨의 명령은 즉각적으로 전혀 나타나지 않았다.

성소 오염 등과 관련된 나답과 아비후 사건의 중요성과 여파를 고려할 목적으로 민수기 18-19장과 비교하였다. 민수기 18장은 성소에 대한 범죄에 대한 제사장들의 제의적 책임을 규정하고 있으며 민수기 19장은 시체로 인한 사람과 집과 집기의 오염을 다루며 정화를 방치했을 경우 궁극적으로 성소 자체의 오염의 가능성과 그 부정을 제거하는 절차를 언급한다. 이와 같은 간본문적 논의로 레위기 10장의 성소 안에서 발생한 나답과 아비후의 죽음의 중요성과 그 여파로 인한 심각성을 가정할 수 있었고 그러한 점에서 레위기 16장의 하타트 제의의 필요성을 고려할 수 있었다.

레위기 4, 16장의 하타트 규례들을 대조하면서 읽어보았고, 양자가 갖고 있는 유사성에 근거하여 차이점을 살펴보았다. 그 차이점의 근거는 나답과 아비후의 시체가 회막에 있었다는 점이다. 레위기 4장에서 '기름부음을 받은' 제사장의 비고의적인 범죄 규정은 있었으나, 레위기 10장의 경우처럼 시체로 인한 지성소의 부정을 정화하는 하타트 규례에 대한 아무런 명문화는 없었다. 그러한 점에서 아론은 하나님의 후속적인 계시를 기다려야 했다. 그 계시 내용은 레위기 16:1-2이하에 등장한다. 레위기 4-5장의 하타트 제물과, 레위기 10장의 하타트 규례의 비교를 통하여 레위기 16장에서 제의를 집행하는 제사장의 정체와 그들의 역할, 제물을 드리는 이유와 장소, 제물들의 수와 역할의 차이 등을 발견하였다. 이와 같은 차이의 이유는 제물을 드리게 된 이유에서 비롯된 것이며 그로 인하여 레위기 4장의 하타트 제물 규례에 근거하여 레위기 16장의 하타트 규례가 성소 전체와 이스라엘 진영의 부정을 정화할 목적으로 새롭게 계시되었던 것이다.

마지막으로 레위기 4, 16장의 하타트 제물의 피와 고기의 사용과 폐기 규례를 비교하여 증감요소들을 논의하였다. 그 차이점은 일차적인 목적과 대상이 변화되었다는 점에서 비롯된 것이며, 그로 인하여 지성소와 내성소에 대한 피의 사용과 좀 더 세분화된 제사장을 위한 하타트 제물과 백성을 위한 하타트 제물의 사용에 대한 규례들이 등장하는 것이다.

8장 레위기 16장의 하타트 제의규례

도입

본서의 제 7장에서 레위기 16장의 하타트 제의의 배경에 대한 다양하고 충분한 논의를 하였으며, 제 8장에서는 레위기 16장의 본문의 구조와 내용, 즉, 하타트 제의의 과정과 목적, 죄의 내용, 아사셀, 그리고 매년의 절기 제의로서의 욤 키푸르에 대한 논의에 집중하기로 한다.

이 장에서는 레위기 16장의 규례를 특정한 하타트 제의 규례와 속죄일 규정으로 나누어 논의하고자 한다. 여전히 많은 학자들이 레위기 16장의 하타트 제의 전체[1]를 레위기 23장의 욤 키푸르의 규례의 하나로 이해하지만, 필자는 매년의 절기로서의 '속죄일' 규례(29-34a절)가 하타트 제의규례(1-28절)에 추가된 것으로 여긴다.[2] 여기에서 욤 키푸르의 규례가 원래적이라기보다는 레위기 16장 끝에 첨가된 것이라는 본문상의 증거가 있다. 즉, 첫째로 가장 강력한 증거들은 문학적 구조의 측면에서 발견되며, 부차적으로는 레위기 16장의 하타트 규례를 규정짓는 "욤 키푸르"라는 말 자체도 레위기 16장이 아니라, 레위기 23장에 나올 뿐이라는 점 그리고 마지막으로 16장과 23장의 규례의 차이에서도 그렇다. 이러한 독법은 레위기 10장의 관점에서 레위기 16장을 읽는 것이며, 레위기 23장의 관점에서 매년의 절기 제의의 관점에서 레위기 16장 전체를 읽는 것을 비판적으로 이해하는 것이다.

---

1 Lang("כפר," 297)은 레 16장의 하타트 제의를 ① 성소내의 속죄행위, ② 성소 뜰에서의 속죄행위, ③ 아사셀 의식의 조합으로 여긴다.

2 Hartley, *Leviticus*, 219; Nihan, *Priestly Torah*, 346-50.

레위기 16장의 하타트 제의의 세부 내용은 구조적으로 다음([표57])과 같이 '하타트 제의의 준비와 집행과 종결을 위한 규정'과 '매년의 절기에서의 제의적 재현(기념) 규정'으로 양분할 수 있으며 아론의 집례하에 집행될 하타트 제의적 절차는 크게 회막 안에서 행해지는 하타트 제의와 회막 밖에서 행해지는 아자셀 염소 제의, 후속처리와, 번제물 등으로 나눌 수 있다.

[표 56] 레 16장의 구조와 내용

내용	구분	내용
일회적 사건 (1-28)	서론: 정황묘사	아론의 두 아들들의 죽음(1절)
	준비	대제사장도 지성소에 함부로 못 들어간다.
	집행(회막)	지성소에 들어갈 수 있는 방법 - 향연과 함께 제물의 피를 가지고 들어갈 수 있다.
	집행 (이스라엘 진영)	대제사장이 아사셀 염소 앞에서 죄를 고백하고 안수를 하고 다른 사람을 통하여 광야로 보낸다.
절기적 재현 (29-34a)	교훈	매년 7월 10일에 이스라엘이 해야 할 일들: (1) 안식과 자기부인, (2) 대제사장의 "특별한" 정결의식, (3) 절기적 욤 키푸르의 의미 부여

대제사장의 제의행위의 기능과 의미

먼저 레위기 16장의 제의규례의 세부단락에 다음과 같이 주목할 필요가 있다.

[표 57] 레 16장의 구조와 내용(세부사항)

장르	주요표현(절)
도입부(내러티브)	"야웨 앞에 가까이 나아갔기에³ 죽었던, 아론의 두 아들의 사후에 야웨께서 모세에게 말씀하시니라"(1)
신탁의 도입공식	"야웨께서 모세에게 이르시되"(2)
신탁의 서두	"네 형 아론에게 이르라"(2)
규례(선언)	"성소의 휘장 안, 법궤 위 속죄소 앞에 아무 때나 들어오지 말라…"(2)
규례(예외사항)	"이런 식으로 아론이 성소에 들어올 것이다⁴"(3).
절기 규례	"너희는 영원히 이 규례를 지킬지니라…"(29)
결어(내러티브)	"아론이 야웨께서 모세에게 명령하신 대로 행하니라"(34b)

대제사장 아론에게 주어진 하타트 제의규례와 절기적 규례(의 준수)의 전환은 '그'(3인칭단수)와 '너희'(2인칭복수)라는 문장의 주어의 전환을 통해서 쉽게 파악할 수 있다(29절).

　대제사장 아론에게 주어진 하타트 제의 규례는 (비록 조력자들의 손길이 필요하긴 하였지만) 아론만이 전체 희생제의를 홀로 준행해야 한다고 말한다(2-28, 34b). 그는 우선 자신이 드릴 제물들(수소 하타트 제물과 숫양 번제물)의 준비와

3　이것은 단순히 '가까이 나아가는 것' 혹은 '제물을 가지고 가까이 나아가는 것'으로 번역할 수 있다.

4　NIV의 독법이다.

함께 몸을 씻고 거룩한 세마포로 옷을 입어야 한다. 이것은 자신과 가족과 이스라엘을 위한 제의행위의 준비절차다.

대제사장이 정화한 죄들

먼저 대제사장이 자신과 백성을 위한 하타트 제물들을 가지고 정화하는 대상 (죄 혹은 부정)과 장소에 대한 논의를 살펴본다. 물론 성소가 정화대상인 것은 명확하다. 그러나 16a절의 "מִטֻּמְאֹת"에서 "מִן"의 번역의 논란이 있다.

이와 관련하여 대다수의 사람들은 그것을 "…로 인하여"(행위)로 해석하지만, 일부는 "…로부터"(장소)라고 해석한다.[5] 즉 "성소내의 정화가 부정으로 인해서 행해진다는 의미"(전자)와 "성소로부터 부정의 정화행위가 행해진다는 의미"(후자)로 나눠질 수 있다. 후자로 해석하면, 성소내에서의 속죄행위가 그곳에서(from) 부정의 오염을 씻어내는 것으로 볼 수 있다. 김경열은 이것을 21a절과 함께 연결시켜 해석한다. 즉 16a절을 성소로부터의 청소를, 21a절을 이스라엘 진영으로부터 부정의 제거로 이해하는 근거로 삼는다.[6] 이와 같은 논쟁에도 불구하고, 공통적으로 중요한 점은 정화행위가 성소 안에서 행해진다는 것이다.

---

5 이에 대한 밀그롬과 게인의 논쟁을 보라. 게인의 주장에 대한 밀그롬의 반론은 "The preposition מִן in the חַטָּאת Pericopes," *JBL* 126 (2007): 161-63이며, 그에 대한 게인의 반론은 "Privative Preposition מִן in Purification Offering Pericopes and the Changing Face of 'Dorian Gray.'" *JBL* 127 (2008): 209-22이다. 밀그롬은 2007년의 소논문에서 게인의 레 16장의 민(מִן)의 번역, 즉 חַטָּאת절이 사용될 때마다 그 단어를 접두사적 의미(즉, 탈격[ablative])로 번역한 것에 반론을 제기하였다. 게인의 2008년의 소논문은 그 전치사에 대한 자기 이해와, 일반적으로 제의 그리고 특정하게 욤 킵푸르에 대한 함축을 더욱 충분히 설명하기 위한 답변을 내놓았다. 좀 부연설명하면, 게인은 하타트 제물이 "성소를 위해서"라는 밀그롬이 주장이 잘못된 것이고, 오히려 헌제자를 "위해"(혹은 "대신하여" 히브리어로 מִן) 드려진 것이라고 주장한다 (레 4:26; 15:15b; 참고, 15:15b; 12:7). 게인(*Leviticus-Numbers*, 104)은 이것을 1년간 성소에 쌓인 헌제자들의 죄의 오염의 제거라고 주장한다.

6 김경열, "레위기 16장," 131.

이제 대제사장 아론이 성소에서 정화해야 할 대상들을 살펴본다. 16a절의 성소에 부정 이외에 "그들의 악행들과 그들의 모든 죄"가 있는 이유는 무엇인가? 이 문제를 해결하려면 21절의 "불의"와 함께 이 죄들과 관련하여 16절의 "반역"과 부정과 죄(혹은 하타트 제물)의 관계[7]를 논의해야 한다. 그런데 이에 관하여 학자들마다 다양한 해석을 제기하였다. 다양한 학자를 가운데 밀그롬, 키우치, 게인의 입장을 살펴볼 것이다.

밀그롬은 레위기 4-5장에서 언급되지 않은 "고의적, 회개치 않은 죄"에 따른 죄의 부정이 내성소 안에까지, 휘장을 통하여, 지성소에 있는 성궤와 카포레트까지 침투한다고 보았으며, 16b절("그들의 부정한 중에 있는 회막")이 말하듯이 그와 같은 죄가 자동적으로 오염시킨 성소 전체의 부정을 레위기 16장의 하타트 제물의 피로 제거하여 성소를 정화하는 것으로 설명하지만, 문제는 범죄자들이 자신들이 행하는 그 어떤 제의적 속죄 행위와는 '무관하게' 일년에 한번씩, 대제사장의 정화행위를 통하여 부정과 아울러 다른 죄들(반역과 불의)이 성소에서 제거되는 이유를 잘 설명하지 못한다는 약점이 있다.[8] 이것은 실제사건과 년간 절기를 구분하지 못하기 때문이다.

키우치는 레위기 4장에서 대제사장의 범죄의 경우 용서에 대한 언급이 없는 것을 레위기 16장의 하타트 제의의 존재 이유라고 보았다. 대제사장이나 온 회중의 범죄는 성소에까지 이르며 일년에 한번 욤 키푸르 때까지, 즉, 대제사장이 지성소에 들어갈 때까지 해결하지 못한다고 보았다.[9]

---

7 Feder, *Blood Expiation*, 92-93.
8 Milgrom, *Leviticus 1-16*, 257, 1033.
9 Kiuchi, *The Purification Offering*, 47, 49, 51, 112-19, 126-27.

게인은 일상적으로 대제사장에 의해 성소안까지 들어가는 하타트제물의 피로 죄의 용서를 받으나, 그 죄의 오염은 성소에 누적되며 성소 자체를 정화하지 못했다고 주장하며[10] 이처럼 일상적인 하타트 제물의 피로 해결하지 않았던 사람들의 부정과 악행과 죄들이 성소내로 옮겨져 축적되었던 것을 1년에 한 번 속죄일에 "성소에서 행하는 하타트 의식"과 "광야로 보내는 아사셀 의식"을 통하여 온전하게 제거하는 것이라고 설명한다.[11]

16, 17, 18절의 כפר(피엘형)가 성소(16, 17절), 제단(18절), 그리고 성소, 회막, 제단의 속죄를 언급하는 20절에서 행하는 작용을 고려할 때, 니한은 첫 번째 하타트 제물이 성소의 오염제거의 역할을 하고 두 번째 염소가 죄들의 전형적인 "제거의식"을 수행한다고 주장한다.[12] 그러나 이러한 이중적 구분법에 문제가 없는 것이 아니다.[13]

더 논의해야 할 부분은 레위기 16:16b("그들의 부정 가운데 있는 회막을 위하여 그같이 할 것이요")에 대한 해석이다. "그같이(כֵּן)"라는 의미가 무엇일까? 그 표현에 대한 몇 가지 해석들이 제시되었다.[14]

① 밀그롬은 지성소의 경우와 "동일하게"라는 의미라고 주장한다.[15] 이것은 언약궤를 향한 피 뿌림이 번제단 뿔에 피를 바르는 것과 상응하고, 언약궤를 향한 피를 일곱 번 뿌리는 것은 휘장을 향한 일곱 번의 피뿌리는 것과 상응한다는 것이다. ② 전통적으로 랍비들은 "카포레트에 한번 뿌리고 카포레트 앞에서 일곱 번 뿌렸듯이, 내성소에서 지성소 앞의 휘장을 향하여 위로 한

---

10 Gane, *Cult and Character*, 123-25, 127, 154, 160.
11 Gane, *Cult and Character*, 285-302.
12 Nihan, *Priestly Torah*, 182.
13 Nihan, *Priestly Torah*, 190-92.
14 이 요약은 길더스(*Blood Ritual*, 125)의 정리를 따랐다.
15 Milgrom, *Leviticus 1-16*, 1034.

번 뿌리고 아래로 일곱 번 뿌렸다"고 해석하였다.[16] 문제는 이 문맥 자체가 모호하다는 점이다. 이것은 다만 아론이 지성소에서 나오면서 들어갔던 것과는 "반대의 순서로"(in reverse order) 내성소에서 또 다른 피 사용이 있었다는 점만을 지적할 뿐이다.[17]

하타트 제물로 제거된 "죄들"의 의미와 상관관계

이 단락에서 필자는 앞서 언급한 대로 아론의 하타트 제의(레 16장)를 통해 제거해야 했던 다양한 죄들의 정체와 의미를 논의할 것이다. 사실 본서의 7장에서 논의하였듯이 레위기 16장 해석의 중심에는 레위기 10장과 16장의 인과관계와 다양한 죄들의 정체 논란이 자리 잡고 있다. 앞서 살펴보았듯이, 정화의 장소(대상)와 수단(피)은 명확하지만, 정화의 원인에 대한 논란은 여전하다. 16-21절과 관련하여 일반적인 해석을 나열해보고 필자 나름의 해석을 제시한 후에 필자 나름의 번역의 근거들을 살펴보기로 한다.

레위기 16:16, 18-19, 21에 대한 우리말 번역(예, 개정개역)과 일부 학자들(밀그롬[18], 하틀리[19], 그리고 키우치[20])의 번역들은 서로 무관한 세가지 범죄들을 나열하는 것으로 이해하였다. 이 네가지 번역을 개괄적으로 살펴볼 때, 발견할 수 있는 원칙은 다음과 같다. 위에서 언급한 명확하지 않은 우리말 번역을 제

---

16 비교, Noordtzij, *Leviticus*, 166.
17 Gilders, *Blood Ritual*, 125.
18 Gilders, *Blood Ritual*, 125.
19 Hartley, *Leviticus*, 220-21.
20 Kiuchi, *Leviticus*, 289.

외하고 대표적인 세명의 학자들 모두 본문이 전통적인 세가지 독립적인 죄의 존재를 언급하는 것으로 이해하였다. 이러한 해석의 경향성은 레위기 16장 이해에 전통적인 난점을 제공한다. 부정 이외에 여기서 등장하는 이스라엘이 범한 죄와 반역과 불의는 어디서 언제 누가 범한 죄들이라는 말인가? 그들이 주장하듯이 갑자기 등장하는 죄들인가? 이와 관련한 대안적인 필자의 사역(私譯)은 다음과 같다. 다음의 [표 58]는 아래의 필자의 논의를 반영하여 기존 번역을 수정한 것이다.

[표 58] 레 16:16, 18-19, 21의 재번역

16절	그는 그 모든 하타트 제물로(לְכָל־חַטֹּאתָם)[21] 이스라엘 자손의 부정(מִטֻּמְאֹת), 즉 그들의 모든 반역으로부터(מִפִּשְׁעֵיהֶם) 지성소를 정화하고 그들의 부정 중에 있는(בְּתוֹךְ טֻמְאֹתָם)[22] 회막에게 그같이 할 것이요
18-19절	그는 야웨 앞 제단으로 나와서 그것을 정화하라. 곧 그 수송아지의 피와 염소의 피를 가져다가 제단 귀퉁이 뿔들에 바르고 손가락으로 그 피를 그 위에 일곱 번 뿌려 이스라엘 자손의 부정에서(מִטֻּמְאֹת) 그것을 정화하여(וְטִהֲרוֹ) 결과적으로 성결하게 하라(וְקִדְּשׁוֹ)
21절	아론은 그의 두 손으로 살아 있는 염소의 머리에 안수하여 그 모든 하타트 제물로 처리한(לְכָל־חַטֹּאתָם)[23] 이스라엘 자손의 그 모든 불의(כָּל־עֲוֹנֹת בְּנֵי יִשְׂרָאֵל), 즉 그들의 그 모든 반역(כָּל־פִּשְׁעֵיהֶם)을 고백하고 그것들을 염소의 머리에 두어 미리 정한 사람에게 맡겨 광야로 보낼지니

[표 58]을 통해서 살펴볼 때, 아론 제사장이 하타트 제물을 통하여 부정해진

---

21 Nihan, *Priestly Torah*, 352.
22 Nihan(*Priestly Torah*, 371-72)은 이것을 이스라엘 고유의 한계와 경계를 정하고 있는 경계의 침탈이라는 점에서 중대한 범죄라고 보았고 "레 16장은… 성소 자체의 영원한 위기에 초점을 맞춘다."고 주장한다(372).

대상(성소 전체)을 '정화'하는 기능은 확실하지만, 16, 21절의 "반역"과 "하타트"라는 단어들의 공통점과는 달리, 양자의 차이들("부정함"[16절]과 "모든 불의"[21절])이 존재하는 이유와 각각의 죄 트리오의 관계성과 기능적 의미를 재규명할 필요가 있다.[24] 이에 대해서는 두가지 입장이 있다. 즉, ① 여기에 사용된 단어들을 각자 다른 의미의 죄라고 보는 관점과 ② 여러 단어들이 사용되었더라도 그것들을 죄의 유사개념들의 배열로 보는 입장이 있다.[25] 이러한 논의는 기존 학자들의 이해를 재구성하게 만들 것이다.

1. 세 가지 별개의 죄

이 입장은 관련된 본문들이 하타트 제의를 통하여 세가지 죄들로 오염된 회막을 정화하고 아사셀 염소 제의로 진영 밖으로 추방해야 할 별개의 세 가지 죄를 나열한다고 여긴다.[26] 좀 더 세부적으로 말하자면, 레위기 4-5장이 규정하고 있는 죄의 내용과 관계를 넘어서는 광범위하며 포괄적이며 다양한 죄들로 여겨지는 '그' 죄들의 출처에 대해 두가지 견해가 있다(게인과 밀그롬-김경열).

(1) 게인: 가장 체계적이고 눈에 띄는 입장은 게인의 입장(두 단계 속죄설)이다. 게인은 세가지 죄의 트리오의 특징을 속죄일의 두가지 중요한 정결제의의 기능과 관련하여 다음과 같이 분류한다.[27]

---

23 Nihan, *Priestly Torah*, 352.
24 R. Knierim, "On the Contours of Old Testament and Biblical Harmatiology," in *The Task of Old Testament Theology: Substance, Method, and Cases* (Grand Rapids: Eerdmans, 1995), 416-67.
25 하틀리, 『레위기』, 510.
26 Gane, *Cult and Character*, 290; Milgrom(*Leviticus 1-16*, 258)은 제단들과 언약궤가 각각의 다른 죄들을 위한 자리라고 가정하였다. 즉, 번제단은 비고의적, 개인적인 죄를 담당하고 향단은 비고의적, 공동체적 범죄를 담당하고 언약궤는 뻔뻔하고 회개하지 않은 죄를 담당한다고 가정하였다.
27 Gane, *Leviticus-Numbers*, 281.

[표 59] 게인이 분석한 세 가지 죄들의 특징

죄악에 대한 용어들	1단계: 1년내내		2단계: 일년의 단 하루(속죄일)		
	헌제자	제사장	성소의 정화	진영의 정화	사람들의 정화
	4-5, 12, 14, 15장	10:17	16:16	16:21	16:30, 34
טֻמְאָה(부정)	x		x		
פֶּשַׁע(반역)		x	x	x	
חַטָּאת(죄)	x		x	x	x
עָוֹן(범죄)	x			x	

그와 같이 게인은 일상적인 정결의식이 "헌제자의 용서나 육체적 정결"을 초래하고, 속죄일의 정결의식이 이스라엘의 "윤리적 정결"을 초래한다고 주장한다.[28] 그러나 게인이 제시하고 있는 레위기 16장의 죄 트리오는 레위기 이전 장들에서 언급된 상응하는 죄의 개념들과의 상응성은 매우 빈약하다는 문제가 있다.

게인이 주장하듯이 1년간 쌓여진 부정, 제의적 범죄, 윤리적 범죄로 구분해야할 근거는 무엇인가를 물어야 한다. 그와 관련해서는 다음과 같은 전제 혹은 질문이 제기되어야 한다. ① 반역 혹은 불의라는 표현이 제의적으로 지금까지 언급된 적이 있는가? ② 윤리적 범죄는 레위기 17장 이후에서 논의되지 않는가? ③ 죄의 트리오는 제의적인 측면에서 각각의 다른 의미로 사용되었는가? 여기서 문제는 레위기 16장의 하타트 제의, 심지어 레위기 4-5장의

---

28 Gane, *Leviticus-Numbers*, 278.

하타트 제물의 관심사가 비고의적인 죄와 태만한 죄의 영역을 벗어나는가를 먼저 물어볼 필요가 있다. 대부분의 학자들은 레위기 16장이 그동안 이스라엘 백성이 지었던 모든 죄들을 (자동적으로? 대리적으로?) 다룬다고 주장하는데, 그에 대한 근거는 빈약하다.

(2) 김경열: 게인과는 달리, 김경열은 밀그롬을 따라 일반적인 하타트 제물로 속죄된 범죄들은 1년간 성소에 쌓일 이유가 없고, 일상적으로 하타트 제사를 드리지 않았던(못했던) "(1) 대속불가능한… 악행(반역죄)으로 인한 지성소의 부정 (2) 그 악행에 대한 회중의 공동 책임의 죄 (3) 대속 가능한 어떤 악행… (4) 망각하거나 깨닫지 못해 해결되지 않은 죄"가 성소에 1년간 누적되어 있었다고 보고 그것들을 제거하는 일을 아론이 일 년에 한 번씩 수행하는 것이라고 주장한다.[29] 그러나 이러한 제안은 죄를 지은 당사자의 책임의 인정, 즉 제의절차에 관여함 없이, 과연 대제사장의 대리적인 일방적인 속죄행위로 가능한가라는 의문을 떠올리게 한다. 사실 제사장들이 이스라엘을 위하여 그들을 대신하여 매일 드렸던 상번제물이나 상소제물(常蔬祭物)이 그런 역할을 했던 것이 아닌가? 또한 용서받지 못할 죄, 즉 속죄가 불가능한 죄도 민수기 15:30-31에서 언급되는데 그것도 레위기 16장의 속죄로 가능하다고 할 수 있을까? 그 근거는 무엇인가?

(3) 평가: 이 입장들은 16, 19절에 나타난 죄의 목록의 부조화를 해결하려는 시도다. 죄의 트리오가 일년내내 쌓인 누적적인 죄(게인), 혹은 일상적인 속죄행위로 제거되지 않은 죄들(밀그롬-김경열)을 의미하는가? 그런데 문제는 레위기 16장은 물론 레위기 전체의 그 어느 곳에서도 죄의 쌓임이 1년이라고

---

29 김경열, "레위기 16장," 133; Kim, "The *hattat* ritual," 319.

국한한 적이 없다. 또한 레위기는 레위기 16장의 하타트 제물이 일반적인 하타트의 연속이라고 말하지 않으며(밀그롬), 어떤 특정한 범죄는 쌓이고 다른 어떤 특정한 범죄는 즉시로 해소된다는 식으로 나눠서 말하지 않으며(키우치, 게인), 제물을 드리지 않는 죄가 레위기 16장에서 해결되어야 한다고도 말하지 않는다(김경열). 헌제자들은 필요할 때 그 어느 때라도 회막에 하타트 제물과 아샴 제물을 드려야 하며 제사장들은 이스라엘을 위하여 매일 번제물과 소제물을 두차례 드려야 한다고 규정할 뿐이다. 그러한 점에서 레위기 16장이 그 끝부분에서 매년의 절기 제사(욤 키푸르)의 배경 혹은 이유를 (추가적으로) 설명하고 있지만, 이 본문 자체가 매년의 한번씩 행해지는 절기적 측면이 1년이라는 속죄의 때(나 유효기간)를 제한하여 말한다고 볼 수는 없다. 매년의 절기 제의행사는 기존의 제의의 효력이 한시적이거나 제한적인 것이라서 매년의 절기로 확장되고 보완되었다고 볼 이유는 없다.

2. 상호밀접한 관계가 있는 죄

필자는 위에서 간략하게 논의하였듯이, 또한 다음과 같은 이유들로 대제사장이 하타트 제물들로 성소에서 씻어낸 것(부정/반역)들과 아사셀 염소 앞에서 고백했던 것(불의/반역)들이 동일한 것이라고 추론한다.

첫째로, 필자는 이 세 단어들이 각각의 특정한 죄에 대한 목록이라기보다는 "야웨에 대한 이스라엘의 버려진 것(cast-off)("회개한 것[repented of]")의 총체성을 지칭"이라는 언급에서 힌트를 얻을 수 있다고 본다.[30] 이와 같은 총체

---

30 H. Ringgren과 H. Seebass("*pāšaʻ*," *TDOT* XII [2003]: 148)는 다음과 같이 말한다. "이 용어의 다양성은 **정확성보다는 완결성**을 보장하는 역할을 한다. 그 의식 자체가 간결함으로 인해 실제로 이해할 수 없는 것처럼 말이다."(강조는 필자)

적 죄의 실체를 다양한 단어들로 묘사하는 방식으로서의 죄의 듀오, 트리오, 심지어 쿼르텟은 레위기 16장뿐만 아니라, 구약의 다른 구절들에서 이미 자주 그리고 많이 사용되었다는 점을 고려해볼 필요가 있다. 이와 관련하여 아주 풍부한 증거들이 존재한다. 이와 관련하여 아래와 같은 다양한 증거들이 존재한다.

① 세가지 죄들(하타트+부정/반역//하타트+불의/반역)의 문학적 상관관계는 죄의 트리오가 등장하는 16, 21절의 병행구가 그것을 말해준다. 야웨 앞 제단의 부정을 정화한다고 언급하는 18-19절을 중심으로 하타트와 반역이라는 단어가 16절의 회막의 부정과 21절의 이스라엘의 모든 불의를 연결시켜주며 "이스라엘 자손의 부정 즉 모든 반역"/"이스라엘 자손의 부정"/"이스라엘 자신의 모든 불의 즉 모든 반역"은 관련 구절들을 긴밀하게 엮어주는 역할을 수행한다.

② 이 죄의 트리오는 모세가 두 번째로 돌판을 새겨 하나님께 나아갈 때에 구름 가운데 강림하사 말씀하시던 내용을 담은 출애굽기 34:7에서도 등장한다. 그 의미는 각각의 다른 범죄들 혹은 죄의 특정한 내용을 나열한다기보다는 이스라엘의 포괄적인 죄에 대한 "야웨의 자비와 심판 모두를 강조하려는 의도"가 있는 것으로 볼 수 있다.[31] 더 나아가 출애굽기 34:7(복수형)과 레위

---

31 참조. Ringgren과 Seebass, "pāša'," 146ff.; Mooney, "On This Day," 205. 보라. Ringgren과 Seebass("pāša'," 147)는 다음과 같이 주장한다.
"야웨는 '자비롭고 은혜롭고 노하기를 더디하고 인자와 진실이 많으신 분이며, 인자를 천대까지 베풀며 עָוֹן וָפֶשַׁע וְחַטָּאָה를 용서하리라 그러나 벌을 면제하지는 아니하고 아버지의 עָוֹן을 자손 삼사대까지 보응하리라.' 이 선포는 죄를 처벌하시며 죄를 용서하시는 자유와, 자기 연민과 자비가 크시더라도 악용되는 방식으로 용서를 베풀지 않으시는 자유를 가지신 야웨를 강조하는 내적인 긴장으로 특징지어진다."(강조는 필자)
또한 Nihan(Priestly Torah, 379)의 주장처럼, 이러한 돌판의 언약궤 안에 안치하는 것과 언약궤 위의 카포레트에 하타트 제물의 피를 사용하는 것과의 연관성(출 25:22/레 26:2)도 고려해볼 만하다.

기 16:21(단수형)에서 동일한 죄의 트리오가 반복적으로 사용된다.[32]

둘째로, 레위기 16장에서 등장하는 죄의 트리오는 문맥상 하타트라는 표현이 성소의 부정을 없애는 수단으로서 도구적인 측면(즉 하타트 제물)으로 사용된다는 점에서 "단순" 병렬로서의 여러 가지 죄의 나열 기능을 한다고 볼 수는 없다. 출애굽기 34:6-7과 레위기 16:16, 21을 보면 문맥상 불의(히. 아본)는 본문에서 나열된 죄들을 총칭하는 역할을 하는 것 같다.

[표 60] 출 34:6-7과 레 16:16, 21의 비교

출 34:6-7	레 16:16, 21
야웨라 야웨라 자비롭고 은혜롭고 노하기를 더디고 인자와 진실이 많은 하나님이라 인자를 천대까지 베풀며 **불의와 반역과 죄**를 용서하리라 그러나 책임을 면제하지는 아니하고 아버지의 **불의(아본)**을 자손 삼사 대까지 보응하리라	곧 **이스라엘 자손의 부정, 즉 그들이 범한 반역을 모든 하타트 제물**을 통하여 지성소를 정화하고 그들의 부정 가운데 있는 회막을 그같이 할 것이요(16절)
	아론은 그의 두 손으로 살아 있는 염소의 머리에 안수하여 **모든 하타트 제물로 처리한 이스라엘 자손의 모든 불의, 즉 그들의 모든 반역**을 고하고 그것을 염소의 머리에 두어 미리 정한 사람에게 맡겨 광야로 보낼지니 염소가 그들의 모든 **불의(아본)**을 지고 접근하기 어려운 땅에 이르거든 그는 그 염소를 광야에 놓을지니라(21-22절)

③ 시편 65:3("**죄악**의 행위가 나를 이겼사오니 우리의 **반역**을 당신이 **용서**하시리이다")에서 חַטֹּאתֵינוּ와 פְּשָׁעֵינוּ가 동의 병행으로 배치되어있다는 점이다. 물론 시적인 동의 병행법이 문자적인 측면에서 완벽한 동의어라는 말은 아니다.[33]

---

32   이러한 언급과 절기적 제의에 대한 언급이 함께 등장한다. 여기에서 두 본문의 유사성에 주목할 필요가 있다. 출 34장(18절이하)에서는 우상숭배의 금지와 아울러 무교절과 추수시의 안식일, 칠칠절, 유월절, 초실절 등의 절기를 지킬 것을 명령한다. 레 16장의 끝부분에는 매년의 절기로서의 욤 키푸르를 지킬 것을 명령한다.

33   보라, Koch, "*awon*," 553.

④ 에스겔서 39:24("내가 그들의 **부정**에 따라, 그들의 **반역**에 따라 그들을 다루었고, 내 얼굴을 그들로부터 가리웠다")에서 제의적 측면에서 이스라엘 백성의 죄의 문제를 부정과 반역을 병행하면서 언급한다. 그러한 점에서도 부정(טֻמְאָה)과 반역(פֶּשַׁע)은 서로 밀접한 관계가 있다고 볼 수 있다. 유사한 방식으로 말하는 호세아서 4:8의 경우도 마찬가지다.[34]

⑤ 창세기 50:17의 비제의적 문맥에서 요셉의 형제들이 그에게 행한 범죄들을 "פֶּשַׁע חַטָּאת רָעָה"라고 언급하면서 "נָשָׂא"라는 용어를 총체적으로 사용하여 요셉에게 죄의 용서를 구한다(창 50:17; 보라, 창 31:36).

⑥ 이사야서에서 전반적으로 방대하게 사용된 죄 트리오의 용례가 발견된다.[35] 특별히 עָוֹן וְפֶשַׁע וְחַטָּאה의 등장에 주목할 필요가 있다. 이러한 것들이 하나님의 진노를 초래하였으나, 하나님은 그것들을 용서하시고 포로로 잡혀갔던 이들을 돌아오게 하시고 다시 그들과 화목하신다. 이처럼 죄의 트리오가 서로 밀접한 관련을 갖고 병행, 혹은 교차해서 사용되었다는 수많은 증거들을 근거로 관련 본문들에서 세(네) 가지 별도의 죄의 목록이 제시된다고 하는 주장을 재고할 필요가 있다.

여기서 논의되는 죄들(트리오)의 용례를 개괄적으로 살펴보자. ① חַטָּאה는 하타트 제물과 관련하여 레위기 4-5장에서뿐만 아니라, 관련된 다른 곳들에서도 당연히 등장하며 죄나 하타트 제물로 번역된다. 앞서 필자가 주장하듯이 이 문맥에서 חַטָּאה는 죄가 아니라, 주도적으로 사용되는 하타트 제물들을 떠올리게 한다. ② 'פֶּשַׁע'라는 표현은 하타트 의식(레 16:16, 21)에서 פֶּשַׁע의 제거

---

34 Nihan, *Priestly Torah*, 182.
35 Rolf Rendtorff, "Zur Komposition des Buches Jesja," *VT* XXXIV/3 (1984): 295-320. 이에 대한 더 자세한 논의는 Bohdan Hrobon, *Ethical Dimension of Cult in the Book of Isaiah* (Berlin: De Gruyter, 2010)을 보라.

라는 측면에서만 등장한다.[36] 부정과 반역의 관련에 대하여 고대랍비전통 가운데 반역을 자신이 부정한 상태인 것을 알면서도 성소에 들어간 것을 지칭한다는 점도 고려해볼 필요가 있다.[37] ③ עָוֹן[38]은 "נָשָׂא"와 함께 사용되어 죄의 책임을 감당한다는 의미에서 몇 가지 구절들(레 5:1, 6; 10:17; 16:22)에서 그리고 반역을 고백한다는 의미에서 레위기 16:21에서 등장한다.[39] 이 표현은 비록 민수기 18:1에서는 언급되었지만, 레위기에서 아론의 성소정화규정(레 16장) 이외에 언급된 적이 없다는 점에서 이스라엘 진영의 "집단적인 죄책"이라고 본다.[40] 물론 이러한 단어들과 상응하는 범죄들에 대한 언급이 이전에 없었다는 이유만으로 그 범죄들이 레위기 4-5장의 하타트 제물로 속죄되지 못하며, 일년간 성소에 축적되어있다가 속죄일의 하타트 제의를 통해서만 제거될 수 있었다는 게인 등의 주장[41]을 따를 필요는 없다.

이제 위에서 언급한 죄의 트리오를 이 문맥에서 어떻게 이해할 것인가를 논의해본다. 먼저 "לְכָל־חַטֹּאתָם"이라는 표현의 의미를 재고해본다. 이 표현은 레위기 5:3-4; 출 28:38; 36:1에 등장한다. 이 표현, 특히 לְכָל־의 기능[42]과 관련한 해석은 세 가지 정도다.[43]

① 포괄적 개념으로 보는 경우("그들의 모든 죄 가운데").[44] ② 소유격으로 보

---

36 Gane, *Leviticus-Numbers*, 280-83.
37 Noordtzij, *Leviticus*, 166.
38 K. Koch, "*awōn*," *TDOT* X (1999): 546-62.
39 이것은 비의도적 부정과 하나님의 규례에 대한 특정한 비의도적 반역(5:2, 17)으로 여겨지는데, 5:17의 경우 범죄(하타트)에 대한 죄책(아샴)의 결과가 아닌가 한다(Koch, "*awōn*," 559).
40 Feder, *Blood Expiation*, 81; Kiuchi, *The Purification Offering*, 154.
41 Gane, *Leviticus-Numbers*, 281.
42 Kiuchi(*Leviticus*, 130)은 Milgrom(*Leviticus 1-16*, 668)을 따라 לְכָל־의 의미가 이전 것들을 요약하는 기능을 수행한다고 주장한다(레 22:5; 출 27:3; 레 5:4; 11:42; 13:12, 또한 출 14:28).
43 참조. Schwartz, "Bearing of Sin," 18, n. 59.
44 Milgrom, *Leviticus 1-16*, 1056.

는 경우("그들의 모든 죄들의"). ③ 도구격으로 보는 경우("그들의 모든 하타트 제물로/인하여")가 그것이다.[45] 필자는 이 표현이 문맥상 그리고 죄로 지칭하기 보다는, 레위기 전반에서 가장 자주 등장하는 (세번째 용례처럼) 하타트 제물(들의 수단/결과)을 언급하는 것으로 보는 것이 가장 자연스럽다고 본다(30절을 보라).[46] 그 이유는 오히려 단순하다. 레위기 16장의 본문은 대제사장과 그의 가족들을 위한 황소 제물과 백성을 위한 두 마리 숫염소 제물(심지어 아사셀 염소도) 모두 하타트 제물들이라고 부르기 때문이다. 레위기 16장에서 חַטָּאת는 11번 등장하는데(3, 5, 6, 9, 11, 15, 16, 21, 25, 27, 34절) 일반적으로는 16, 21, 30, 34절만 하타트 제물이 아닌 '죄'로 해석되었다. 이와 같은 예외적인 해석의 합리적인 근거를 찾기는 어렵다. 그러한 점에서 레위기 16장의 문맥에서 חַטָּאת는 일관되게 죄가 아닌 (이 문맥에서 사용된) 하타트 제물로 해석하는 것이 자연스럽고 일관된다([표61]를 보라).

[표 61] 레 16:16, 21, 30, 34의 죄들의 대조

대상	죄의 종류(병행 혹은 부연설명)		수단	절
일반속죄수단	이스라엘 자손의 부정	그들의 반역	לְכָל־חַטֹּאתָם	16
아사셀염소 (고백)	이스라엘 자손의 불의	그들의 반역	לְכָל־חַטֹּאתָם	21
이스라엘 자손	이스라엘 자손의 부정 [כפר와 טהר동사의 사용]		מִכֹּל חַטֹּאתֵיכֶם	30
이스라엘 자손	이스라엘 자손의 (부정), כפר동사의 사용		מִכָּל־חַטֹּאתָם	34

---

45 마지막 입장은 Nihan(*Priestly Torah*, 352)이 제안하였다.

46 이와 관련하여 레 4:26과 5:6에 나타난 이와 유사한 표현(מֵחַטָּאתוֹ)을 죄보다는 하타트 제물을 지칭하는 것으로 이해할 수 있다(비교, Milgrom, *Leviticus 1-16*, 251).

또한 이와 관련하여 어째서 레위기 16장의 하타트 제의에서는 '죄의 용서' 후렴구가 언급되지 않았는가를 물어보아야 한다. 게인은 레위기 16장에서 제거되는 죄들은 ① 일상적인 하타트 제의를 통하여 이미 용서를 받았던 죄와 ② 그동안 제의적으로 용서받을 수 없었던 "반항/고의적인" 죄들의 결과를 제거하는 것이라서 죄의 용서에 대한 언급이 없다고 주장하지만,[47] 필자는 그러한 주장에 동의하지 않는다. 죄의 용서에 대한 언급이 없는 것은 레위기 16장이 레위기 10장에서 발생한 반역사건의 결과(회막의 오염과 백성의 책임)의 해소를 다루며, 부정의 제거를 언급하고 있기 때문이라고 생각한다. 그러한 점에서 여기서 회막의 부정은 깨끗해지는 대상인 것이다. 이제 필자는 하타트 제물이 죄(레 4-5장)나 부정(레 11-15장)에 적용될 수 있다는 점을 상기하고자 한다.

나머지 두 개의 단어들의 상관관계성을 살펴보자. 우선 두 단어들의 관계성에 대한 세가지 입장들이 존재한다. ① 반역(פשע)을 부정의 하위범주에 넣는 사람들도 있다.[48] 그렇게 되면 죄와 부정의 구분이 모호해지는 문제가 있다. ② 접속사를 부연설명의 ‏ו‎로 보아서 '그들의 반역[이 초래한] 부정들'("the impurities [caused by] their transgressions")로 해석하는 사람들도 있다. [49]비록 양자의 밀접한 관계의 존재를 고려하는 이해가 구문상 불가능하다고 보는 입장도 있으나,[50] 오히려 레위기 10장의 문맥에서는 적절하다고 볼 수 있다. ③ 반대로 모든 범죄 가운데 (부정과) 반역만이 지성소를 오염시킨다고 해석하는

---

47 Gane, *Cult and Character*, 175.
48 Milgrom, *Leviticus 1-16*, 1033-34. Kiuchi(*Leviticus*, 300)은 פשע가 특정한 하타트(죄)라기보다는 관계성의 단절이라는 점에서 더 일반적인 의미라고 본다.
49 참조, Levine, *In the Presence of the Lord*, 76-77.
50 Feder(*Blood Expiation*, 92)는 이 해석을 구문상 불가능하다고 본다. Schwartz, "Bearing of Sin," 6-7, 17; Gane, *Cult and Character*, 288.

것이다.[51] 비록 반역이 성소를 오염시킨다는 관련 본문상의 근거를 찾기는 어렵지만, 원칙적으로 레위기 16장의 문맥에서 부정만이 성소를 오염시킨다는 점에서 반역과 부정과의 밀접한 관계를 고려할 필요가 있다고 생각한다.

밀그롬은 16절의 죄의 트리오와 21절의 죄의 트리오와의 상관성에 대하여 흥미로운 제안을 하였다. 밀그롬은 ① 사람들의 반역에 의한 성소의 부정(16절)이 성소의 하타트 제의로 정화되고 ② 반역에 의한 불의(21절)가 아사셀 염소로 제거된다고 주장하면서 두 가지 측면이 서로 대조된다고 보았다.[52] 키우치는 16절의 כָּל־חַטֹּאתָם이 פֶּשַׁע와 עָוֹן을 지칭하는 것으로 보았고 21절의 פֶּשַׁע를 반역의 결과로 여긴다. 이처럼 죄의 트리오의 상관성에 대한 학자들의 입장은 다양하지만 필자가 볼 때, 지금까지 레위기 16장의 하타트 제의의 원인과 수단에 대한 학자들의 오해로 인하여 만족스러운 결론을 내지 못했던 것 같다. 그러한 점에서 필자는 전혀 다른 입장을 제시하고자 한다.

이와 같은 논의를 통해 필자는 죄의 트리오의 관계성이 한쪽으로는 하타트 제물이라는 부정의 정화의 수단을 강조하며 나머지 죄 단어들이 상호교환가능하거나 병행하는 의미를 가진다고 여길 수 있다는 가능성을 제시하였다. 출애굽기 34:6-7에서 '불의와 반역과 죄'라는 죄 트리오를 언급한 후에, 세 가지 죄를 7절에서 불의(עָוֹן)로 총칭한다는 점 및 위에서 다룬 죄의 듀오/트리오/쿼르텟의 시적 병행의 예들을 볼 때, 레위기 16장의 16, 21절의 죄 트리오 가운데 존재하는 병치와 최종적으로 22절에서 그 모든 죄들을 עָוֹן으로 총칭한다는 점에서(비교. 민 18:1), 16, 21절의 죄 트리오는 각각의 죄의 독특성과 여러

---

51 Feder, *Blood Expiation*, 92-93; Schwartz, "Bearing of Sin," 6-7. 키우치(*Leviticus*, 301)는 부정과 모든 하타트를 동일시한다.

52 Milgrom, *Leviticus 1-16*, 1043-44.

가지 죄들에 대한 포괄적인 속죄를 언급하기보다는, 문맥상 부정과 관련된 죄의 다양한 표현들의 병치 혹은 교차적 언급이라고 볼 수 있다. 그러한 점에서 본다면, 레위기 16장의 하타트 제의의 과정은 다음과 같이 재구성할 수 있다. 일단 성소의 부정은 아론의 황소 하타트 제물의 피 및 백성의 한 마리 숫염소의 하타트 제물의 피를 통하여 내/지성소와 번제단에서 두가지 혹은 세가지 단계에 행해짐으로서 제거되었다. 그 다음에 아론은 또 다른 살아있는 아사셀 염소(하타트 제물)의식으로 하타트 제물의 피로 제거된 부정(죄)을 이스라엘 진영밖으로 온전히 제거하는 역할을 수행하였고 마지막으로 번제단에서 태운 하타트 제물과 번제물이 하나님이 기뻐하시는 향기를 냈던 것이다.

아사셀 염소[53]

아사셀[54] 염소 규례(20-22절)는 살아있는 염소로 특수한 속죄의식을 수행하는 일종의 "피 없는" 의식이다. 본문이 이것도 하타트 제물이라고 불렀지만,[55] 학자들은 대제사장의 아사셀 의식이 피 흘림없이 공동체의 죄를 제거한다는 점에서 "제거의식"이라고 부르기도 한다.[56] 그렇다면 이와 같이 성소에서의 하

---

53 이 단락의 논의는 성기문(『레위기』179-181)을 수정보완한 내용이다.
54 아사셀의 의미에 대한 다양한 제안들이 있다. 예를 들어서, Nihan(*Priestly Torah*, 351)은 아사셀을 "거칠고 먼 곳에 사는 악마적 존재의 이름"이라고 규정한다. Feder(*Blood Expiation*, 77-78, n. 130)는 Janowski와 Wilhelm의 주장을 따라서 아사셀이라는 표현 자체가 원래 *azus/zhi*라는 후르 제물의 훼손된 형태로서, 하타트 염소를 의미했다고 제안한다.
55 Gane, *Leviticus-Numbers*, 288.
56 Nihan, *Priestly Torah*, 351.

타트 제의와는 별도로 죄(부정)를 제거하는 제의가 하나 더 존재하는 이유는 무엇이었을까? 이와 관련하여 다음과 같이 두가지 견해가 있다.

[표 62] 회막과 광야에서 행해진 하타트 제의에 대한 두가지 견해

	하타트 제의(회막)	하타트 제의(광야)
밀그롬	피를 가지고 회막 전체에 쌓인 부정(죄의 결과)을 씻어 제거한다.[57]	대제사장의 두손 안수와 죄의 고백을 통해 이스라엘의 죄(부정의 원인)를 아사셀 염소에게 지우고 광야로 보내는 일로서 이스라엘 진영으로부터 이스라엘의 모든 "죄"를 온전히 제거한다.
게인	제사장들과 백성이 가져온 제물들의 피로 그 동안 누적된 회막 전체의 "윤리적 잘못과 제의적 부정"을 씻어낸다.[58]	대제사장의 두손 안수와 죄의 고백을 통해 이스라엘의 "윤리적 잘못"을 아사셀 염소에게 지우고 광야로 보내는 일로서 이스라엘 진영으로부터 이스라엘의 모든 "죄"를 온전히 제거한다.[59]

이 두 학자들의 견해를 볼 때, 이와 같은 두가지 하타트 제의는 성소와 이스라엘 진영에서(비록 그 정체에 대한 이견이 있지만) 특정한 죄들(의 오염)을 완전히 제거하는 제의적인 역할을 수행하는 것이다. 이와 관련하여 아사셀 염소의 기능을 언급하는 레위기 16장의 10, 20-22절을 살펴볼 필요가 있다.

먼저 아사셀 염소의 기능을 개괄적으로 언급하는 10절(개역개정 수정)은 살펴보자.

아사셀을 위하여 제비 뽑은 염소는 산 채로 여호와 앞에 두었다가 **그것**

---

57 Milgrom, *Leviticus 1-16*, 1033, 1044.
58 Gane, *Leviticus-Numbers*, 271.
59 Gane, *Leviticus-Numbers*, 271, 273.

(혹은, 그와 함께)으로 속죄[60]하고(עָלָיו לְכַפֵּר) 그것을 아사셀을 위하여[61] 광

야로 보낼지니라.

여기서의 논란거리는 10b절이다. 여기에서 주어 혹은 목적어가 불분명한 관

계로 아사셀 염소의 역할과 관련하여 "עָלָיו לְכַפֵּר"에 대한 여러 해석들이 다음

과 같이 제시되었다. ① "아론이 숫염소 위에서(혹은 ~와 함께/로) 속죄한다,"[62]

② "숫염소가 아론을 위하여 속죄한다,"[63] 혹은 ③ 주어와 목적어와 속죄방법

에 대한 논란에 덧붙여, 앞서 언급하였듯이 속전(贖錢)으로 번역되는 레위기

1:4의 경우와 그 표현이 동일하다는 점에서 "속죄하고"라는 말 대신에 "속전

으로 지불하고"라는 해석이 제기되었다. 그렇다면 이 본문은 제물을 죽여서

번제단에서 태우지 않는 방식으로 행해지는 속죄(속전)의식임을 의미하는 것

으로도 이해할 수 있다.

　　이제 아사셀 염소의 기능을 더 구체적으로 설명하고 있는 21-22절을 살

펴보자.

　　21 아론은 그의 두 손으로 살아 있는 염소의 머리에 안수하여 **그들의 그**

　　모든 하타트 제물에 의한(לְכָל־חַטֹּאתָם) 이스라엘 자손의 **모든 불의, 즉 모든**

　　반역(כָּל־עֲוֺנֹת בְּנֵי יִשְׂרָאֵל וְאֶת־כָּל־פִּשְׁעֵיהֶם)을 고백하고 그것들을 염소의 머리에 두

　　어 미리 정한 사람에게 맡겨 광야로 보낼지니 22 염소가 그들의 그 **모든**

　　불의(עֲוֺנֹתָם) 를 지고 접근하기 어려운 땅에 이르거든 그는 그 염소를 광

60　혹은 "~의 위에서 정화의식을 수행하고"로 번역할 수 있다.

61　혹은 "통하여/위하여"라고도 번역할 수 있다.

62　Milgrom, *Leviticus 1-16*, 1009, 1023; Gane, *Cult and Character*, 136, 261-62.

63　Kiuchi, *The Purification Offering*, 149-53.

야에 놓을지니라(개역개정 수정)

이 구절들에 따르면, 필자가 볼 때 대제사장이 그 염소의 머리에 두 손으로 안수하고[64] 자신이 성소에서 하타트 제의로 씻어낸 이스라엘의 모든 불의("모든 불의, 즉 모든 반역")를 고백한 후에 그 죄들을 그 염소의 머리에 두는 상징적이며 제의적인 의식을 취한 것이다. 그 후에 미리 정해둔 사람의 인도로 광야로 아사셀 염소를 송출하게 된다. 이와 같이 그 내용은 단순하나 그에 대한 지금까지의 해석은 복잡하다. 특히 대제사장의 죄의 고백과 두 손 안수의 기능과 의미, 죄를 넘겨주는 행동(נתן)도 여전히 논란의 여지가 있다.

혹자는 죄의 고백만으로도 죄의 이동이 발생한다고 주장하기도 하고[65] 혹자는 두 손 안수와 함께 대제사장이 이스라엘 전체를 대표해서 염소 앞에서 죄를 고백하는 것이 중요한 역할을 수행한다고 보기도 한다.[66] 당연히 이러한 죄 고백은 '살아있는 염소' 앞에서 행해지는 것이지만 야웨 앞에서 행해져야 하는 것이다.[67] 회막 앞에서 범죄자 스스로 죄를 고백하는 일반적인 경우(레 5장)와는 달리 대제사장이 대리적으로 아사셀 염소 앞에서 이스라엘의 죄들을 고백한다. 어째서 대제사장은 성소 앞에서 하타트 제물을 드릴 때에 제물에게 안수하지 않으며 이스라엘의 죄들을 고백하지 않았는가? 그때 안수와 죄의 고백이 없는 이유는 서로 밀접한 관련이 있다.

여기서 우선적으로 고려해야 할 문제는 이 죄들이 어떤 죄들인가 하는

---

64 Christian Ginsburg(*Leviticus* [Grand Rapids: Zondervan, 1961], 155)은 한 손은 자신을, 반대쪽 손은 이스라엘을 대표한다고 주장하기도 한다.

65 Hartmut Gese, *Essays on Biblical Theology*, trans. Keith Crim (Minneapolis: Augsburg, 1981), 105-106.

66 Milgrom, *Leviticus 1-16*, 1043.

67 Gane, *Leviticus-Numbers*, 273.

것이다. 밀그롬은 여기서 아론이 고백한 죄들이 민수기 15:30-31이 말하는 '속죄가 불가능한 의도적인 죄들'로서, 이러한 아론의 대리적인 고백을 통하여 '의도적인' 범죄가 용서받을 수 있는 죄(비고의적인 범죄)로 약화된다고 주장한다.[68] 그러나 이러한 해석은 여기서 언급된 죄들이 고의적인 죄들("뻔뻔하고 불손한 죄")이라는 전제[69]하에서만 가능한 것이다. 그러나 필자가 그렇지 않다는 점을 위에서 자세하게 논증한 바 있다. 이러한 행위의 의미를 요약하자면, 대제사장은 성소에서 하타트 제의를 통하여 이미 씻어낸 이스라엘의 죄들을 또 하나의 하타트 제물에게 이스라엘 회중 앞에서 고백하고 "안수 의식"과 함께 넘겨주는 의식을 시작하려는 것이다.

이제 대제사장의 두 손 안수의 기능과 의미를 다루어 보자. 우선 안수의 대표성의 문제를 다루어본다. 어떤 사람은 아사셀 염소에 대한 대제사장의 두 손 안수에서 한 손이 자신과 자기 가족을 대표하고 다른 한 손이 이스라엘 전체를 대표한다고 주장하며[70] 다른 학자들은 한 손 안수는 동일시를 의미하고 두 손 안수만이 죄(오염)의 이동의 기능을 수행한다고 주장하기도 하였다. 그러나 필자가 볼 때, 오른손(한 손) 안수가 대표성의 의미라기보다는 대제사장이 자신을 포함하여 이스라엘의 "대표"로 아사셀 염소에게 두 손으로 안수한다고 본다. 그런 면에서 두 손 안수에 일상적인 한 손 안수의 기능과는 다른 의미를 부여할 수는 없다. 이는 그와 관련된 증거도 없을뿐더러, 안수 자체가 갖는 원래의 '대표성'의 측면으로 충분히 이해할 수 있기 때문이다.

또한 아론이 아사셀 염소에게 안수할 때 자신이 고백한 죄들뿐만 아니

---

68 Milgrom, *Leviticus 1-16*, 1043.
69 Milgrom(*Leviticus 1-16*)이 제시하는 레 5:5의 설명(300-303)과, 20-26절에 대한 주석(369ff.)을 보라.
70 Christian Ginsburg, *Leviticus* (Grand Rapids: Zondervan, 1961), 155.

라, 부정도 전달되는가에 대해 학자들마다 이견이 있다.

(1) 밀그롬, 고만과 라이트는 안수를 통한 부정의 이동을 부정한다.[71] 초기의 의견이긴 하지만 밀그롬은 오른 손의 안수의식은 피제의와 실제로 관련이 있지만, 두 손의 안수의식은 관련이 없다고 주장한다.[72] 라이트는 이러한 안수가 투석형에 앞서 증인들이 사형수에게 안수하는 것(24:14)을 유비로 삼아서 피안수자가 '죽기에 합당한 존재'라는 의미일뿐이라고 주장하였다.[73] 밀그롬은 라이트의 주장을 반박하면서 이 안수를 잘못을 행한 자에게 죄의 책임을 '돌려주는' 행위라고 주장한다.[74] 이 경우에 대제사장의 아사셀 염소에 대한 안수가 일방적으로 '이동'시키는 행위일 뿐이라는 점에서 그것이 죄의 책임을 돌려주는 행위와 무관하다는 것이다(21절은 "נתן"["둔다", "부여한다", "준다"]고 말한다). 게다가 아사셀 염소가 이스라엘의 범죄의 원인은 아니지 않는가?

(2) 밀그롬, 레빈(암시), 로드리게스, 게인, 키우치, 김경열은 두손 안수를 통한 부정의 이동을 인정한다.[75] 이들은 대제사장이 아사셀 염소를 안수하면서 그동안 행한 죄들의 고백을 통하여 염소에게로 이동시킨다고 주장하며,[76] 대제사장의 죄들의 고백도 죄의 이동에 있어서 중요하다고 주장한다. 이들은 안수를 통한 죄의 이동이라는 문자적 의미를 주장한다. 게인은 실제로 죄의

---

71 Milgrom, "The Day of Atonement," Milgrom, "Dorian Gray," 396; Milgrom, "Rationale for Cultic Law," 107; Gorman, *Ideology of Ritual*, 94-98; Wright, *Disposal of Impurity*, 18-21, 79; Mary Douglas, "The Go-Away Goat," in *The Book of Leviticus: Composition and Reception*, ed. by Rolf Rendtorff, Robert A. Kugler, and Sarah Smith Bartel, 121-141(VTS 93; Leiden: Brill, 2003). 더글라스는 회막에서 희생된 다른 숫염소 하타트 제물과 함께 살아있는 아사셀 염소를 "속죄와 용서의 매개"(레 16:16)일뿐이라고 주장한다.

72 Milgrom, *Leviticus 1-16*, 1041.

73 Wright, "Gesture," 436.

74 Milgrom, *Leviticus 1-16*, 1041f.

75 Milgrom, "Paradox of the Red Cow," 70; Milgrom, *Leviticus 1-16*, 47, 981, 1041; Levine, *In the Presence*, 76; Rodriguez, *Substitution*, 117-18, 215, 219; Kiuchi, *The Purification Offering*, 145-54. 그러나 Schwartz("The Bearing of Sin," 17-18)은 죄의 이동만을 인정하고 부정의 이동은 거절한다.

76 Schwartz, "The Bearing of Sin," 17, 19.

'독성의 물길(toxic flow)'이 제사장을 통하여 염소에게 이동한 것으로 이해한다.[77] 김경열은 이 구절에서 아사셀 염소가 안수를 통한 죄의 이동의 "도구적 대행자"기능을 수행하였다고 주장한다.[78]

(3) 밀그롬과 라이트는 본문이 나중에 수정되었음을 전제로 모순되어 보이는 두 개념을 화해시키기도 한다.[79]

문제는 본문에 아사셀 염소의식과 관련된 여러 가지 절차들에 대한 명확한 설명이 없다는 것이다. 물론 아사셀 염소의 기능에 대한 학자들 사이의 세부적인 입장차이와는 상관없이, 이것은 마치 하나님이 제물의 피에 정결/용서의 기능을 부여하시듯이, 대제사장은 염소 머리에 안수하고 죄를 고백함으로써 그것에 온 이스라엘의 '죄를 없애는 기능'을 부여한다고 볼 수 있다.[80] 사실 아론이 고백한 것은 성소에서 제의적으로 비가시적으로 하타트 제물의 피로 씻겨진 이스라엘의 부정/반역/불의/반역인 것이다. 이러한 의식을 통하여 이스라엘의 죄는 대제사장의 안수와 죄의 고백과 염소의 머리에 얹어 두는 제의적 행위를 통하여 아사셀 염소에게로 이동하였음을 가시적으로 상징한다.[81] 아사셀 염소 의식은 성소에서 행해진 제의행위에 대한 단순한 반복이 아니라, 연속적 측면이 있다. 이것은 가시적으로 번제단에서 수행하는 '정결하게 하는' 제물의 피의 기능에 추가하여 산 채로 염소를 '희생염소'로 삼아 이스라엘의 죄를 '공동체 밖으로' 추방하는 의식이었던 것 같다.[82] 피부병 환자의

---

77 Gane, *Leviticus-Numbers*, 273; Gane, *Cult and Character*, 242ff.
78 김경열, "레위기 16장," 125-26. 더 나아가 김경열("레위기 16장," 129)은 레 16장의 성소에서 수행된 하타트 제의를 시작할 때 안수에 대한 언급이 없는 것을 단순한 언급상의 생략으로 보거나 아사셀 염소에 대한 안수가 충분하고 그 목표를 이룬 것일 수 있다고 주장한다.
79 Milgrom, *Leviticus 1-16*, 1043-44, 1082; Wright, *Disposal of Impurity*, 80.
80 비교, Willis, *Leviticus*, 146.
81 Milgrom, *Leviticus 1-16*, 1043; Nihan, *Priestly Torah*, 354.
82 Kiuchi, *The Purification Offering*, 145-58; Kiuchi, *Leviticus*, 304; Jenson, *Graded Holiness*, 197-298를 보라.

회복규례(레 14장)에서의 한 마리는 그 자리에서 죽이고 한 마리는 살려 보내는 방식의 두 마리 새의 이중적 절차 과정이 보여주듯이 성소를 정화하고 진영 밖으로 추방하는 제의에서 동일(혹은 유사한) 정결행위를 반복하는 것은 이상한 일이 아니다. 이러한 상징적인 비제의적 정결의식의 이유는 죄(의 오염)의 제거라는 측면에서 [지]성소내에서의 제의와 일맥상통하는 부분이 있지만, "지성소 안에서 이루어지는 의식은 일반 백성의 눈에는 보이지만 아사셀 염소 의식은 모든 백성이 지켜보았고, 모든 백성이 이해할 수 있었다"는 점에서 이스라엘 회중에게 더 효과적인 역할을 수행했을 것이다.[83] 그러한 점에서 아사셀 염소 제의는 레위기 16장에서 행해지는 하타트 제의의 완성인 것이다.

　　마지막으로, 대제사장의 거룩한 곳에서의 목욕[84]의 의미에 대한 논란을 다루어 본다. 하타트 제물의 전부를 진영 밖 정결한 곳에서 소각한 사람의 경우처럼 죄를 없애는 아사셀 염소를 광야로 가져갔던 사람도 간단한 정화의식을 치룬 후 이스라엘 진영안으로 들어올 수 있었다. 이와 관련하여 학자들은 대제사장의 목욕과 다른 사람들의 목욕을 분리시켜서 이해하는 경향도 있다.[85] 게다가 레위기 16장(제물의 나머지 고기 처리자와 아사셀 염소처리자의 대우)과 민수기 19장(진밖에서의 제사장과 제물의 나머지를 태운 자의 정화규례와의 유사성)에서 씻고 목욕하는 것들의 병행을 발견할 수 있다(레 16:4, 24, 26, 28; 민 19:7-8).[86] 민수기 19장에서 진영 밖에서 '부정한 자들'을 정결케 하는 재를 만들려고 암소를 태우는 데 관여한 제사장과 남자는 자신들의 옷과 몸을 씻고 저녁때까지 정결해지기를 기다려야 했지만(7ff.), 재를 모으고 보관하는 사람은 (진영밖

83　웬함, 『레위기』, 265.

84　Gorman, The Ideology of Ritual, 69.

85　Gane, Leviticus-Numbers, 275-77; Milgrom, Leviticus 1-16, 1051.

86　R. Dennis Cole, Numbers (NAC, Nashville: B& H Books, 2000), 308.

으로 나왔기 때문에) 옷만 빨면 되는 것이었다(10절).

　　고만은 아사셀 염소를 광야로 인도한 자와 하타트 제물을 소각한 자들이 죄를 지고 가는 염소와의 접촉으로 인하여 '있음직한' 죄의 오염을 제거하려고 자기 몸을 씻고 자기 옷을 빨아야 했다고 주장한다.[87] 그러나 키우치는 아사셀 염소를 광야로 데리고 간 사람이나 진영 밖 정결한 곳에서 제물을 태우는 것처럼 제의관련 의식을 집행한 후 간단한 정화의식을 취하는 것을 부정을 씻어내기 위함이 아니라, 속죄를 수행하는 아사셀 염소제물의 거룩성과 접촉했기 때문에 과도한 거룩을 씻으려고 간단한 정화의식을 취할 수밖에 없었다고 설명한다(26, 28절).[88] 이와 같이 학자들의 입장은 양극단으로 향한다. 그러나 고만이 지적하였듯이, 필자는 이러한 간단한 정화의식을 사람의 (일시적인) 직분의 전환뿐만 아니라, 지역의 통과(부정한 진영밖에서 ⇨ 정결한 진영안으로)라는 측면에서 정화의식을 하나의 통과의례로 이해할 것을 제안한다. 대제사장의 경우는 출애굽기 30:20의 유비를 통하여 성소에 들어갈 때, 그리고 회막안에서 번제물을 드리기 전에 목욕을 수행하는데, 이것을 하타트 제의를 드린 후에 번제물을 드릴 때 그 동안 중단되었던 제의를 재개하는 측면에서 준비적 목욕을 두차례 행했다고 볼 수 있다(4, 24절).[89] 이와 같이 제의적 목욕에는 대제사장의 경우 정한 곳에서 거룩한 곳(회막)으로, 일반인들의 경우 부정한 곳(진영밖)에서 정결한 곳(진영)으로, 두 가지 경계사이의 통과 의례적 측면이 있다.

87　Gorman, *The Ideology of Ritual*, 100, 101. 제모행위의 의미에 대해서는 S. Olyan, "What Do Shaving Rites Accomplish and What Do They Signal in Biblical Ritual Contexts?" *JBL* 117 (1998): 611-22를 보라.

88　Kiuchi, *Leviticus*, 305-306; Kiuchi, *The Purification Offering*, 134-35; cf. Milgrom, (*Leviticus 1-16*, 1050-51)은 대제사장은 거룩의 제거를 위하여 목욕을 하며 일반인의 목욕은 거룩과의 접촉을 회피할 목적으로 단기간의 격리와 목욕을 수행하게 하였다고 주장한다.

89　Gane, *Leviticus-Numbers*, 275; Milgrom, *Leviticus 1-16*, 1046-49.

이것은 피부병 환자의 정결규례(레 14장)에서도 그 유비를 찾을 수 있다.

위에서 논의한 것처럼, 레위기 16장의 하타트 제의는 16, 18-19a절이 말하듯이, "나답과 아비후의 죽음으로" 인한 성소의 오염을 해결하려는 목적을 갖고 있었다. 또한 그것은 아사셀 염소 의식과 같이 이스라엘의 한가운데서 시작하여 이스라엘 밖, 멀리로 보내버리는 의식을 통하여 레위기 9장의 원상태로의 성소와 이스라엘 진영의 정화와 재봉헌의 상태로 전환하며, 하나님과의 교제의 (재)심화차원에서 드려지는 번제물[90]로 하나님과의 관계 속에서 (재)헌신하는 형태로 온전히 완성되었다고 볼 수 있다.

제의력/절기적 축제의 희생제의

앞서 필자는 레위기 16장 전체를 욤 키푸르(즉 절기적 희생제의의 하나)의 규례로 이해하는 사람들의 해석상의 난점을 지적하고 결론 부분만이 매년의 절기규례라고 주장한 바 있듯이, 이제 이와 관련하여 필자 나름의 새로운 해석을 제시하고자 한다.

우선 주목할 것은 이 특별한 하타트 제의가 매년의 속죄절기가 되었다는 점이다(보라, 출 30:10; 민 28-29장; 겔 43:19-26).[91] 이외에도 유월절을 포함한 다른 몇 가지 구속적인 사건들이 매년의 기념일로서 절기화되는 경향을 보인다(민

---

90 하타트 제물 이후에 번제물을 드리는 순서가 이스라엘 제사에서 일상적인 순서다(Nihan, *Priestly Torah*, 357).
91 속죄일의 기원에 대한 논란은 하틀리, 『레위기』 470-75를 보라.

28:15, 22, 30; 29:5, 16, 19, 25; 겔 45:18-25). 이와 같은 일부 제의의식들이 보여 주는 절기적 희생제의화의 경향성은 구약뿐만 아니라, 고대근동의 배경, 그리고 구 신약 중간기에서도 발견된다. 이제 이러한 배경하에서 레위기 16장의 하타트 제의의 욤 키푸르라는 매년의 속죄일의 절기화로의 전환을 살펴보자.

절기적 제의(calendric rituals)의 고대근동의 배경

레위기를 연구하는 학자들은 레위기 16장의 규례가 매년의 절기제의의 근거 라는 점에서 고대근동의 매년의 절기제의와의 유사성에 주목하였다. 일부 학 자들은 고대근동의 몇 군데에서 발굴된 자료들의 매년의 절기제사들의 유사 성을 연구하였고,[92] 최근에는 유프라테스 강 근처의 에마르(Emar)에서의 제의 관습이 일부 학자들의 주목을 받았다.[93] 이 지역은 아람지역(Aram, 혹은 Syria) 으로서, 문화, 경제, 종교적으로 가나안지역과 메소포타미아 지역의 중개역 할을 수행하였다.[94] 이 지역에서 발굴된 제의관련 자료들 가운데 특이한 것은 주크루(Zukru) 관습이라고 불리는 "절기적 제의"에 대한 증거들이다.[95] 이 절 기에 나타나는 언약적 관계성, 7일간의 준수, 첫날과 마지막 날의 중요성 등

---

92 L. R. Fisher, "New Ritual Calendar from Ugarit," *HTR* 63 (1970): 485-501; Philippe Guillaume, *Land and Calendar: the Priestly Document from Genesis 1 to Joshua 18*, (LHB/OTS 391; New York: T &T Clark, 2009); Milgrom, *Leviticus 1-16*, 1067-70. 추가적으로 Gane(*Cult and Character*, 355-78)은 레 16 장의 매년의 축제적 제의규정을 고대근동의 몇가지 축제들, 즉 난쉬(Nanshe) 신년, 바벨론신년봄축 제, 바벨론 니산누스 5 의식들과 비교한다.

93 물론 에마르 제의의 여러 가지 국면이 레위기 등에 등장하는 희생제의와 유사하다는 연구결과가 지속 적으로 제시된다. 여기에서는 절기적 제의의 측면에서만 논의한다. 즉, Fleming, *Time at Emar*; ibid., "Emar: On the Road from Harran to Hebron," in *Mesopotamia and the Bible: Comparative Explorations*, ed. by Mark W. Chavalas and K. Lawson Younger, Jr., 222-50 (Grand Rapids: Baker Academic, 2002); Bryan C. Babcock, *Sacred Ritual: a Study of the West Semitic Ritual Calendars in Leviticus 23 and the Akkadian Text Emar 446* (BBRS 9; Winona Lake: Eisenbrauns, 2014).

94 Fleming, "Emar," 224.

95 Fleming, "Emar," 232ff.

은 레위기와 민수기의 매년의 절기적 축제들이나 신명기 31장의 장막절에서의 언약갱신의식 등을 떠올리게 한다.[96]

레위기 내 매년의 절기 축제로서의 욤 키푸르

레위기 16장에서 매년의 절기에 대한 설명(29-32절)은 레위기 16장 전체의 문체와 차이가 있다.[97] 즉, 주어와 제의의 주관자가 아론(3인칭 단수)에서 "너희"와 "제사장들"로 전환한다. 이것은 독자로 하여금 주제의 전환을 알게 한다. 또한 이 단락은 레위기 16장의 매년의 절기 규정과 레위기 23장의 매년의 절기적 속죄일 규례와의 연관성을 문학적 장치로서 지적해준다. 그러므로 우리는 이 단락을 매년의 절기 축제로서의 기능(의 삽입, 혹은 부연설명)에 대한 언급으로 이해하고 살펴볼 필요가 있다. 이 말씀엔 약간의 변이와 함께 "너희는 영원히 이 규례를 지킬지니라"라는 표현이 서두(29절), 말미(34절), 그리고 31절에까지도 유사하게 등장한다.

이 절기 규례는 "너희"(본토인과 거류민 모두)에게 주는 규례와 대제사장(아론 이후의 세습적 제사장들, "기름 부음을 받고 위임되어 자기의 아버지를 대신하여 제사장의 직분을 행하는 제사장"[32절])에게 주는 규례로 이루어져 있다. 이 날을 매년 돌아오는 절기로 영속적으로 지키라는 명령과 그 때에 제사장들과 백성이 해야 할 일들을 다룬다.

① 이것은 일 년에 한번 거행하는 욤 키푸르[98]에 행할 일들과 그 의미에

---

96 Fleming, "Emar," 238.
97 비평적 이슈에 대한 논의는 Milgrom, *Leviticus 1-16*, 1064-65를 보라. 하틀리(*Leviticus*, 219)는 이 단락이 나중에 추가된 것이라고 본다. 이와 관련한 더 자세한 논의는 Nihan, *Priestly Torah*, 348-50을 보라.
98 이 표현은 레 16:34와 출 30:10에서 "영원한 규례"로서의 속죄일의 문맥에서만 언급된다(보라, 렌토르

대해 독자들에게 주는 교훈의 말씀이다. "너희"는 욤 키푸르에 스스로를 괴롭게 하고 안식해야 한다. 모세는 "너희"에게 이 날에 행해야 할 일들의 의미를 요약하여 설명한다(30절).

> 너희를 위하여 정화의식(제사)을 수행하여(יְכַפֵּר)
> 너희를 정결하게 하리니
> 너희는 너희의 그 모든 하타트 제물로 인하여(מִכֹּל חַטֹּאתֵיכֶם)
> 야웨 앞에서 정결하게 될 것이다.

이 구절에서 "너희"의 부정을 제거한다는 의미로, '죄의 용서'가 아닌, '정화'라는 표현에 주목해야 한다. 이것은 레위기 11-15장의 하타트 제물의 목표를 의미한다. 이에 대해서 슈바르츠는 이 본문들이 개인의 죄의 해결을 용서로 묘사하고(레 4-5장), 성소의 오염의 제거를 용서하다(נְשָׂא עָוֹן)라고 묘사한다(레 16장)는 점에서 이 모든 죄와 부정의 제거의 제의를 כִּפֵּר라고 부를 수 있다고 주장한다.[99] 그러나 필자의 주장처럼 이 문맥이 이중적인 기능을 수행한다고 볼 수는 없다. 여기에서 주목해야 할 것은 "정화의식을 수행하다"라는 표현과 병행하는 "모든 하타트 제물로 인하여"라는 표현인 것이다. 후자는 일반적으로 "너희 모든 죄들로부터"라고 번역되지만, 그 병행 가운데서 필자의 제안("너희 모든 하타트 제물로부터")이 더 적절한 것 같다. 이것은 16, 21절에 관한 논의에서 이미 다루어진 바 있고 34절에서도 유사하게 반복된다("그들의 모든 하타트 제물들로 인하여", מִכֹּל חַטֹּאתָם). 그러한 점에서 레위기 16장의 원래 정황에서의 하타

프, 『구약정경신학』, 235). 속죄일이라는 말은 레 23:27, 28; 25:9에만 등장한다.
99 Schwartz, "Bearing of Sin," 7.

트 제의의 목적과 매년의 절기 제의(욤 키푸르)에서의 제의 목적은 회막과 이스라엘 백성의 부정의 '정화'인 것이다. 이어서 '안식일 중의 안식일'이라는 표현과 '스스로를 괴롭게 해야 한다'는 표현을 통하여 절기 규례를 확정하는 언급이 등장한다.

② 이것은 아론의 뒤를 잇는 대제사장에게 전하는 '일 년에 한번 거행하는 욤 키푸르에 행할 일과 그 의미'에 대한 교훈의 말씀이다. 모세는 대제사장에게 그들이 해야 할 일의 세부사항을 언급한다. 그들이 입어야 할 옷과 '정화'할 대상들(오염의 대상[지성소-회막-제단], 오염의 원인[제사장들-백성의 회중의 모든 부정])과 횟수에 대해서 언급한다. 이 날의 의의는 기름부음 받은 제사장에 의한 성소의 정화("이스라엘 백성의 부정의 결과의 제거")와 이스라엘 진영으로부터 그 부정을 제거하는 데 있다.[100]

23-24절은 번제물과 장막절과 레위기 16장의 하타트 제물을 연결시키는 역할을 수행한다. 레위기 내에서 절기로서의 욤 키푸르의 세부규정은 레위기 23:27-32에서 발견할 수 있다. 그 욤 키푸르는 "일곱째 달 열흘날", 즉 "안식일" "아흐렛날 저녁 곧 그 저녁부터 이튿날 저녁까지"에 드리는 제물을 "야웨께 드리는 음식예물(אִשֶּׁה לַיהוה)"이라고 규정하는 것이 특이하다. 이것은 음식예물이라는 표현과 관련하여 하타트 제물이 다른 제물들과 다른 기능한다고 보기 어려운 증거들이다. 더 나아가 모든 제물과 관련한, 민수기 28:2의 표현("내 헌물, 내 음식인 화제물, 내 향기로운 것")도 추가적인 증거다.

---

100   렌토르프(『구약정경신학』, 237)는 기름부음받은 제사장 자신도 이스라엘로부터 죄를 방출해야 했다는 점에서 (일반적인 하타트 제의의 끝에 등장하는) 속죄 선언이 없다고 주장한다.

매년의 절기적 제의의 오경, 구약, 그리고 성경적 배경

앞서 언급하였듯이 레위기 16장의 구조적 특성상 이 단락에서 욤 키푸르의 매년 절기화에 대한 언급을 발견하는 것은 당연하다. 이 절기적 규례는 레위기 23장과의 유사성을 드러내지만, 차이점도 존재한다.[101] 즉, 레위기 23장의 절기상의 욤 키푸르가 신자들의 책임을 강조한다면, 민수기의 절기상의 욤 키푸르의 경우는 제사장의 책무를 논의하고 있다. 레빈은 레위기 16장의 하타트 제물과 민수기 28-29장의 하타트 제물의 상관성에 대한 중요한 설명을 제기한다.

> 속죄제물($ḥaṭṭā't$)이 공적 희생의 규칙적인 구성 요소로 남아있는 공적 제의의 달력에 처음 소개된 이유는 새 달(New Moon) 의식들을 위해서다. 여기서 언급된 특별히 다양한 $ḥaṭṭā't$는 백성의 하타트 제물로서, 레위기 16장에서 욤 키푸림을 위해 제정된 형태인 제사장의 하타트 제물과는 구별되는 제물이라고 여겨졌다. 우리가 설명할 수 있다면, 숫염소($śā'îr$)가 속죄제물용으로 그와 같이 적절했던 이유, 더 구체적으로 말하자면, 우리는 이러한 유형의 $ḥaṭṭā't$가 중요한 공적 축제의 준비용으로 정기적으로 드려졌던 이유를 여전히 설명해야 한다. 에스겔 45:21-25도 규정된 하나 이상의 유형의 $ḥaṭṭā't$으로 축제 행사의 일환으로 속죄 제물들을 언급한다. 느헤미야 10:34에서, 귀환한 유대인들은 "하타트 제물들을 포함하여 이스라엘에 대한 죄용서의 제의들(rites of expiation)의 수행을 위한 속

---

101 Milgrom(*Leviticus 1-16*, 2019-21)은 레 16장의 속죄일 규정이 레 23장에 영향을 주었다고 본다. Noth(*Leviticus*, 219-20)는 민수기와 관련지어서 민 28-29장이 레 23장을 보충한다고 여기지만, 반대로 레위기의 절기법(H)과 민수기의 절기법(H)이 공통의 자료(P)에 근거하였으며, 민수기(H)가 레 23장(H)에 반영되었다고 보는 입장도 있다.

죄제물들(ḥaṭṭāʾôt)을 위한" 기금을 포함하여 성전의 다양한 요구에 따른 기금을 마련하기로 맹세한다.

공적 기념 행사에서 백성의 ḥaṭṭāʾt의 활용을 검토하면서 이 희생, 즉, 근본적으로 이스라엘 백성을 위해 봉사한 제사장들에게 주는 선물이 백성들이 하나님과 좋은 관계를 유지할 수 있도록 보장하는 역할을 하였던 것처럼 보였을 것이다. 그것은 실제적인 성소의 청소, 즉 제사장의 ḥaṭṭāʾt의 복잡한 제거의식을 필요로 했을 것 같은 결과를 달성하려는 의도는 아니었다. 백성의 ḥaṭṭāʾt는 그로 인해 축제의 효력을 약화시키는, 하나님과의 관계를 어지럽힐 수 있는 우발적인 위반행위만을 속죄하였다. 하나님께서는 자기 잘못이 속죄되지 않았던 사람들의 부름에 응답할 수 있도록 순응하셨을 것 같지 않다. 레위기 10:16-20이 지적하듯이, 거룩한 장소들에서 제사장들이 ḥaṭṭāʾt를 먹은 것은 그들의 직책의 성취와 성소봉헌의 효력을 이루는데 핵심적이었다 … 성막제의가 시작되었을 때(레 9장), 이 제사가 원래 아론계 제사장직의 집행의 필수불가결한 요소였듯이, 그것은 이후의 모든 특별한 성소 축하 행사들의 필수 준비요소이기도 하였다 … 한마디로, 백성의 속죄 제물은 사람들을 그들의 하나님과 연관시키는 반면, 우리가 제사장의 속죄 제물이라고 부르는 것은 성소를 정화하는 더 심각함의 의식인 것이다.[102]

민수기 28, 29장[103]에 보면, 하타트 제물은 "모든 제사달력에서 정기적으로 계속되는데, 그 밖의 제사를 위한 짐승의 숫자가 계속 증가함에도 불구하고 항

---

102 Levine, *Numbers 21-36*, 406-7.
103 Gorman, *Ideology of Ritual*, 215-27을 보라.

상 숫염소의 형태로 나타난다"(민 28:22, 30; 29:5, 11, 16 등). 여기서 중요한 것은 이 제사의 "정화"기능이다. 그것은 "너희를 위한 정화[의식]을 수행하려고"라는 관용어를 통해서 강조된다(민 28:22, 30; 29:5). 이것은 민수기 28, 29장만의 현상이 아니다. 레위기 23:19에서도 "이미 칠칠절을 위해서 그랬던 것처럼 속죄[하타트]제물이 추가된다는 점은 주목할 만하다."[104]

위에서 언급한 대로 레위기 16장의 하타트 제의 규례에 나답과 아비후 사건(레 10장)의 후속적 사건일 뿐만 아니라, 부록으로서 매년의 종교적 절기로서의 의미가 모두 나타난다. 그러한 점에서 욤 키푸르 규정들과 출애굽기의 유월절(출 13:4-16)과 비교해볼 필요가 있다.[105] 유월절 단락에서는 유월절을 매년의 절기로서 준수할 것을 명령한다("해마다 절기가 되면 이 규례를 지킬지니라."[10절]).

민수기 29장의 "제7월의 새 달"(New Moon) 규정은 레위기 16:29-34과 밀접한 관련을 갖고 있다.[106] 욤 키푸르가 7월에 절기로 고정된 배후의 역사에 대해서는 몇 가지 추론이 있다. 좀 더 공시적 입장에 가까운 하틀리의 입장은 다음과 같다. 하틀리는 34b절("아론이 야웨께서 모세에게 명령하신 대로 행하니라")에 근거하여 아론이 시내산에 있을 때 처음으로, 즉 1월에 "나답과 아비후의 범죄의 오염으로부터 성소를 정화하려고"[107] 이 하타트 제물을 드렸을 것이라고 가정한다(레 9:1[1월8일]; 민 1:1[1월말]). 실제적으로 매년 1월은 종교적인 절기가

---

104 렌토르프, 『구약정경신학』, 234.
105 Gordon Wenham, *Numbers: an Introduction and Commentary*, (TCOT; Leicester: IVP, 1981), 195-99. 제의의 절기의 편입에 대한 비평적인 연구는 H. L. Ginsberg, *The Israelian Heritage of Judaism* (New York: Jewish Theological Seminary of America, 1982), 55-83. 이것의 영향을 받은 정리가 Levine(*Leviticus*, 263-268)에 나오며 민 28-29장을 중심으로 한 절기 제의의 발달에 대한 재구성은 Levine(*Numbers 21-36*, 407-418)에서 찾아볼 수 있다. Levine(*Numbers*, 407-410)은 가장 이른 축제법 규가 출 12:21-27; 13:1-10이었고 그것이 출 23:15-19로 확장되었고 요시야 종교개혁이후로 신 12-16장에 의해 수정되었으며, 레 23장이 민 28-29장에 영향을 주었다고 주장한다.
106 Levine(*Numbers 21-36*, 421)은 민수기의 규정이 레 16장의 영향을 받았다고 말한다.
107 하틀리, 『레위기』, 498.

많은 달이었다. 좀 더 통시적 입장을 취하는 경우 적어도 본문 확장과 수정의 네 번째 단계, 즉 에스라 시대때에 절기로서의 욤 키푸르 제의의 시기적 고정이 있었을 것이라고 여긴다.[108]

욤 키푸르의 기원의 유비로 삼을 수 있는 레위기에서 매년의 절기로서의 유월절에 대한 언급도 등장한다(레 23:4-8).

마지막으로, 여기에 등장하는 욤 키푸르의 매년의 절기 축제화라는 유사한 상황을 구신약 중간기에 발생한 수전절(마카베오상 4:41-59[공동번역개정])의 예를 고려해볼 필요가 있다. 저자는 마카베오상 4:41-58에서 저자는 안티오쿠스 에피파네스에 의해 오염되었던 예루살렘 성전을 정화하는 동기와 과정과 백성의 반응을 설명하고 59절에서 매년의 절기 축제화를 설명한다("59 유다와 그의 형제들과 이스라엘의 온 회중들은 매년 기슬레우월 이십오일부터 팔 일간 기쁜 마음으로 제단 봉헌 축일을 지키기로 정하였다.").[109]

요약

본서의 제8장에서는 레위기 16장의 본문의 구조와 내용, 즉, 하타트 제의의 과정과 목적, 죄들의 내용, 아사셀, 그리고 매년의 절기로서의 욤 키푸르에 대한

---

108 하틀리,『레위기』, 498-500을 보라.
109 매년의 절기로서의 욤 키푸르 제의의 실행과 연관지어서 구약 혹은 제2성전기시대에 행해진 몇차례의 성전정화사건들도 고려해볼 여지가 있다. 그 예로 히스기야(대하 29장; 왕하 18:1-3)와 요시아(대하 34장; 왕하 22, 23장)의 성전정화(회복)사건들과 위에서 언급한 안티오쿠스 에피파네스의 예루살렘 성전훼파사건에 대한 마카비 형제들에 의한 성전정화(회복)사건이 있다.

논의를 다루었다. 앞서서도 다루었듯이, 여기에서의 짐승 안수에 대한 전제와 이해는 구약 하타트 제의체계에 대한 해석 전반에 영향을 끼쳤으며, 이 단락에서 아사셀 염소에 대한 안수로 마무리되는 의식 등의 의미를 논의하였다.

레위기 16장의 하타트 제의는 대제사장으로 하여금 제사장 나답과 아비후의 죄와 죽음으로 인한 부정으로 인한 성소 전체와 이스라엘 진영의 오염을 해결하기 위한 제사였다는 전제로 이해되었다. 이 단락에서 가장 논란이 많았던 16, 21절의 죄의 트리오에 대한 언급은 매년 일회 행해지는 욤 키푸르에 비로소 해결되는 다양한 죄들의 목록의 나열이 아니라, 다른 구약구절들의 증거와 레위기 16장의 관련 구절들로 볼 때, 그 도구로서의 하타트 제물로 정화할(혹은 정화된) 성소의 부정을 설명하는 병행적 표현을 의미한다. 레위기 16장의 하타트 제의는 두 마리의 숫염소를 도살되어 제의적으로 사용된 하타트 제물과, 죽이지 않고 살려서 광야로 보내진 하타트 제물(아사셀 숫염소)로 구성된다. 이것들은 비가시적으로 성소안에서 행해진 부정의 정화 의식을 가시적으로 이스라엘 진영안에서 광야로 보내지는 아사셀 염소를 통하여 행해진 정화의식으로 나눌 수 있다.

또한 그 동안 학자들 사이에서 다양한 견해차를 보일 정도로 그 뜻이 모호했으나 레위기 16장에서 가장 중요한 표현 가운데 하나였던 "מִכֹּל חַטֹּאתָם"에 대한 번역을 재고하였고 그 문맥에서의 용례를 밝힘으로써 결과적으로 레위기 16장의 하타트 제의의 목적을 명확하게 하는데 도움을 주었다. 레위기 16장의 하타트 제의는 원래는 나답과 아비후 사건의 해결책으로 시체로 인한 성소의 오염 해소라는 비상 상황 속에서 제시되었던 특별한 하타트 규례였으나, 결과적으로 이스라엘이 준수해야 하는 매년 절기 제사(욤 키푸르)로 전환되었던 것이다(레 23장과 민 28-29장).

9장 요약과 결론

필자는 본서에서 레위기의 다른 5대 제물들과 비교하면서 레위기 4-5장과 레위기 16장에 등장하는 하타트 제물규례에 나타난 제물의 피와 고기의 의미와 역할을 다루었다.[1]

본서에서 다루었던 다양한 학자들 사이의 해석학적 차이점들은 간단하게 말해서 레위기 4-5장과 16장의 하타트 제의규례들에 대한 학자들의 두가지 해석학적 전제와 강조점에서 비롯된 것이다. 즉, 번제단을 비롯한 성소기물이 어떻게 죄로 오염되는가? 이에 관하여 하타트 제물규례연구의 양대 산맥이라고 할 수 있는 두가지 경쟁적인 입장들이 있다. 즉, 첫째로, 비접촉을 통한 성소의 오염을 주장하는 학자들(밀그롬 및 그의 제자들과 키우치 등): 범죄자의 죄의 독한 기운(miasma)이 공기를 통하여 번제단 등의 성소기물을 자동적으로(혹은 제한적으로) 오염시키며 정결한 제물의 피를 사용하여 매번 죄를 제거하거나 일부의 죄의 경우에는 매년 행해지는 "속죄일"에 제거한다. 둘째로, "직접적인 접촉을 통한 성소의 오염"을 주장하는 학자들(게인, 일부 유대교 학자들, 김경열): 범죄자가 드려질 짐승에게 행한 안수를 통하여 이동한 죄가 짐승을 통하여 번제단을 비롯된 성소기물에 이동하며 피를 통하여 죄의 오염을 그곳에 쌓아두었다가 일 년에 한 번씩 제거하거나 매번 번제단에서 제물을 태우거나 나머지를 제사장이 먹는 등으로 죄의 오염을 제거한다. 이러한 기존 논

---

1 기존의 박사논문의 결론을 필자의 글(성기문, "나의 박사논문을 말하다: 구약 희생제의 체계의 논리를 찾아서: 레위기 하타트 제의에 대하여,"『기독교사상』740호 [2020]: 181-86)의 일부로 추가 수정 대체하였다.

의들의 세가지 핵심이슈들은 ① 안수의 의미와 역할 ② 하타트 제물의 피의 역할 ③ 레위기 4-5장과 레위기 16장의 하타트 제의들의 관계성이었으나 필자가 본서에서 추가한 해석학적 이슈들은 ① 제물(고기)의 역할 ② 레위기 8장, 10장과 16장의 관계성 ③ 레위기 16장과 매년의 절기로서의 욤 키푸림(레 23장)과의 관계였다. 본서에서 그 주제들에 대하여 논의한 내용을 정리하면 다음과 같다.

　　① 안수의 의미와 역할논쟁.

　　전통적인 모호한 "속죄"(atonement)체계의 개념이 현대로 들어서서 조금 더 구체화되기 시작했다. 그 중에 첫 번째가 안수의 의미에 대한 것이었다. 안수의 기능에 대해서는 지금까지 제사의식과 관련되어 있다는 입장들, 즉 안수를 통하여 헌제자의 소유권의 천명/안수를 통하여 헌제자의 소유권의 포기로 보는 입장, 안수를 통하여 제사를 시작한다는 선언적 의미로 보는 입장, 심지어 안수가 제물을 죽일 때 필요한 동작이라는 실용적인 의미라고 보는 입장 등이 있었다. 그 외에도 (하타트)제물의 피의 유일한 기능이 번제단의 정화(purification)라고 주장한 밀그롬 이후에 "속죄"개념과 기능에 대한 이해가 분화되었고 안수의 기능이 죄의 이동(transfer of sin)이라고 주장한 로드리게스 이후에 안수가 성소기물의 오염의 수단이라는 논란이 본격화되었다. 게인과 같은 사람들은 제물의 안수를 제의의 시작부터 속죄행위의 전반(全般), 그리고 종결까지를 일관되게 해석하는 열쇠로 여긴다. 그러나 그러한 입장에는 몇 가지 중대한 결점들이 있다. 즉, 하타트 제의가 레위기 4장에서는 죄의 용서를 의미하나 부정규례(레 11-15장)에서는 부정의 해소 등과 같이 문맥에 따라 다른 기능을 수행한다는 점, 안수가 한손(레 1, 3, 4장) 혹은 두손 안수(레 16장)로 다르게 나타나기도 한다는 점, 그리고 심지어 안수가 나타나지 않는 경우(레 9장)

도 있다. 그와 같이 죄의 이동으로서의 안수개념은 일관성이 부족하고 레위기 16장의 두 손 안수 외에는 그 기능에 대한 구체적인 언급이 있는 경우들이 없다. 사적인 제물의 경우, 즉 개인적인 자원제물(레 1-3장), 자신의 비고의적 죄와 관련된 하타트 제물(4장)처럼 헌제자나 혹은 자신의 위임식과 관련된 제사장(레 8장)은 제물에게 안수한다. 그러나 "속죄"의 당사자도 아니고, "속죄"를 목적으로 하지 않는 경우, 즉 공적 제사의 경우(레 7, 9, 16장) 집례하는 제사장은 심지어 제물을 드리는 자들도 제물에 안수하지 않는다. 그러한 점에서 적어도 하타트 제물의 안수는 죄의 이동 수단이 아니다. 대신, 필자는 제물의 소유자만이 제물에 안수하였는 점에서 제의적으로 행하는 안수의 의미를 소유권의 천명이라고 본다.

②하타트 제물의 피의 역할.

안수의 부차적 의미와는 달리 제물의 피가 제일 중요한 역할을 한다. 하타트 제물의 피의 기능에 대해서 번제단의 오염을 씻어내는 제의적 세정제(밀그롭과 그의 추종자들), 번제단을 오염시키는 매체(게인, 김경열 등), 번제단의 후속적인 오염을 방지하는 제의적 살균제(길더스)라는 해석이 제시되었다. 본문들을 연구해볼 때 피의 제의적 용도는 사용된 제물의 종류와 사용된 장소와 방법, 그리고 피를 사용하는 횟수의 차이에 따라서도 다양하게 사용되었음을 확인할 수 있었다. 제물의 피를 번제단과 직접적으로 접촉시키지 않는 번제물과 화목 제물의 피는 죄의 용서와는 무관한 용도에서 사용되었다. 이와는 달리 번제단의 뿔에 직접 접촉하는 가운데 하타트 제의에서 사용된 피는 성소기물의 오염 제거(죄의 용서, 그리고 부정결의 경우에는 부정의 제거)뿐만 아니라, 제사장들의 독점적인 피의 사용을 통한 그들의 특별한 제의적 지위를 구별해주고 독점적으로 제단에 나아갈 수 있는 그들의 권리를 보여주는 역할도 수행하였다. 피의 주된 임무는 번제단과 내성소의 향단과 휘장(그리고 레 16장에서의 지성소의 카포레트 앞)에서 사용되었으며 사용하고 남은 하타트 제물의 피는 그후에 번제단 바닥에 피를 쏟아 폐기되었으며, 이것은 하나님과의 공식적인 만남(제물드림과 피 제의)을 마무리하는 표식의 역할을 수행하였다.

③ 레위기 4-5장과 레위기 16장의 하타트 제의들의 관계성.

레위기 4-5장의 하타트는 피로 개인 혹은 민족이 범한 비고의적 범죄의 오염을 씻어서 그들의 범죄의 용서를 위한 것이고 레위기 16장의 하타트 규례는 나답과 아비후의 반역과 죄로 부정해진 회막을 피로 정화하여 회막을 원상태로 회복시키고 아사셀 숫염소 제의로 그것들을 진영 밖으로 보내버리는 상징적인 역할을 수행하였다.

④ 하타트 제물(고기/내장)의 역할.

일반적으로 번제단에서 드려지는 제물은 폐기물로서 태워지는 것으로 이해하였다. 그러나 하타트 제물을 포함한 모든 제물(고기)은 본문들이 명확하게 증거하듯이 번제단에서 온전히 태워 하나님이 기뻐하시는 향기를 내는 것이었다. 그러한 점에서 레위기 1-3장에 번제단에서 드려지는 모든 제물은 '하나님이 기뻐하시는 향기를 낸다'는 후렴구를 가진다. 앞서 살핀 대로 제물의 피는 사용하는 방법과 대상에 대한 다양성을 드러내지만, 고기의 경우에는 전부나 일부를 번제단에서만 태우고 나머지의 경우에는 제사장을 포함한 다른 누군가가 먹는 것으로 사용방법이 나눠진다. 이러한 제단 이외의 나눠먹거나 처리하는 절차도 중요한 제사의 한 과정으로 묘사한다. 그러한 점에서 제물을 먹거나 사용할 때에 발생하는 부적절한 처리는 번제단에서 드려진 제물이 하나님께 받아들여지지 못하는 결과를 초래하기도 한다. 하나님께 드려진 모든 제물의 피와 고기는 부적절한 접촉을 회피해야 했다. 피의 유일한 합법적인(제의적) 접촉대상은 제단의 뿔이었고 고기의 경우는 번제단이었다. 용도 폐기로서 피가 번제단 아래 부어졌듯이, 제물고기의 나머지는 대행 수수료로서 제사에 관여한 제사장이 먹음을 통하여/혹은 대제사장이 제사를 집례한 경우 다른 제사장들이 먹지 못하고 다른 용도로의 사용이나 추가적인 전염(혹은 오염)을 방지하기 위한 진영 밖 정결한 곳에서 전부 태우는 방식으로 적절하게 폐기(소비)해야 했다.

⑤ 레위기 8장, 10장과 16장의 관계성.

기존의 학자들은 주로 레위기 4-5장과 16장과의 연관성에 몰두하였지만, 필자는 그 범위를 확장하여 16장의 기능과 의미를 재정의하여 해석하였다. 그 증거는 다음과 같다. 첫째, 하타트 제의는 레위기 4-9장에서 죄를 용서하는 기능뿐만 아니라, 성소를 정화하는 기능을 갖고 있었고 부정규례(12, 14, 15장)에서 부정을 정화하는 기능을 갖고 있었다. 둘째, 레위기 16장의 배경이 되는 나답과 아비후가 허락되지 않은 자신들의 향로를 가지고 들어갔다가 성소에서 죽었던 사건(레 10장)도 고려해야 한다. 그러한 점에서 레위기 16장 자체가 온 성소를 '정화'하는 데 하타트 제의를 사용하였으며 살아있는 아사셀 숫염소를 방출하는 의식을 이해할 수 있게 한다. 이것은 마치 피부병 환자에게 첫날 부정결을 제거하기 위한 두 마리의 새를 가지고 행한 제의, 즉 한 마리는 죽여서 피를 사용하여 부정해졌던 자에게 일곱 번 뿌리고 나머지 새는 살려서 공중으로 날려보내는 의식을 떠올린다.

이와 같은 부정결의 해소의 규례는 레위기 11-15장뿐만 아니라, 성소에 대한 범죄에 대한 제사장의 책임을 다루는 민수기 18장과 사람의 시체와의 접촉을 통한 중대한 부정과 그 해소를 다루는 민수기 19장과의 상관성을 찾을 수 있다. 나답과 아비후의 범죄로 인한 반역과 그들의 시체로 인해 부정해진 하나님의 집의 심각성과 해소의 필요성을 유추해볼 수 있었다. 그러한 점에서 레위기 10장에서 가장 우선적으로 제시되었던 명령인 성소에서 나답과 아비후의 시체를 치우는 것만으로 충분하지 않았다. 성소 부정의 해소가 행해지지 않았으며 더 큰 문제는 성소가 원래의 상태와 기능으로 회복될 필요성이 (암시적으로) 제기되었다는 점이다. 그러나 레위기 10장에서 성소 정화에 대한 아무런 추가 명령이 즉각적으로 주어지지 않았기에 모세와 아론은 그와 관련된 새로운 계시를 기다려야 했다(참조. 레 24:12; 민 15:34). 결국 이전에 주어졌던 옛 제의적 지침들과는 별도로 야웨께서 모세를 통하여 아론에게 주셨던 성소 정화와 기능 회복(재위임)의 새로운 지침이 레위기 16장의 말씀이었다.

⑥ 레위기 16장과 매년의 절기로서의 욤 키푸림과의 관계.

이제 레위기 16장을 해석하는데 마지막 문제거리는 많은 학자들이 그렇게 생각하듯이 레위기 16장 전체를 레위기 23장의 욤 키푸림의 규례로 볼 것인가의 여부에 달려있다. 이 문제는 아주 단순하다. 첫째는 레위기 23장과 민수기 29장의 욤 키푸림의 규례와의 차이가 존재하는 것이며 둘째는 문체나 구조적으로 레위기 16장의 특별한 하타트 제의 자체보다는 레 16:29-34이 욤 키푸림 규례들 사이의 직접적인 연결고리가 존재한다는 점이다. 게다가 레위기 16장의 하타트 제의는 원래 성소의 오염제거와 기능회복을 위한 독특한 규례였으나, 나중에 유월절이나 다른 중요한 구속적 사건들처럼 매년의 절기적 제의(욤 키푸림)로 전환되었다. 이러한 성전 정화사건은 이스라엘 왕정기의 히스기야와 요시아 시대의 종교개혁이나 구신약 중간기의 안티오코스 에피파네스가 예루살렘에 범한 여러 가지 성전오염 사건들에 대한 마카비 형제들의 성전정화사건에서 그 유비를 찾을 수 있다.

| 참고문헌 |

사전류

Gane, R., and J. Milgrom, "פָּרֹכֶת *pārōket*." *TDOT* XII (2003): 95-97.

Lang, B., "כִּפֶּר." *TDOT* VII (1995): 288-303.

Koch, Klaus, "*chātā'*." *TDOT* IV (1980): 309-19.

Koch, Klaus, "*awōn*." *TDOT* X (1999): 546-62.

Ringgren, H. and H. Seebass, "*pāša'*." *TDOT* XII (2003): 133-151.

Wright, D. P., J. Milgrom, H.-J. Fabry, "סָמַךְ." *TDOT* X (1999): 278-86.

국내저술

김경열, "레위기 16장의 속죄일 예전의 해석."『언약과 교회: 김의원 박사 정년퇴임
  기념논문집』. 정년퇴임기념논문집 편집위원회 편. 113-38. 용인: 킹덤북스, 2014.

김경열,『레위기의 신학과 해석』. 서울: 새물결플러스, 2016.

김영진,『너희는 거룩하라』. 서울: 이레서원, 2008.

박철현,『레위기: 위험한 거룩성과의 동행』. 서울: 솔로몬, 2018.

성기문,『키워드로 읽는 레위기』. 서울: 세움북스, 1쇄 2016.

성기문, "최근 레위기 연구에서의 재림교회 구약학자들의 기여 - 로이 게인, 제럴드
  클링바일, 빌프리트 바르닝을 중심으로."「신학과 학문」23(2018): 131-158.

성기문, "나의 박사 논문을 말한다: 구약 희생제의 체계의 논리를 찾아서: 레위기 하
  타트 제의에 대하여."「기독교사상」740(2020): 177-86.

유선명, "고대 이집트와 이스라엘 제의에서 향(incense)이 갖는 상징적 의미."『구약
  논단』70 (2018): 180-203.

정희경,『레위기의 속죄 사상: 히브리어 원문 석의를 바탕으로 한 레위기의 속죄사
  상심층탐구』. 서울: CLC, 2019. (이 책은 정희경, "속죄제(חַטָּאת)와 배상제(אָשָׁם)를 통
  해 본 레위기의 속죄사상: 4:1-6:7을 중심으로." [미출간 철학박사학위논문, 아세
  아연합신학대학교], 2018을 개정확장한 것이다).

해외저술

An, Hannah S., "The Delayed Recognition of Sin In the Sacred Precinct: A Reconsideration of אָשֵׁם and יָדַע in Leviticus 4-5 in Light of the Hittite Instructions for Priests and Temple Officials (CTH 264)." 미간행 Ph.D. dissertation. Princeton Theological Seminary, 2014.

Anderson, M. and P. Culbertson, "The Inadequacy of the Christian Doctrine of Atonement in the Light of Leviticus Sin Offering." *ATR* 68 (1986): 303-78.

Avrahami, Yael, *The Sense of Scripture: Sensory Perception in the Hebrew Bible*. LHB/OTS 545. New York: T & T Clark International, 2012.

Awabdy, Mark A., "Did Nadab and Abihu Draw Near Before Yhwh? The Old Greek Among the Witness of Leviticus 16:1." *CBQ* 79 (2017): 580-92.

Babcock, Bryan C., *Sacred Ritual: a study of the West Semitic Ritual Calendars in Leviticus 23 and the Akkadian Text Emar 446*. BBRS 9. Winona Lake: Eisenbrauns, 2014.

Balentine, Samuel E., *Leviticus: Interpretation*. Louisville: Westminster/John Knox, 2011.=사무엘 발렌틴, 『현대성서주석-목회자와 설교자를 위한 주석: 레위기』. 조용식 역. 서울: 한국장로교출판사, 2011.

Barr, J., "Sacrifice and Offering." in *Dictionary of the Bible: Second Edition*. Edited by Frederick C. Grant and H. H. Rowley. 868-76. Edinburgh: T. & T. Clark, 1963.

Baumgarten, Albert I., "The Paradox of the Red Heifer." *VT* 43/4 (1993): 442-451.

Beal, Timothy K. and Tod Linafelt, "Sifting for Cinders: Strange Fire in Leviticus 10:1-5." *Semeia* 69/70 (1995): 19-32.

Bellinger, W. H., *Leviticus, Numbers*. UBC 3. Grand Rapids: Baker, 1995=벨링거, 『레위기/민수기』. 김진선 역. 서울: 성서유니온, 2016.

Ben Ezra, Daniel Stökl, *The Impact of Yom Kippur on Early Christianity: the Day of Atonement from Second Temple Judaism to the Fifth Century*. WUNT 163. Tübingen: Mohr Siebeck, 2003.

Bibb, Bryan D., "Nadab and Abihu Attempts to Fill a Gap: Law and Narrative in Leviticus 10.1-7." *JSOT* 96 (2001): 83-99.

Bibb, Bryan D., *Ritual Words and Narrative Worlds in the Book of Leviticus*. LHB/

OTS 480. London: T. & T. Clark, 2009.

Bonar, A. A., *A Commentary on Leviticus*. London: Banner of Truth, 1972.

Brichto, H. C, "On Slaughter and Sacrifice, Blood and Atonement." *HUCA* 47 (1976): 19-55.

Budd, Philip J., *Leviticus*. NCBC. Grand Rapids: Eerdmans, 1996.

Burnside, Jonathan P., *The Signs of Sin: Seriousness of Offence in Biblical Law*. JSOTSS 364. London: Sheffield Academic Press, 2003.

Cole, R. Dennis, *Numbers*. NAC. Nashville: B& H Books, 2000.

Crüsemann, F., *The Torah: Theology and Social History of Old Testament Law*. Trans. by A. Mahnke. Minneapolis: Fortress, 1996.

Dion, P. E., "Early Evidence for the Ritual Significance of the 'Base of the Altar' around Deut 12:27 LXX." *JBL* 106/4 (1987): 487-92.

Douglas, Mary, *Purity and Danger: An Analysis of the Concepts of Pollution and Taboo*. London: Routledge and Keegan Paul, 1966.

Douglas, Mary, "The Go-Away Goat." in *The Book of Leviticus: Composition and Reception*. Edited by Rolf Rendtorff, Robert A. Kugler, and Sarah Smith Bartel. 121-41. VTS 93. Leiden: Brill, 2003.

Durham, John, *Exodus*. WBC; Waco: Word, 1987 = 존 더햄,『출애굽기』wbc. 손석태, 채천석 역. 서울: 솔로몬, 2000.

Edelman, Diana, "The Meaning of *QITTER*." *VT* 35/4 (1985): 395-404.

Elliger, K., *Leviticus*. HATK. Tübingen: Paul Siebeck, 1966.

Feder, Yitzhaq, *Blood Expiation in Hittite and Biblical Ritual: Origins, Context, and Meaning*. Atlanta: SBL, 2011.

Fisher, L. R., "New Ritual Calendar from Ugarit." *HTR* 63 (1970): 485-501.

Fleming, Daniel E., *Time at Emar: the Cultic Calendar and the Rituals from the Diviner's Archive*. Mesopotamian Civilizations 11. Winona Lake: Eisenbrauns, 2000.

Fleming, Daniel E., "Emar: On the Road from Harran to Hebron." in *Mesopotamia and the Bible: Comparative Explorations*. Edited by Mark W. Chavalas and K. Lawson Younger, Jr. 222-50. Grand Rapids: Baker Academic, 2002.

Frick, Frank S., "Ritual and Social Regulation in Ancient Israel: The Importance of the Social Context for Ritual Studies and a Case Study-The Ritual of the Red Heifer." in *Imagining Biblical Worlds: Studies in Spatial, Social, and Historical Constructs in honor of James W. Flanagan*. Edited by David M. Gunn and Paula M. McNutt. 219-32. JSOTS 359. London/New York: Sheffield Academic Press, 2002.

Frymer-Kensky, Tikva, "Pollution, Purification, and Purgation in Biblical Israel." in *The Word of the Lord Shall Go Forth: Essays in Honor of David Noel Freedman in Celebration of his Sixtieth Birthday*. Edited by C. L. Meyers and M. O'Conner. 399-410. Winona Lake: Eisenbrauns, 1983.

Gane, Roy E., "Schedules for Deities: Macrostructure of Israelite, Babylonian, and Hittite Sancta Purification Days." *AUSS* 36 (1998): 231-44.

Gane, Roy, "Leviticus, Book of." in *Dictionary of Biblical Interpretation*. vol. 2. Edited by John H. Hayes. 55-56. Nashville: Abingdon, 1999.

Gane, Roy E., *Leviticus-Numbers*. NIVAC. Grand Rapids: Zondervan, 2004.

Gane, Roy E., *Ritual Dynamic Structure*. Gorgias Dissertations 14, Religion 2. Piscataway: Gorgias Press, 2004.

Gane, Roy E., *Cult and Character: Purification Offerings, Day of Atonement, and Theodicy*. Winona Lake: Eisenbrauns, 2005.

Gane, Roy E., "Privative Preposition מִן in Purification Offering Pericopes and the Changing Face of 'Dorian Gray.'" *JBL* 127 (2008): 209-22.

Gane, Roy E., and Ada Taggar-Cohen (eds.), *Current Issues in Priestly and Related Literature: the Legacy of Jacob Milgrom and Beyond*. Atlanta: SBL, 2015.

Gerleman, G., *Studien zur alttestamentlichen Theologie*. Heidelberg: Lambert Schneider, 1980.

Gerstenberger, Erhard, *Leviticus: a Commentary*. Louisville: W/JKP, 1996.

Gese, Hartmut, *Essays on Biblical Theology*. Trans. by Keith Crim. Minneapolis: Augsburg Publishing House, 1981.

Gilders, William K., *Blood Ritual in the Hebrew Bible: Meaning and Power*. Baltimore and London: The Johns Hopkins University, 2004.

Ginsberg, H. L., *The Israelian Heritage of Judaism*. New York: Jewish Theological

Seminary of America, 1982.

Ginsburg, Christian, *Leviticus*. Grand Rapids: Zondervan, 1961.

Gorman, Jr., Frank H., *The Ideology of Ritual: Space, Time and Status in the Priestly Theology*. JSOTSS 91. Sheffield: Sheffield Academic Press, 1990.

Gorman Jr., Frank H., *Divine Presence and Community: A Commentary on the Book of Leviticus*. ITC. Grand Rapids: Eerdmans, 1997.

Gorman, Jr., Frank H., "Pagan and Priest." in *Perspective on Purity and Purification in the Bible*. Edited by Baruch J. Schwartz, David P. Wright, Jeffrey Stackert, and Naphtali S. Meshel. 103-37. New York: T. & T. Clark, 2008.

Gradwohl, R., "Das 'fremde Feuer' von Nadab und Abihu." *ZAW* 75 (1963): 288-96.

Green, Deborah A., "Soothing Odors: the Transformation of Scent in Ancient Israelite and Ancient Jewish Literature." 미출간 Ph.D. dissertation, University of Chicago, 2003.

Guillaume, Philippe, *Land and Calendar: the Priestly Document from Genesis 1 to Joshua 18*. LHB/OTS 391. New York: T &T Clark, 2009.

Hanson, K. C., "Sin, Purification, and Group Process." in *Problems in Biblical Theology: Essays in Honor of Rolf Krierim*. Edited by H. T. C. Sun, et al. 167-91. Grand Rapids: Eerdmans, 1997.

Haran, Menahem, "The Use of Incense in the Ancient Israelite Ritual." *VT* 10 (1960): 113-129.

Haran, Menahem, *Temples and Temple Service in Ancient Israel: An Inquiry into the Character of Cult Phenomena and the Historical Setting of the Priestly School.* Oxford: Oxford University Press, 1978.

Haran, Menahem, "Priesthood, Temple, Divine Service: Some Observations on Institutions and Practices of Worship." *HAR* 7 (1983): 121-35.

Harrison, R. K., *Leviticus: an Introduction and Commentary*. TOTC. Downers Grove: IVP, 1980)=해리슨,『레위기』. 이순태 역; 서울: 기독교문서선교회, 1991.

Hartley, John E., *Leviticus*. WBC. Dallas: Word Books, Publisher, 1992. = 존 하틀리,『레위기』. 김경열 역. 서울: 솔로몬, 2006.

Hartmut Gese, *Essays on Biblical Theology*. Trans by Keith Crim. Minneapolis:

Augsburg, 1981.

Hasel, Gerhard F., "Studies in Biblical Atonement – I. Continual Sacrifice, Defilement//Cleansing, and Sanctuary." in *The Sanctuary and the Atonement: Biblical, Theological, and Historical Studies: Abridged*. Edited by Arnold V. Wallenkampf, W. Richard Lesher. 81-105. Silver Spring: Biblical Research Institute, 1989.

Hasel, Gerhard F., "Studies in Biblical Atonement – II. The Day of Atonement." in *The Sanctuary and the Atonement: Biblical, Theological, and Historical Studies: Abridged*. Edited by Arnold V. Wallenkampf, and W. Richard Lesher. 107-121. Silver Spring: Biblical Research Institute, 1989.

Hayes, Christine, "Hyam Maccoby's Ritual and Morality: The Ritual Purity System and Its Place in Judaism." *JQR* 93.1/2 (2002): 286-292.

Heger, Paul, *The Development of Incense Cult in Israel*. BZAW 245. Berlin: de Gruyter, 1997.

Hess, Richard S., *The Old Testament: A Historical, Theological, and Critical Introduction*. Grand Rapids: Baker, 2016.

Hess, Richard S., "Leviticus 10:1: Strange Fire and Odd Name." *BBR* 12/2 (2002): 187-98.

Houston, W., *Purity and Monotheism: Clean and Unclean Animals in Biblical Law*. JSOTSS 140. Sheffield: Sheffield Academic Press, 1993.

Houston, Walter J., "Tragedy in the Court of the Lord: A Socio-Literary Reading of the Death of Nadab and Abihu." *JSOT* 90 (2000): 31-39.

Houtman, C., "On the Function of the Holy Incense (Exodus xxx 34-8) and the Sacred Anointing Oil (Exodus xxx 29-33)." *VT* 17/4 (1992): 458-65.

Hrobon, Bohdan, *Ethical Dimension of Cult in the Book of Isaiah*. BZAW 418. Berlin: De Gruyter, 2010.

Iser, Wolfgang, "The Reading Process: A Phenomenological Approach." in *Reader-Response Criticism: From Formalism to Post-Structuralism*. Edited by Jane P. Tompkins. 50-69. Baltimore: John Hopkins University Press, 1980.

Janowski, B., *Sühne als Heilsgeschehen. Studien zur Sühnetheologie der Priesterschrift und zur Wurgzel KPR im Alten Orient and im Alten Testament.* WMANT 55. Neukirchen-Vluyn: Neukirchener Verlag, 1982.

Jenson, Phillip Peter, *Graded Holiness: A Key to the Priestly Conception of the World.* JSOTSS 106. Sheffield: JSOT, 1992.

Kaiser, Jr., W. C., "Leviticus." *NIB.* 1 (1994), 1014-1191.

Keil, C. F., F. Delitzsch, *Biblical Commentary on the Old Testament: Volume I. The Pentateuch.* Trans. by James Martin. Edinburgh: T. & T. Clark, 1885. = 카일-델리취, 『카일-델리취 구약주석-레위기』 김득중 역. 서울: 기독교문화출판사, 1981.

Kellogg, Samuel H., *The Book of Leviticus.* New York: Funk & Wagnalls, 1900.

Kidner, F. D., *Sacrifice in the Old Testament.* London: The Tyndale Press, 1958.

Kim, G. Y., "The *hattat* ritual and the Day of Atonement in the Book of Leviticus." A Thesis submitted for the Degree of Philosophiae Doctor, The Department of the Old Testament Science, the Faculty of Theology, University of Pretoria, 2013.

Kiuchi, N., *The Purification Offering in the Priestly Literature: Its Meaning and Function.* JSOTSS 56. Sheffield: Sheffield Academic Press, 1987.

Kiuchi, N., *A Study of Hata and Hatta't in Leviticus 4-5.* FAT 2 Reihe 2. Tübingen: Mohr Siebeck, 2003.

Kiuchi, N., *Leviticus.* AOTC 3. Downers Grove: IVP, 2007.

Klawans, Jonathan, *Purity, Sacrifice, and the Temple: Symbolism and Supersessionism in the Study of Ancient Judaism.* Oxford: Oxford University, 2006.

Klawans, Jonathan, "Ritual Purity, Moral Purity, and Sacrifice in Jacob Milgrom's *Leviticus.*" *Religious Studies Review* 29/1 (2008): 19-28.

Kleinig, John W., *Leviticus.* Concordia Commentary: A Theological Exposition of Sacred Scripture. St. Louis: Concordia Publishing House, 2003.

Klingbeil, Gerald A., *Bridging the Gap: Ritual and Ritual texts in the Bible.* BBRS 1. Winona Lake: Eisenbrauns, 2007.

Knierim, R. P., *Text and Concept in Leviticus 1:1-9. A Case in Exegetical Method.* FAT 2. Tübingen: Mohr Siebeck, 1992.

Knierim, R. P., "On the Contours of Old Testament and Biblical Harmatiology." in

The Task of Old Testament Theology: Substance, Method, and Cases. 416-67. Grand Rapids: Eerdmans, 1995.

Knohl, Israel, "The Guilt Offering Law of the Holiness School (Num. V 5-8)." *VT* LIV/4 (2004): 516-526.

Koch, Klaus, *Die Priesterschrift von Exodus 25 bis Leviticus 16. Eine überlieferungsgeschichtliche und literarkritische Untersuchung*. FRLANT NF 53. Göttingen: Vandenhoeck & Ruprecht, 1959.

Kurtz, Johann H., *Sacrificial Worship in the Old Testament*. Edinburgh: T. & T. Clark, 1863.

Laughlin, John C., "The 'Strange Fire' of Nadab and Abihu." *JBL* 95 (1976): 559-65.

Levine, B. A., "The Descriptive Tabernacle Texts of the Pentateuch." *JAOS* 85 (1965): 307-18.

Levine, B. A., *Prolegomenon to the Sacrifice in the Old Testament: Its Theory and Practice*. New York: Ktav, 1973.

Levine, B. A., *In the Presence of the Lord: A Study of Cult and Some Cultic Terms in Ancient Israel*. Studies in Judaism in Late Antiquity 5; Leiden: Brill, 1974.

Levine, B. A., *Leviticus*. The JPS Torah Commentary. Philadelphia: The Jewish Publication Society, 1989.

Levine, B. A., "Silence, Sound and the Phenomenology of Mourning in Biblical Israel." *JANES* 22 (1993): 89-106.

Levine, B. A., *Numbers 21-36*. AB. New York: Doubleday, 2000.

Maccoby, Hyam, *Ritual and Morality: The Ritual Purity System and Its Place in Judaism*. Cambridge: Cambridge University Press, 1999.

Marx, Alfred, "Sacrifice pour les péchés ou rite de passage? Quelques réflections que la fonction du *hatta*." *RB* 96 (1989): 27-48.

Marx, Alfred, "The Theology of the Sacrifice According to Leviticus 1-7." in *The Book of Leviticus: Composition and Reception*. Edited by Rolf Rendtorff and A. Kugler. 103-20. Leiden: Brill, 2003.

Marx, Alfred, *Les systèmes sacrificiels de l'Ancien Testament: Formes et fonctions du culte sacrificiel à Yhwh*. VTS 106. Leiden: Brill, 2005.

Marx, Alfred, *Lévitique 17-27*. CAT 3b. Genève: Labor et Fides, 2011.

McLean, B. H., "The Interpretation of the Levitical Sin Offering and the Scapegoat." *Studies in Religion* 20 (1991): 345-56;

Meshel, Naphtali S., "Review of Roy Gane, *Cult and Character*." *JAOS* 127 (2007): 203-5.

Meshel, Naphtali S., "The Form and Function of a Biblical Blood Ritual." *VT* 63 (2013): 276-89.

Meshel, Naphtali S., *The "Grammar" of Sacrifice: A Generativist Study of the Israelite Sacrificial System in the Priestly Writings with a "Grammar" of Σ*. Oxford: Oxford University Press, 2014.

Milgrom, Jacob, "A Prolegomenon to Leviticus 17:11." *JBL* 90 (1971): 149-56.

Milgrom, Jacob, "Israel's Sanctuary: The Priestly Picture of Dorian Gray." *RB* 83 (1976): 390-96.

Milgrom, Jacob, *Cult and Conscience: The ASHAM and the Priestly Doctrine of Repentance*. Leiden: Brill, 1976.

Milgrom, Jacob, "Two Kinds of hattat." *VT* 26 (1976): 333-37.

Milgrom, Jacob, "The Paradox of the Red Cow (Num xix)." *VT* 31 (1981): 62-72.

Milgrom, Jacob, *Studies in Cultic Theology and Terminology*. Leiden: Brill, 1983.

Milgrom, Jacob, "Review of B. Janowski, *Sühne als Heilsgeschehen*." *JBL* 104 (1985): 302-304.

Milgrom, Jacob, "The *Modus Operandi* of the '*Hatta'th*': A Rejoinder." *JBL* 109 (1990): 111-13.

Milgrom, Jacob, *Leviticus 1-16*. AB; New York: Doubleday, 1991.

Milgrom, Jacob, "The Rationale for Biblical Impurity." *JANES* 22 (1993): 107-11.

Milgrom, Jacob, "Response to Rolf Rendtorff." *JSOT* 60 (1993): 83-85.

Milgrom, Jacob, "Confusing the Sacred and the Impure: A Rejoinder." *VT* 44 (1994): 554-59.

Milgrom, Jacob, "Impurity Is Miasma: A Response To Hyam Maccoby." *JBL* 119/4 (2000): 729-746.

Milgrom, Jacob, *Leviticus 17-22*. AB; New York: Doubleday, 2000.

Milgrom, Jacob, *Leviticus 23-27*. AB; New York: Doubleday, 2001.

Milgrom, Jacob, *Leviticus: A Book of Ritual and Ethics*. Continental Commentaries. Minneapolis: Fortress, 2004.

Milgrom, Jacob, "Systematic Differences in the Priestly Corpus: A Response to Jonathan Klawans." *RB* 112 (2005): 321-29.

Milgrom, Jacob, "The preposition מן in the חטאת Pericopes." *JBL* 126 (2007): 161-63.

Mooney, David Jeffrey, *"On This Day Atonement Will be Made For You": A Theology of Leviticus 16*. 미출간 Ph.D. dissertation, Southern Baptist Theological Seminary, 2003.

Moskala, Jiri, *The Laws of Clean and Unclean Animals of Leviticus 11: Their Nature, Theology, and Rationale: An Intertextual Study*. 미출간 Ph.D. dissertation, Andrews University, 1998.

Nielsen, Kjeld, *Incense in Ancient Israel*. SVT 38; Leiden: Brill, 1986.

Nihan, Christophe, *From Priestly Torah to Pentateuch: a Study in the Composition of the Book of Leviticus*. FAT 2. Reihe, 25. Tübingen: Mohr Siebeck, 2007.

Noordzij, A., *Leviticus*. Trans. by Raymond Togtman. Bible Student's Commentary. Grand Rapids: Zondervan, 1982.= 노르트쩨이, 『레위기』. 최종태 역. 서울: 크리스챤서적, 1990.

Noth, Martin, *Leviticus*. OTL. Originally translated by J. E. Anderson, revised translation by the staff of SCM Press. London: SCM, 1977.

Olyan, S., "What Do Shaving Rites Accomplish and What Do They Signal in Biblical Ritual Contexts?" *JBL* 117 (1998): 611-22.

Parker, Robert, *Miasma: Pollution and Purification in Early Greek Religion*. Oxford: Clarendon Press, 1996.

Péter, R., "L'imposition des mains dans l'Ancien Testament." *VT* 27 (1977): 48-55.

Péter-Contesse, René and Ellington, John, *Leviticus*. New York: United Bible Societies, 1990.

Péter-Contesse, René, *Lévitique 1-16*. CAT 3a; Genève: Labor et Fides, 1993.

Propp, William H. C., *Exodus 19-40: A New Translation with Introduction and Commentary*. AB; New York: Doubleday, 2006.

Rendtorff, Rolf, "Zur Komposition des Buches Jesja." *VT* XXXIV/3 (1984): 295-320.

Rendtorff, Rolf, "Two Kinds of P? Some Reflections on the Publishing of Jacob Milgrom's Commentary on *Leviticus 1-16*." *JSOT* 60 (1993): 75-81.

Rendtorff, Rolf, *Leviticus 1,1–10,20*. BKAT 3.1; Neukirchen-Vluyn: Neukirchener, 2004.

Rendtorff, Rolf, *The Canonical Hebrew Bible: A Theology of the Old Testament*. Trans. by David E. Orton. Leiden: deo Publishing, 2005.

롤프 렌토르프, 『구약정경신학』하경택 역; 서울: 새물결플러스, 2009=Rolf Rendtorff, *Theologie des Alten Testaments. Band 2. Thematische Entfaltung*. Neukirchen-Vluyn: Neukirchener-Verlag, 2001.

Rodriguez, Angel M., "Transfer of Sin in Leviticus." in *The Seventy Weeks, Leviticus, and the Nature of Prophecy*. Edited by F. Holbrook. 169-97. DARCOM 3. Washington D.C.; Biblical Research Institute, 1986.

Rodriguez, Angel M., "Sacrificial Substitution and the Old Testament Sacrifices." in *The Sanctuary and the Atonement: Biblical, Theological, and Historical Studies: Abridged*. Edited by Arnold V. Wallenkampf, W. Richard Lesher. 123-43. Silver Spring: Biblical Research Institute, 1989.

Rodriguez, Angel M., *Substitution in the Hebrew Cultus and in Cultic-Related Texts*. AUSDDS 3. Berrien Springs, Mich.: Andrews University Press, 1979.

Rooker, James W., *Leviticus*. NAC. Nashville: Broadman & Holman Publishers, 2000.

Ross, Allen P., *Holiness to the Lord: a Guide to the Exposition of the book of Leviticus*. Grand Rapids: Baker Academic, 2002.= 앨런 로스,『거룩과 동행: 앨런 로스의 레위기강해를 위한 주석』. 김창동 역; 서울: 디모데, 2009.

Schmid, Rudolf, *Das Bundesopfer in Israel: Wesen, Ursprung und Bedeutung der Alttestamentlischen Schelamin*. Studien zum Alten und Neuen Testament 9. München: Kösel-Verlag, 1964.

Schwartz, B. J., "The Prohibitions Concerning the "Eating" of Blood in Leviticus 17." in *Priesthood and Cult in Ancient Israel*. Edited by G. A. Anderson and S. M. Olyan, 34-66. JSOTSS 125. Sheffield: JSOT, 1991.

Schwartz, B. J., "The Bearing of Sin in the Priestly Literature." in *Pomegrandates and Golden Bells: Studies in Biblical, Jewish, and Near Eastern Ritual, Law, and Literature in Honor of Jacob Milgrom*. Edited by D. Wright, D. N. Freedman, and A. Hurvitz, 3-21. Winona Lake: Eisenbrauns, 1995.

Segal, Peretz, "The Divine Verdict of Leviticus 10:3." *VT* 39 (1989): 91-95.

Shea, William H., "Literary Form and Theological Function in Leviticus." in *The Seventy Weeks, Leviticus, and the Nature of Prophecy*. Edited by F. Holbrook. 75-118. DARCOM 3. Washington D.C.; Biblical Research Institute, 1986.

Sklar, Jay, *Sin, Impurity, Sacrifice, and Atonement*. HBM 2. Sheffield: Sheffield Phoenix Press, 2005.

Sklar, Jay, *Leviticus*. TOTC. Downers Grove: IVP, 2014.

Smith, J. Z., "The Domestication of Sacrifice." in *Violent Origins: Water Burkert, Rene Girard, and Jonathan Z. Smith on Ritual Killing and Cultural Formation*. Edited by R. G. Hamerton-Kelly. 191-235. Stanford: Stanford University, 1987.

Snaith, Norman H., *Leviticus and Numbers*. London: Thomas Nelson & Sons, 1967.

Snaith, Norman, "The Verbs Zabah and Sahat." *VT* 25 (1975): 242-46.

Stuart, Douglas K., *Exodus*. NAC: Nashville, Tennessee: Broadman & Holman Publishers 2006.

Treiyer, Alberto, "The Day of Atonement as Related to the Contamination and Purification of the Sanctuary." in *The Sanctuary and the Atonement: Biblical, Theological, and Historical Studies: Abridged*. Edited by Arnold V. Wallenkampf, and W. Richard Lesher. 198-256. Silver Spring: Biblical Research Institute, 1989.

Trevaskis, Leigh M., *Holiness, Ethics and Ritual in Leviticus*. HBM 29. Sheffield: Sheffield Phoenix Press, 2011.

Venter, P. M., "Atonement through blood in Leviticus." *Verbum et Ecclesia* 26/1 (2005): 275-92: 혹은 http://verbumetecclesia.org.za/index.php/VE/article/viewFile/224/174. 2018년 1월 20일 접근.

Warning, W., *Literary Artistry in Leviticus*. BIS 35. Leiden: Brill, 1999.

Watts, James W., *Reading Law: The Rhetorical Shaping of the Pentateuch*. The

Biblical Seminar 59. Sheffield: Sheffield Academic Press, 1999.

Watts, James W., *Ritual and Rhetoric in Leviticus: From Sacrifice to Scripture*. Cambridge: Cambridge University Press, 2007.

Watts, James W., *Leviticus 1-10*. HCOT. Leuven: Peeters, 2013.

Wenham, J. G., *The Book of Leviticus*. NICOT. Grand Rapids: Eerdmans, 1979. = 고든 웬함,『레위기』. 김귀탁 역; 서울: 부흥과 개혁사, 2014.

Wenham, J. G., *Numbers: an Introduction and Commentary*. TCOT. Leicester: IVP, 1981.

Westbrook, R. "Biblical and Cuneiform Law Code." *RB* 92 (1985): 247-64.

Willis, Timothy M., *Leviticus*. Abingdon Old Testament Commentaries; Nashville: Abingdon, 2009.

Wright, D. P., "Day of Atonement." in *ABD* 2 in 6 Volumes. Edited by David N. Freedman. 72-76. New York: Doubleday, 1999.

Wright, D. P., "The Gesture of Hand Placement in the Hebrew Bible and in Hittite Literature." *JAOS* 106 (1986): 433-46.

Wright, D. P., "The Spectrum of Priestly Impurity." in *Priesthood and Cult in Ancient Israel*. Edited by G. A. Anderson and Saul M. Olyan. 150-82. JSOTS 125. Sheffield: JSOT Press, 1991.

Wright, D. P., David Noel Freedman, and Avi Hurvitz (eds.), *Pomegranates and Golden Bells: Studies in Biblical, Jewish and Near Eastern Ritual, Law, and Literature in Honor of Jacob Milgrom*. Winona Lake: Eisenbrauns, 1995.

Wright, D. P., *The Disposal of Impurity: Elimination Rites in the Bible and in Hittite and Mesopotamian Literature*. SBLDS 101. Atlanta: Scholars Press, 1987.

Zevit, Ziony, "Philology, Archaeology, and a Terminus a Quo for P's hattat Legislation." in *Pomegranates and Golden Bells*. Edited by Wright, Freedman, and Hurvitz. 29-38. Winona Lake: Eisenbrauns, 1995.

Zohar, N., "Repentance and Purification: The Significance and Semantics of חאטת in the Pentateuch." *JBL* 107 (1988): 609-18.

인터넷 자료

김경열의 페이스북 페이지, <즐거운 구약공부, 홍겨운 토라학당> http://www.
facebook.com/groups/1403849393249766. 2018년 6월 21일 접근.

| 저자 색인 |
(본문에 등장하는 인명에 한함)